> "내가 오늘 네 행복을 위하여
> 네게 명하는
> 여호와의 명령과 규례를
> 지킬 것이 아니냐"
> 〈신 10:13, 개역개정〉

매일기도서

펴낸일: 2025년 11월 20일
지은이: 신현복
발행처: 아침영성지도연구원
등 록: 제2014-000031호
홈페이지: www.ccm2u.com
주문전화: 02) 2203-2739
주문팩스: 02) 6455-2798
저작권자 ⓒ 신현복 2025
이 책은 저작권법에 의해 보호를 받는 저작물이므로
저자와 출판사의 허락 없이 내용의 일부를 인용하거나
발췌하는 것을 금합니다.

값은 뒷표지에 있습니다.
ISBN 979-11-956213-3-0(03230)

365일 말씀과 묵상이 있는

매일기도서
DAILY PRAYER

신현복

아침영성지도연구원

십자가에

달리신 주님을 묵상하며

상처 입은 치유자가 되기를 소원하는

_____ 님께

드립니다.

〈일러두기〉

송충이가 매일매일 솔잎을 먹고 살 듯이, 우리 그리스도인은 매일매일 기도를 먹고 삽니다. 매일기도는 그런 의미에서 우리 그리스도교 영성생활 가운데 가장 핵심적인 주제입니다. 그래서 여러분의 깊은 영성생활 실천을 돕기 위하여 〈매일기도서〉를 만들었습니다. 이 매일기도서를 통하여 하나님께 간절히 기도하실 때, 전 세계 방방곡곡에서 성령님의 임재가 가득했으면 좋겠습니다.

이 매일기도서는 1년 중 어느 날부터 시작해도 좋습니다. 해마다 이 매일기도서를 되풀이해서 선용해 보십시오. 복잡한 현대인의 삶 속에서, 아름다운 영성훈련이 되실 것입니다. 이 매일기도서는 개인적으로 가정이나 직장에서 홀로 매일묵상용으로 사용할 수도 있고, 소그룹으로 가정예배나 새벽기도나 목장나눔이나 구역예배나 순모임이나 기타모임에서 함께 영성생활용으로 사용할 수도 있습니다. 상황에 따라 다음과 같은 순서들을 좀 더 넣어 선용할 수도 있습니다.

■ 침묵(silencio)
"나의 영혼아 잠잠히 하나님만 바라라 무릇 나의 소망이 그로부터 나오는도다"(시편 62:5). 하루의 일과 중 거룩한 독서에 집중할 시간과 장소를 구별합니다. 몸과 마음을 고요하게 하며, 침묵 가운데 하나님의 현존을 의식합니다. 성령님께 나의 마음과 눈을 열어주셔서, 말씀을 이해하고, 말씀 너머의 하나님을 만날 수 있는 은총을 베풀어 주시라고 청합니다. "제 마음의 눈을 열어주시어, 주님의 뜻을 알아듣고 실천하게 하옵소서. 주님의 빛으로 제 눈을 비추어 주옵소서"(요한 크리소스토무스).

■ 신앙고백
"내가 나 자신을 걸고서 맹세하지만 내가 말한 의로운 일은 취소되는 일이 없이 그대로 이루어진다. 세계 만민이 내 앞에 무릎을 꿇고 모든 사람이 나에게 신앙을 고백할 것이다"(이사야 45:23). 사도신조로 우리의 신앙을 분명히 고백합니다. "나는 전능하신 아버지 하나님, 천지의 창조주를 믿습니다. 나는 그의 유일하신 아들, 우리 주 예수 그리스도를 믿습니다. 그는 성령으로 잉태되어 동정녀 마리아에게서 나시고, 본디오 빌라도에게 고난을 받아 십자가에 못 박혀 죽으시고, 장사된 지 사흘 만에 죽은 자 가운데서 다시 살아나셨으며, 하늘에 오르시어 전능하신 아버지 하나님 우편에 앉아 계시다가, 거기로부터 살아 있는 자와 죽은 자를 심판하러 오십니다. 나는 성령을 믿으며, 거룩한 공교회와 성도의 교제와 죄를 용서받는 것과 몸의 부활과 영생을 믿습니다. 아멘."

■ 찬송
"찬송하라 하나님을 찬송하라 찬송하라 우리 왕을 찬송하라"(시편 47:6). 교회력이나 상황에 알맞은 찬송을 부릅니다. 시편으로 된 노래를 골라 부르거나, 떼제노래 같은 짧은 노래를 반복해서 몇 번 부를 수도 있습니다.

■ 거룩한 독서(lectio)
"여호와여 말씀하옵소서 주의 종이 듣겠나이다"(사무엘상 3:9). 바쁜 현대인들이 하루에 너무 많은 성경을 읽는 것을 부담스러워합니다. 욕심부려 몇 장씩 읽어도 그리 깊이 들어오지 않는다는 게 문제입니다. 저의 시행착오이기도 하고, 대다수 성경통독을 하시는 분들의 고백들이지요. 제가 탐구해 본 수많은 영성고전에서 탁월한 영성지도자들이 한결같이 하시는 말씀은 성경이란 하나하나 잘 씹어먹는 것이 중요하다는 것입니다. 본문을 통하여 살아 계신 주님이 나에게 직접 말씀하신다는 마음가짐으로, 본문을 주의 깊게, 천천히, 가능하면 소리 내어 2-3번 반복해서 읽으십시오. 성경말씀을 읽을 때 온몸, 전 존재로 말씀을 읽으십시오. 본문의 전체적인 맥락을 잡으며, 본문이 말씀하시는 바를 이해하십시오.

■ 샘솟는 말씀
"주님은, 골짜기마다 샘물이 솟아나게 하시어, 산과 산 사이로 흐르게 하시니"(시편 104:10, 새번역). 위의 거룩한 독서 가운데 만나는, 빛을 비추어 주는, 울림을 미묘하게 일으키는, 마음에 와닿는, 짧은 단어나 구절이나 주제 등이 있으면, 잠시 그 말씀에 머뭅니다.

■ 묵상(meditatio)
"나의 반석이시요 나의 구속자이신 여호와여 내 입의 말과 마음의 묵상이 주님 앞에 열납되기를 원하나이다"(시편 19:14). 위의 거룩한 독서와 관련하여, 삶의 현장에서 건져 올린 생생한 묵상자료를 소개하였습니다. 바쁜 현대인들이 하루에 1분씩이라도 잠시멈춤을 통하여 주님을 묵상하는 시간이 되었으면 하는 마음 간절합니다. 이 묵상자료는 부족하지만 매일 정오무렵 FEBC 극동방송을 통하여 울려 퍼진 잔잔한 메아리들이기도 합니다.

■ 삼시세끼 다니엘 기도(oratio)
"다니엘이…하루 세 번씩 무릎을 꿇고 기도하며 그의 하나님께 감사하였더라"(다니엘 6:10). 다니엘처럼 하루 세 번 시간을 정하여 묵상 가운데 흘러나오는 기도를 조용히 드립니다. 우리 전통과 삶의 리듬을 고려하여 새벽기도, 한낮기도, 저녁기도 등 삼시세끼 밥을 챙겨 먹듯이 하나님과 기도의 시간을 갖는 것이 영성생활에 거룩한 습관이 되어야 합니다. 거룩한 독서와 묵상 과정에서 자연스럽게 솟아오르는 기도가 있기 마련입니다. 그 흐름을 타고 자연스럽게 기도에 들어갑니다. 무엇보다도 연약하고 죄 많은 자신에게 찾아오시는 생명의 말씀, 주님의 은총 앞에 경외와 감사와 찬양의 기도를 드립니다. 또한 더욱 주님을 깊이 알고 사랑하고자 하는 갈망으로 간구와 중보의 기도를 드립니다.

■ 주의 기도
"하늘에 계신 우리 아버지, 아버지의 이름을 거룩하게 하시며 아버지의 나라가 오게 하시며, 아버지의 뜻이 하늘에서와 같이 땅에서도 이루어지게 하소서. 오늘 우리에게 일용할 양식을 주시고, 우리가 우리에게 잘못한 사람을 용서하여 준 것 같이 우리 죄를 용서하여 주시고, 우리를 시험에 빠지지 않게 하시고 악에서 구하소서. 나라와 권능과 영광이 영원히 아버지의 것입니다. 아멘"(마태복음 6:9-13). 주님께서 가르쳐 주신 기도야말로 세상에서 가장 아름다운 기도입니다.

■ 하나님 안에 고요히 머무름(contemplatio)
"실로 내가 내 영혼으로 고요하고 평온하게 하기를 젖 뗀 아이가 그의 어머니 품에 있음 같게 하였나니 내 영혼이 젖 뗀 아이와 같도다"(시편 131:2).

묵상과 기도의 흐름 가운데 불현듯 주어지는 고요와 평안의 선물이 있습니다. 이제 생각과 기도마저도 멈추고, 그저 지극한 사랑의 눈길로 주님의 아름다우심을 바라보며, 그분 안에서 자유롭고 편안하게 쉼을 누립니다. 엄마 품에 안긴 아기처럼 하나님께서 펼치시는 드넓은 은총의 품 안에 고요히 머무릅니다.

■ 좋은 하루 만들기(incarnatio)
"내가 오늘 네 행복을 위하여 네게 명하는 여호와의 명령과 규례를 지킬 것이 아니냐"(신명기 10:13). 오늘 하루를 좋은 하루로 만들기 위하여 내가 해야 할 일이 무엇일까 생각해 보고 떠오르는 것들을 미리 적어두십시오. 예컨대, 생일을 맞은 사람에게 전화나 문자 보내기, 자녀와 서점에 들리기, 배우자와 산책하기 등이 있을 수 있습니다.

■ 그래서 감사! 그래도 감사! 무조건 감사! 감감감 감사일기
"범사에 감사하라 이는 그리스도 예수 안에서 너희를 향하신 하나님의 뜻이니라"(데살로니가전서 5:18). 이 말씀에 근거해서 제가 만든 행복플러스 표어가 있습니다. 행복은 감사의 문으로 들어와 불평의 문으로 나간다! 이 행복플러스 표어를 여러분과 함께 나누고 싶습니다. 뭐니뭐니해도 행복의 비밀코드 가운데 가장 중요한 것은 감사입니다. 감사가 메말라 갈 때 나의 영성에 위험신호가 감지됩니다. 감사가 터져 나올 때 나의 영성도 사막에 시냇물이 흐르듯 다시 회복됩니다. 갈수록 감사가 사라지고 있는 이 시대, 그래서 저는 국내외 그리스도인들이 함께 하는 감감감 운동을 벌이고 싶습니다. 감감감은 "그래서 감사! 그래도 감사! 무조건 감사!"라는 의미입니다. 감감감은 제가 진행하고 있는 행복플러스 프로그램 가운데서 열매 맺은 가장 소중한 체험의 결과이기도 합니다. "그래서 감사! 그래도 감사! 무조건 감사!" 형태로 감사일기를 쓰면서, 하루에 1~3가지씩 감사가 날마다 생활화될 수 있도록 하는 것은 현대를 살아가는 우리 그리스도인들에게 가장 탁월한 영성훈련이 될 것입니다. 주님의 현존 앞에 서서 내 내면세계로부터 들려오는 세미한 음성에 귀를 기울이십시오. 감사는 감사를 낳습니다. 여러분의 감사일기가 여러분 자신뿐만 아니라, 서로 나누는 과정에서 다른 이

의 생명을 구할 수 있습니다. 절망의 현실에서 희망을 보게 할 수 있습니다. 바쁜 현대인의 일상 속에서 하나님께 시선을 드리는 잠시멈춤의 시간! 감사일기는 글자 그대로 일기처럼 쓸 수도 있고, 기도처럼 쓸 수도 있습니다. 일기든 기도든 우리 하나님은 너무너무 기뻐 받으십니다. 그리고 그 순간부터 살아계신 하나님이 일하기 시작하십니다. 더 큰 감사거리를 주십니다. 촛불 보고 감사하면 별빛 같은 은혜 주시고, 별빛 보고 감사하면 달빛 같은 은혜 주시고, 달빛 보고 감사하면 햇빛 같은 은혜 주시고, 햇빛 보고 감사하면 더 이상 햇빛도 필요 없는 천국을 주십니다. 하늘과 땅을 지으신 하나님께서 전혀 뜻밖의 방법으로 매우 강하게 역사하십니다. 문제만 보지 마시고, 그 문제 너머에 계신 하나님을 바라보십시오. 내가 일하면 내가 일하지만, 내가 기도하면 하나님이 일하십니다!

JANUARY 1월

JANUARY 1

꿈파까!

"요셉이 그들에게 가까이 오기 전에 그들이 요셉을 멀리서 보고 죽이기를 꾀하여 서로 이르되 꿈꾸는 자가 오는도다" 〈창 37:18-19, 개역개정〉

주님의 부르심을 받고, 처음 이곳 기차역에 내렸을 때입니다. 교회로 걸어오면서 아내에게 말했습니다. "여보, 나, 이 교회를 생각하면 아름다운 꿈이 있는데, 그 꿈 이름을 뭐라고 지을까?" 그때 아내가 지어 준 이름이 있습니다. 꿈을 파는 까페. 일명, 꿈!파!까! 까페 사장님은 예수 그리스도! 우리는 모두 까페 알바생! 뒤바뀌면 안 됩니다. 담임목사인 저도 알바생일 뿐입니다. 내 교회가 아닙니다. 절대 담임목사인 저를 바라보지 마십시오. 기대가 높으면 실망도 높을 뿐. 저도 인간입니다. 오직 시선을 꿈파까 사장님, 예수님만 바라봅시다. 지나온 역사, 꿈꾸는 자들이 걸어오셨던 그 꿈을 재료 삼아, 다시 새역사, 새롭게 꿈꾸는 자들이 됩시다. 요셉의 형들이 동생 요셉이 오는 것을 보고 말했지요. "저기 꿈꾸는 자가 오는 도다!" 영어성경에 보면, "히어 컴스 댓 드리머!"(Here comes that dreamer!) 요셉의 별명은 드리머, '꿈꾸는 자'였습니다. 비록 형들이 놀리는 말이었지만, 그것은 요셉이라는 한 인생을 설명하는 아주 중요한 키워드였습니다. 부디, 저의 묘비명을 이렇게 써주십시오. "여기, 꿈꾸는 자가 잠들다!"

> 주님, 새해가 시작되었습니다. 새해에는 나의 꿈 너머 하나님의 꿈을 꾸게 하옵소서! 제 삶에도 주님의 아름다운 꿈을 담아 꿈파까를 이루게 하옵소서. 저는 그저 주님의 꿈파까 알바생일 뿐이니, 오직 주님에게만 시선을 고정하게 하옵소서. 새로운 꿈을 꾸는 새역사의 증인이 되게 하옵소서. 삶의 매 순간 '꿈꾸는 자'로 살다가 잠들 수 있도록 은혜를 베풀어 주옵소서. 예수님의 이름으로 기도드립니다. 아멘.

JANUARY 2

나, 누군가의 꿈이 되리라!

"하나님이 말씀하시기를 말세에 내가 내 영을 모든 육체에 부어 주리니 너희의 자녀들은 예언할 것이요 너희의 젊은이들은 환상을 보고 너희의 늙은이들은 꿈을 꾸리라" 〈행 2:17, 개역개정〉

레오나르도 다빈치가 하늘 나는 꿈을 품지 않았다면, 라이트 형제의 비행기와 헬리콥터는 발명되지 않았을 것입니다. 비행기가 없었다면, 닐 암스트롱이 달에 착륙하지 못했을 것입니다. 암스트롱이 달을 밟는 장면을 본 수많은 과학자와 과학 꿈나무들은 지금도 누군가의 또 다른 꿈이 되기 위해 연구를 거듭하고 있습니다. 박지성이 처음으로 프리미어 리그에 진출하는 꿈을 꾸지 않았더라면, 기성용 지동원 등 10명이 넘는 선수의 탄생은 먼 훗날 이야기가 되었을 것입니다. 박찬호가 있었기에, 류현진을 비롯한 수많은 야구선수가 메이저 리그의 꿈을 이룰 수 있었습니다. 그리고 류현진은 다시 또 누군가의 꿈이 되기 위해 열심히 뛰고 있습니다. 미국의 케네디 대통령을 직접 만나 악수까지 나눈 두 소년은 그날부터 꿈을 키웠습니다. 훗날 한 소년은 미국 대통령이 되었고, 다른 소년은 유엔 사무총장이 되었습니다. 바로 빌 클린턴과 반기문 총장입니다. 꿈은 이렇게 전염성이 강하고 파급효과가 큽니다. 내가 꿈을 이루면, 나는 또 누군가의 꿈이 됩니다.

주님, 제 꿈이 또 다른 꿈을 낳게 하옵소서. 제 꿈이 강력한 전염성을 지니게 해주옵소서. 제 작은 성취가 누군가에게 용기와 비전을 주는 '희망의 원천'이 되게 하여 주옵소서. 제가 새해 꿈을 이루게 도와주옵소서. 그래서 제 꿈이 다시 누군가의 새로운 꿈이 되는 아름다운 선순환이 되게 하여 주옵소서. 예수 그리스도의 이름으로 기도드립니다. 아멘.

JANUARY 3

계급장의 의미

"꿈이 없는 백성은 망할 수밖에 없다. 하나님의 법을 지키는 이들은 얼마나 복되랴."
〈잠 29:18, 현대어〉

군대 계급장의 의미를 아십니까? 이병. 작대기 하나. 이병 혼자서 능히 한 명의 적과 싸워 이길 수 있다는 의미입니다. 일병. 작대기 둘. 일병 혼자서 능히 두 명의 적을 상대할 수 있다는 의미입니다. 상병. 작대기 셋. 상병 혼자서 능히 세 명의 적을 섬멸할 수 있다는 의미입니다. 병장. 작대기 넷. 병장 네 명이 모여야 겨우 한 명의 적을 상대할 수 있다는 의미입니다. 그런데 왜 병장이 될수록 눈에 총기가 없고 매사에 힘이 없어지는지 아십니까? 이등병 때는 뭣 모르고 지났는데, 전역이 가까울수록 이제 나가서 뭘 할지 고민이 많기 때문입니다. 부모님의 뜻대로, 또는 점수에 맞추어, 또는 잘 모르고 대학에 들어왔는데, 도저히 이것은 아닌 것 같습니다. 수능을 다시 봐야 하나, 전공을 바꾸어야 하나, 아니 이 여친과 계속 사귀어야 하나, 고민이 이만저만 아닙니다. 병장이 살이 빠지는 이유, 한 마디로 전역 후 앞날이 불투명하기 때문입니다. 앞날이 불투명하다는 것, 그것은 자신의 선명한 꿈이 없기 때문입니다. 여러분은 어떻습니까?

주님, 제가 미래의 불투명함에 무기력해지지 않게 하옵소서. 저에게 세상의 유혹과 고민 앞에서 흔들리지 않는 선명한 꿈을 허락하여 주옵소서. 진로와 인생행로에 대한 막연한 고민과 불안이 저를 덮치지 않게 하옵소서. 하나님 나라를 위한 확실한 비전을 붙들고 힘 있게 나아갈 수 있도록 이끌어 주옵소서. 예수님의 이름으로 기도드립니다. 아멘.

JANUARY 4

용서할 수 없어!

"오랜 옛날에, 하나님께서는 환상으로나 꿈으로나 또는 직접 말씀하시거나 하여 예언자들을 통해서 우리 조상들에게 조금씩 자신의 계획을 말씀해 주셨습니다."〈히 1:1, 현대어〉

눈이 단춧구멍만 해서 쌍꺼풀 수술을 한 남자는 용서할 수 있어도, 노출 심한 여자만 보면 눈이 당구공처럼 커지는 남자는 용서할 수 없어! 귀 뚫은 남자는 용서할 수 있어도, 귀가 막힌 남자는 용서할 수 없어! 머리카락 없는 남자는 용서할 수 있어도, 머리든 거 없는 남자는 용서할 수 없어! 날 사랑하지 않는 남자 용서할 수 있어도, 거짓으로 고백을 하는 남자 용서할 수 없어! 밥 많이 먹는 남자는 용서할 수 있어도, 반찬투정만 하는 남자는 용서할 수 없어! 외박하고 온 남자는 용서할 수 있어도, 속옷 뒤집어 입고 온 남자는 용서할 수 없어! 썰렁한 유머 애써 구사하는 남자는 용서할 수 있어도, 음담패설에 욕밖에 모르는 남자는 용서할 수 없어! 이제 이게 제일 중요한데요, 과거가 있는 남자는 용서할 수 있어도, 미래가 없는 남자는 용서할 수 없어! 여러분, 여기서 미래가 없는 남자는 꿈이 없는 남자가 아니고 무엇이겠습니까? 여자들이 가장 용서할 수 없는 남자는 바로 꿈이 없는 남자라는 말입니다. 꿈이 없는 남자와 사는 것은 산송장(The Living Dead)과 사는 것이나 마찬가지이기 때문입니다.

> 주님, 새해 제 삶에 꿈을 주옵소서. 꿈이 없어 산송장(The Living Dead)과 같이 무기력해지지 않게 하옵소서. 하나님의 선명한 비전이 없어 미래가 불투명한 영적 빈곤에 시달리지 않게 하옵소서. 오직 주님께서 보여주신 거룩한 꿈을 품게 하옵소서. 확신 있게 나아가게 하옵소서. 예수 그리스도의 이름으로 기도드립니다. 아멘.

JANUARY 5

행복플러스!

"이처럼 자랑을 늘어놓는 것은 모두 어리석은 짓이지만 조금 더 자랑을 하겠습니다. 주께서 보여주신 환상과 계시에 대해서입니다."〈고후 12:1, 현대어〉

전역 직전, 2달 동안, 특별한 임무를 부여받고, 육군본부에 파견되었습니다. 행복플러스TF장으로서 전국의 모든 군단과 사단을 순회하며 교관화교육을 시켜달라는 것! 2003년, 병사들의 자살을 예방하고자 만든 비전캠프. 그리고 2012년 초급간부들의 행복감을 고취시키고자 만든 행복플러스. 한 생명이라도 구할 수 있다면 하는 생각에 조그맣게 꿈꾸기 시작한 것인데, 이제는 육군해군공군해병대 65만명을 대상으로 전군에 확대실시하고 있는 것을 보면서 스스로도 적잖이 놀랐습니다. 몸은 고되지만, 마지막까지 아름답게 헌신할 수 있음에 너무나 감사했습니다. 전군을 돌면서 후배들에게 가장 많이 들었던 말. "군대를 그리고 우리 군종병과를 획기적으로 업그레이드시켜 준 행복플러스를 만들어주셔서 너무도 감사했습니다. 저희 후배들이 그 길을 잘 이어가겠습니다. 지난 24년, 너무너무 수고하셨습니다." 후배들의 그 말을 들으며, 눈시울이 붉혀졌습니다. 아, 내 모든 꿈이 결코 헛된 꿈이 아니었구나! 이제 65만 국군장병 모두의 꿈이 되었구나! 그 옛날, 주께서 보여주신 꿈이었구나!

주님, 오늘도 '행복플러스' 인생을 살게 하옵소서. 몸은 고되나 마지막까지 아름답게 헌신하게 하옵소서. 이 모든 여정이 오직 주님께서 보여주신 꿈의 열매임을 기억하게 하옵소서. 제 삶이 주님의 꿈을 이루어드리는 통로였음을 감사하게 하옵소서. 남은 사명 끝까지 완수하게 하옵소서. 예수 그리스도의 이름으로 기도드립니다. 아멘.

JANUARY 6

예수님처럼!

"요한이 잡힌 후 예수께서 갈릴리에 오셔서 하나님의 복음을 전파하여 이르시되 때가 찼고 하나님의 나라가 가까이 왔으니 회개하고 복음을 믿으라 하시더라"〈막 1:14-15, 개역개정〉

김구 선생님이 늘 가슴에 품었던 말이 있지요. "눈 덮인 들판을 걸을 때 함부로 어지러이 걷지 마라. 오늘 내가 남긴 발자취는 뒷사람의 이정표가 되나니!" 여러분이 이 교회 안에서 꿈을 이루기 위해 걸어왔던 그 모든 발자취가 이제 다음세대들이 또 꿈을 꾸는 재료가 됩니다. 한 걸음 한 걸음 그 기쁨과 슬픔, 그 성공과 실패까지도 다 후세들에게 또 다른 꿈을 꾸기 위한 소중한 재료가 될 것입니다. 예수님도 꿈꾸는 분이셨습니다. 마가복음 1:14~15. "요한이 잡힌 후 예수께서 갈릴리에 오셔서 하나님의 복음을 전파하여 이르시되 때가 찼고 하나님의 나라가 가까이 왔으니 회개하고 복음을 믿으라 하시더라." 이 땅이 하나님의 나라가 되는 꿈! 이 강렬한 꿈! 이 가슴 뛰는 꿈! 그렇습니다. 예수님도 꿈꾸는 분이셨습니다. 꿈이 없으면 대충대충 살 수밖에 없습니다. 꿈이 없으면 허송세월할 수밖에 없습니다. 살아 있으나 죽은 자, 꿈이 없는 자입니다. 그런 의미에서, 우리도 예수님처럼 꿈꾸는 자가 되어야 합니다. 예수님처럼! 예수님처럼!

> 주님, 제가 이룬 성공과 실패의 모든 발자취가 다음 세대가 또 다른 꿈을 꾸는 소중한 재료가 되게 하옵소서. 예수님의 강렬한 꿈을 제 가슴에 심어 주옵소서. 꿈이 없어 대충대충 살거나 허송세월하지 않게 하옵소서. 살아 있으나 죽은 자처럼 되지 않게 하옵소서. 오직 예수님처럼 가슴 뛰는 꿈을 품게 하옵소서. 예수님의 이름으로 기도드립니다. 아멘.

JANUARY 7

갈매기의 꿈

"오직 여호와를 앙망하는 자는 새 힘을 얻으리니 독수리가 날개치며 올라감 같을 것이요 달음박질하여도 곤비하지 아니하겠고 걸어가도 피곤하지 아니하리로다"〈사 40:31, 개역개정〉

리처드 바크가 쓴 〈갈매기의 꿈〉. 이렇게 시작됩니다: "떠오르는 태양이 부드러운 바다의 잔물결 위에 금빛 광채를 그으며 번쩍였다." 해변으로부터 1마일쯤 떨어진 바다에 고기잡이배들이 떠 있습니다. 배 주변에는 먹이를 찾는 갈매기 떼들이 모여듭니다. 그러나 거기 섞이지 않는 한 마리의 갈매기가 있었으니, 조나단 리빙스턴 시걸. 멀리, 어선과 해변을 떠나, 홀로 저만치, 물갈퀴 달린 두 발을 꺾어 굽히고, 부리를 쳐들고, 두 날개 팔딱거리며, 힘들고 고통스런 선회를 애쓰고 있었습니다. 다른 갈매기들은 '먹이를 찾아' 해변을 떠나 되돌아오는 것 그 이상 배우려 하지 않았습니다. 그들의 꿈은 먹는 꿈이었습니다. 그러나 조나단 리빙스턴 시걸, 이 작은 갈매기는 '먹는 것'이 문제가 아니고 '나는 것'이 문제였습니다. 다른 갈매기들이 오직 먹기 위해, 먹이를 구하기 위해 돌아다닐 때, 조나단은 '나는 것' 자체에 몰입했습니다. 조나단의 꿈은 어떻게 하면 더 빨리, 더 멀리, 더 높이 날 수 있을까, 어떻게 하면 이리저리 더 능숙하게 날 수 있을까, 하는 것이었습니다. 그의 꿈은 먹는 꿈이 아니라 나는 꿈이었습니다.

주님, '먹이'를 찾는 현실에 갇혀 바다 잔물결 위만 맴돌았던 갈매기가 되지 않게 하옵소서. 제 삶이 갈매기 조나단처럼 더 멀리, 더 높이 '나는 꿈' 자체에 몰입하게 하옵소서. 물갈퀴 달린 발을 꺾고 홀로 고통스런 선회를 애쓰는 비상의 꿈을 꾸게 하옵소서. 생존을 위하여 먹는 꿈이 아니라, 주님의 영광을 위하여 나는 꿈을 꾸게 하옵소서. 예수 그리스도의 이름으로 기도드립니다. 아멘.

JANUARY 8

꿈 너머 꿈

"갈릴리 해변으로 지나가시다가 시몬과 그 형제 안드레가 바다에 그물 던지는 것을 보시니 그들은 어부라 예수께서 이르시되 나를 따라오라 내가 너희로 사람을 낚는 어부가 되게 하리라 하시니 곧 그물을 버려두고 따르니라" 〈막 1:16-18, 개역개정〉

갈매기 조나단처럼, 구약의 요셉처럼, 먹는 꿈 너머 나는 꿈을 꾸었던 분이 계십니다. 그분이 바로 예수 그리스도이십니다. 당시 최고학부를 자랑하던 종교지도자들의 꿈은 먹는 꿈이었습니다. 바리새파 사람들은 자기들의 기득권을 지키려는 데만 혈안이 되어 있었습니다. 사두개파 사람들은 유대교 전통을 고집하는 데만 자존심을 걸었습니다. 그러나 예수님은 새 하늘과 새 땅의 비전으로 하나님 나라의 꿈을 보여주셨습니다. 죽어가는 영혼을 다시 살리시는 부활의 꿈을 심어 주셨습니다. 그것은 단연코 먹는 꿈이 아니라 나는 꿈이었습니다. 고기를 낚는 어부가 아닌, 사람을 낚는 어부가 되는 꿈. 먹는 꿈 너머 나는 꿈, 꿈 너머 꿈이셨습니다. 지금 여러분의 꿈은 어떻습니까? 아무리 먹고사는 게 힘들다고 우리의 꿈이 목구멍에 풀칠하는, 먹는 꿈에 머물러서야 되겠습니까? 갈매기 조나단처럼, 요셉처럼, 예수님처럼, 먹는 꿈 너머 나는 꿈, 나의 꿈 너머 하나님의 꿈, 꿈 너머 꿈을 꾸시기를 주님의 이름으로 축원합니다.

> 주님, 제가 오늘도 꿈 너머 꿈을 꾸게 해주옵소서. 생존을 위하여 목구멍에 풀칠하는 꿈에 머물지 않게 해주옵소서. 새 하늘과 새 땅의 비전, 죽어가는 영혼을 살리는 부활의 꿈을 꾸게 해주옵소서. 고기를 낚는 어부가 아닌, 사람을 낚는 어부의 꿈, 나의 꿈 너머 하나님의 꿈을 꾸게 하여 주옵소서. 예수님의 이름으로 기도드립니다. 아멘.

JANUARY 9

혼자 꾸면 꿈으로 끝나지만, 함께 꾸면 현실이 된다

"그 후에 내가 내 영을 만민에게 부어 주리니 너희 자녀들이 장래 일을 말할 것이며 너희 늙은이는 꿈을 꾸며 너희 젊은이는 이상을 볼 것이며"〈욜 2:28, 개역개정〉

사탄은 우리가 꿈을 이루는 꼴을 못 봅니다. 이것은 영적 분별력에 관한 것입니다. 사탄에게 지지 말아야 합니다. 요셉을 향한 형들의 조롱과 경멸과 증오심. 먼 여정과 방황으로 지치고 초췌해진 동생의 모습과, 꿈 속에서 묘사했던 요셉 자신의 고상하고 당당한 모습을 비교하도록 해서, 스스로 자기 꿈에 대하여 좌절과 불신을 갖게 하여, 그 꿈을 포기하게 하려는 의도. 하나님의 분명한 섭리가 담긴 꿈이건만, 믿음으로 받아들이지 않는 이들에게는 헛된 꿈, 조롱거리로밖에 보이지 않는 법입니다. 동생의 꿈이 산산조각 나기를 바라는 형들의 음모와 시기심. 이것은 분명 사탄이 하는 짓입니다. 그것을 꿰뚫어 볼 수 있는 영적인 분별력이 그래서 필요합니다. 오늘도 사탄은 우리 꿈이 실현되는 꼴을 못 봅니다. 사탄의 계략을 이길 묘책은 딱 하나. 하나님의 영, 성령을 받아야 합니다. 성령님과 함께! 자녀들과 함께! 교우들과 함께! 여러분, 함께 꿈을 꾸십시오. 여러분, 혼자 꾸면 꿈으로 끝나지만, 함께 꾸면 현실이 됩니다.

주님, 제 꿈을 헛된 조롱거리로 만들려는 사탄의 계략을 꿰뚫어 볼 수 있는 영적인 분별력을 주옵소서. 하나님의 분명한 섭리가 담긴 제 꿈이 산산조각 나지 않도록, 하나님의 영, 성령님을 충만히 부어 주옵소서. 혼자 꾸면 꿈으로 끝나지만, 함께 꾸면 현실이 되는 합력의 꿈을 함께 꾸게 하여 주옵소서. 예수 그리스도의 이름으로 기도드립니다. 아멘.

JANUARY 10

얼마나 고생했을까!

"무리를 보시고 불쌍히 여기시니 이는 그들이 목자 없는 양과 같이 고생하며 기진함이라" 〈마 9:36, 개역개정〉

정현. 2018 호주오픈 세계 테니스대회에서 세계랭킹 1위인 조코비치를 누르며 4강에 오릅니다. 한국 테니스의 새역사를 쓴 정현. 보통 일이 아니예요. 우리 한국선수들이 좀처럼 넘기 힘든 마의 벽. 그 벽을 넘은 정현. 제가 수원에 살았었는데, 완전 난리 났어요. 영화초교. 수원북중. 특히 그가 나온 고등학교는 제가 전도사 때 성적이나 가정형편이나 부적응으로 가장 어려운 아이들이 가는 곳이어서, 저도 그 학교 다니는 교회학교 아이들에게 관심을 많이 가졌었는데, 그 학교가 지금은 전국에서 가장 유명한 학교가 되어버렸어요. 정현 때문에. 그런데 그만 아쉽게도 4강에서 페더러에게 기권을 하고 맙니다. 이유는 발바닥 물집. 차마 눈 뜨고 볼 수 없는 발바닥 물집들. 여러분, 이 고통 이해가 되십니까? 저도 군목훈련을 받을 때 발바닥 물집 때문에 시리고 아파서 정말 고생 많이 했는데, 정현 선수 발바닥을 보니, 어휴 그때 고생이 생각나 치가 떨립니다. 이 발로 어떻게 4강까지 올라왔을까! 얼마나 고생했을까! 여러분도 그동안 얼마나 고생이 많으셨습니까?

주님, 제 삶의 꿈을 향해 나아가는 길에 차마 눈 뜨고 볼 수 없는 고난과 숨겨진 상처가 있다 해도, 그 시리고 아픈 헌신이 결코 헛되지 않게 해주옵소서. 육체의 고통 속에서도 비전을 향한 열정을 잃지 않게 해주옵소서. 제가 주님의 뜻을 이루기까지 강한 믿음과 인내로 마의 벽을 넘어서게 하여 주옵소서. 예수님의 이름으로 기도드립니다. 아멘.

JANUARY 11

섭섭병

"주께서 인생으로 고생하게 하시며 근심하게 하심은 본심이 아니시로다"〈애 3:33, 개역개정〉

사람들이 고생하면서 가장 힘든 것은 고생 그 자체가 아닙니다. 내가 이 고생하는데 아무도 몰라준다는 느낌, 그것이 가장 힘듭니다. 친구들이, 사랑하는 사람들이, 동료들이, 부모님들이, 내 고생을 몰라준다는 느낌이 들 때 한없이 외로워집니다. 교회 일도 구역장님이, 권사님이, 안수집사님이, 목사님이 내 고생을 몰라준다는 느낌이 들 때 섭섭해집니다. 직장일도 윗사람이 내 고생 따위 아는 체도 않는다는 느낌이 들 때 당장 때려치우고 싶어집니다. 가정일도 죽어라 밥하고 설거지하고 빨래하고 청소하고 애들 뒤치다꺼리하고 그러다 보면 하루가 후딱 지나가는데, 남편이라는 사람이 들어오자마자 "당신, 오늘 하루 뭐 했길래 아직 밥도 안 차려놨어?" 그러면 눈물이 핑 돌지요? 내가 속았지! 이런 남자를 뭐 좋다고! 남편도 내 고생을 몰라준다는 느낌. 남편도 마찬가지! 나는 돈 버는 기계인가! 아내가 내 고생을 몰라준다는 느낌. 부모자식도 마찬가지! 내 고생을 몰라주는구나! 그래서 섭섭병이 생기고 오해가 생기고 상처가 생깁니다.

주님, 고생 그 자체보다 '아무도 내 고생을 몰라준다'는 느낌 때문에 섭섭병을 앓고 있는 제 영혼을 긍휼히 여겨주옵소서. 직장에서, 교회에서, 가정에서, 제 헌신과 노고를 알아주지 못할 때라도, 주님 한 분만은 제 모든 눈물의 고생과 숨겨진 수고를 정확히 알고 계심을 확신하게 해주옵소서. 오늘도 주어진 자리를 묵묵히 지키게 하여 주옵소서. 예수님의 이름으로 기도드립니다. 아멘.

JANUARY 12

내가 이 고생하는데!

"야곱아, 네가 어찌 이런 말을 하느냐? 이스라엘아, 네가 어찌 이런 주장을 펴느냐? '야훼께서는 나의 고생길 같은 것은 관심도 두지 않으신다. 하느님께서는 내 권리 따위, 알은 체도 않으신다.'" 〈사 40:27, 공동번역〉

힘들고 지쳐 낙망하고 넘어져 일어날 힘 전혀 없을 때에. 왜 이렇게 사는 게 힘든가! 신앙의 성숙은 고사하고, 최소한의 믿음마저 보존하기 힘든 이 고생스런 생활! 내가 지금 여기서 뭐하고 있는가! 이게 사는 건가! 하나님은 나의 이 고생길 관심도 없으시구나! 내 고생 알은 체도 않으시는구나! 이런 푸념이 어찌 저 이스라엘 백성들만의 푸념이겠습니까? 지금 여러분의 영혼도 이런 푸념들로 범벅이 되어 있지 않습니까? 하나님은 나의 이 고생길 관심도 없으시구나! 내 고생 알은 체도 않으시는구나! 그러나 그렇게 생각할 일만은 아닙니다. 가만히 두 손을 귀에 대고 들어보십시오. 하나님의 음성이 들려오지 않습니까? 너는 내 아들이라 오늘날 내가 너를 낳았도다 너는 내 아들이라 나의 사랑하는 내 딸이라. 하나님은 여러분의 고생길을 잘 알고 계십니다. 아무도 몰라준다? 아닙니다. 하나님이 여러분의 고생 잘 알고 계십니다. 하나님이 알아주시면 되는 것 아닙니까? 그보다 더 큰 위로가 어디 있겠습니까?

주님, 오늘도 힘들고 지칩니다. 낙망하고 넘어졌습니다. 일어설 힘조차 없습니다. 이러한 때, '하나님은 내 고생길 관심도 없으시구나' 하는 푸념에 제 영혼이 범벅되지 않게 해주옵소서. 신앙의 성숙은 고사하고 최소한의 믿음마저 지키기 힘든 이 고생스러운 삶 속에서, 두 손을 귀에 대고 '너는 내 아들이라, 나의 사랑하는 내 딸이라'는 주님의 음성을 듣게 해주옵소서. 예수님의 이름으로 기도드립니다. 아멘.

JANUARY 13

절대절망의 자리, 그 한복판에서

"너는 알지 못하였느냐 듣지 못하였느냐 영원하신 하나님 여호와, 땅끝까지 창조하신 이는 피곤하지 않으시며 곤비하지 않으시며 명철이 한이 없으시며 피곤한 자에게는 능력을 주시며 무능한 자에게는 힘을 더하시나니"〈사 40:28-29, 개역개정〉

신학교 시절, 깊은 회의에 빠진 적이 있습니다. 삶의 고달픔, 피곤함, 짜증스러움, 역겨움, 그리고 산다는 것의 허무함, nothingness! 신학을 포기하려고 맘먹고 무작정 밤기차에 몸을 실었습니다. 다음날 새벽, 내 고향 땅끝. 동트는 고향 바다, 콧잔을 스치는 짜고 상큼한 바닷내음, 밤새 먼 바다에 나갔다 돌아오는 만선의 고깃배들, 그들을 초조하게 기다리다 반갑게 맞이하는 아내와 아이들의 흥거운 소란, 거기 질새라 등대 주변을 힘차게 날갯짓하며 희망의 아침을 끌어당기는 갈매기 떼들... 바로 그곳이 내 어린 시절 꿈이 싹트던 고향의 품. "하나님, 이러실 수는 없습니다. 내가 이 고생하는데 관심도 없으시고, 아는 체도 않으시고, 정말 앞이 안 보입니다." 절대절망의 자리, 그 한복판에서 들려주신 음성이 있습니다. 이사야 40:28-29. "너는 알지 못하였느냐 듣지 못하였느냐 영원하신 하나님 여호와, 땅 끝까지 창조하신 이는 피곤하지 않으시며 곤비하지 않으시며 명철이 한이 없으시며 피곤한 자에게는 능력을 주시며 무능한 자에게는 힘을 더하시나니"

> 주님, 오늘도 절망의 끝, 땅끝에 이른 심정입니다. 제 피곤함과 무능함을 있는 그대로 주님께 올려드립니다. 저를 불쌍히 여겨주옵소서. 땅끝까지 창조하신 주님은 피곤하지 않으시며 곤비하지 않으시며 명철이 한이 없으신 영원한 힘의 근원이심을 믿습니다. 다시금 소명을 붙들고 믿음의 길을 걸어갈 수 있는 용기를 주옵소서. 예수님의 이름으로 기도드립니다. 아멘.

JANUARY 14

독수리, 다시 날아오르다

"오직 여호와를 앙망하는 자는 새 힘을 얻으리니 독수리가 날개 치며 올라감 같을 것이요 달음박질하여도 곤비하지 아니하겠고 걸어가도 피곤하지 아니하리로다"〈사 40:31, 개역개정〉

독수리의 야성은 솟구치며 올라가는 데 있습니다. 독수리가 먹이를 탐내며 내려오는 것은 이차적인 본능입니다. 독수리는 팍팍 올라가야 사정없이 내려올 수 있습니다. 올라가지 않는 독수리, 내려오려고만 하는 독수리, 그런 독수리는 정말 쩨쩨한 독수리입니다. 독수리의 본능, 독수리의 야성, 그것은 날개 치며 올라가는 것입니다. 여러분이 독수리처럼 야성을 가지고 날개 치며 올라가려면 어떻게 해야 할까요? 방법은 단 하나! 오직 여호와만 바라보는 것입니다. 오직 여호와만 바라보며 앙망하는 사람. 오직 주님께만 시선을 드리는 사람. 독수리가 날개를 치며 솟아오르듯 올라갈 것이요 뛰어도 지치지 않으며 걸어도 피곤하지 않을 것이라 약속하십니다. 여러분, 이제 여러분의 고생도 바닥을 칠 때가 얼마 남지 않았습니다. 금방입니다. 알고 보면, 이 고생의 바닥은 그리 깊지 않습니다. 괜히 사람들이 겁주고 뻥 치는 겁니다. 믿음의 선배들도, 부모님들도 이 고생길을 통과하셨습니다. 여러분도 할 수 있습니다. 방법은 이미 나와 있습니다. 오직 여호와만 앙망하라!

> 주님, 쩨쩨한 독수리가 아닌, 솟구쳐 오르는 독수리가 되게 하옵소서. 삶의 고생길에서 자꾸만 내려앉으려는 이차적인 본능을 거부하고, 날개를 치며 하늘로 솟구쳐 오르게 하옵소서. 제 시선을 오직 주님께만 드립니다. 이 고생 바닥이 그리 깊지 않음을 알게 하옵소서. 오늘도 제 삶이 주님의 영광을 위하여 힘껏 솟구쳐 오르게 하옵소서. 예수님의 이름으로 기도드립니다. 아멘.

JANUARY 15

3번아 찾지 마라, 6번은 간다!

"이 몸 돌아보소서. 어여삐 보아주소서. 어디 하나 기댈 데 없이 외로운 이 몸, 무엇 하나 가진 것 없어 서러운 이 몸!" 〈시 25:16, 현대어〉

외로운 노인 한 분이 있었습니다. 아내와 사별한 뒤, 서울 아들집에서 살게 되었습니다. 그러던 어느 날, 그 노인이 우연히 아들 부부가 자기들끼리 속삭이는 것을 듣게 됩니다. 식구들을 한 사람 한 사람 순번을 붙여 "1번 학원 갔니?" 하는 식으로 부르는 걸 엿들은 것입니다. 가만 보니, 우선순위 1번은 손자였습니다. 우선순위 2번은 며느리였구요. 우선순위 3번은 아들이었습니다. 그리고 우선순위 4번은 아이 봐주는 가정부였습니다. 그 노인은 우선순위 5번도 아니었습니다. 우선순위 5번은 애완견이었던 것입니다. 그런 상황에서 노인은 평생 자기밖에 모르고 살다 간 아내가 미치도록 보고 싶었습니다. 너무나 외로웠습니다. 견딜 수가 없었습니다. 그래서 며칠 후, 노인은 쪽지를 남겨 놓고 시골집으로 내려가 버렸습니다. 그 쪽지에는 이렇게 쓰여 있었습니다. 3번아 찾지 마라, 6번은 간다!

> 주님, 제가 지금 외롭고 쓸쓸합니다. 주님께 피합니다. 피난처를 허락해 주옵소서. 세상의 헛된 관계와 순위에 연연하지 않게 해주옵소서. 제 진정한 쉼터는 오직 주님의 품 안에 있음을 선포하게 하옵소서. 이 외로움의 시간, 더욱 주님과 친밀해지게 하옵소서. 주님 안에서 제가 존재 그 자체만으로도 빛나게 해주옵소서. 예수님의 이름으로 기도드립니다. 아멘.

JANUARY 16

외로우시지요?

"한때는 비록 온 세상이 시온을 소박 맞은 여인처럼 멸시하고 온 세상에 친구 하나 도 없는 외로운 여인처럼 대하였으나 이제는 내가 너를 회복시켜 주고 썩어 들어가 는 네 상처도 모두 치료해 주겠다. 이것은 나 여호와의 말이다."〈렘 30:17, 현대어〉

어린 시절, 반 아이들에게 사팔뜨기라고 놀림을 당했을 때 외로우셨지요? 사춘기 시절, 캠프 갔다가 집이 그리워졌을 때 외로우셨지요? 대학 시절, 주위 사람들이 죄다 취업에만 연연해하고 좋은 친구란 눈을 씻고 보아도 없었을 때 외로우셨지요? 내 힘으로는 어쩔 수 없는 부당한 규칙에 분개했을 때도 외로우셨지요? 끼리끼리 어울리며 나만 외톨이인 것 같을 때 외로우셨지요? 지금은 어떻습니까? 마음속 진솔한 이야기 나눌 수 있는 내 영혼의 친구 한 명 없을 때 외로우시죠? 여러분이 내놓은 제안에 아무도 관심을 기울이지 않을 때 외로우시죠? 남들에게 자꾸만 뒤처지는 것 같을 때도 외로우시죠? 윗사람이 다른 사람을 더 인정하는 것 같을 때도 외로우시죠? 건강도 자꾸만 이상신호가 오는 것 같을 때도 외로우시죠? 지치고 곤한 몸 끌고 겨우겨우 기어서 아파트 문을 열 때, 가족들이 그리울 때, 과연 이렇게 사는 게 맞는지 싶을 때, 외로우시죠? 주님, 나의 이 외로움, 어떻게 치유해야 하나요?

> 주님, 어린 시절부터, 제 삶을 관통했던 깊은 외로움을 주님 앞에 드립니다. 진솔한 이야기를 나눌 영혼의 친구가 없었습니다. 세상에서 뒤처지는 것만 같았습니다. 지치고 곤한 몸과 마음, 너무 힘들었습니다. 세상이 외면할지라도, 주님 눈에는 제가 가장 소중한 존재임을 잊지 않게 하옵소서. 제 삶의 의미를 주님 안에서 발견하게 하옵소서. 예수님의 이름으로 기도드립니다. 아멘.

JANUARY 17

교회, 너마저!

"다시 한번 일러두지만 집안에 과부가 있는 사람은 그 과부를 도와주어 교회에 짐을 지우지 마시오. 그래야 교회가 진정 아무도 의지할 데 없이 외로이 사는 과부를 도울 수 있을 것입니다." 〈딤전 5:16, 현대어〉

문제는 교회마저 외롭다는 것. 어디다 정을 붙여야 할지, 어디서 봉사해야 할지, 예배드리는 이 시간도, 성경을 펴놓고 입은 굳게 다물고 공상 속에서 멍하니 딴 데를 쳐다보고 있는 사람들…. 오히려 안 왔으면 싶을 정도로 공허함과 서글픔만 남는 교회모임들…. 조건 없이 사랑해 줄 사람은 아무도 없으며, 자신을 드러내면 낼수록 이용당한다는 느낌, 거절당함과 비아냥거리는 웃음소리, 툭 쏘아붙이는 말과 차가운 침묵…. 이게 진정한 신앙공동체라고 할 수 있는가! 나의 외로움은 너무너무 깊어집니다. 그래서 이 시간, 내 마음은 좀처럼 흥이 나지 않습니다. 인생의 뒤안길이 허허로워 보입니다. 나는 과연 어디서 왔고, 나는 지금 어디메 있으며, 나는 또 어디를 향하여 가고 있는가? 내 가는 길, 지금 제대로 가고 있는가? 앞만 보고 달려왔는데! 이렇게 인생이 끝나버린다면! 이 모든 게 다 무슨 의미가 있단 말인가? 문득 왜 이리 허전할까, 하루에도 수없이 헤매며 방황하는 외로움의 산길. "아임 얼로운!"(I'm alone!) "난 혼자다!"라는 이 처연한 느낌!

> 주님, 허무합니다. 서글픕니다. 오늘도 혼자입니다. 흥이 나지 않습니다. 인생의 뒤안길이 허허롭습니다. 이용당하는 느낌과 차가운 침묵 속에서, 절규하는 제 마음을 헤아려주옵소서. '나는 어디로 가는가?' 근원적인 질문 속에 길을 헤매는 저를 불쌍히 여겨주옵소서. 오늘도 이 외로움의 산길을 저와 함께 걸어가 주옵소서. 예수님의 이름으로 기도드립니다. 아멘.

JANUARY 18

그대 울지 마라 외로우니까 사람이다

"주님은 그 과부를 보시고 측은하게 여겨 '울지 말라' 하고 위로하셨다."〈눅 7:13, 현대어〉

시인 정호승도 많이 외로웠나 봅니다. 시인은 이렇게 자신의 외로움을 형상화합니다. 그대 울지 마라 외로우니까 사람이다 / 살아간다는 것은 외로움을 견디는 일 / 공연히 오지 않는 전화를 기다리지 마라 / 눈이 내리면 눈길 걸어가고 / 비가 오면 빗속을 걸어라 / 갈대숲속 가슴 검은 도요새도 너를 보고 있다 / 그대 울지 마라 외로우니까 사람이다 / 가끔씩 하느님도 눈물을 흘리신다 / 공연이 오지 않는 전화를 기다리지 마라 / 산그림자도 외로움에 겨워 한 번씩은 마을로 향하며 / 새들이 나뭇가지에 앉아서 우는 것도 / 그대가 물가에 앉아 있는 것도 / 그대 울지 마라 외로우니까 사람이다 / 살아간다는 것은 외로움을 견디는 일 / 공연이 오지 않는 전화를 기다리지 마라 / 그대 울지 마라 외로우니까 사람이다. 어쩌면 이렇게 내 마음을 잘 표현했을까! 여러분, 여러분은 지금 어떠십니까? 마찬가지시라구요? 그렇다면 이 외로움, 우리, 어떻게 치유해야 할까요?

주님, 살아간다는 것이 이 외로움을 견디는 일임을 깨닫습니다. 공연히 오지 않는 전화를 기다리지 않게 하옵소서. 눈이 오면 눈길을 걷고, 비가 오면 빗속을 걷게 하옵소서. 제가 외로움에 겨워 눈물 흘릴 때, 하늘 하나님께서도 눈물을 흘리신다는 것을 기억하게 하옵소서. 뒤처지는 것 같을 때도, 주님의 시선이 저를 바라보고 계심을 잊지 않게 하옵소서. 예수님의 이름으로 기도드립니다. 아멘.

JANUARY 19

외로움

"고아들의 아버지 과부들을 보호하시는 분 거룩한 곳에 사시는 하나님이시니 갇혀 있어 외로운 이에게 따뜻한 보금자리 꾸미게 하신다. 감옥에 갇혀 있는 이 이제는 행복을 맛보게 하신다. 하나 하나님께 들고 일어나는 반역의 무리들은 황량한 땅에 내팽개치신다." 〈시 68:5-6, 현대어〉

외로움. 이 외로움이야말로 저와 여러분, 아니 현대를 살아가는 우리 모두에게 가장 큰 마음의 그림자 아닐까요? 정신과 의사를 찾는 사람들의 80% 이상이 이 외로움 때문에 생기는 정신질환으로 고생한다는 조사보고가 있습니다. 그래서 현대 정신분석학의 거목인 칼 구스타프 융은 환자들에게 나한테 오지 말고 교회공동체로 찾아가라고 했던 것입니다. 텔레비전을 켜도, 인터넷에 빠져들어도, 스마트폰을 보고 또 봐도, 떠들썩한 식당에서도, 현란한 조명발 아래에서도, 즐겁게 어울리는 동안에도, 이따금 명치를 콕콕 찌르는 이 익숙한 느낌. 이것이 외로움입니다. 두통, 위통, 아랫등뼈의 통증, 불만, 수많은 교통사고, 자살충동, 포르노, 알코올 중독…. 이 또한 외로움의 반증이지요. 사람들은 될 수 있으면 이 외로움을 멀리하고 싶어 합니다. 외로움이라는 저 밑바닥 마음의 그림자를 들여다보는 일이 결코 쉬운 게 아니기 때문입니다. 여러분도 그렇게 애써 외롭지 않은 척, 외로움을 부인하고 회피하시겠습니까? 아니면 이 외로움의 정체를 직시하고 치유하시겠습니까?

> 주님, 텔레비전을 켜도, 스마트폰을 보아도, 떠들썩한 인파 속에서도, 명치를 콕콕 찌르는 이 익숙한 느낌. 두통과 불만, 자살충동과 중독의 형태로 나타나는 이 외로움의 정체를 저 스스로 부인하거나 회피하지 않게 하옵소서. 주님과 깊은 영적 연합 안에서 참된 위로를 발견하게 하옵소서. 외로움을 통하여 주님을 더욱 깊이 만나는 축복을 얻게 하옵소서. 예수님의 이름으로 기도드립니다. 아멘.

JANUARY 20

속히 내려오라!

"예수께서 그곳에 이르사 쳐다보시고 이르시되 삭개오야 속히 내려오라"〈눅 19:5 상반절, 개역개정〉

부유한 무역도시 여리고의 세리장 삭개오. 가난한 사람들 집에 쳐들어가 숟가락 젓가락까지 빼앗아 로마에 바치고 그 콩고물로 부자가 되었습니다. 번쩍거리는 집, 사치스러운 가구, 이 지역 최고의 유지, 그러나 전혀 행복하지 않았습니다. 외로웠기 때문입니다. 사람들은 집 앞에서 침을 뱉고 돌을 던지고 손가락질을 했습니다. '면허증을 가진 도둑놈,' '매국노,' '공공의 적 제1호'. 밤마다 외로움에 잠을 설쳤습니다. 아침마다 외로움의 혼밥을 먹었습니다. 그런데 어느 날, 키 작은 삭개오, 예수님을 보고자 돌무화과나무에 올라갑니다. 그런데 예수님이 오늘 그 외로운 삭개오에게 먼저 말을 붙이십니다. "삭개오야, 속히 내려오라!" 돈에 쇼핑에 게임에 이성에 쾌락에 자식에게 자신에게, 미쳐 오르고 또 오른다고 외로움이 없어지는 게 아니란다! 최고, 최신, 최초, 최첨단을 향해 오르고 또 오른다고 그 외로움이 사라지는 게 아니란다. 삭개오야, 내려와라. 네가 찾는 예수는 여기 밑에 있느니라. 나를 만나려거든 여기로 내려와라. 그것도 속히!

> 주님, 부와 명예의 높은 자리에 올랐지만, 여전히 외롭고 공허합니다. 세상의 쾌락과 성공이라는 돌무화과나무에 올라가서 주님을 보려 했습니다. 그곳에서 외로움을 지우려 했던 제 어리석음을 용서하여 주옵소서. "삭개오야, 속히 내려오라!"는 주님의 음성을 듣게 하옵소서. 주님께서 계신 가장 낮은 곳으로 속히 내려오게 하옵소서. 예수님의 이름으로 기도드립니다. 아멘.

JANUARY 21

내 마음을 알아주는 사람이 있는가?

"내가 오늘 네 집에 유하여야 하겠다 하시니 급히 내려와 즐거워하며 영접하거늘"
〈눅 19:5하반절-6, 개역개정〉

우리 집에는 아무도 안 온다! 그것이 삭개오의 외로움, 그 극치였습니다. 우리 집에는 아무도 안 오는데, 돈도 명예도 진급도 대궐 같은 아파트도 뭔 소용이 있겠습니까? 칠흑 같은 외로움뿐! 그 외로움 앞에서는 모든 것이 다 속수무책이었습니다. 예수님은 삭개오의 이 외로운 마음을 한방에 알아주셨습니다. "내가 오늘 네 집에 유하여야 하겠다!" 예수님의 그 말씀 한마디에 삭개오의 외로운 가슴이 확 녹아버립니다. "급히 내려와 즐거워하며 영접하거늘." 삭개오는 언제 그랬냐는 듯, 삶의 기쁨, 삶의 의미, 삶의 이유를 다시 발견합니다. 그렇습니다. 사람은 아무리 외롭다가도, 자신의 마음을 알아주는 사람 단 한 명만 있다면, 고무공처럼 튀어오르는 탄력을 발휘합니다. 외로움의 벼랑 끝에서 다시 기어오르는 괴력을 발휘합니다. 알아주는 게 얼마나 고마우면, 예로부터 '남자는 자기를 알아주는 사람한테 목숨을 바친다'는 말까지 있겠습니까? 오죽하면, 현대 심리학이 행복의 제1요소로 '내 마음을 알아주는 사람이 있는가?' 묻겠습니까?

> 주님, 이 칠흑 같은 외로움 속에서 속수무책인 제 영혼을 불쌍히 여겨 주옵소서. "내가 오늘 네 집에 유하여야 하겠다!" 주님의 그 말씀 한마디에 삭개오의 외로움이 녹아내렸듯, 제 메마른 영혼도 주님의 사랑으로 녹아내리게 하옵소서. 삭개오처럼 삶의 기쁨, 의미, 이유를 다시 발견하게 하옵소서. 외로움의 벼랑 끝에서도 고무공처럼 튀어 오르는 탄력을 주옵소서. 예수님의 이름으로 기도드립니다. 아멘.

JANUARY 22

오늘 구원이 이 집에 이르렀다

"삭개오가 서서 주께 여짜오되 주여 보시옵소서. 내 소유의 절반을 가난한 자들에게 주겠사오며 만일 누구의 것을 속여 빼앗은 일이 있으면 네 갑절이나 갚겠나이다. 예수께서 이르시되 오늘 구원이 이 집에 이르렀으니 이 사람도 아브라함의 자손임이로다"〈눅 19:8-9, 개역개정〉

외로웠던 삭개오. 사람들이 미워하면 할수록, 손가락질하면 할수록, 더 바득바득 돈 버는 일에 혈안이 되었습니다. 자기를 증오하는 사람들에게 복수하는 길은 이 지역 최고의 부자가 되는 길이라고 믿었던 것입니다. 그럴수록 더 외로운 밤을 보내야 했던 삭개오. 그 외로운 삭개오를 불러주신 예수님. 삭개오야, 속히 내려오라! 너는 이제 더 이상 혼자가 아니다! 내가 네 친구가 되어 주겠다! 그 초청에 삭개오는 영혼의 눈이 확 뜨입니다. 그동안은 자기밖에 몰랐는데, 이제야 주변사람들이 보입니다. 나만 잘살면 된다고 생각했는데, 내 이웃도 얼마나 외로웠을까 보이기 시작합니다. 그래서 자신처럼 외로워하는 이들을 위하여 결단합니다. "내 소유의 절반을 가난한 자들에게 주겠사오며 만일 누구의 것을 속여 빼앗은 일이 있으면 네 갑절이나 갚겠나이다." 여러분, 예수님께서 삭개오의 이 기특한 결단을 들으시고 뭐라고 하십니까? "오늘 '구원'이 이 집에 이르렀다." 그 말씀은 이런 뜻입니다. 오늘 네 외로움이 한방에 '치유'되었다!

주님, 외로움의 밤을 보냈던 삭개오 모습을 통하여, 제 외로움도 보게 하옵소서. "삭개오야, 속히 내려오라! 내가 네 친구가 되어 주겠다!" 주님의 초청에 제 영혼의 눈도 확 뜨이게 하옵소서. 이제 제가 더 이상 혼자가 아님을 깨닫게 하옵소서. 저만 생각했던 마음을 버리고 외로운 이웃을 돌아보게 하옵소서. 오늘 제 외로움이 한방에 치유되게 하옵소서. 예수님의 이름으로 기도드립니다. 아멘.

JANUARY 23

더 사랑할 걸! 더 웃을 걸! 더 도와줄 걸!

"그러므로 이미 여러분이 하고 있는 그대로 서로 격려하고 도와주십시오." 〈살전 5:11, 현대어〉

〈생로병사의 비밀〉이라는 텔레비전 프로그램 아시죠? 어느 날, 미국 미시간대 심리학 교수인 스테파니 브라운 박사가 나와서 이런 이야기를 하더라고요. 통계적으로 보니, 사람들이 인생의 마지막 순간 가장 많이 후회를 하는 것은 "책을 더 쓸 걸! 집을 더 늘릴 걸! 진급을 더 할 걸!" 그런 게 아니라는 것입니다. "더 사랑할 걸! 더 웃을 걸! 더 도와줄 걸!" 통계적으로 이 세 가지 후회가 가장 많다는 것입니다. 그리고 이렇게 더 사랑하고 더 웃고 더 도와주는 사람이 그렇지 않은 사람들보다 훨씬 더 오래 산다는 것입니다. 여러분, 외로우십니까? 나보다 더 외로운 사람들을 찾아가십시오. 그리고 그들을 따뜻한 시선으로 도와주십시오. 나보다 더 외로운 이들을 도와줄수록 내 자신의 외로움은 치유됩니다. 그리고 이내 알게 될 것입니다. 그들의 외로움에 비하면 내 외로움은 아무것도 아니라는 것을! 어떻게 하면 나보다 더 외로운 이들을 도울 수 있을까! 이런 행복한 고민을 통하여 여러분의 삶에 하늘 기쁨 가득하기를 주님의 이름으로 축원합니다.

주님, 제 인생의 마지막 순간에, "더 사랑할 걸! 더 웃을 걸! 더 도와줄 걸!" 후회하지 않게 하옵소서. 제가 제 외로움을 안고 골방에 머물지 않게 하옵소서. 나보다 더 외로운 이웃을 찾아 나서게 하옵소서. 따뜻한 시선과 사랑으로 그들을 도와줄수록 제 외로움이 치유되게 하옵소서. 하늘 기쁨이 넘치게 해주옵소서. 예수님의 이름으로 기도드립니다. 아멘.

JANUARY 24

내 안에 네가 있다!

"인자가 온 것은 잃어버린 자를 찾아 구원하려 함이니라"〈눅 19:10, 개역개정〉

예수님은 이렇게 탄식하셨습니다. "여우도 굴이 있고 공중의 새도 거처가 있으되 인자는 머리 둘 곳이 없다." 아, 그럴 때 우리 주님 얼마나 외로우셨을까! 바리새인들과 서기관들은 어떻게 하면 예수님을 죽일까 그 궁리만 했습니다. 믿었던 수제자 베드로는 세 번이나 예수님을 모른다 부인했습니다. 가룟 유다는 예수님을 팔아넘겼습니다. 아, 그럴 때 우리 주님 얼마나 외로우셨을까! 나의 하나님, 나의 하나님, 어찌하여 나를 버리시나이까! 십자가에 매달려 인류의 죄를 대신 짊어지고 죽어가신 예수 그리스도, 그러나 그 은혜를 모르는 사람들! 아, 그럴 때 우리 주님 얼마나 외로우셨을까! 그렇게 처절한 외로움을 겪으신 주님이셨기에, 삭개오에게 외로움이 얼마나 치명적인가를 잘 아시고, 삭개오처럼 외로워하는 우리 영혼을 치유해 주시려고 이 땅에 내려오신 것입니다. 이것이 복음의 핵심입니다. 외로우시지요? 이제 외로움의 치유자, 예수님을 바라봅시다. 그리고 나보다 더 외로운 이들에게 다가가 이렇게 손을 내밉시다. "내 안에 네가 있다!"

> 주님, 제 외로운 영혼을 치유하시기 위하여 이 땅에 내려와 십자가를 지신 주님의 은혜에 감사드립니다. 외로움이 얼마나 치명적인가를 아시고, 삭개오에게 다가가셨던 주님을 제 외로움의 치유자로 바라보게 해주옵소서. 이제는 저보다 더 외로운 이들에게 용기 있게 다가가 "내 안에 네가 있다!"고 손 내미는 사랑의 통로가 되게 해주옵소서. 예수님의 이름으로 기도드립니다. 아멘.

JANUARY 25

아바지!

"안쓰러운 것 보시면 마음 아파 어쩔 줄 몰라 하시어 가슴에 꼭 품어 주며 아껴 주시는 분 어찌하든 잘해 주고 싶어 늘 너그럽게 대해 주시는 분 여호와, 좀처럼 화를 내지 않으시고 한결같이 따스하게 아껴 주시는 주님."〈시 103:8, 현대어〉

초등학교 2학년. 인접 초등학교와 학력경시대회. 결과는 너무 안타까웠습니다. 전 과목이 올백이었는데, 국어에서 한 문제를 틀리고 말았습니다. 답은 '아버지'였는데, 어떻게 된 건지 '아바지'라고 써놓고 만 것입니다. 학교 선생님들은 꿀밤을 먹이셨습니다. "아버지 술이 얼마나 싫으면 아들놈이 '아버지'를 '아바지'로 썼겠느냐?" 얼굴을 들 수가 없었습니다. 몇 날 며칠, 그 실수를 잊지 못하고, 그 시험지를 떠올리며, 답안을 다시 써 내려가는 꿈을 꾸곤 했습니다. 그러나 후회는 이미 늦었습니다. 창피함과 모멸감. '그때 그 문제만 제대로 썼어도 우리 학교가 이기는 건데, 내 잘못이야, 나 때문에 시합에 진 거야!' 여러분도 이런 비슷한 경험을 해보셨지요? 실수한 것 때문에 밤잠을 설친 사연들 말입니다. 이렇듯 실수를 받아들이지 못하고, 또 너그러이 받아주지 못하는 풍토에서 생기는 내 영혼의 그림자, 그것이 바로 '완벽주의'(perfectionism)라는 것입니다. 여러분이 지금 삶에 지쳐 있는 이유가 바로 이 완벽주의 때문은 아닌가요?

주님, 작은 실수도 받아들이지 못하고 제 영혼을 지치게 했던 지난날을 용서하여 주옵소서. 실수를 너그러이 받아들이지 못하는 세상의 풍토 속에서, 제 삶에 드리워진 완벽주의의 짐을 내려놓게 해주옵소서. 제 부족함 그대로 안아주옵소서. 이제는 실수 때문에 괴로워하지 않고, 주님 은혜 안에서 자유함을 누리게 하옵소서. 예수님의 이름으로 기도드립니다. 아멘.

JANUARY 26

좀 더, 좀 더, 조금만 더!

"그래요, 주께서는 이 몸을 주님의 너그러움으로 감싸 저 깊은 스올 밑바닥에서 이끌어 올리시니 그 사랑 너무도 크십니다."〈시 86:13, 현대어〉

나는 부족하다! 나는 부족하다! 완벽주의자는 늘 부족함을 느낍니다. 부족한 자기 자신에 대해서 혐오감과 수치심을 느낍니다. 만족을 모르는 나. 하여, 주일도 쉬지 못합니다. 머릿속이 온통 내일 보고준비. 야근을 밥 먹듯. 밤을 새우는 게 습관입니다. 늘 뭔가 일에 파묻혀 있지만 생산성이 떨어집니다. 완벽을 기하느라 원고 한 줄 못 쓰고 고민만 합니다. 뭐라도 시작하면 될 텐데 그러질 못합니다. 하찮은 일에도 너무 완벽하느라 귀한 시간을 낭비합니다. 만족, 기쁨, 평안, 행복도 시간낭비. 해도해도 부족한 나. 만족할 줄 모릅니다. 조금의 실수도 용납하지 못합니다. '나는 좀 더 잘해야 해.' '좀 더 잘 했어야 해.' '좀 더 잘 할 수 있어야 해.' 너무 긴장합니다. 너무 굳어 있습니다. 얼굴 표정이 늘 어둡습니다. 완벽주의자는 극단적인 사고에 몰두하는 경향이 있습니다. 완벽한 성공, 아니면 완벽한 실패, 늘 이런 식입니다. 그러나 우리네 인생살이, 성공보다 실패가 많은 게 당연, 그래서 좌절감을 느끼고, 그 좌절감은 또 더 큰 완벽주의를 부추깁니다. 악순환에서 벗어나지를 못합니다.

주님, 완벽한 성공 아니면 완벽한 실패라는 극단적인 사고의 굴레에서 제가 벗어나게 해주옵소서. 생산성 없이 귀한 시간을 낭비하며 악순환에 갇혀 있는 제 영혼을 구원하여 주옵소서. 제 부족함 그대로를 인정하게 해주옵소서. 주님 안에서 참된 만족, 기쁨, 평안, 행복을 누리게 해주옵소서. 주님 은혜가 제 삶의 기준이 되게 해주옵소서. 예수님의 이름으로 기도드립니다. 아멘.

JANUARY 27

사투리

"겸손하고 온유한 사람이 되며, 사랑으로 서로 결점을 덮어 주고 서로 참아 주는 너그러운 사람이 되어야 합니다."〈엡 4:2, 현대어〉

시편 23편 3절. "내 영혼을 소생시키시고 자기 이름을 위하여 의의 길로 인도하시는도다." 여기서 '의의 길'을 놓고 우리 아이들이 그러더라구요. "아빠, '의에 길' 해봐." "왜, '으으 길' 이게 어때서?" "아니, 그게 아니고 '의에 길' 해보라니까." 나는 내가 '의에 길'을 '으으 길'이라고 발음한다는 것을, 결혼하고 나서 애들한테 처음 들었습니다. 아이들이 저를 보고 놀려댑니다. 언어장애 1급이라고. 무심결에 사투리가 튀어나오면 창피했습니다. 그래서 토씨 하나 빠지지 않고 완벽하게 서울말로 원고를 썼습니다. 원고 없이 했다간 사투리가 툭툭 나오기 때문입니다. 회중들이 웃어야 할 곳까지 원고에 표시를 해놓고, 거기 가서 안 웃으면 완벽하지 못했다고 집에 가서 밤새 끙끙 앓습니다. 그럴수록 긴장이 돼서 그런지, 설교시간에 사투리를 숨길 수가 없습니다. 그렇게 괴로워하는데, 어느 날 어떤 집사님이 저를 완벽주의로부터 구해주셨어요. 설교가 끝나고 나가시면서, 제 사투리가 참 정겹다는 거예요. 아, 그 말을 듣고 저는 저의 완벽주의를, 그 무거운 영혼의 짐을 내려놓게 되었습니다. 제 사투리들이 그렇게 정겹다네요!

> 주님, 사투리가 튀어나올까 봐 두려워하며 토씨 하나까지 통제하려 했던 제 영혼의 무거운 짐, 바로 완벽주의를 주님 앞에 내려놓습니다. 제 사투리가 오히려 정겹고 진실하게 다가갈 수 있음을 깨닫게 해주신 주님께 감사합니다. 제 모습 그대로 사용하여 주옵소서. 제 사투리까지도 주님의 영광을 위하여 정겹게 선용하여 주옵소서. 예수님의 이름으로 기도드립니다. 아멘.

JANUARY 28

몸에 밴 어린 시절

"너희는 이제 제물 대신에 말씀을 받아들고 주께 돌아가 이렇게 호소하여라. '오 주님, 우리들이 저지른 죄를 용서해 주십시오! 너그럽게 용납해 주시면 우리가 주께 찬양으로 제사를 드리겠습니다. 이제는 입술의 열매를 제물로 드리겠습니다."〈호 14:2, 현대어〉

어떤 아들이 수학시험을 95점을 받아왔습니다. 그런데 엄마는 한 마디 고생했다는 찬사가 없었습니다. "하나만 더 맞았으면 100점인데, 그러면 얼마나 좋았겠냐!" 그래서 아들은 엄마를 기쁘게 해드리려면 100점을 맞아와야겠구나 생각하고, 열심히 공부해서 100점을 받았습니다. 엄마 엄마 나 100점이야, 기뻐서 달려갔습니다. "오늘은 문제가 쉬웠나보지? 네 짝꿍은 몇 점이냐?" 이렇듯 완벽주의자에겐 몸에 밴 어린 시절이 있습니다. 만족시킬 수 없는 부모. 이것이 완벽주의의 뿌리입니다. 칭찬에는 인색하고 비판에는 강한 부모. 강압이나 징벌. 은근한 암시. 우수에 잠긴 미소. 못마땅해 하는 표정. 실망이나 분노가 섞인 한숨. 완벽주의는 이렇게 조건적으로 자녀를 용납했던 가정을 통하여 형성됩니다. 부모가 기대하는 수준에 도달하지 못한다는 느낌 때문에, 자신의 존재 가치를 저하시키는 태도가 어린 시절부터 몸에 배게 됩니다. 성취한 것이 있음에도 실망하고, 생(生)에 대한 기쁨을 거의 느끼지 못하지요. 여러분은 어떠신지요?

주님, 성취한 것이 있어도 기쁨을 누리지 못하고 늘 실망했던 제 마음을 위로해 주옵소서. 강압과 비판, 못마땅한 표정으로 형성된 제 영혼의 그림자를 주님의 무조건적인 사랑으로 치유해 주옵소서. 완벽해야만 사랑받을 수 있다는 거짓된 생각을 버리게 해주옵소서. 제 모습 그대로 주님께 사랑받고 있음을 확신합니다. 예수님의 이름으로 기도드립니다. 아멘.

JANUARY 29

저도 완벽주의자입니다

"자기보다 먼저 남을 생각하는 너그러움을 모든 사람에게 보이십시오. 주께서 곧 오신다는 것을 항상 기억하십시오." 〈빌 4:5, 현대어〉

저도 완벽주의자입니다. 밑에 있는 부교역자들에게 과도한 요구를 할 때가 있습니다. 그렇게까지 밀어붙이지 않아도 되는데, 내가 너무 과민한 것은 아닌가, 창피하기도 합니다. 예컨대, 주보 오자를 못 견딥니다. 오자 하나 나오면 아주 씩씩거립니다. 못 됐어요. 피피티. 마이크 볼륨. 버벅대는 영상. 소등이 안 된 주방. 시건장치가 고장 난 교육관. 왜 좀 더 완벽하게 못하지? 사실 죽고 사는 문제도 아닌데, 저만 씩씩거리니, 설교도 안 됩니다. 부교역자들을 늘 부족하다고 느낍니다. 실수를 집어내는 데 전문가입니다. 도무지 생각이 없이 산다고 생각합니다. 섞여 한 팀의 일원으로 일하는 데 어려움을 겪습니다. 그래서 혼자 하는 게 낫다고 생각합니다. 이쯤 되면 완벽주의는 저에게 병이지요. 영혼의 치유가 필요합니다. 이렇듯 완벽주의자는 행복을 선택하기보다 자꾸만 불행을 선택합니다. 만족을 선택하기보다 자꾸만 부족을 선택합니다. 늘 결핍증, 부족함에 허덕이는 나의 영혼. 그래서 삶에 지쳐 있습니다.

> 주님, 사소한 실수에도 씩씩거리며 불행을 선택했던 제 못된 모습을 용서하여 주옵소서. 완벽주의 제 영혼에 치유를 베풀어 주옵소서. 실수를 집어내는 전문가가 아니라, 격려와 용납의 통로가 되게 해주옵소서. 혼자 하는 것이 낫다는 오만함을 버리게 하옵소서. 부족함을 가진 저희 인생들이 서로 섞여 한 팀으로 기쁘게 일하게 해주옵소서. 예수님의 이름으로 기도드립니다. 아멘.

JANUARY 30

완벽한 사모?

"너희는 옷을 찢지 말고 너희의 심장을 찢으며 회개하여라.' 너희는 너희 하나님 주께로 돌아오너라. 그분은 친절하시고 인자하시기 때문이다. 그분은 쉽게 화를 내지 않으시며 성급하게 너희를 처벌하지도 않으시며 지극히 너그럽고 긍휼이 많은 분이다."〈욜 2:13, 현대어〉

처음 아내를 만났을 때, 절대 사모는 못하겠다고 하더라구요. 이야기를 나누어보니, 완벽한 사모상이 아내에게 있었습니다. 그런 완벽한 사모가 안 되어도 좋다, 나는 그냥 당신이 좋다, 꼬셔서 결혼을 했습니다. 그런데 목회를 하다보니, 옷이 너무 야하다, 옷이 너무 비싸다, 옷이 너무 초라하다, 어느새 아내를 옥죄고 있더라구요. 교회 일에 뒷짐을 지고 있으면, 사모가 그러면 쓰냐? 교회 일에 개입을 해도, 사모가 그러면 쓰냐? 어느 날, 주님이 이러시는 거예요. 현복아, 너 같으면 사모 할 수 있겠니? 새벽기도 하루도 안 빠지고, 텔레비전은 하나도 안 보고, 매일 성경통독하고, 매일 영적 독서하고, 매일 철야기도하고, 매일 새로운 반찬 해주고, 매일 예쁘게 화장하고 있고, 방언하고 예언하고 병도 고치고, 코도 안 골고, 애들도 잘 돌보고, 시댁에도 잘하고, 거기다 나가서 돈도 벌어오는 사모? 현복아, 너 미쳤니? 난 괜찮다는데, 넌 왜 그러니? 교인들은 좋다는데, 너는 왜 그러니? 나도 너랑은 숨 막혀서 못 살겠다!

> 주님, 제 잣대로 아내를 옥죄었던 제 모습을 회개합니다. 주님께서 책망하시는 음성을 듣게 하옵소서. 사람들은 괜찮다는데 저 혼자 아내를 판단하고 비판했던 제 잘못된 시선을 거두어주옵소서. 아내를 있는 모습 그대로 사랑하게 해주옵소서. 완벽하지 않아도 좋다고 했던 제 초심을 회복하게 하옵소서. 주님처럼 무조건적인 사랑으로 제 아내를 품고 격려하게 하옵소서. 예수님의 이름으로 기도드립니다. 아멘.

JANUARY 31

그러므로 이상 끝!

"여호와는 나의 목자시니 내게 부족함이 없으리로다" 〈시 23:1, 개역개정〉

완벽주의에 시달리던 어떤 집사님이 교회에서 주최한 성경암송대회에 출전하게 되었습니다. 집사님은 유명한 시편 23편을 암송하기로 마음먹었습니다. 대회가 있던 날, 집사님은 앞으로 나가 회중들 앞에 섰습니다. "여호와는 나의 목자시니 내가 부족함이 없으리로다." 집사님은 순간 멈춰버렸습니다. 좀 당황하신 것입니다. 1절을 외우고 나서 그다음을 잊어버린 집사님. 그냥 넘어가면 되는데, 그놈의 완벽주의 때문에, 이렇게 외쳤습니다. "다시 하겠습니다!" 집사님은 또다시 1절을 외웠습니다. 그런데 또 그다음을 잊어버렸습니다. 또다시, 또다시, 그렇게 몇 번을 반복하다가, 갑자기 집사님은 그 의미가 번뜩 깨달아졌습니다. 여호와 하나님이 나의 목자가 되신다면, 그분이 내 목자가 되셔서 내 인생길을 이끄신다면, 내게 부족한 것이 뭐 있겠는가? 그래서 집사님은 용기를 내어 큰 소리로 외쳤습니다. "여러분, 다시 외우겠습니다. 여호와는 나의 목자시니 내가 부족함이 없으리로다. 그러므로 이상 끝!"

> 주님, 모든 것을 완벽하게 해내려다 오히려 더 꼬이고 마는 제 완벽주의를 용서하여 주옵소서. 제 인생의 목자는 주님이심을 고백합니다. 그러므로 제 삶에 부족함이 없다는 확신을 갖게 해주옵소서. 결점과 실수 속에서도 주님만이 제 충분함이심을 고백합니다. 그러므로 오늘도 완벽주의의 짐을 벗고 자유와 평안을 누리게 해주옵소서. 예수님의 이름으로 기도드립니다. 아멘.

FEBRUARY 2월

FEBRUARY 1

그날 밤의 기억

"내가 사망의 음침한 골짜기로 다닐지라도 해를 두려워하지 않을 것은 주께서 나와 함께 하심이라 주의 지팡이와 막대기가 나를 안위하시나이다"〈시 23:4, 개역개정〉

그날 밤, 외딴 산골, 가파른 언덕길, 아버지는 술에 잔뜩 취한 채 겨우겨우 자전거를 끌고 올라오셨습니다. 이기지도 못하시는 술. 이기지도 못하시는 자전거. 그것은 이기지도 못하시는 아버지의 영혼이었습니다. 아니나 다를까, 우리 식구들에게는 공포의 밤이 다가왔습니다. 밤 열두 시, 우리를 다 깨우시더니—아니, 우리는 자고 있었던 게 아니었습니다. 밤이 늦도록 아버지가 안 오시는 날엔, 영락없이 공포의 밤이 오기에, 우리는 이불 속에서 숨을 죽이며 불안과 초조 속에 떨고 있었습니다. 외딴집을 지키는 개들의 우짖는 소리가 예사롭지 않을 때, 바로 그때가 공포의 시작이었습니다—기어코 일판이 벌어졌습니다. 그 늦은 시간, 어머니에게 밥을 차려 와라, 우리에게 다리를 주물러라……. 우리는 모두 선잠을 깰 수밖에 없었고, 급기야는 아버지와 어머니가 다투시는 소리, 밥상이 날아가고 어머니가 피 흘리며 쓰러지는 소리. 어머니도 도망치고, 우리들도 도망치고, 밤새 집 밖에서 떨며 서럽게 울던 그날 밤의 기억, 그것은 내 마음의 그림자입니다.

주님, 술에 취해 이기지도 못하시는 삶으로 저희 가정에 공포의 밤을 가져오셨던 아버지의 연약한 영혼을 불쌍히 여겨주옵소서. 불안과 초조함 속에서 형성된 저희 자녀들의 깊은 상처를 치유해 주옵소서. 공포와 폭력의 기억이 아니라, 주님의 평안이 제 삶을 지배하게 해주옵소서. 과거의 어둠에서 벗어나, 주님의 빛 안에서 진정한 안식을 누리게 해주옵소서. 예수님의 이름으로 기도드립니다. 아멘.

FEBRUARY 2

볏단 곁에 우는 아이

"여호와께서 내게 이르시되 너는 아이라 말하지 말고 내가 너를 누구에게 보내든지 너는 가며 내가 네게 무엇을 명령하든지 너는 말할지니라 너는 그들 때문에 두려워하지 말라 내가 너와 함께 하여 너를 구원하리라 나 여호와의 말이니라 하시고"〈렘 1:7-8, 개역개정〉

초등학교 4학년. 뭔지 모를 외로움에 한껏 시달렸고, 어느 날부터인가 친구들의 환심을 사기 위해 먹을 것을 사다 주곤 했습니다. 밭에서 난 수박도 떼다 주고, 상점에서 껌을 사다 받치기도 했습니다. 그날도 아버지의 호주머니를 뒤졌습니다. 아버지는 어찌나 화가 나셨던지 옆에 있는 갈퀴를 집어 드셨습니다. 도망치는 제 등에 꽂혔습니다. 지금 걸리면, 뼈도 못 추리겠구나 하는 생각에 죽어라 더 도망을 쳤던 것 같습니다. 얼마나 달렸을까요. 아버지의 모습이 안 보였습니다. 논 한가운데 볏단 속으로 숨어 들어가, 한참을 거기서 지냈습니다. 겁이 나기도 하고, 서럽기도 하고, 내가 왜 이러나 후회스럽기도 하고……. 살그머니 바깥을 내다보았습니다. 석양노을. 그 해 지는 광경이 그렇게 쓸쓸할 수가 없었습니다. 난 이제 어떻게 하나! 오롯이 나 혼자뿐이었습니다. 순간 두려움이 몰려왔습니다. 칠흑 같은 밤, 볏단 곁에 움츠리고 앉아, 울 수밖에 없었습니다. 외로워서 울고, 서러워서 울고, 그리고는 무서워서 울고……. 그건 공포, 그 자체였습니다.

주님, 아버지의 갈퀴를 피하여 볏단 속에 숨어 칠흑 같은 밤을 홀로 보냈던 제 공포와 서러움을 불쌍히 여겨주옵소서. 석양노을처럼 쓸쓸했던 제 마음에 찾아와 주옵소서. 외로워서 울고, 서러워서 울고, 무서워서 울었던, 제 과거의 공포를 주님의 사랑으로 덮어 주옵소서. 오롯이 저 혼자였던 그 순간, 주님께서 저와 함께 계셨음을 깨닫게 해주옵소서. 예수님의 이름으로 기도드립니다. 아멘.

FEBRUARY 3

두려움

"너 사람아, 그들 앞에서 두려워하지 말아라. 그들이 아무리 너를 위협하더라도 떨지 말아라. 네가 가시덤불과 철조망 속에 갇히고 전갈들 위에 앉게 되더라도 그들을 두려워할 필요가 없다."〈겔 2:6, 현대어〉

언젠가 코리아 헤럴드의 앤 랜더스 칼럼에 흥미 있는 글이 실렸습니다. 누군가가 세계적인 인생 상담가인 앤 랜더스 여사에게 물었습니다. "그동안 수많은 상담을 해오셨는데, 사람들이 무엇으로 가장 많은 고민을 하고 있는 것같습니까?" 신기하게도 그녀는 "이 시대 가장 많은 사람들이 아파하고 치유 받고자 하는 부분은 다름 아닌 '두려움'(fear)"이라고 말했습니다. 그것은 제 어린 시절 경험에 비추어 볼 때, 참으로 공감이 가는 통찰이었습니다. 사실, 성경 곳곳에는 두려움에 대한 이야기가 생각보다 많이 언급되고 있습니다. "두려워하지 말라!"는 말씀만 500번 이상이 나올 정도니까, 인간에게 두려움이라는 게 얼마나 큰 문제인지, 그리고 성경이 얼마나 그 문제를 직접적으로 강조하고 있는지 미루어 짐작할 수 있지요. 여러분은 어떻습니까? 여러분에게도 어떤 두려움의 그림자가 자리하고 있지는 않습니까? 지금도 그 두려움 앞에서 꼼짝달싹 못하고 계시지는 않습니까? 그렇다면 그 두려움의 그림자를 어떻게 치유할 수 있을까요?

> 주님, 성경에 "두려워하지 말라"는 말씀이 수백 번 기록된 것처럼, 제 삶에도 두려움의 그림자가 깊이 자리하고 있습니다. 지금도 제 마음을 짓누르고, 꼼짝달싹 못 하게 하는 이 두려움의 그림자를 주님께 올려드립니다. 제 두려움의 치유자가 되어주옵소서. 주님의 온전하신 사랑이 제 모든 두려움을 내어쫓고 평안을 누리게 해주옵소서. 예수님의 이름으로 기도드립니다. 아멘.

FEBRUARY 4

인류의 풍토병

"바벨론 땅에서 지치고 지친 이스라엘 백성에게 주께서 직접 격려해 주셨다. '이스라엘 사람들아, 너희는 용기를 잃지 말아라. 바벨론 천지에 불길한 소문이 가득 차 있더라도 너희는 두려워하지 말아라. 오늘은 무서운 소문이 들리고 내일은 암담한 소문이 들리더라도 너희는 낙담하지 말고 두려워하지도 말아라. 세상 어디서나 살인적인 폭력이 판을 치고 독재자들이 계속 권력을 잡더라도 너희는 절망하거나 두려워하지 말아라.'"〈렘 51:46, 현대어〉

높은 곳을 두려워하고, 새로운 곳을 두려워하고, 두려움 자체를 두려워하는 현대인, 그것은 인류에게 풍토병이나 매한가지입니다. 이러한 두려움이 우리에게 닥치면, 아드레날린의 흐름을 증가시키고, 혈압을 상승시키며, 구토와 불면증을 일으켜서, 우리의 신체 기능을 위태롭게 하지요. 암이라는 것도 두려움과 스트레스에 기인하는 면이 많습니다. 또 두려움은 신경쇠약과 같은 정서적이고 정신적인 고통을 가져오지요. 이렇게 두려움으로 믿음마저 흔들릴 경우, 그 영향은 결국 영적인 파탄에까지 미치게 됩니다. 흔히 사람들은 이런 두려움이라는 마음의 그림자를 달래려, 술에 의지하기도 하고 마약에 빠지기도 합니다. 또 사람들 틈바귀에 끼어 수다를 떨거나 일에 중독되어 그 두려움을 잊어 보려고도 하지요. 제가 그런 사람입니다. 상처 입은 그대여, 특별히 이 시간 두려움이 많은 그대여, 인류의 풍토병인 이 두려움을 회피하지 마십시오. 그것은 길이 아닙니다. 오히려 그 두려움을 깊이 들여다보시고, 주님과 함께 치유의 길로 나아가시기를 두손모아 기도드립니다.

주님, 높은 곳, 새로운 곳, 그리고 두려움 자체를 두려워하는 현대인의 풍토병이 제 삶에도 깊이 자리하고 있음을 고백합니다. 이 두려움이 신체 기능과 영적인 영역에까지 영향을 미쳐 제 믿음마저 흔들리게 함을 불쌍히 여겨주옵소서. 제 안의 두려움을 깊이 들여다볼 수 있는 용기를 더하여 주옵소서. 주님과 함께 치유의 길로 나아가게 해주옵소서. 예수님의 이름으로 기도드립니다. 아멘.

FEBRUARY 5

나는 왜 이렇게 두려움이 많을까!

"그러므로 이스라엘 백성아, 너는 조금도 두려워하지 말아라. 당황하지도 말아라. 지금 일어날 일들을 내가 이미 너희에게 알려주지 않았느냐? 너희가 그것을 이미 옛날에 들었으니 바로 너희가 나의 증인들이다. 나처럼 미리 알려 준 신이 있었느냐? 반석처럼 굳건하게 의지할 수 있는 신이 나밖에 또 있느냐? 나는 그런 신을 도무지 모른다"〈사 44:8, 현대어〉

차를 샀을 때 돼지머리를 놓고 절을 하는 것은 우리의 두려움을 해소해 보려는 전형적인 몸짓입니다. 두려움이란 게 담력이나 정신력만으로 해결될 수 있는 것이 아니지요. 괜한 헛기침, 진한 농담, 일관된 침묵, 끝없는 잠, 강박적인 취미생활...... 하지만, 이런 식으로는 결코 이 두려움의 그림자를 온전히 치유할 수가 없습니다. 두려움을 느끼는 사람의 자아상은 매우 어둡습니다. 그런 사람은 매우 엄격합니다. 자기를 애써 억압하지요. 삶에 여유라곤 찾아볼 수가 없습니다. 신경질적이고 빈틈이 없으며, 정확하고 깐깐하기로 유명합니다. 제가 바로 그런 사람입니다. 그러나 그것은 모두 나 자신이 무시당하지 않을까 하는 데 대한 불안과 두려움의 반증입니다. 그것이 더 큰 두려움을 가져오곤 하지요. 나는 왜 이렇게 두려움이 많을까! 곰곰이 분별해 보십시오. 그 두려움이 나만의 문제가 아니라 우리 모두의 문제임을 직시하십시오. 그리고 주님 안에서 반드시 치유의 길로 나아가겠노라 결단하시기를 주님의 이름으로 축원합니다.

주님, 담력이나 정신력만으로는 해결할 수 없는 제 깊은 두려움을 주님께 올려드립니다. 무시당할까 하는 불안 때문에 스스로를 엄격하게 억압하고, 신경질적이고 깐깐하게 살았던 제 어두운 자아상을 불쌍히 여겨주옵소서. 이 모든 것이 더 큰 두려움의 반증이었음을 깨닫습니다. 제 삶에 참된 여유와 평강을 허락해 주옵소서. 예수님의 이름으로 기도드립니다. 아멘.

FEBRUARY 6

인류의 형벌

"사랑 안에 두려움이 없고 온전한 사랑이 두려움을 내쫓나니 두려움에는 형벌이 있음이라 두려워하는 자는 사랑 안에서 온전히 이루지 못하였느니라"〈요일 4:18, 개역개정〉

몇 년 전, 최전방 28사단 철책 안에 있던 GP에서 총기사고가 난 적이 있습니다. 그때 생존한 병사들이 심각한 두려움에 사로잡혀 떨고 있다는 이야기를 듣고, 그들을 정신적인 후유증으로부터 돌보고 치유하기 위해 육군본부 명령으로 급파된 적이 있습니다. 당시의 두려움과 공포를 생생하게 들을 수 있었습니다. 그것은 전쟁 이상이었습니다. 충격. 분노. 공황. 자신들을 향하여 총을 들이댄 동료에 대한 배신감. 그 상황에서 자신은 아무것도 할 수 없었다는 무력감. 죽은 동료들에 대한 죄책감. 그 가운데서 가장 큰 핵심감정은 이런 일이 얼마든지 또 일어날 수 있다는, 자신도 얼마든지 그때 죽을 수 있었다는, 그것은 진정 두려움의 그림자였습니다. 평생을 그 두려움에서 헤어나오기 힘들 것같다고 울먹이던 친구, 치유 프로그램 내내 우는 친구, 멍한 친구, 분노로 책상을 집어던지던 그 친구들의 얼굴이 지금도 눈에 선합니다. 저는 그 병사들과 2주간 지내면서 두려움이 단순한 개인의 감정을 넘어, 마치 인류의 형벌처럼 느껴졌습니다.

> 주님, 최전방 GP 총기사고의 충격 속에서 전쟁 이상의 공포와 두려움에 사로잡혔던 병사들의 모습을 기억합니다. 배신감, 무력감, 죄책감, 그리고 언제든 다시 겪을 수 있다는 두려움의 그림자에 고통받던 그들의 영혼을 위해 기도합니다. 그들의 마음처럼, 지금 저도 제 마음을 짓누르는 공포와 트라우마에서 헤어 나와, 주님 안의 참된 평안을 얻게 해주옵소서. 예수님의 이름으로 기도드립니다. 아멘.

FEBRUARY 7

내가 두려워하여 숨었나이다!

"여호와 하나님이 아담을 부르시며 그에게 이르시되 네가 어디 있느냐 이르되 내가 동산에서 하나님의 소리를 듣고 내가 벗었으므로 두려워하여 숨었나이다"〈창 3:9-10, 개역개정〉

창세기 3장에 보면, 아담과 하와가 뱀의 유혹으로 선악과를 따 먹습니다. 순간, 그들은 자신들의 수치를 알게 됩니다. 무화과 나뭇잎으로 그 수치를 가려 봅니다. 하지만, 미봉책일 수밖에 없습니다. 두려워하여 숲에 숨어 있는 그들에게, 하나님께서 다가가십니다. 그리고 인생의 가장 본질적인 질문을 던지십니다. "아담아, 네가 어디 있느냐?"(창세기 3:9, "Adam, where are you?") 여기서 '아담'이라는 인칭대명사는 히브리어로 '인간'(아다마)이라는 말과 어근이 같습니다. 그래서 "아담아, 네가 어디 있으냐?"라고 부르시는 하나님의 음성은 인류 전체를 향하여 "인간들아! 인생들아! 너희들은 지금 어디 있느냐?"라고 부르시는 음성입니다. 그때 아담이 무어라 대답했는지 기억하시나요? "내가 두려워하여, 숨었나이다."(창세기 3:10, "I was afraid, so I hid.") 아담의 이 답변, "내가 두려워하여 숨었나이다!", 이 말은 저와 여러분, 우리 인류 전체의 실존을 그대로 드러내 주는 말입니다. 두려워하여 숨는 인간! 그것이 바로 저와 여러분의 실존입니다.

> 주님, 두려워 숨는 것이 제 실존임을 고백합니다. "아담아, 네가 어디 있느냐?" 주님의 음성이 제 영혼을 향한 질문임을 깨닫습니다. "내가 두려워하여 숨었나이다!" 아담의 답변이 바로 제 삶의 모습입니다. 두려움 때문에 주님의 낯을 피하고, 어둠 속에 숨으려는 제 연약함을 용서하여 주옵소서. 숨어 있는 제게 친히 다가와 주옵소서. 예수님의 이름으로 기도드립니다. 아멘.

FEBRUARY 8

분리불안

"평안을 너희에게 끼치노니 곧 나의 평안을 너희에게 주노라 내가 너희에게 주는 것은 세상이 주는 것과 같지 아니하니라 너희는 마음에 근심하지도 말고 두려워하지도 말라"〈요 14:27, 개역개정〉

저희집 아이가 어렸을 때 아침마다 난리를 피운 적이 있습니다. 유치원 안 가려고 그러는 거였지요. 전날 밤, 아니 그날 아침까지도 먼저 일어나서 옷까지 혼자 다 챙겨 입고는, 막상 유치원 차가 집 앞에 올 시간이 되면, 막 울기 시작하는 겁니다. 심리치료에서는 그런 증상을 '분리불안'이라고 하더라구요. 나중에야 알았습니다. 자꾸 유치원에서 주는 밥이 먹기 싫다고 해서 편식이 아닌가 싶었는데, 실제로 그 근저에는 엄마와 떨어지는 것에 대한 불안이 무의식적으로 작용하고 있었던 겁니다. 내가 유치원에 간 사이, 역설적이게도 나보다 엄마에게 무슨 사고가 생기지나 않을까 하는, 인류의 근원적인 불안 때문에 어린이에게서도 그런 행동이 나온다는 것입니다. 처음에는 잘 납득이 가지 않았지만, 이것은 저에게 두려움이 우리 인류의 뿌리 깊은 형벌과 맞물려 있음을 깨닫게 해준 소중한 체험이었습니다. 상처 입은 그대여, 특별히 이 시간 두려워하는 그대여, 여러분도 요즘 이런 두려움을 느끼고 계시지는 않습니까?

주님, 제 삶에도 근원적인 불안이 작용하고 있음을 고백합니다. 겉으로는 드러나지 않아도 제 마음 깊은 곳에 숨어 있는 불안을 불쌍히 여겨주옵소서. 제 영혼이 주님과 분리될까 두려워하지 않게 하옵소서. 주님의 완전하신 사랑이 제 마음의 불안을 몰아내고, 참된 평안을 얻게 해주옵소서. 예수님의 이름으로 기도드립니다. 아멘.

FEBRUARY 9

재키의 천사

"그러므로 작은 무리들아, 두려워하지 말라. 너희 아버지께서 그 나라를 너희에게 주시기를 기뻐하신다."〈눅 12:32, 현대어〉

3년 전, 의사들이 14살 재키의 광대뼈에서 종양을 발견했습니다. 코에서 윗입술까지, 얼굴 왼쪽 이들도 전부 뽑아야 했을 뿐더러, 광대뼈, 코뼈, 턱뼈까지 제거해야 했습니다. 설사 수술을 받아 살 수 있더라도, 이런 몰골로 평생을 산다는 게 무슨 의미가 있을까! 두려움에 떨었지요. 필사적으로 살고 싶었습니다. 그날 밤, 질식할 것 같은 두려움 속에서 하나님께 도와 달라 기도했지요. 새벽 두 시경, 잠이 깼고 뭔가 심상치 않다는 것을 느꼈습니다. 침대 발치, 반짝이는 은빛 형상의 천사! 그 존재는 매우 강력했고 그야말로 완전한 사랑의 체현이었습니다. 조용한 빛이 여름날의 열기처럼 재키를 채웠습니다. 자신을 안고 믿을 수 없을 만큼 경이로운 느낌으로 몸 전체를 만지고 있다고 느꼈지요. "재키야, 두려워하지 말아라. 모두 잘될 거야!" 천사는 사라졌습니다. 다음 날, 엑스레이 촬영, 종양과 그 죽음의 촉수가 모두 사라진 걸 보고, 의사들은 기가 막혀 놀랐습니다! 촉촉한 아침이슬 머금고 활짝 핀 아름다운 나팔수선화 같은 그 공주님이 여기 곁에 있지요.

주님, "재키야, 두려워하지 말아라. 모두 잘될 거야!"라는 천사의 음성처럼, 지금 제 삶을 짓누르는 질식할 것 같은 이 두려움을 주님의 평안으로 몰아내 주옵소서. 제 몸과 영혼에 임하시는 주님의 은빛 치유의 광선을 느끼게 해주옵소서. 죽음의 촉수가 사라지고 아름다운 나팔수선화처럼 회복된 재키와 같이, 제 삶에도 놀라운 치유의 기적을 주옵소서. 예수님의 이름으로 기도드립니다. 아멘.

FEBRUARY 10

온전한 사랑

"이튿날 요한이 예수께서 자기에게 나아오심을 보고 이르되 보라 세상 죄를 지고 가는 하나님의 어린 양이로다" 〈요 1:29, 개역개정〉

두려워 숨는 인간. 그것은 아담의 원죄. 그런데 하나님은 뭐라 한 마디도 나무라지 않으십니다. 오히려 우리 인류의 수치를 온전히 가릴 수 있는 가죽옷을 해 입히십니다. 그것이 헤세드, 하나님의 사랑이야기입니다. 그런데 생각해 보십시오. 하나님께서 우리 인류에게 가죽옷을 해 입히기 위해서는, 그 가죽을 제공할 수 있는 한 마리 양을 희생시켜야만 했습니다. 세상 죄를 말없이 지고 가는 한 마리 어린양, 희생양! 그것이 바로 우리 인류의 죄를 대신 지시려 이 땅에 오신 하나님의 아들 예수 그리스도의 사랑이야기입니다. 그렇게 해서 하나님의 사랑이야기는 예수 그리스도의 십자가와 부활을 통해 세상에서 가장 온전한 사랑이야기로 완성됩니다. 여러분이 이렇게 십자가에 달리신 예수님, 3일만에 다시 사신 부활의 예수님, 그 온전한 사랑의 시선, 그 온전한 사랑의 품을 한 번만 경험할 수 있다면, 여러분의 삶을 옥죄는 이 뿌리 깊은 두려움의 그림자는 서서히 그 자취를 감추고 말 것입니다.

주님, 제 죄를 대신 짊어지시기 위하여 희생양이 되신 예수 그리스도의 사랑이야기가 바로 복음의 핵심임을 믿습니다. 십자가에 달리시고 부활하신 예수님의 시선과 품을 제 삶 깊이 경험하게 해주옵소서. 주님의 그 사랑 안에서 제 삶을 옥죄는 뿌리 깊은 두려움의 그림자가 서서히 자취를 감추게 해주옵소서. 예수님의 이름으로 기도드립니다. 아멘.

FEBRUARY 11

아버지의 마음

"하나님이 이르시되 나는 하나님이라 네 아버지의 하나님이니 애굽으로 내려가기를 두려워하지 말라 내가 거기서 너로 큰 민족을 이루게 하리라"〈창 46:3, 개역개정〉

역시 그날도 한밤중이었습니다. 부끄럽게도 저는, 신학교 3학년 때 소명에 큰 회의를 갖게 되었습니다. 건강도 몹시 나빠져서, 모든 것이 귀찮고 의욕이 없고 짜증만 나는 심각한 탈진 상태에 빠졌습니다. 급기야 어느 날 시골로 내려와 버렸습니다. 그리고 며칠을 끙끙 앓았습니다. 부자지간의 연을 끊자! 아버지가 반대한 신학의 길! "그래, 내 그럴 줄 알았다!" 이게 아버지의 말씀이실 줄 알았습니다. 그러나 침묵만 지키셨습니다. 어느 날 밤, 제 발밑에서 묘한 느낌이 들었습니다. 끙끙 앓는 제 발을 졸린 눈으로 주무르고 계신 것이었습니다. "주여, 주여…" 확실히 아버지였습니다. 어렸을 적, 술 드시고 오시면, 밤새 다리를 주물러 드리느라 원망도 많이 하고 좌절도 많이 했는데…. 그날 밤, 정반대로 아버지는 이 못난 아들의 발을 주무르고 계셨던 겁니다. 아, 아버지가 나를 미워하신 게 아니었구나! 이게 진짜 아버지의 마음이었구나! 저는 그날에야 비로소 아버지의 마음을 조금은 더 온전히 알게 되었습니다.

> 주님, 제 삶을 반대하셨으리라 지레짐작했던 제 오해를 용서해 주옵소서. 밤이 깊도록 끙끙 앓는 제 발을 졸린 눈으로 주무르고 계셨던 아버지의 마음을 깨닫게 해주신 주님께 감사드립니다. 아버지의 진실한 마음을 그날에야 비로소 온전히 알게 된 것처럼, 주님의 깊은 마음을 오늘 더욱 온전히 깨닫게 해주옵소서. 예수님의 이름으로 기도드립니다. 아멘.

FEBRUARY 12

아들, 사랑한다!

"하나님이 우리에게 주신 것은 두려워하는 마음이 아니요 오직 능력과 사랑과 절제하는 마음이니"〈딤후 1:7, 개역개정〉

어린 시절, 뭔가 모르게 두려움의 대상이었던 아버지! 뇌출혈로 쓰러지셨을 때, 저는 광주에 있는 상무대교회를 섬기면서, 매주 월요일마다 수원 요양원에 찾아뵈었습니다. 한 주 한 주 얼마나 마음이 죄스럽고 힘들었는지 모릅니다. 여기 대전장로교회로 온 뒤, 한 달만에 다시 찾아뵈었습니다. "아버지, 저 대전장로교회로 간 지 한 달 됐어요. 교회가 참 순수하고 교인들도 마음밭이 참 좋아요." 그랬더니 아버지께서 순간 이러시는 거예요. "서둘지 말고 천천히 해라!" 깜짝 놀랐습니다. 아주 뚜렷하게 말씀하셨습니다. 얼마나 감사한지! 처음 쓰러지셨을 땐 너무 충격이 컸고, 한참 동안 말씀도 어눌하시고 자꾸 딴 이야기를 중얼거리시곤 했는데.... 몸은 계속 굽어가고 이렇게 영영 가시나 했는데.... 그렇게 한참이나 대화를 이어갔습니다. 교회사진들을 보여드리며, 이건 이렇구 저건 저렇구, 설명을 해드렸습니다. 다 알아들으시는 것같았습니다. 나오면서, 여쭤보았습니다. "아빠, 저에게 하실 말씀 있으세요?" "아들, 사랑한다!"

주님, 어린 시절 두려움의 대상이셨던 아버지가 뇌출혈로 쓰러지셨을 때, 죄스러운 마음으로 요양원을 찾았던 제 연약함을 고백합니다. 몸은 굽어가시지만 "서둘지 말고 천천히 해라!" "아들, 사랑한다!" 말씀해 주신 아버지의 고백을 통해, 사랑을 확인하게 해주시니 감사합니다. 이제는 두려움의 그림자를 지우고, 사랑으로 제 마음 가득 채우게 하옵소서. 예수님의 이름으로 기도드립니다. 아멘.

FEBRUARY 13

하나님이 나와 함께 하신다!

"내가 네게 명령한 것이 아니냐 강하고 담대하라 두려워하지 말며 놀라지 말라 네가 어디로 가든지 네 하나님 여호와가 너와 함께 하느니라 하시니라"〈수 1:9, 개역개정〉

폭풍우를 동반한 구름과 강한 돌풍이 오하이오주 컬럼버스에 갑자기 들이닥쳤습니다. 라디오에서 토네이도를 경고하는 방송이 계속 나오자, 알핀초등학교에서는 아이들을 집으로 돌려보내기가 너무 위험하다고 판단하고, 모두 학교 지하실로 대피시켰습니다. 아이들은 두려움에 떨며 서로 부둥켜안았습니다. 긴장을 풀기 위하여 교장 선생님이 아이들에게 함께 노래를 하도록 시켰지만, 겁먹은 아이들은 자그마한 목소리로 노래를 부르는가 싶더니 끝내 울음을 터트리고 말았습니다. 선생님들도 아이들을 진정시킬 수 없었습니다. 그때였습니다. 신앙을 지닌 한 선생님이 옆의 한 어린아이에게 속삭였습니다. "캐티, 너 뭐 잊어버린 거 있다고 생각되지 않니? 우리를 지키시고 폭풍우보다 강하신 분 말야! 자, 네 자신에게 속삭여 봐! '하나님이 나와 함께 계신다!' 그다음 이 말을 네 옆 친구에게 해주거라." 이 말이 퍼져 나가면서 아이들은 평온을 되찾았습니다. 밖은 여전히 사나운 폭풍우가 몰아치고 있었지만, 그날 그 지하실에서 두려움과 눈물은 이미 사라진 지 오래였습니다.

주님, 제 삶에도 두려움이 몰아닥칠 때가 많습니다. 제 힘으로는 이 폭풍우를 이겨낼 수 없습니다. 두려움 속에서도 "하나님이 나와 함께 계신다!" 이 믿음을 제 마음에 심어 주옵소서. 저보다 강하신 주님이 제 삶을 지키고 계심을 확신합니다. 제 안의 두려움과 눈물이 사라지게 해주옵소서. 주님의 임재가 제 영혼을 가득 채우게 해주옵소서. 예수님의 이름으로 기도드립니다. 아멘.

FEBRUARY 14

그리스도의 심장으로!

"내가 예수 그리스도의 심장으로 너희 무리를 얼마나 사모하는지 하나님이 내 증인 이시니라"〈빌 1:8, 개역개정〉

펠리페가 도나와 데이트를 시작했을 때, 펠리페는 열다섯 살, 도나는 열네 살이었습니다. 그러나 두 사람 사이는 도나가 다른 남자를 만나기 시작하며 끝이 났지요. 그러던 어느 날, 도나는 가슴에 심한 통증을 느꼈습니다. 병원에 갔더니 퇴행성 심장병이었고 심장이식을 받아야 했습니다. 소식을 들은 펠리페는 엄마에게 말했습니다. "내가 죽으면 내 심장을 도나에게 줄 거예요." 엉뚱한 말 같았는데! 3주 후, 펠리페가 아침에 일어나더니 왼쪽머리가 아프다고 했습니다. 점점 숨을 쉬지 못하고 걷기도 어려워졌지요. 병세가 악화되어 진찰을 받아보니 뇌혈관이 터져 있었고, 결국 뇌사상태에 빠지고 말았습니다. 펠리페의 갑작스런 죽음은 의사들도 그 이유를 몰랐습니다. 하여간 펠리페가 산소마스크를 쓰고 있을 때, 그의 말대로 부모는 그의 심장을 도나에게 기증하고, 눈과 다른 장기들도 필요한 사람에게 기증하기로 결정했습니다. 도나는 펠리페의 심장을 이식받았습니다! 우리도 지금 나를 위해 죽어주신 예수 그리스도의 심장으로 사는 것 아닌가요!

> 주님, 제 영혼도 주님의 심장으로 살고 있음을 깨닫습니다. 저를 위하여 십자가에서 죽어주신 예수 그리스도의 온전한 사랑에 감사드립니다. 주님의 희생이 아니었다면, 제 삶에 구원과 영원한 생명이 없었음을 고백합니다. 제 안에 주님의 심장을 품고 살게 해주옵소서. 주님의 심장이 제 삶을 인도하고 이웃을 사랑하는 원동력이 되게 해주옵소서. 예수님의 이름으로 기도드립니다. 아멘.

FEBRUARY 15

지극히 선한 것을 분별하라

"너희로 지극히 선한 것을 분별하며 또 진실하여 허물 없이 그리스도의 날까지 이르고" 〈빌 1:10, 개역개정〉

제가 가장 존경하는 영성지도자 가운데 한 분이 헨리 나우웬입니다. 너무 좋아 그분의 책을 많이 번역하기도 했습니다. 그분이 〈영혼의 양식〉이라는 책도 쓰셨는데, 거기에 보면 분별에 대해서 이렇게 말합니다. "생명을 택하라! 이것이 우리를 향한 하나님의 부르심입니다. 그리고 우리에게는 이 선택을 하지 않아도 될 순간이라고는 한 순간도 없습니다. 생명과 죽음은 늘 우리 앞에 있습니다. 우리의 상상 속에, 우리의 생각 속에, 우리의 말 속에, 우리의 몸짓 속에, 우리의 행동 속에, 심지어는 우리의 무행동 속에도…. 이 생명의 선택은 우리의 내부 깊숙한 곳에서 시작합니다. 바로 그 생명을 확인하는 행동의 심연에서 나는 아직도 죽음의 생각과 죽음의 느낌을 품을 수 있습니다. 가장 중요한 문제는 '내가 죽일 것인가?'가 아니고, '내가 내 마음에 축복을 품고 있느냐 아니면 저주를 품고 있느냐?'입니다. 사람을 죽이는 총탄은 증오가 사용하는 최후의 도구에 불과합니다. 증오는 총을 뽑기 훨씬 전에 이미 우리의 마음 속에서 싹트고 있었던 것입니다.

> 주님, 겉으로 드러나는 행동 이전에, 제 내부 깊숙한 곳에서 생명의 씨앗이 싹트게 하옵소서. 가장 중요한 문제는 "내가 내 마음에 축복을 품고 있느냐 아니면 저주를 품고 있느냐"임을 기억하게 해주옵소서. 사람을 죽이는 증오의 총탄이 제 마음속에서 싹트고 있지 않은지 제 영혼을 살피게 해주옵소서. 예수님의 이름으로 기도드립니다. 아멘.

FEBRUARY 16

살든지 죽든지

"나의 간절한 기대와 소망을 따라 아무 일에든지 부끄러워하지 아니하고 지금도 전과 같이 온전히 담대하여 살든지 죽든지 내 몸에서 그리스도가 존귀하게 되게 하려 하나니"〈빌 1:20, 개역개정〉

드와이트 라이만 무디. 고등학교도 마치지 못하고, 17살 때 보스턴으로 나가 신발판매업으로 성공했지만, 영혼의 승리자로서 훨씬 더 성공했지요. 성경을 잘 알지 못한다고 교회 전도사를 거절당하자, 다른 교회 의자 하나 빌려 거리에서 직접 전도했습니다. 무디는 사람들이 예수 그리스도를 믿는 것을 보고 피곤한 줄 몰랐습니다. 간단하고 직접적으로 다가갔습니다. 그것은, "예수를 믿습니까?" 하고 묻는 것! 확신에 찬 대답이 빨리 나오지 않으면, 재빨리 되물었습니다. "왜 믿지 않습니까?" 하루는 시카고 거리에서 질문을 받은 사람이 날카롭게 응수했습니다. "댁의 일에나 신경 쓰시오!" "이게 내 일입니다!" 그러자 그 사람이 따뜻한 눈으로 쳐다보았습니다. "아, 당신이 바로 무디군요?" 무디의 25,000 제자들이 아직도 세계 각국에서 복음을 전하고 있습니다. 무디성경학교 강당게시판에는 6,000명 선교사 동창회 명단이 올려져 있습니다. 이 가운데 20명이 예수 그리스도에 대한 믿음으로 순교했지요….

주님, 복음 전파에 대한 뜨거운 열정을 주옵소서. 성경 지식의 부족함 때문에 거절당하더라도, 포기하지 않고 복음을 전하게 하옵소서. 단순하고 직접적인 용기를 제 삶에 허락해 주옵소서. "예수를 믿습니까?" 확신에 차서 질문하옵소서. 고, "이게 내 일입니다!" 복음 전도자로서 사명감을 제 마음에 새겨주옵소서. 예수님의 이름으로 기도드립니다. 아멘.

FEBRUARY 17

믿음의 진보

"내가 살 것과 너희 믿음의 진보와 기쁨을 위하여 너희 무리와 함께 거할 이것을 확실히 아노니"〈빌 1:25, 개역개정〉

엘리자베스 엘리옷. 남편 짐을 포함하여 5명의 선교사들과 함께 1956년 아우카 인디언에게 살해되어 순교한 이야기로 처음 이름이 알려지게 되었지요. 그녀는 1952년 번역작업을 하려고 난생처음 남아메리카로 갔습니다. 첫해에 콜로라도스 원주민들과 함께 일하면서 세 번의 불행을 경험합니다. 첫째, 콜로라도스 부족언어와 문화에 관한 정보를 제공해 주던 이가 살해된 것. 둘째, 그해에 한 모든 작업기록들을 잃어버린 것. 파일, 테이프, 공책, 편집한 단어 등 모두 도난당했습니다. 불행하게도 사본은 만들어 두지 않은 상태였지요. 같은 해, 남편 짐은 퀴추아 원주민들이 사는 정글에 조그만 예배당을 재건축하고 있었는데, 어느 날 밤 갑작스런 비로 예배당과 새로 지은 건물 세 채가 아마존 강으로 떠내려가 버렸습니다. 세 번이나 소중한 걸 잃어버리는 경험을 하면서 엘리자베스와 짐은 큰 교훈을 얻었습니다. 고통 없이는 아무것도 얻을 수 없고, 잃지 않고는 아무것도 얻을 수 없다는 것. 우리도 이렇게 진짜배기 믿음을 향해 한 걸음 한 걸음 진보해야 하지 않을까요?

> 주님, 엘리옷 부부의 헌신을 기억합니다. 세 번의 불행, 곧 정보를 제공해 주던 이를 잃고, 작업기록을 도난당하고, 예배당이 떠내려가는 큰 고난을 겪으면서도 믿음을 지켰던 그들의 굳건함을 저에게도 주옵소서. "고통 없이는 아무것도 얻을 수 없고, 잃지 않고는 아무것도 얻을 수 없다"는 그들의 깨달음을 저에게도 주옵소서. 예수님의 이름으로 기도드립니다. 아멘.

FEBRUARY 18

자기보다 남을 낫게 여기라

"아무 일에든지 다툼이나 허영으로 하지 말고 오직 겸손한 마음으로 각각 자기보다 남을 낫게 여기고"〈빌 2:3, 개역개정〉

한 젊은이가 성자가 되기로 결심하고, 전 재산 팔아 가난한 이들에게 나눠 준 뒤, 사막으로 떠났습니다. 동굴을 발견하고, 밤낮으로 기도한 끝에, 모든 시험 물리치고, 마침내 하나님 한 분만 바라보며 평화를 누리게 되었습니다. 어느 날, 하나님 음성이 들려왔습니다. "마을로 가서, 구두장이를 만나, 며칠 그 집에 머물러라." 다음 날 아침, 찾아갔습니다. "당신이 구두장이입니까?" "예, 그나저나 우선 들어오세요. 뭘 좀 드시고 쉬셔야겠군요." 아내를 불러 먹을 것과 잠자리를 내주었습니다. 나흘째 되던 날, 동굴에 돌아오자 하나님께서 물어보셨습니다. "그래, 그 구두장이는 어땠니?" "평범한 사람이었고, 아내가 아이를 가질 거라 했습니다. 서로 무척 사랑합니다. 열심히 일하고 검소한 집에 살면서, 자기들보다 못한 이들에게 먹을 것과 돈을 나누어 주기도 합니다. 하나님을 신실하게 믿으며, 적어도 하루에 한 번은 하나님께 기도를 드립니다. 친구도 많고, 농담도 좋아합니다." 하나님께서 말씀하셨습니다. "안토니오, 너는 위대한 성자. 그리고 그 구두장이 부부 또한 성자들이란다."

주님, 성자가 되기 위하여 모든 것을 버리고 사막에서 기도했던 안토니오와, 평범한 일상 속에서 열심히 일하고 사랑을 나누며 하루에 한 번 기도하는 구두장이 부부의 모습을 통해 참된 성자의 길을 깨닫습니다. 제 삶이 동굴 속 금식이나 고행에 있지 않게 하옵소서. 주님을 향한 신실한 믿음을 주옵소서. 이웃을 향한 검소한 나눔을 주옵소서. 예수님의 이름으로 기도드립니다. 아멘.

FEBRUARY 19

너희 안에 이 마음을 품으라

"너희 안에 이 마음을 품으라 곧 그리스도 예수의 마음이니" 〈빌 2:5, 개역개정〉

제2차 세계대전 때, 독일의 카젤시 상공, B-17기가 나치의 대공사격으로 격렬한 불꽃세례를 받고 있었습니다. 20mm 유탄 하나가 연료탱크를 뚫고 들어왔지만 폭발하지 않은 것이 발견되었습니다. 이 사실을 안 아군 조종사 본 포크스는 편대장에게 그 파편을 믿을 수 없는 기적의 기념물로 삼자고 건의하려고 찾아갔습니다. 그런데 편대장 말, 1개가 아니라는 것입니다. 단 한 개만으로도 비행기를 날려버렸을 텐데, 자그마치 11개의 유탄이 연료탱크에서 발견된 것이지요. 병기공들이 11개의 유탄들을 열어보았을 때 분명 아무런 폭발물질도 없었습니다. 유탄들은 깨끗했습니다. 비어 있었냐고요? 그렇지는 않았습니다! 그 가운데 하나에 조심스럽게 말린 종이조각이 들어 있었습니다. 거기에는 체코어로 갈겨 쓴 글귀가 있었지요. 번역된 그 글귀는 이랬습니다. '이것이 지금 우리가 당신을 위하여 할 수 있는 전부입니다!' 생명을 구해준, 그 이름 모를, 체코 군수공장 노동자, 예수님 마음이 꼭 이런 마음 아니셨을까요?

> 주님, 자신을 전부 내어주시어 제 생명을 살리신 예수님의 마음이 바로 이 노동자의 마음과 같음을 깨닫습니다. 제 구원을 위하여 십자가 고난을 마다하지 않으셨던 주님의 사랑에 감사드립니다. 저도 제 삶을 통하여 이웃의 생명을 살리는 작고 소중한 희생을 실천하게 하옵소서. 제 전부를 드려 주님의 뜻을 이루는 제 삶이 되게 하옵소서. 예수님의 이름으로 기도드립니다. 아멘.

FEBRUARY 20

모든 일을 원망과 시비가 없이 하라

"모든 일을 원망과 시비가 없이 하라" 〈빌 2:14, 개역개정〉

농부의 아들이 결혼을 결심했습니다. 아버지는 자유는 이제 끝이라며 말했습니다. "증명해 보이마. 마을로 내려가 남편이 주인인 집을 찾거든 말을 한 마리 주어라. 아내가 주인인 집을 찾거든 닭을 주거라. 닭은 다 주고 말들만 고스란히 데리고 오게 될 거야." 아버지 말대로 말은 고스란히 남고 열 마리 닭만 주었습니다. 계속 가다가 어느 멋지고 아담한 집에 도착했습니다. 뜰 앞에 남자와 아내가 서 있었습니다. "이 집의 주인은 누구입니까?" 남자가 "나요!", 아내 역시 "맞아요. 남편이 진짜 주인이에요!" 흥분하며 자초지종을 설명한 뒤, 말을 한 마리 고르라고 했습니다. 남편이 "검은 말이 가장 좋아 보이는데, 이걸로 하겠소!", 그러자 아내가 "내가 보기엔 갈색 말이 가장 좋아 보이는데, 이걸로 하겠어요!" 그러자, 음, 남편이 갈색 말을 한참 보더니 말했습니다. "갈색 말이 더 좋겠소!" 농부의 아들은 미소를 지으며 말했습니다. "아니오, 당신은 말을 가질 수 없어요. 닭을 가지세요!" 인생에서 빚어지는 갈등은 오직 한 길을 걸어갈 때 해결할 수 있습니다! 그 길이 바로 예수 그리스도!

주님, 서로 다른 욕망으로 다투는 제 모습을 긍휼히 여겨주옵소서. 제 삶의 결정들이 세상의 기준이나 제 욕심에 휘둘리지 않게 해주옵소서. 제 인생에서 빚어지는 모든 갈등과 분쟁을 해결하는 유일한 길이 오직 예수 그리스도뿐임을 믿습니다. 제 가정과 삶이 주님 주시는 한 길을 굳게 걸어가게 하옵소서. 화평을 누리게 해주옵소서. 예수님의 이름으로 기도드립니다. 아멘.

FEBRUARY 21

이와 같은 자들을 존귀히 여기라

"이러므로 너희가 주 안에서 모든 기쁨으로 그를 영접하고 또 이와 같은 자들을 존귀히 여기라"〈빌 2:29, 개역개정〉

캘리포니아의 오우션사이드에서 있었던 일입니다. 알터 선생님이 가르치는 5학년 학급에서는 누가 항암치료를 받고 있는지 알 수 없었습니다! 거의 모든 아이들이 까까머리였으니까요. 병을 앓고 있는 친구가 자신이 외톨이라고 느끼게 되지 않도록, 친구들 가운데 13명이 같이 머리를 밀어버린 것입니다. 레이크초등학교의 11살짜리 소년, 스콧 시벨리우스가 말했습니다. "우리 모두가 머리를 민다면, 사람들은 아마도 누가 암을 앓고 있고 누가 머리를 밀었는지 모를 거야!" 생활기록부에는 아이언 오고만이 아픈 아이였습니다. 의사들은 림프종이라고 불리는 병을 앓고 있는 이 아이의 소장에서 악성 종양을 떼어 내었고, 약물치료를 시작했습니다. 그러자 아이언은 머리카락이 한 웅큼씩 빠져버리기 전에 머리를 완전히 밀어버리려고 마음먹었습니다. 그런데 놀랍게도 친구들이 이에 동참하려 한 것입니다. 얼마나 멋진 친구들인가요? 아이언에게는 이런 친구가 13명이나 있습니다! 자신의 머리카락을 기꺼이 희생할 만큼 충분한 애정과 인간미와 가슴을 가진 영혼의 친구들! 이 얼마나 존귀한 친구들인가요!

> 주님, 항암치료를 받는 친구 아이언 오고만이 외톨이라고 느끼지 않도록, 함께 머리를 밀어버린 오우션사이드 초등학교 5학년 학생들의 따뜻한 애정을 축복해 주옵소서. 제 삶에도 아이언에게 있었던 13명 영혼의 친구들처럼, 진실한 우정을 나누는 귀한 동역자들을 허락해 주옵소서. 서로의 외로움을 치유하는 아름다운 공동체를 세워가게 해 주옵소서. 예수님의 이름으로 기도드립니다. 아멘.

FEBRUARY 22

주 안에서 기뻐하라

"끝으로 나의 형제들아 주 안에서 기뻐하라 너희에게 같은 말을 쓰는 것이 내게는 수고로움이 없고 너희에게는 안전하니라"〈빌 3:1, 개역개정〉

주일밤. 성가대가 두 곡이나! 중창단도 세 곡이나! 간증까지! 론 목사. 시계를 보니 좀 언짢습니다. 헌데 강단입구 아내와 프랭크 집사, 바이올린을 들고 있는 게 아닙니까! 특주가 또 있었던 것. 론은 고개를 저었습니다. 아내도 알았다는 듯 끄덕였지요. 재빨리 올라간 론 목사! "정말 은혜로운 밤이네요. 이젠 설교시간입니다. 걱정 마세요. 오래 안 할게요." 진짜 짧게 하고선, 봉헌송을 줄여보고자, "이제 헌금하는 동안 프랭크 집사님이 제 아내를 '만지작거리겠습니다!'" 아내와 '연주'할 거란 말이 '만지작'(fiddle with my wife)거릴 거라고 들린 것. 킥킥대는 교인들! 눈치챈 론 목사! "여러분, 제 말은 프랭크 집사님이 제 아내와 '놀아날' 거란 뜻이었습니다!" 헌데 그 말도 '연주'보단 '놀아날'(play with my wife) 거라고 들렸으니! 본디 영어가 좀 그렇잖아요! 교인들은 길길이 뛰며 배꼽 잡고 웃어댔지요. 아, 그냥 조용히 예배당을 떠났으면 좋았으련만! 우리 대전장로교회 교인들도 저한테 제발 설교할 때 인상 좀 피고 좀 웃으라고 해서 드려본 말씀!

주님, 저에게 인상 좀 피고 웃으라는 교인들의 권면을 겸손히 받아들입니다. 제가 너무 긴장하지 않게 하옵소서. 완벽해야 한다는 부담 때문에 은혜의 흐름을 방해하지 않게 하옵소서. 제가 하는 일들이 지식뿐만 아니라 유머와 인간적인 따뜻함이 함께 어우러지게 하옵소서. 주변 사람들에게 참된 기쁨과 평안을 전하게 하옵소서. 예수님의 이름으로 기도드립니다. 아멘.

FEBRUARY 23

푯대를 향하여!

"푯대를 향하여 그리스도 예수 안에서 하나님이 위에서 부르신 부름의 상을 위하여 달려가노라" 〈빌 3:14, 개역개정〉

여덟 살짜리 소년, 사람들에게 이렇게 말했습니다. "나는 이 세상에서 제일 위대한 야구 포수가 될 거예요!" 사람들은 비웃었습니다. "웃기지 말고 꿈 깨라, 이 꼬마야!" 엄마도 조용히 말했지요. "너는 이제 여덟 살이란다. 이루지 못할 꿈을 꿀 때가 아니야." 소년이 고등학교 졸업식에서 졸업장을 받으러 나아갈 때 교장선생님이 그를 세우고 물었습니다. "자니, 네가 원하는 것이 무엇인지 이 사람들한테 말해 보렴." 그러자 미소를 지은 채 어깨를 쫙 펴며 말했습니다. "나는 세상에서 제일 위대한 포수가 될 겁니다!" 사람들이 낄낄 웃는 소리가 들렸지요. 이로부터 역사의 한 페이지가 만들어졌습니다. 뉴욕 양키팀, 자니 벤치, 야구가 생긴 이래 가장 위대한 포수! 세계 최고의 포수로 상을 두 번이나 받았지요. 사람들에게 꿈이 뭐냐고 묻는다면, 확실히 대답할 수 있는 사람은 통계상으로 5%도 되지 않습니다. 나머지는 삶의 조류에 방향 없이 흔들리고 있을 뿐이지요. 무엇 때문에 주저하십니까? 나아가십시오, 푯대를 향하여!

> 주님, 제가 사람들의 비웃음과 회의적인 시선에도 굴하지 않게 하옵소서. 푯대를 향하여 용기 있게 나아가게 하옵소서. 주저함의 자리에서 벗어나게 하옵소서. 주님께서 제게 주신 비전을 향해 당당하게 나아가게 하옵소서. 제 꿈을 통해 주님의 영광이 드러나게 하옵소서. 오늘도 제 삶이 놀라운 역사의 한 페이지를 만들어가게 하옵소서. 예수님의 이름으로 기도드립니다. 아멘.

FEBRUARY 24

너희는 함께 나를 본받으라

"형제들아 너희는 함께 나를 본받으라 그리고 너희가 우리를 본받은 것처럼 그와 같이 행하는 자들을 눈여겨 보라"〈빌 3:17, 개역개정〉

산다는 게 쉬운 건 아닙니다. 세상에서 위대했던 사람들 역시 역경과 불리한 조건들을 짊어지고 살았습니다. 하지만 이 장애물들을 멋지게 극복해내었지요. 가난한 가정에서 자라나 정치적 패배의 쓴잔을 무수히 마시며 사랑하는 사람마저 잃어버린 역경은 아브라함 링컨을, 어릴 적 소아마비로 평생 다른 이에게 의지하며 살아야 했던 역경은 루즈벨트 대통령을, 흑인차별이라는 역경은 마틴 루터 킹 2세를 태어나게 했지요. 18남매의 맏이로 가난에 시달렸지만 그 역경을 음악적인 재능으로 이겨낸 사람이 앤리코 카루소였고, 나치집단수용소에서 살아난 부모에게 태어나 네 살 때부터 하반신 마비를 겪었던 역경은 이 시대 최고의 바이올린 연주자 아이작 펄만을 있게 했습니다. 배우는 속도가 너무 느려 지체아라는 꼬리표를 달고 다니다 끝내 학교에서 쫓겨난 역경은 알버트 아인슈타인을 있게 했습니다. 귀머거리였지만 천재적인 작곡가가 된 베토벤도 있지요. 마지막으로 옥에 갇히는 역경 속에서도 우리에게 기쁨의 복음 빌립보서를 전해 준 이가 바로 사도 바울이었구요.

> 주님, 제가 오늘도 역경과 불리한 조건을 짊어지고 살아갑니다. 이 장애물들을 멋지게 극복해 내게 하옵소서. 가난, 질병, 차별, 패배, 심지어 옥에 갇히는 고난도 오히려 저를 더 위대하게 만들게 하옵소서. 제 삶에 주어진 역경과 불리한 조건들을 회피하지 않게 하옵소서. 제게 주어진 역경을 주님의 영광을 드러내는 경력으로 삼게 해주옵소서. 예수님의 이름으로 기도드립니다. 아멘.

FEBRUARY 25

아무것도 염려하지 말라

"아무것도 염려하지 말고 다만 모든 일에 기도와 간구로, 너희 구할 것을 감사함으로 하나님께 아뢰라"〈빌 4:6, 개역개정〉

항공기 산업 초창기, 모든 것은 조잡했고 비행기술은 걸음마 수준이었습니다. 한 용감한 조종사가 뼈대는 나무이고, 그 뼈대를 감싸는 몸체는 천이었던, 아주 조잡한 비행기를 타고 비행하고 있었습니다. 이륙 뒤, 두 시간 정도 지났나, 이상한 소리가 비행기 안에서 났지요. 주위를 둘러보던 조종사는 화들짝 놀라고 말았습니다. 쥐가 무언가를 갉아 먹는 소리였기 때문이었지요. 케이블이나 중요한 목재 버팀목을 갉아 먹을 수 있기 때문에 아주 위험했습니다. 어떻게 해야 하나? 그때 한 가지 묘책이 떠올랐습니다. 비행기를 고도 이만 피트 이상으로 끌어올렸습니다. 그러자 곧 그 소리가 사라졌지요. 바로 그 고도의 대기에서는 쥐가 살아남을 수 없었던 것입니다! 두 시간 뒤, 비행사는 안전하게 착륙해서 죽은 쥐를 찾아냈습니다. 쥐와 같이 내 영혼을 갉아먹는 파괴자들이 있습니다. 염려, 걱정, 근심, 두려움, 부정직, 뒤에서 들려오는 온갖 험담, 분노, 거짓말 등 내 영혼을 파괴시키는 파괴자들은 높으신 하나님 앞에 서면 사라져 버립니다.

주님, 항공기 안에서 나무 뼈대와 케이블을 갉아 먹던 쥐처럼, 제 영혼을 끊임없이 파괴하는 염려, 근심, 두려움, 부정직, 분노와 같은 파괴자들이 있음을 고백합니다. 이 모든 악한 소리 때문에 제 삶이 위협받고 있습니다. 조종사가 비행기를 고도 이만 피트 이상으로 끌어올려 쥐의 위협에서 벗어났던 것처럼, 저도 제 영혼을 지극히 높으신 주님의 임재 앞으로 바짝 끌어올리게 하옵소서. 예수님의 이름으로 기도드립니다. 아멘.

FEBRUARY 26

이것들을 생각하라

"끝으로 형제들아 무엇에든지 참되며 무엇에든지 경건하며 무엇에든지 옳으며 무엇에든지 정결하며 무엇에든지 사랑 받을 만하며 무엇에든지 칭찬 받을 만하며 무슨 덕이 있든지 무슨 기림이 있든지 이것들을 생각하라"〈빌 4:8, 개역개정〉

어느 날 오후, 사내아이 둘과 여자아이, 이렇게 세 명의 아이들이 꽃가게에 들어섰습니다. "노란 꽃을 좀 사고 싶은데요." 그 아이들의 아주 긴장된 모습을 보고 주인은 이 아이들이 아주 특별한 일을 하려고 한다고 생각했습니다. 주인은 값이 싼 노란 꽃을 보여주었습니다. "좀 더 좋은 꽃은 없나요?" "꼭 노란 꽃이어야만 하겠니?" "예, 아저씨. 있잖아요, 미키는 노란 꽃을 특히 더 좋아해요. 노란 스웨터를 입었었죠. 갠 다른 색보다 노란색을 더 좋아했어요." "장례예식에 가져갈 거니?" 더 이상 말을 잇지 못한 그 아이가 고개만 끄덕였습니다. 여자애는 가까스로 눈물을 참고 있었지요. "저 여자애가 미키의 동생이예요. 미키는 멋진 친구였는데, 트럭이 와서 쳤어요." "아이구, 그랬구나! 이 꽃을 어디로 보내줄까?" "저, 아저씨, 실은 우리가 가지고 갔으면 하는데요. 그걸 미키가 훨씬 더 좋아할 거예요." 주인아저씨는 꽃에 장식을 해서 아이들에게 건네주고는 18센트를 꽃값으로 받았습니다. 그러고는 터벅터벅 밖으로 나가는 아이들을 지켜보았지요. 그 순간, 꽃가게 아저씨는 무엇을 느꼈을까요?

주님, 친구 미키의 장례를 위하여 노란 꽃을 사러 온 세 아이들의 순수한 마음을 바라봅니다. 미키가 가장 좋아했던 노란 스웨터와 노란 꽃을 기억하며 눈물을 참던 아이들의 진정한 우정을 저에게도 주옵소서. 꽃가게 아저씨가 느꼈던 따뜻한 마음처럼, 저도 오늘 작고 소중한 사랑과 인간미를 실천하게 하옵소서. 순수한 사랑으로 주님께 영광 돌리게 하옵소서. 예수님의 이름으로 기도드립니다. 아멘.

FEBRUARY 27

일체의 비결

"나는 비천에 처할 줄도 알고 풍부에 처할 줄도 알아 모든 일 곧 배부름과 배고픔과 풍부와 궁핍에도 처할 줄 아는 일체의 비결을 배웠노라"〈빌 4:12, 개역개정〉

보스턴 동쪽 어느 거리, 누추한 아파트, 입에 풀칠하기도 어려운 한 재단사에게 어느 날, 정장을 한 두 남자가 가게에 들어와 알렸습니다. 복권으로 큰 돈을 얻게 되었다고! 상금은 자그마치 오십만 달러! 귀를 의심했습니다. 더 이상 바지 밑단을 만들고, 드레스 옷단을 내고, 소매 줄이는 일을 할 필요가 없어졌습니다. 바로 가게문을 닫고, 찰스 강에 가게 열쇠를 던져 버렸습니다. 왕들이나 입는 예복, 신형 롤스로이스, 리츠호텔 스위트룸, 매력적인 여자들, 날마다 새벽까지 파티, 하루하루가 마지막인 양 돈을 써댔습니다. 결국 돈이 하나도 남지 않게 되었고, 고열에 시달리며 지친 몸으로 쓰디쓴 환멸을 가득 맛본 채, 자신의 작은 가게로 돌아왔고, 다시 영업을 하였습니다. 습관에서인지 또다시 복권을 사기 시작했습니다. 2년이 지난 뒤, 지난번 정장을 입고 왔던 그 두 남자가 또 찾아왔습니다. 믿을 수 없는 일이라며 또다시 당첨되었다! 상금 역시 지난번처럼 오십만 달러라고! 그러자 그는 가게 밖 사람들도 들을 수 있을 정도로 신음소리를 내며 내뱉었습니다. "싫소! 당신은 날더러 그 고생을 또 하란 말이오?"

> 주님, 돈이 주는 쾌락이 진정한 행복이 아님을 깨닫고, 두 번째 당첨의 기회마저 "싫소! 그 고생을 또 하란 말이오?" 하며 거절했던 그의 신음이 제 영혼의 경고음이 되게 해주옵소서. 순간적인 쾌락에 현혹되어 제 삶을 탕진하고, 결국 공허함과 고통만 남는 어리석은 선택을 반복하지 않게 해주옵소서. 제 삶의 작은 일터와 주님 안의 평범한 일상에서 참된 만족과 기쁨을 발견하게 해주옵소서. 예수님의 이름으로 기도드립니다. 아멘.

FEBRUARY 28

너희 모든 쓸 것을 채우시리라

"나의 하나님이 그리스도 예수 안에서 영광 가운데 그 풍성한 대로 너희 모든 쓸 것을 채우시리라"〈빌 4:19, 개역개정〉

1970년대 초, 돈 리옹이라는 목사가 농장을 사서, 교회와 기독교방송국을 세우고자 작은 집을 지었지요. 이 일을 위해서는 특별한 사람이 필요하다는 것을 알고, 기도를 올릴 때 '타이어트소트'라는 이름이 문득 떠올랐습니다. 이상한 이름이었죠. 그리고는 곧 잊어버렸습니다. 어느 날 회의에서 어떤 젊은이가 다가왔습니다. 이름표를 보았죠. '론 타이어트소트!' 그는 아이오아주 수시티에서 라디오와 TV활동에 경력이 있는 목사였습니다. 그렇게 시작된 방송국, 그런데 1975년 겨울에 시련이 닥쳐왔습니다. 방송을 계속 내보기 위해서는 3,000달러가 꼭 필요했습니다. 그것도 당장! 300달러면 몰라도 3,000달러라니! 첫눈이 내리는 창밖을 보며 기도했습니다. "하나님, 저희는 하나님께서 방송국이 계속되기를 바라신다고 진실로 믿었습니다. 어떻게 해야 할지 가르쳐 주옵소서." 그때 정문이 열리고 한 중년의 사나이가 봉투를 가지고 들어왔습니다. 봉투를 열어보고는 숨이 막혔습니다. 그 안에는 현금이 3,000달러도 넘게 들어 있었습니다!

> 주님, 방송국 운영에 필요한 3,000달러 때문에 절박하게 기도했을 때, 정문이 열리고 필요한 금액을 넘치게 채워주신 주님의 놀라운 섭리를 찬양합니다. 저희가 주님의 뜻을 이루어가는 길에 당장의 필요 앞에서 낙심하거나 좌절하지 않게 해주옵소서. 주님께서 제 삶의 모든 필요를 가장 적절한 때에 채워주실 것을 확신하며 믿음으로 나아가게 해주옵소서. 예수님의 이름으로 기도드립니다. 아멘.

MARCH 3월

MARCH 1

대한민국 만세!

"그러니 미움과 악과 음행으로 가득 찬 옛 생활을 버리고 그리스도인답게 굳세게 성장해 갑시다. 미움과 악이라는 묵은 누룩이 들어간 떡 대신 진실이 담긴 순수한 떡, 곧 누룩 없는 떡으로 명절을 지킵시다."〈고전 5:8, 현대어〉

어느 날, 여객선이 항해를 하다가 암초에 부딪혀 산산조각이 났습니다. 사람들이 아우성을 치며 혼비백산하였습니다. 겨우겨우 구명대에 올라탔는데, 10명 정원에 13명. 3명이 정원초과였습니다. 누가 우리 모두를 위하여 자신의 목숨을 희생할 것인가? 서로 눈치만 보고 있는데, 갑자기 한 사람이 일어섰습니다. 영국 사람이었습니다. "여러분, 저는 신사의 나라 영국에서 왔습니다. 제가 신사답게 여러분을 위하여 희생하겠습니다. 대영제국 만세!" 그리고는 풍덩 뛰어내렸습니다. 그런데 그 모습을 보고 배가 아픈 사람이 있었습니다. 프랑스 사람이었습니다. "제가 저 영국사람한테 지고는 못 살죠. 저도 여러분을 위하여 희생하겠습니다. 예술의 나라 프랑스 만세!" 그리고는 풍덩 뛰어내렸습니다. 그런데 아직도 한 명이 더 희생을 해야만 했습니다. 역시, 그때 한 사람이 일어섰습니다. 한국 사람이었습니다. "여러분, 저는 고요한 아침의 나라 대한민국에서 왔습니다. 제가 여러분을 위하여 희생하겠습니다. 대한민국 만세!" 그리고는 옆에 있던 일본놈을 팍 밀어 버렸습니다. 일본에 대한 미움! 예수님이라면 어떻게 하실까요?

> 주님, 제 안에 남아 있는 미움을 봅니다. 예수님이라면 어떻게 하셨을까 묻습니다. 주님께서는 원수까지 사랑하라 가르치셨고, 제 모든 죄를 대신하여 희생하셨음을 믿습니다. 제 마음속에 깊이 뿌리내린 모든 미움의 감정을 주님의 십자가 사랑으로 치유해 주옵소서. 모든 사람을 주님의 시선으로 바라보며 사랑으로 섬기게 해주옵소서. 예수님의 이름으로 기도드립니다. 아멘.

MARCH 2

5,500년 전!

"그래서 인간의 생활은 온갖 악과 죄에 빠져서 탐욕과 미움, 질투, 살인, 분쟁, 거짓, 빈정거림, 험담으로 가득 차 버렸습니다."〈롬 1:29, 현대어〉

어느 날, 중국 과학자들이 땅속으로 50m를 파고들어가 작은 구리조각을 발견했습니다. 이 구리조각을 오랜 시간 연구한 끝에, 중국 정부는 이렇게 발표했습니다. "우리 고대 중국인들은 이미 2,500년 전에 전국적인 전화망을 가지고 있었다." 당연히 일본 정부가 발끈했습니다. 일본 정부에서는 일본 과학자들에게 그보다 더 깊이 파볼 것을 종용했습니다. 100m 깊이에서 일본 과학자들은 조그만 유리조각을 발견했고, 곧 일본정부는 이렇게 발표했습니다. "우리 고대 일본인들은 이미 3,500년 전에 전국적인 광통신망을 가지고 있었다." 이 보도에 한국 정부가 격노했습니다. 그래서 한국 정부도 한국 과학자들을 동원해서 일본보다 더 깊이 파보기로 했습니다. 그런데 한국 과학자들이 200m 깊이까지 땅을 파고 들어갔으나, 아무것도 발견하지 못했습니다. 그러자 한국 정부는 이렇게 결론을 내렸습니다. "우리 고대 한국인들은 이미 5,500년 전에 휴대전화를 가지고 있었다." 한중일, 이 뿌리 깊은 갈등, 어떻게 치유해야 할까요?

주님, 동북아시아에 깊이 뿌리내린 민족적 갈등과 미움을 주님 앞에 올려드립니다. 역사와 상처로 얽힌 이 뿌리 깊은 갈등을 주님의 사랑으로 치유해 주옵소서. 주님의 시선으로 이웃 나라를 바라보게 해주옵소서. 한중일 세 나라가 서로를 존중하며 평화롭게 공존할 수 있도록 지혜를 더해주옵소서. 주님의 십자가 아래 모든 미움과 증오가 녹아내려 화해의 길로 나아가게 해주옵소서. 예수님의 이름으로 기도드립니다. 아멘.

MARCH 3

근시안

"너는 일어나 저 큰 성읍 니느웨로 가서 그것을 향하여 외치라 그 악독이 내 앞에 상달되었음이니라 하시니라"〈욘 1:2, 개역개정〉

몽골사람은 시력이 좋습니다. 보통 사람의 시력이 2.9이고, 시력이 아주 좋은 사람은 7.0까지 나간다고 합니다. 대단한 시력입니다. 그런데 그 사람들이 눈이 좋은 이유가 무엇인지 아십니까? 넓은 초원에서 멀리 바라보는 생활을 하기 때문입니다. 눈이 너무 피로할 때에는 눈을 감을 것이 아니라 오히려 더 먼 곳을 바라보아야 합니다. 그래야 시력도 좋아집니다. 우리 인생도 마찬가지입니다. 근시안적으로 당장의 문제에만 집착하면 그 문제의 포로가 되고 맙니다. 요나도 처음에는 근시안이었습니다. 자기 민족밖에 몰랐습니다. 우리만 구원받으면 된다는 수구적인 생각의 틀에 갇혀 지냈습니다. 이방의 큰 도시 니느웨는 눈에 들어오지도 않았습니다. 그래서 하나님의 말씀이 임했을 때, 그 메시지는 요나에게 커다란 충격이었습니다. 저 큰 성읍 니느웨로 가라. 가서 외치라. 네 민족, 네 가족, 네 울타리만 생각해서는 안 된다는 말씀이었습니다. 주변을 보고 그곳도 품으라는 말씀이었습니다. 근시안이 아닌, 세계적인 안목이 필요합니다. 우리 민족의 구원만이 아니라 죄인들의 땅 일본을 향해서도 나아갈 수는 세계적인 선교의 안목이 있어야 합니다.

주님, 저도 근시안적인 시각에서 벗어나 영적인 안목을 넓히기 원합니다. 당장의 문제에만 집착하여 그 문제의 포로가 되었던 제 어리석음을 용서해 주옵소서. 울타리 안, 수구적인 생각의 틀을 깨고, 주변과 세상을 품으라는 주님의 음성에 순종하게 하옵소서. 좁은 민족주의를 넘어 세계적인 선교의 안목을 갖고, 모든 죄인들에게 복음을 전하시는 주님의 넓은 마음을 품게 해주옵소서. 예수님의 이름으로 기도드립니다. 아멘.

MARCH 4

욘사마

"그가 대답하되 나는 히브리 사람이요 바다와 육지를 지으신 하늘의 하나님 여호와를 경외하는 자로라 하고" 〈욘 1:9, 개역개정〉

욘사마라는 말 들어보셨지요? 한때 드라마 〈겨울연가〉의 배용준을 두고 일본사람들이 칭하는 말입니다. 본디 사마라는 말은 일본에서 왕이나 왕족 등 고귀한 신분이거나 존경받는 사람에게나 붙이는 호칭이었습니다. 그런데 배용준을 보고 그렇게 칭하고 있는 것입니다. 일본에서 배용준의 몸값은 실로 어머어마합니다. NHK가 배용준 드라마를 방영하면서 350억을 벌어들였습니다. 그의 몸값은 이미 인간의 계산 범위를 넘어섰습니다. 일본 여성들에게 욘사마 배용준의 인기는 베컴보다, 총리보다, 후지산보다 높습니다. 한 사람의 가치가 이렇게 높을 줄 누가 알았겠습니까! 그렇습니다! 일본을 이기려면 선정적 구호가 아니라, 악에 받친 감정적 언사들이 아니라, 준비된 일본 전문가들을 키워내야 합니다. 하나님이 적시적소에 쓰실 수 있는 준비된 전문가들을 각 방면에서 키워내는 일이 너무나 중요합니다. 그런 의미에서, 요나, 그는 하늘과 땅을 지으신 하늘의 하나님 여호와를 경외하는 자로서, 준비된 느니웨 전문가였습니다.

> 주님, 제가 선정적인 구호나 감정적인 언사가 아니라, 실력으로 세상을 변화시킬 수 있게 하옵소서. 제 삶이 세상과 열방을 섬기는 준비된 전문가가 되게 해주옵소서. 요나가 준비된 니느웨 전문가였던 것처럼, 저도 주님께서 적시적소에 쓰실 수 있는 도구로 훈련되게 해주옵소서. 미움이나 증오가 아닌, 실력과 사랑으로 세상을 이기게 해주옵소서. 예수님의 이름으로 기도드립니다. 아멘.

MARCH 5

차범근 이펙트

"나의 간절한 기대와 희망은 내가 부끄러움을 당할 일을 일체 하지 않고 오히려 시련을 당하고 있는 지금도 예전과 같이 언제나 그리스도를 위해서 담대하게 말하고, 또 살든지 죽든지 어떤 순간에도 나의 존재로 그리스도의 영광을 드러내는 일입니다."〈빌 1:20, 현대어〉

한때 차범근 이펙트 아시지요? 골을 넣고 골 세리머니로 잔디운동장에 슬라이딩하며 무릎 꿇고 두 손 모아 기도하는 모습. 그 순간적인 장면을 보고 수많은 국민들의 가슴에 예수 그리스도에 대한 궁금증과 사모함이 불일 듯 일어났습니다. 그 때문에 교회에 대하여 좋은 이미지를 가진 이들도 많았습니다. 이런 선배 신앙인들의 영향을 받아, 당시 월드컵 때는 축구선수 전체 선수 엔트리 가운데 9명이 기도하는 선수들이었습니다. 그때 그들이 골을 넣고 함께 기도하는 모습, 그것이 전 세계로 생중계되는 것을 보면서 얼마나 신이 났습니까! 그것뿐이 아닙니다. 새로 나온 아이돌 십대가수들, 십자가 목걸이를 하고 나와 노래합니다. 연예인들, 연말 수상식 자리에서 하나님께 감사와 영광을 올려드립니다. 너무나 대견스럽습니다. 나도 저렇게 못하는데! 누가 저들을 저렇게 신실한 크리스천으로 키워냈을까! 우리는 선데이 크리스천으로, 익명의 크리스천으로, 사람들 앞에서 그리스도인임을 감추려고 애쓰는데, 어디서 저런 용기와 저런 신실함을 훈련받았을까요!

주님, 잔디운동장에 무릎 꿇고 기도하며 예수 그리스도에 대한 궁금증과 사모함을 일으켰던 선배 신앙인들의 용기를 저에게도 주옵소서. 연말 수상식에서 하나님께 감사를 올려드리는 신실한 연예인들의 모습처럼, 저도 사람들 앞에서 그리스도인임을 당당하게 고백할 용기를 주옵소서. 오늘도 제 삶의 모든 자리에서 주님을 간증하게 해주옵소서. 예수님의 이름으로 기도드립니다. 아멘.

MARCH 6

그래도 이 미움, 넘어서야 하지 않을까요?

"여호와여 원하건대 이제 내 생명을 거두어 가소서 사는 것보다 죽는 것이 내게 나음이니이다 하니 여호와께서 이르시되 네가 성내는 것이 옳으냐 하시니라"〈욘 4:3-4, 개역개정〉

하나님, 악독이 가득한 니느웨가 지옥불에 영원히 고통당하도록 놔두셔야 하지 않는가요? 그것이 인과응보 아닌가요? 그런데 말년에 하나님을 믿어 구원까지 받다니! 이건 아닙니다! 요나는 지금 잔뜩 성질이 나 있습니다. 오늘 우리도 일본을 바라보며 이런 갈등을 느끼게 됩니다. 교과서 왜곡. 정신대 위안부 성노예. 그런 일 없다고 잡아떼기. 독도를 자기네 땅이라고 억지부리기. 동해를 일본해라고 미 CIA에 우기기. 전범들의 망령이 깃든 야스쿠니 신사에 일본총리까지 공물을 바치고 우르르 몰려가 기어코 참배하기 등. 얼마나 미운 짓만 골라 하는가! 경제대국에 군사대국. 저렇게 미운 일본이 자꾸만 잘되는 꼴을 보자니 배 아파 죽겠습니다. 그러다 보니 우리는 별별 생각을 다하게 됩니다. 하나님, 세상 모든 민족이 다 구원을 받아도, 일본만은 복음을 듣게 해서는 안 됩니다! 일본만은 영원한 지옥의 불구덩이로 처넣어야 합니다! 이것이 우리 민족, 아니 우리 한국 그리스도인들의 마음은 아닌가요? 하지만, 그래도 이 미움, 넘어서야 하지 않을까요?

> 주님, 저도 일본의 역사 왜곡과 억지를 보며 미움을 느낍니다. 일본이 자꾸만 잘되는 꼴을 보자니 배 아파 죽겠다고 생각했던 제 마음속의 악함을 회개합니다. 주님의 넓으신 사랑이 제 속 좁은 마음으로는 도무지 받아들일 수 없는 용서와 구원의 은혜임을 고백합니다. 이 뿌리 깊은 미움을 주님의 십자가 사랑으로 넘어서게 하옵소서. 예수님의 이름으로 기도드립니다. 아멘.

MARCH 7

미움과 증오

"하물며 이 큰 성읍 니느웨에는 좌우를 분변하지 못하는 자가 십이만여 명이요 가축도 많이 있나니 내가 어찌 아끼지 아니하겠느냐 하시니라"〈욘 4:11, 개역개정〉

몇 년 전, 어떤 대령 연대장님과 이야기를 나누다, 어안이 벙벙해진 경험이 있습니다. 한여름에 태풍이 불면 너무 좋다는 것입니다. 이유인즉, 그놈의 태풍이 꼭 한반도를 비켜서 일본열도를 싹쓸이 휩쓸고 지나가기 때문이라는 것입니다. 너무나 통쾌하다는 것입니다. 지진. 쓰나미. 너무너무 고소하다는 것입니다. 그분도 믿는 분이었는데, 과연 예수님께서 바라시는 그리스도인의 마음일까 곰곰이 생각해 보았습니다. 미움과 증오. 없을 수는 없겠지요. 여러분도 지금 누군가를 미워하고 증오하고 계시지는 않습니까? 어떻게 치유할 수 있을까요? 그것이 일본이라면요? 하나님은 이 미운 일본을 놓고 우리에게 무어라 말씀하실까요? 나는 느느웨 같은 일본도 아낀다! 그렇게 말씀하시지 않을까요? 일본의 지난 범죄행위는 미워하시지만, 좌우도 분변하지 못하는 저 불쌍한 영혼들을 어떻게든 구원해야 하지 않겠느냐? 일본도 네가 복음을 들고 들어가야 할 선교의 대상이다! 가라! 일본으로! 이 복음을 전하라! 그래서 저들을 죄 가운데서 구해 내라! 주님의 명령은 이미 떨어졌습니다. 이제 어떻게 하시겠습니까?

> 주님, 제 마음 깊은 곳의 미움을 발견합니다. 이것이 예수님께서 바라시는 그리스도인의 마음이 아님을 고백합니다. 니느웨 같은 일본도 주님께는 긍휼의 대상임을 깨닫습니다. "가라! 일본으로! 이 복음을 전하라!"는 주님의 명령 앞에 제 미움을 내려놓습니다. 일본을 선교의 대상으로 품게 하옵소서. 오늘도 미운 이들을 주님의 십자가로 품게 하옵소서. 예수님의 이름으로 기도드립니다. 아멘.

MARCH 8

아빠!

"내 사랑하는 자들아 너희가 친히 원수를 갚지 말고 하나님의 진노하심에 맡기라 기록되었으되 원수 갚는 것이 내게 있으니 내가 갚으리라 주께서 말씀하시니라 네 원수가 주리거든 먹이고 목마르거든 마시게 하라 그리함으로 네가 숯불을 그 머리에 쌓아 놓으리라 악에게 지지 말고 선으로 악을 이기라"〈롬 12:19-21, 개역개정〉

지하철 안에서 꼬마 형제가 이리저리 뛰어다니며 떠들고 있었습니다. 그러자 아이들 엄마가 사람들의 시선이 무안해졌던지 꼬마들에게 말했습니다. "쉿, 전철 안에서는 조용히 하랬지. 엄마가 이 세상에서 제일 미운 사람이 누구라고 했지?" 아이들은 잠시 생각하더니 이렇게 외쳤습니다. "아빠!" 무의식 중에 아이들은 엄마가 아빠를 미워한다고 느끼고 있는 것입니다. 평소 말습관이 이렇듯 중요합니다. 흔히 우리가 너무 쉽게 내뱉는 말이 있지요. "미워 죽겠어!" 그런데 이 말 속에는 "미워 죽이고 싶다"는 살인충동이 깃들어 있습니다. 이 눈치 저 눈치 보느라 직접 대놓고 말하지는 못하고 뭐든지 간접적으로 표현하기 좋아하는 우리식 표현인 것입니다. 미워하는 사람이 있으면 하루종일 그 사람 생각으로 일이 손에 안 잡힙니다. 주님 생각하며 하루를 사는 것이 아니라 그 미운 사람 생각하며 온종일을 그와 동거하는 꼴입니다. 이 감정의 선을 넘어서야 합니다. 선으로 악을 이기라. 이것이 주님의 방식입니다.

> 주님, "미워 죽겠어!"라는 말 속에 담긴 제 악한 마음을 용서하여 주옵소서. 미움이라는 감정의 선을 넘지 못하고 제 삶을 낭비했던 제 모습을 회개합니다. 선으로 악을 이기라는 주님의 방식을 제 삶에서 실천하게 해주옵소서. 미움을 사랑으로, 저주를 축복으로 바꾸는 주님의 능력이 제 말과 마음을 다스리게 해주옵소서. 예수님의 이름으로 기도드립니다. 아멘.

MARCH 9

로미오와 줄리엣

"하나님께서는 그리스도 예수를 보내 우리가 지은 죄를 대신해서 벌받게 하심으로써 우리에게 내릴 진노를 멈추셨습니다. 그리스도의 피와 우리가 가진 믿음으로 진노를 거두고 우리를 구원하신 것입니다. 우리를 위해 그리스도께서 화목제물이 되셨다는 말입니다." 〈롬 3:25상반절, 현대어〉

〈로미오와 줄리엣〉에서 보는 것처럼, 두 집안의 적대관계를 청산하기 위해서는 누군가의 전향적 희생이 필요합니다. 예수님이 하나님과 우리 사이의 적대적인 원수관계를 치유하시기 위하여 화목제물이 되셨듯이! 한일관계도 마찬가지입니다. 예수님이라면 어떻게 하셨을까요? 십자가가 그 답이 아닐까요? 일본을 이기려면 아주 전향적인 사고가 필요합니다. 유대인들처럼, 과거를 잊지 말되, 과거에 매몰되지 말아야 합니다. 영적인 눈을 떠야 합니다. 미래를 내다보아야 합니다. 일본선교에 눈을 떠야 합니다. 일본은 지금 영적으로 암흑기입니다. 우울질 문화, 자살문화, 우상숭배. 일본 속에는 이미 어두운 영혼의 그림자가 길게 드리워져 있습니다. 이 어두움을 몰아낼 수 있는 그리스도인이 전체 1%도 안 됩니다. 대승적 차원에서 일본의 죽어가는 영혼들을 불쌍히 여기는 그리스도의 마음을 품어야 합니다. 선교적 마인드가 필요합니다. 일본 영혼들을 복음으로 전도하여 영적으로 치유받고 구원받도록 돕는 길만이 진정 경제대국, 군사대국 일본을 이기는 주님의 길입니다.

주님, 주님과 저 사이의 원수 관계를 화목제물이 되심으로 치유하신 예수님의 십자가가 한일 관계 치유의 답임을 믿습니다. 과거에 매몰되지 않고 미래를 내다보는 영적인 눈을 열어주옵소서. 일본선교에 눈을 뜨고, 우울과 자살, 우상숭배의 어두운 그림자에 갇힌 일본 영혼들을 불쌍히 여기는 그리스도의 마음을 주옵소서. 오늘도 미운 이들을 선교적 마인드를 가지고 전도하게 하옵소서. 예수님의 이름으로 기도드립니다. 아멘.

MARCH 10

링가링가링가 링가링가링

"대저 젖을 저으면 엉긴 젖이 되고 코를 비틀면 피가 나는 것 같이 노를 격동하면 다툼이 남이니라"〈잠 30:33, 개역개정〉

1994년, 군목입대. 3사관학교 화산유격장. PT체조. 잘 아시듯이, PT체조는 마지막 구호를 붙이지 않아야 되지요. 그런데 어떤 목사님이 "열!" 이러는 거예요. 누구야? 열 받은 구대장. "다시 처음부터! 별로 20회, 실시!" 모두가 숨죽일 때, 아까 그 목사님 또 "스물!" 여기저기서 들려오는 야유. 아무리 성직자들이라도 열 받으니까 정말 죽일 것 같더라구요. 그 목사님은 완전 자포자기, 울라고 하더라구요. 더 이상 방법이 없다고 생각한 구대장. "더 이상 안 되겠습니다. 노래로 다시 합니다. 시작!" "둥글게 둥글게 하나, 둥글게 둥글게 둘, 빙글빙글 돌아가며 셋, 춤을 춥시다 넷, 손뼉을 치면서 다섯, 노래를 부르며 여섯! 랄라랄라 즐거웁게 춤추자!" 조용~. 와, 노래로 하니까 되는 거예요. 근데, 아이쿠, 저쪽에서 은은히 들려오는, 아까 그 목사님의 숨넘어가는 소리, "링가링가링가 링가링가링!" 그 고문관 목사님이 누구냐고요? 바로 접니다. 여러분 주변에는 저 같은 사람 없습니까? 그럴 때 어떻습니까? 옆사람 보며 따라합시다. "너만 보면, 열받아!"

주님, 모두를 힘들게 했던 제 고문관 같은 모습을 고백합니다. 저 때문에 주변 사람들이 야유하고 "너만 보면 열받아!"라고 할 만큼 답답한 행동을 했던 제 연약함을 용서해 주옵소서. 제 실수에도 불구하고 주님의 은혜로 제 삶이 인도되고 있음을 믿습니다. 저 때문에 상처받거나 지친 이들을 웃음과 이해로 감싸안는 넉넉한 마음을 제게 허락해 주옵소서. 예수님의 이름으로 기도드립니다. 아멘.

MARCH 11

열바다

"다시 한번 말합니다. 사람들을 흥분시키고 분노를 일으키게 하는 어리석은 논쟁에 말려들지 않도록 주의하시오." 〈딤후 2:23, 현대어〉

우리 교회 집사님 한 분이 친한 친구 집을 방문했습니다. 그 친구 부부는 소문난 잉꼬부부였습니다. 소문처럼, 허 참, 그 잉꼬부부의 대화를 듣고 있자니 정말 가관입니다. "자기야, 자기야, 세상에서 가장 추운 바다를 뭐라고 하지?" "가장 추운 바다? 썰렁해!" "맞아, 맞아, 그럼, 세상에서 가장 뜨거운 바다는?" "음....가장 뜨거운 바다? 사랑해!" 옆에서 듣고 있는 집사님, 정말 얼굴이 빨개졌습니다. 순간, 집사님, 남편이 생각납니다. 그래서 이 집사님, 집으로 돌아가 자기 남편에게도 써먹어야겠다고 작심을 합니다. 딩동. 남편이 돌아왔습니다. 집사님, 자세를 고쳐잡고 물었습니다. "보소, 보소, 가장 추운 바다를 뭐라 카능교?" "그것도 모르나. 썰렁해다. 썰렁해." "와, 우리 신랑도 아네." 오늘밤 뭔가 된다 싶어 잔뜩 기대에 부푼 우리 집사님. "보소, 보소, 그럼, 가장 뜨거운 바다는 뭐라 카능교?" "가장 뜨거운 바다? 니 그것도 모르나? 니만 보믄 열바다다. 열바다!" 여러분, 혹시 오늘도 열 받고 계시지는 않습니까? 크리스천으로서 이 열 받는 일, 어떻게 치유해야 할까요?

> 주님, 제 열 받는 마음을 주님께 올려드립니다. 쉽게 분노하는 제 연약함을 용서해 주옵소서. 제 안에 사랑과 따뜻함이 부족하여 주변 사람들에게 상처를 주었음을 고백합니다. 열 받는 상황 속에서도 주님의 평안을 선택하게 하옵소서. 제 삶이 열 받는 바다가 아니라, 사랑이 넘치는 바다가 되게 하옵소서. 예수님의 이름으로 기도드립니다. 아멘.

MARCH 12

보이스피싱

"사람이 성내는 것이 하나님의 의를 이루지 못함이라" 〈약 1:20, 개역개정〉

아주 황당한 일을 겪었습니다. 누군가 우리 교회 집사님에게 전화를 걸어서 담임목사님이 여름휴가를 가야 하니 지금부터 3만원씩 내라고 한 거예요. 그 집사님이 아무래도 이상하다 싶어 교회에 신고를 하셨기에 망정이지 정말 큰일 날 뻔했어요. 근데 그 전화를 추적해 보니, 서울에서 온 보이스피싱 신종사기였어요. 오해는 풀렸지만, 생각할수록 열이 받는 거예요. 잠깐이라도 집사님이 나를 어떻게 생각했을까? 아주 기분이 나빴어요. 그래서 경찰서에 명예훼손으로 신고를 했어요. 그랬더니 경찰관 아저씨, 실제 돈을 보내서 교인들이 피해를 보지 않은 이상, 수사에 들어갈 수가 없대요. 여러분, 저 그렇게 돈밖에 모르는 돈목사 아니예요. 그럴 일 없으니 절대 속지 마세요. 여러분도 저처럼 황당한 일 없으셨습니까? 그래서 지금 분노하고 계신다구요? 그렇다면, 묻고 싶습니다. 도대체 누구를 향한 분노입니까? 그리고 무엇을 위한 분노입니까? 잠 못 이루는 밤, 그 분노, 어떻게 치유하시겠습니까?

> 주님, 제 안의 분노가 도대체 누구를 향한 것이며, 무엇을 위한 것인지 깊이 묵상하게 해주옵소서. 제 명예에 대한 집착과 사람들의 시선 때문에 하나님의 영광을 놓치고 있지는 않은지 제 영혼을 돌아보게 해주옵소서. 잠 못 이루는 밤, 이 분노를 주님의 십자가 앞에 내려놓습니다. 제 분노를 주님의 평안으로 치유해 주옵소서. 예수님의 이름으로 기도드립니다. 아멘.

MARCH 13

분노, 지극히 정상적인 감정

"화 있을진저 외식하는 서기관들과 바리새인들이여 너희는 천국 문을 사람들 앞에서 닫고 너희도 들어가지 않고 들어가려 하는 자도 들어가지 못하게 하는도다"〈마 23:13, 개역개정〉

인간이 분을 내는 것은 지극히 정상입니다. 분노를 표현하는 것은 하나님이 창조해 주신 인간의 4대감정, 희노애락, 기쁨 분노 슬픔 즐거움 가운데 하나입니다. 분노는 지극히 정상적인 감정이라는 것입니다. 성경에도 하나님이 분노하셨다는 표현이 375군데나 나옵니다. 하나님의 길을 떠나 반역과 타락과 우상숭배로 탈선을 일삼는 인간의 실망스런 모습을 보시면서 하나님께서도 그만큼 화를 많이 내셨다는 사실입니다. 시편 7:11. "하나님은 의로우신 재판장이심이여 매일 분노하시는 하나님이시로다." 예수님도 화를 내시는 장면이 나옵니다. 마태복음 23:13. "화 있을진저 외식하는 서기관들과 바리새인들이여 너희는 천국 문을 사람들 앞에서 닫고 너희도 들어가지 않고 들어가려 하는 자도 들어가지 못하게 하는도다." 화 있을진저! 독사의 새끼들아! 회칠한 무덤 같은 놈들아! 이게 예수님이 하신 말씀이라니! 너무 당혹스럽지 않습니까? 이런 걸 의분이라고 하지요. 이처럼 화가 날 때 화를 내는 것은 지극히 정상적인 감정입니다. 문제는 이 분노를 표현하는 방법입니다.

주님, 제 삶에 일어나는 분노의 감정 자체를 부정하지 않게 해주옵소서. 다만, 제 분노가 하나님의 거룩한 의분이 되게 해주옵소서. 외식과 불의를 향한 정의로운 분노로 바꿔주옵소서. 분노를 표현하는 제 방식이 주님의 뜻을 거스르지 않도록 제 말과 행동을 다스려주옵소서. 오늘도 죄짓지 않게 하옵소서. 예수님의 이름으로 기도드립니다. 아멘.

MARCH 14

화가 날 때

"어리석은 자는 자기의 노를 다 드러내어도 지혜로운 자는 그것을 억제하느니라"
〈잠 29:11, 개역개정〉

화가 날 때, 사람들이 어떻게 하는지 흥미 있는 조사결과가 나왔습니다. 남자들의 경우. 1위, 큰소리를 지른다. 2위, 폭력을 휘두른다. 3위, 입을 다문다. 4위, 술을 많이 먹는다. 5위, 자학을 한다. 6위, 운동을 한다. 7위, 담배를 피운다. 8위, 화풀이 대상을 찾는다. 9위, 산책을 한다. 10위, 바둑이나 술, 여자, 일 등에 강박적으로 몰두함으로써 화를 달랜다. 일종의 중독, 그것 또한 마음의 병입니다. 여자들의 경우. 1위, 집안을 뒤집어엎으며 청소를 깨끗이 한다. 2위, 미장원에 가서 헤어스타일을 바꾼다. 3위, 쇼핑을 한다. 4위, 바가지를 긁는다. 5위, 이불을 뒤집어쓰고 잔다. 6위, 수다를 떤다. 7위, 음식을 많이 먹는다. 8위, 잔소리가 늘어난다. 9위, 눈물을 흘린다. 10위, 노래방에 간다. 11위, 술을 마신다. 12위, 시장에 가서 콩나물가격을 깎다깎다 안 사고 그냥 와버린다. 13위, 폭력을 휘두른다. 14위, 점치러 간다. 아 맞다 싶은 부분이 있으셨나요? 여러분은 화가 날 때 어떻게 하시는 편인가요? 그것이 주님 보시기엔 어떠실까요?

주님, 화가 날 때 소리 지름, 폭력, 중독적인 몰두, 쇼핑, 잔소리 등 다양한 행동을 취한다는 흥미로운 조사 결과를 봅니다. 분노를 건강하게 다루지 못하는 제 연약한 모습도 발견합니다. 화가 치밀어 오를 때 제 감정을 정직하게 주님께 고백하게 하옵소서. 오늘도 분노를 건강하게 다스리게 하옵소서. 예수님의 이름으로 기도드립니다. 아멘.

MARCH 15

네 가지 분노

"유순한 대답은 분노를 쉬게 하여도 과격한 말은 노를 격동하느니라"〈잠 15:1, 개역개정〉

화를 내는 사람들을 보면, 네 가지 부류가 있습니다. 첫 번째는 화를 내지 않는 사람. 그런데 화를 안 내는 것이 아니라, 화내는 방법이 다를 뿐입니다. 말 한 마디 안 하는 사람. 홧병에 걸릴 확률이 높습니다. 우울증도 응고된 분노입니다. 두 번째는 노골적으로 화를 내는 사람. 육군본부교회를 섬길 때, 하루는 동학사 쪽으로 우회전하는데, 옆에서 오는 차를 못 보고 핸들을 틀었어요. 뒷차가 막 깜박이를 켜면서 화를 내더라구요. 미안하다는 표시등을 하면서 손을 들었는데, 그래도 분이 안 풀리는지 막 빵빵거리면서 밀목재 언덕까지 쫓아오는 거예요. 갓길에 세우고 죄송합니다 인사를 건네면서 보니까 우리 교회 집사님이예요. 집사님이랑 붙을 뻔했어요. 세 번째는 고상하게 이야기하는 것 같은데 속을 싹 긁어 놓는 사람. 속으로 비꼽니다. '무식한 것들. 못 배워가지고.' 네 번째는 분노를 건강하게 표현하는 사람. 비방하고 비난하고 정죄하고 모독하고 무시하지 않습니다. 여러분은 어떤 부류입니까? 주님께서 이 시간 여러분에게 들려주시는 음성은 무엇인가요?

> 주님, 오늘도 제가 말없이 삭히는 분노로 화병과 우울증을 키우지 않게 하옵소서. 노골적으로 또는 비꼬는 방식으로 상처를 주지 않게 하옵소서. 제 안에 일어나는 분노의 감정을 정직하게 인정하게 하옵소서. 제게 들려주시는 주님의 음성에 귀 기울이게 하옵소서. 제 분노를 주님의 의를 이루는 통로로 사용하게 하옵소서. 예수님의 이름으로 기도드립니다. 아멘.

MARCH 16

내가 살기 위해서라도 용서해야 한다

"나는 너희에게 이르노니 형제에게 노하는 자마다 심판을 받게 되고 형제를 대하여 라가라 하는 자는 공회에 잡혀가게 되고 미련한 놈이라 하는 자는 지옥 불에 들어가게 되리라"〈마 5:22, 개역개정〉

때로 화가 날 때가 왜 없겠어요? 그때 명심할 것 하나, 분노를 표현하되, 건강하게 표현해야 합니다. 분노(anger)는 지극히 정상입니다. 그러나 뚜껑이 열릴 정도로 자꾸 격노(rage)하는 것은 문제입니다. 폭발하다 보면, 어느새 죄를 짓게 됩니다. 마태복음 5:22. "나는 너희에게 이르노니 형제에게 노하는 자마다 심판을 받게 되고 형제를 대하여 라가라 하는 자는 공회에 잡혀가게 되고 미련한 놈이라 하는 자는 지옥 불에 들어가게 되리라." 불쑥불쑥 화내는 자마다 심판을 받게 될 것이다. 라가라 욕하는 자는 공회에 잡혀갈 것이다. 미련한 놈이라 하는 자는 지옥 불에 들어가게 될 것이다. 분노가 격노로 바뀌면 이미 지옥입니다. 격노하는 나! 언제까지 그렇게 사시겠습니까? 이제 새롭게 살 때도 되지 않았습니까? 오늘이 바로 그 분기점입니다. 내가 살기 위해서라도 용서해야 합니다. 내가 잠 못 자는 사이, 상대방은 다리 뻗고 자고 있습니다. 내 손해입니다. 내 명만 짧아질 뿐입니다. 여러분, 어떻게 하시겠습니까?

주님, 분노가 격노로 바뀌어 이미 지옥 같은 삶을 살았던 제 모습을 용서해 주옵소서. 제가 살기 위해서라도 용서해야 함을 깨닫습니다. 잠 못 이루는 밤을 보내며 제 명을 깎아 먹는 어리석은 분노에서 벗어나게 해주옵소서. 오늘을 새로운 삶의 분기점으로 삼아 용서를 선택하게 해주옵소서. 제 마음속에 주님의 평강을 채워 주시고, 화목을 이루는 제 삶이 되게 해주옵소서. 예수님의 이름으로 기도드립니다. 아멘.

MARCH 17

콧구멍

"분을 내어도 죄를 짓지 말며" 〈엡 4:26 상반절, 개역개정〉

성경에 보면, '분노'라는 말이 히브리어로 '아프'입니다. '콧구멍'이라는 의미입니다. 씩씩거리며 콧구멍에서 바람 나오는 만화를 연상해 보시면 쉽게 이해가 되실 것입니다. 화가 나기 시작하면 어떻습니까? 가슴이 두근거리고 맥박이 빨라지면서 콧구멍에서 뜨거운 바람이 나옵니다. 코르티솔이라는 분노 호르몬이 나오는 것입니다. 영국에서 습관적으로 화를 내는 남성을 데려다가, 화를 낼 때 코와 입에서 뿜어져 나오는 김을 모아 화학처리를 했더니 노란 액체가 되더랍니다. 그것을 실험용 쥐에게 주사했더니 즉사. 1시간 동안 화를 낸 남성의 콧구멍 김을 추출했더니, 성인 100명을 죽일 수 있는 독이 들어 있었습니다. 더 놀라운 것은, 1시간 동안 분노하는 여성의 콧구멍 김으로 성인 200명을 죽일 수 있다는 것입니다. 그러니 여성들을 열받게 하면 안 됩니다. 통계로 보면, 이렇게 분노 때문에 생기는 각종 범죄로 경제적인 손실이 한 해 9,000억입니다. 그래서 주님께서 말씀하십니다. 분을 내어도 죄를 짓지 말라!

> 주님, 습관적인 분노가 살인에 이를 수 있는 무서운 독임을 인지하고 제 마음을 지키게 해주옵소서. "분을 내어도 죄를 짓지 말라"는 주님의 명령을 제 삶의 기준으로 삼게 해주옵소서. 제 안에 솟아나는 분노의 불꽃을 주님의 성령으로 다스려주옵소서. 생명을 파괴하는 분노 대신 생명을 살리는 주님의 사랑을 품게 해주옵소서. 예수님의 이름으로 기도드립니다. 아멘.

MARCH 18

강아지와 남편

"미련한 자는 당장 분노를 나타내거니와 슬기로운 자는 수욕을 참느니라"〈잠 12:16, 개역개정〉

분노에 가장 쉽게 노출되는 사람들은 사실 부부지간입니다. 오죽하면 이런 말까지 떠돌겠습니까? 강아지와 남편의 공통점. 1. 털이 많다. 2. 먹이를 챙겨주어야 한다. 3. 복잡한 말은 잘 알아듣지 못한다. 4. 시간을 내서 놀아주어야 한다. 5. 한번 버릇 잘못 들여놓으면 평생 고생한다. 그럼에도 불구하고, 남편이 강아지보다 더 편한 점. 1. 돈을 벌어온다. 2. 데리고 다닐 때 여자 목욕탕을 제외하면 통제구역이 없다. 3. 간단한 심부름쯤 시킬 수 있다. 4. 혼자 놓고도 여행 다닐 수 있다. 5. 혼자서도 생리적 욕구를 해결할 수 있다. 그럼에도 불구하고, 남편보다 강아지가 더 좋은 점. 1. 부담 없이 때릴 수 있다. 2. 두 마리를 함께 키워도 탈이 없다. 3. 간섭하는 일이 없다. 4. 비용이 적게 든다. 5. 외박하고 들어와도 꼬리치고 반겨 맞는다. 여러분은 어떻습니까? 내가 이러려고 결혼했는가? 죽도록 사랑하겠노라 서약하며 결혼했건만! 부부지간의 분노, 이제 치유해야 할 때입니다.

주님, 죽도록 사랑하겠다고 서약했음에도 불구하고, 결혼생활 속에서 분노와 갈등에 사로잡혀 제 배우자를 혐오하는 마음까지 품었던 제 연약함을 고백합니다. 부부지간의 사소한 습관과 기대 때문에 사랑을 잃어버리고 분노의 포로가 되었던 제 잘못을 용서해 주옵소서. 저희 부부 사이에 깊이 뿌리내린 분노를 주님의 사랑으로 치유해 주옵소서. 따뜻한 부부관계를 회복시켜 주옵소서. 예수님의 이름으로 기도드립니다. 아멘.

MARCH 19

부끄러운 고백

"우리는 이제 한 몸이 되었습니다. 서로간의 분노는 사라져 버리고 양쪽이 다 하나님과 화해하였습니다. 불화는 십자가에서 드디어 끝이 난 것입니다."〈엡 2:16, 현대어〉

어렸을 때 엄마아빠는 화가 나시면 꼭 큰 싸움이 되고, 급기야 밥상이 날아가고, 어머니 입술에 피가 터지고, 온 식구는 밤새 쫓겨나 오들오들 떨며 날을 새야만 했습니다. 부부가 싸우면 저렇게 되는구나! 제 가슴 한켠, 그렇게 부정적인 부부상이 자리했습니다. 헌데 아내와 만나면서 장인장모되실 분을 보고 놀랐습니다. 별것 아닌 것 가지고 두 분이서 소리를 꽥꽥 질러대시는데, 절대 손은 올라가지 않는 거예요. 장인의 마음에 절대 여자는 때리면 안 된다는 긍정적인 부부상이 확고히 자리하고 있었던 터! 두 분의 그런 아름다운 모습이 참 평화롭게 여겨졌습니다. 이런 집에서 자란 딸이랑 살면 참 행복하겠다는 간절함이 생겼습니다. 근데 결혼해 보니 쉽지 않더라구요. 결혼초기, 아내한테 화가 나, 보고 자란 대로 손이 올라가려는 차, 아내는 제 팔목을 탁 잡더니, 손톱으로 제 목을 그어버리는 거예요. 지금도 여기 자국이 있잖아요. 더 이상 때릴 엄두가 안 나더라구요. 아내가 참 고맙고 지혜롭더라구요. 근데 우리 어머니는 왜 맞고만 계셨을까!

주님, 결혼 초기, 아내가 보여준 지혜와 용기를 기억합니다. 제 가정을 지켜주신 주님의 섭리를 찬양합니다. 저의 폭력적인 습성을 주님의 사랑으로 완전히 치유해 주옵소서. 제 가정에서 분노가 폭력으로 이어지지 않게 하옵소서. 서로 존중하며 평화로운 부부의 모습을 만들어가게 해주옵소서. 예수님의 이름으로 기도드립니다. 아멘.

MARCH 20

욱 하다 훅 간다!

"남을 우습게 여기고 제 잘난 체만 하는 자는 온 동네를 시끌벅적하게 들썩거려 놓아도, 슬기로운 사람은 동네 사람들의 화도 차분히 가라앉힌다." 〈잠 29:8, 현대어〉

저도 분노에 참 취약한 사람입니다. 분노의 패턴이 있는 것같아요. 잘 하다가도 꼭 그 부분에서 욱하고 화를 못 참는 것 같아요. 참 바보 같지요? 여러분은 어떠세요? 저는 목사잖아요. 근데 목회를 하면서도 화가 치밀어 오를 때가 많습니다. 저는 어쩌면 좋지요? 제가 교인들과 갈등이 생기는 것도 괴롭지만, 교인들끼리 조금만 갈등이 생겨도 저는 밤새 잠이 안 와요. 어린 시절 가정이 늘 불안했기 때문에, 교회는 모름지기 모두가 화목하지 않으면 안 된다는 조바심이 저에게 있는 것 같아요. 그런데 어디 교회가 맨날 다 그런가요? 항상 좋을 순 없잖아요? 다 다양한 목소리, 다 다양한 의견들인데! 근데 그걸 못 참고 막 씩씩거리는 나! 내가 봐도 난 목사로서 아직도 미숙아예요. 화도 조절을 못하니, 원! 이번에도 사실 어떤 집사님과 오해가 생겨서 제가 순간 욱하고 화를 냈어요. 그분은 괜찮다고 하는데, 저는 밤새 잠을 못 이루고 부끄러움과 수치스러움과 자책감에 시달려야 했어요. 내가 이러고도 목사라고 할 수 있는가! 왜 나는 이렇게 분노에 취약할까?

주님, 분노에 취약하여 욱하고 화를 못 참는 제 연약한 모습을 고백합니다. 어린 시절 가정의 불안 때문에 교회는 모두가 화목해야 한다는 조바심이 제 안에 있음을 깨닫습니다. 다양한 목소리를 품지 못하고 씩씩거리는 제 미숙함을 용서해 주옵소서. 제 불안의 근원을 주님의 평안으로 치유해 주옵소서. 저의 조바심 대신 주님의 온유가 제 마음을 다스리게 해주옵소서. 예수님의 이름으로 기도드립니다. 아멘.

MARCH 21

여보, 해가 지네!

〈해가 지도록 분을 품지 말고〉〈엡 4:26 하반절, 개역개정〉

어떤 부부가 있었습니다. 아무리 화가 났더라도 해가 지려고 하면 반드시 한 쪽에서 이렇게 말하도록 약속을 했습니다. "여보, 해가 지네." 그리고 그 약속을 꼬박꼬박 지켰더니, 그렇게 좋았다고 간증하는 것을 들었습니다. 우리도 그렇게 한번 해보면 어떨까요? "여보, 해가 지네." 화의 유통기한은 딱 해가 질 때까지입니다. 해가 졌는데도 계속 씩씩거리면 아무것도 아닌 게 너무 커져 버립니다. 화는 행복을 찌르는 송곳이 되어 여러 사람의 마음을 찌르고 맙니다. 화를 다음날까지 갖고 가면 꼭 탈이 납니다. 화는 한자로 불 화(火)예요. 화를 바로바로 끄지 않고 하루를 넘기면 여러분의 행복을 초가삼간 다 태워버릴 수 있습니다. 화는 내 몸에 슨 녹입니다. 너무 오래 방치하면 내 영혼이 부식되어 바스러져 버립니다. 내가 잘못이 있다면 화낼 자격이 없는 것이고, 내가 잘못이 없다면 화낼 이유가 없는 것입니다. 이런 생각으로 그날그날 해가 지기 전에 화를 풀어버려야 합니다. 항상 좀 더 성숙한 쪽이 먼저 손을 내밀게 되어 있습니다.

> 주님, 화를 바로 끄지 못하여 제 삶의 초가삼간을 태워버렸던 제 어리석음을 용서해 주옵소서. 제가 잘못이 있다면 화낼 자격이 없고, 잘못이 없다면 화낼 이유가 없다는 깨달음을 붙잡게 해주옵소서. 저에게 성숙한 마음을 주셔서 먼저 손을 내밀고, 해가 지기 전에 제 안의 모든 분노를 용서와 평안으로 소멸시키게 해주옵소서. 화목을 이루는 주님의 자녀가 되게 해주옵소서. 예수님의 이름으로 기도드립니다. 아멘.

MARCH 22

빗물은 틈을 타고

"마귀에게 틈을 주지 말라" 〈엡 4:27, 개역개정〉

성남에 있던 육군종합행정학교 남성대교회가 생각납니다. 비만 오면 가운데 있는 교회지붕 여기저기에서 비가 새는 겁니다. 빗물은 틈을 타고 꼭 그 자리에 와서 떨어지는 겁니다. 그래서 장의자를 비닐로 덮고 양동이를 받쳐 놓아야 했습니다. 하도 문제여서 교회지붕에 대대적인 방수공사를 했는데, 이쪽을 방수공사하면 저쪽 틈새로 또 비가 새고, 그래서 거기를 방수공사하면 또 생각지도 못한 틈에서 비가 새요. 여간해서 방수가 잘 안 되는 거예요. 사도 바울이 말하는 마귀가 바로 그런 역할을 하는 세력입니다. 헬라어 성경에 보면, 마귀는 '디아볼로스'입니다. '디아볼로스'란 '비방자, 다른 사람의 명성에 치명상을 줄 수 있는 이간자'입니다. 마귀가 분노라는 감정의 틈을 타고 들어와 하나님과 우리 사이를 갈라놓습니다. 성도들과 성도들 사이를 갈라놓습니다. 아무것도 아닌 것 갖고 연합을 방해합니다. 사소한 일에 목숨을 걸게 합니다. 오로지 나만 생각하게 합니다. 기기묘묘하게 틈을 만듭니다. 분명 마귀의 장난입니다. 영적인 분별이 필요합니다.

주님, 사소한 일에 목숨을 걸게 하고 오로지 제 자신만 생각하게 하는 것이 분명 마귀의 장난임을 분별하게 해주옵소서. 기기묘묘하게 틈을 만드는 마귀의 계략에 넘어가지 않도록 영적인 분별력을 더해주옵소서. 주님의 사랑과 용서로 제 안의 모든 틈을 메우고, 주님 안에서 온전한 연합을 이루는 제 삶과 교회 공동체가 되게 해주옵소서. 예수님의 이름으로 기도드립니다. 아멘.

MARCH 23

무슨 사연이 있겠지!

"부모들에게도 한마디 당부하겠습니다. 자녀들을 너무 꾸짖지 마십시오. 또 잔소리를 늘어놓아 반항심을 일으키거나 분노를 품게 하지 마십시오. 그보다는 주님의 사랑이 담긴 훈계와 조언과 충고로 키우십시오." 〈엡 6:4, 현대어〉

첫째아이가 동생과 놀다가 화가 나서 배를 한 대 쳤는데, 딱 우리 부부한테 들켰어요. 형을 째려보며 나무랐지요. 그랬더니 이 아이가 갑자기 꽥꽥 고성을 지르며 엄마 뒤에 숨은 동생에게 달려드는 거예요. "죽여버릴 거야!" 아, 이게 아니구나 싶어, 저는 첫째아이를 꼭 안아주며 안정을 시켰어요. 그리고 대화를 해보니까, '첫째콤플렉스'가 이만저만이 아니예요. 동생은 잘못을 해도 동생이니까 하면서 슬쩍 봐주고, 자기는 조금만 잘못해도 형이 그러면 되냐면서 자꾸 혼을 내고. 거기다 교인들마저 말끝마다 목사님 아들이 그럼 쓰냐. 저희 부부는 그날 밤 큰아이 앞에 무릎을 꿇었어요. "그동안 엄마아빠가 잘못했다. 미안하다!" 놀랍게도 그날 이후 큰아이가 변하는 거예요. 동생을 지극정성으로 보살펴요. 어찌나 동생에게 의젓하게 대하는지! 그날 막 혼내지 않고 조용히 사연을 들어준 게 참 잘한 것 같아요. 무슨 사연이 있겠지! 이렇게 생각하면 의외로 꼬인 것들이 쉽게 풀리더라구요. 여러분도 한번 따라해 보실래요? 무슨 사연이 있겠지!

> 주님, 형에게는 엄격하고 동생에게는 관대했던 저희 부부의 잘못을 회개합니다. 아이 앞에 무릎 꿇고 진심으로 사과했을 때, 아이가 변화하여 동생을 의젓하게 보살피게 된 화해의 역사를 감사드립니다. 이해할 수 없는 상황이 닥칠 때마다, "무슨 사연이 있겠지!" 긍휼의 마음을 주옵소서. 판단 대신 이해를, 비난 대신 사랑을 선택하여, 꼬인 관계가 기적적으로 풀리게 해주옵소서. 예수님의 이름으로 기도드립니다. 아멘.

MARCH 24

분노는 2차 감정이다

"그러나 지금은 분노와 증오와 저주와 더러운 말과 같은 때묻은 옷을 벗어 버릴 때입니다."〈골 3:8, 현대어〉

종교개혁자 마르틴 루터는 분노에 대하여 이렇게 말한 적이 있습니다. "새가 내 머리 위를 나는 것은 막을 수 없어도, 내 머리에 둥지를 트는 것은 막을 수 있다." 분노는 1차 감정이 아니라 2차 감정입니다. 누구나 다 그 상황에 꼭 그런 식으로 분노를 폭발하는 것은 아닙니다. 어떤 이들은 그 분노를 습관적으로 폭발하며 마귀에게 지고 말지만, 어떤 이들은 "그럴 수도 있지!" 하면서 마귀에게 틈을 내주지 않습니다. 오히려 긍휼한 마음으로 상대방 입장을 헤아려보려 합니다. 성령의 도우심 속에서 기도로 이겨내려 합니다. 그래서 행복도 선택의 문제이고, 분노도 선택의 문제라는 것입니다. 여러분도 분노의 새가 여러분 머리에 둥지를 틀지 못하도록 행복을 과감히 선택하십시오. 제가 해보니, 선택은 의지가 좀 필요하더라구요. 아침마다 거울 앞으로 가십시오. 거울에 비친 나를 보십시오. 그리고 이렇게 선언하십시오. 주님, 저는 행복한 사람입니다. 오늘도 행복을 선택하겠습니다! 예수님의 이름으로 명령하노니, 내 안의 분노는 깨끗이 사라질지어다!

> 주님, 제 행복이 선택에 달려 있음을 알기에, 의지를 가지고 행복을 과감히 선택하게 해주옵소서. 아침마다 거울 앞에서 "주님, 저는 행복한 사람입니다. 오늘도 행복을 선택하겠습니다!"라고 선언할 용기를 더해주옵소서. 예수님의 이름으로 명령하노니, 내 안의 모든 분노는 깨끗이 사라질지어다. 성령의 도우심 속에서 평화와 긍휼을 선택하는 성숙한 제 삶이 되게 해주옵소서. 예수님의 이름으로 기도드립니다. 아멘.

MARCH 25

나뭇잎, 띄우다!

"내가 환난 중에 다닐지라도 주께서 나를 살아나게 하시고 주의 손을 펴사 내 원수들의 분노를 막으시며 주의 오른손이 나를 구원하시리이다"〈시 138:7, 개역개정〉

어렸을 때, 산속 외딴집에서 살았습니다. 좋은 추억도 많지만, 문제는 가끔씩 샘물이 말라 떨어진다는 것이었습니다. 그때마다 제가 어머니를 돕기 위해 매일 학교에서 돌아오면 꼭 하는 일이 있었습니다. 100미터 정도 떨어진 산속 옹달샘에서 큰 물통에 물을 길어 손수레에 실어 오는 일이었습니다. 그런데 산길이라 울퉁불퉁해서 오다가 3분의 1은 다 넘실거려서 밖으로 쏟아져 버렸습니다. 낭패였습니다. 그런데 어느 날, 어머니가 내 딱한 사정을 아시고, 그 큰 물통에 토란대 큰 잎 하나를 턱 올려놓으셨습니다. 그랬더니 물통이 아무리 세게 흔들거린들 한 방울도 물이 넘치지 않았습니다. 호박잎을 올려놓아도 물이 안 넘쳤습니다. 나중에는 작은 나뭇잎을 몇 개 올려놓아도 안 쏟아졌습니다. 참 신기했습니다. 이 시간, 분노하고 계십니까? 그렇다면 여러분도 그 분노의 물통에 나뭇잎을 띄우십시오. 분노가 여러분 영혼의 물통에서 넘쳐 나가려 할 때, 여러분이 띄워야 할 그 치유의 나뭇잎! 그것은 바로 여러분의 분노까지 품에 안고 대신 죽으신 예수 그리스도의 십자가 나뭇잎입니다.

주님, 작은 나뭇잎 하나가 큰 물통의 출렁임을 잠재웠듯이, 제 영혼의 물통에서 넘실거리는 분노를 다스려주옵소서. 제가 띄워야 할 치유의 나뭇잎은 바로 제 분노까지 품에 안고 대신 죽으신 예수 그리스도의 십자가임을 고백합니다. 주님의 십자가 희생이 제 격렬한 분노를 잠재우는 참된 능력이 되게 해주옵소서. 제 삶에 분노가 출렁일 때마다 주님의 십자가 나뭇잎을 떠올리게 해주옵소서. 예수님의 이름으로 기도드립니다. 아멘.

MARCH 26

죄책감

"다윗이 그 일을 슬퍼하면서 아비아달을 위로하였다. '그 당시 놉의 성소에서 내가 도엑을 보고, 그가 틀림없이 사울에게 고자질할 것이라는 생각을 하였습니다. 당신의 집안이 몰살당한 것은 내게 책임이 있습니다. 그 죄책감으로 내가 괴롭습니다.'"
〈삼상 22:22, 현대어〉

여러분은 제가 땅끝에서 시골학교를 다녔다고 하니까, 맨날 1등만 했을 것 같지요? 번번이 내 1등 자리를 가로막고 있는 친구가 한 명 있었습니다. 4학년 때, 그 친구를 이겨보려고, 방과 후 주번을 하면서, 교실에 나 혼자 남았을 때 교실 뒤쪽에 제출되어 있는 그 친구 방학숙제에다 연필로 낙서를 해버린 일이 있었지요. 밝혀지지는 않았지만, 그 어린 시절의 기억이 지금까지도 죄책감을 가져다주는 거예요. 그 친구에게 꼭 미안하다는 말을 해야겠다고 20년도 훨씬 넘어 가까스로 수소문해서 찾았는데, 그렇게 낙서를 해버렸는데도 서울대 가 있더라구요. 그런데 그 친구는 제 말을 듣는 둥 마는 둥 무슨 소리인지 전혀 감을 못 잡더라구요. '별 싱거운 녀석 다 있군!' 하는 모습이었지요. 죄책감에 시달린다는 게 이렇게 무서운 것이었어요. 그 친구는 몰랐어도, 저는 여태껏 죄책감으로 괴로워했으니 참 우습지요. 못난 내 자신이 부끄러워집니다.

주님, 시골학교에서 1등을 다투던 친구의 방학 숙제에 낙서를 했던 어린 시절의 치기 어린 행동을 고백합니다. 그 일 때문에 20년이 넘도록 죄책감에 시달렸던 제 마음의 고통을 주님께 올려드립니다. 스스로를 괴롭히는 못난 마음과 부끄러움에서 저를 자유롭게 해주옵소서. 주님의 십자가 앞에 과거의 짐을 내려놓고, 주님 안에서 참된 자유를 누리게 해주옵소서. 예수님의 이름으로 기도드립니다. 아멘.

MARCH 27

소아마비 친구

"나 곧 나는 나를 위하여 네 허물을 도말하는 자니 네 죄를 기억하지 아니하리라"
〈사 43:25, 개역개정〉

초등학교 1학년 때 전학을 갔는데 쉽게 적응이 안 됐어요. 운동장에서도 한쪽에 쭈그리고 앉아 있었지요. 근데 그런 저를 놀려먹는 친구가 있었어요. 소아마비 친구였어요. 그날도 운동장 한쪽 귀퉁이에 있는 저에게 다가와 자꾸 놀리는 거예요. 순간 너무 화가 나서 그 친구에게 달려들었습니다. 때려눕히고 목을 눌렀어요. 그랬더니 기절해 버리는 거예요. 저도 놀라고 모두 놀랐어요. 인공호흡이니 뭐니 그런 걸 전혀 모를 때였어요. 그때 누군가가 막 그 친구를 흔들며 야, 일어나, 하니까 한참만에 빙그레 웃으며 눈을 뜨는 거예요. 얼마나 놀랐던지. 내가 소아마비 친구를 기절시키다니! 엄청난 죄책감. 그 후로 자꾸만 꿈속에 그 친구 얼굴과 그 장면이 떠오르는 거예요. 꿈속에서 막 그 친구를 흔들어 깨우는데 안 일어나는 거예요. 나중에 신학교에 들어갔을 때, 초등학교 동창회에 갔더니 그 친구가 있더라구요. "야, 그때 정말 미안했다. 난 지금도 그 꿈을 꾼다." 근데 이 친구, 뭔 소린지 전혀 모르는 거예요, 전혀! 아, 저 친구는 전혀 기억에도 없는 걸, 난 이렇게 괴로워하며 죄책감에 시달렸구나.

주님, 초등학교 1학년 때 저를 놀리던 소아마비 친구에게 분노하여 달려들어 기절시켰던 충격적인 기억을 고백합니다. 꿈속에서 그 친구를 흔들어 깨우는 악몽에 시달려야 했던 고통을 주님께 올려드립니다. 이 죄책감의 짐을 주님 십자가 앞에 완전히 내려놓습니다. 이제 죄책감에서 완전히 자유하게 하옵소서. 주님의 치유하심이 제 영혼을 다스리게 하옵소서. 예수님의 이름으로 기도드립니다. 아멘.

MARCH 28

모든 책임이 내게 있다

"주께서 돌이켜 베드로를 보시니 베드로가 주의 말씀 곧 오늘 닭 울기 전에 네가 세 번 나를 부인하리라 하심이 생각나서 밖에 나가서 심히 통곡하니라"〈눅 22:61-62, 개역개정〉

죄책감이란 스스로 저지른 잘못에 책임을 느끼는 마음입니다. 세상에 잘못 없는 사람이 누가 있겠습니까? 죄책감은 인간으로서 느끼는 최소한의 양심입니다. 일종의 죄의식이지요. 그것은 꼭 필요한 것입니다. 그런데 문제는 그것이 지나칠 때입니다. '모든 책임이 내게 있다. 그 원인도 다 내 책임, 그 형량도 다 내 책임, 그 해결도 다 내 책임.' 그러니 그 압도해 오는 죄책감이 얼마나 무거운지 모릅니다. 베드로도 예수님을 3번이나 모른다고 부인한 후, 죄책감에 시달려야만 했습니다. '가룟 유다가 주님을 배반해도, 다른 모든 제자들이 주님을 떠나도, 나만은 홀로 주님을 지키리라 자부했었는데…. 나는 정말 나쁜 놈이다. 모든 책임이 내게 있다.' 죄책감에 뼈가 마르고 피가 말랐습니다. 고이 묻어두었다고 생각했지만, 틈틈이 비집고 나와 계속 그를 잡아당겼습니다. '내가 그때 왜 그랬을까! 모든 책임은 나에게 있다! 나는 정말 나쁜 사람이다!' 여러분도 지금 그런 죄책감에 시달리고 있습니까? 그것은 사탄의 소리입니다. 그 사탄의 소리로부터 어서 빠져나오시기를 주님의 이름으로 축원합니다.

> 주님, '모든 책임이 내게 있다'며 지나친 죄책감에 압도되어 뼈가 마르고 피가 말랐던 베드로처럼, 제 삶을 짓누르는 무거운 짐을 올려드립니다. '내가 그때 왜 그랬을까! 모든 책임은 나에게 있다! 나는 정말 나쁜 사람이다!'라고 속삭이는 죄책감의 소리가 저를 넘어뜨리려는 사탄의 소리임을 깨닫게 해주옵소서. 이 죄책감으로부터 저를 어서 빨리 빠져나오게 해주옵소서. 예수님의 이름으로 기도드립니다. 아멘.

MARCH 29

그건 네 잘못이 아냐!

"세 번째 이르시되 요한의 아들 시몬아 네가 나를 사랑하느냐 하시니 주께서 세 번째 네가 나를 사랑하느냐 하시므로 베드로가 근심하여 이르되 주님 모든 것을 아시오매 내가 주님을 사랑하는 줄을 주님께서 아시나이다 예수께서 이르시되 내 양을 먹이라"〈요 21:17, 개역개정〉

〈굿 윌 헌팅〉이라는 영화가 있지요. 윌. 천재적인 두뇌를 지닌 불우한 반항아. 학교청소부. 자기 과거를 꺼내는 걸 꺼립니다. 숀 교수님이 하는 말. "그건 네 잘못이 아냐!"(It's not your fault!) 우리 가운데도 이 말을 들어야 되는 사람들이 있습니다. 내 탓이 아닌데 자꾸만 내 탓이라고 여기는 사람들. 요즘 미투운동. 그때 왜 좀 더 세게 거부를 못했을까! 부모님의 이혼. 내가 좀 더 잘했더라면! 새학기 아이들이 적응하지 못하는 것도, 남편이 잘 안 되는 것도, 아내가 힘들어하는 것도, 부모님이 외로워하시는 것도, 진급이 안 된 것도, 자녀들이 지금 신앙생활을 안 하는 것도, 나 내 탓이라고 여깁니다. 하나님이 벌을 내리시는 거라고 스스로를 학대합니다. 그런데 중요한 건, 주님은 절대 그렇게 생각 안 하신다는 것! 세 번이나 주님을 모른다고 부인했던 베드로. 그 죄책감의 옛 기억을 씻어내 주시려 세 번이나 다시 물으시고 세 번이나 다시 답변하게 하신 예수님. "베드로야, 그건 네 잘못이 아냐! 그것은 하나님의 섭리야. 이제 그 죄책감에서 벗어나렴. 난 다 용서했다!"

주님, 세 번이나 주님을 모른다고 부인했던 베드로에게 "그건 네 잘못이 아냐! 그것은 하나님의 섭리야. 난 다 용서했다!"라고 말씀해 주신 예수님의 사랑에 감사드립니다. 저를 향한 주님의 시선도 정죄가 아닌 용서와 긍휼임을 믿습니다. 제게 "그건 네 잘못이 아냐!"라고 말씀하시는 주님의 음성을 듣고, 죄책감이라는 이 무거운 짐에서 완전히 해방되게 해주옵소서. 예수님의 이름으로 기도드립니다. 아멘.

MARCH 30

똑바로 보고 싶어요, 주님!

"여호와여, 주께서 죄악을 낱낱이 다 헤아리신다면 그 누가 주님 앞에 바로 설 수 있을까요 하오나 주께서 용서해 주시니 우리가 두렵고 공경하는 마음으로 주님 앞에 섭니다."〈시 130:3-4, 현대어〉

평생을 죄책감에 시달려야 했던 베드로. 그 고통의 세월을 보낸 베드로에게 생애 최후의 날, 예수님과 똑같은 십자가 처형이 내려집니다. 베드로는 사형 집행관에게 간청합니다. 십자가에 매달 때, 거꾸로 매달아달라고. 머리는 땅을 향하고, 발은 하늘을 향하게 해달라고. 최후의 순간, 베드로의 맘속에 찾아든 주님을 사랑하는 마음, 내가 세 번이나 부인했어도 나를 용서해주신 그 주님께 꼭 안기고픈 마음, 그것은 너무나도 눈물겨운 것이었습니다. 장애시인 송명희는 이 장면을 아름다운 시로 만들었습니다. 똑바로 보고 싶어요, 주님, 온전한 눈짓으로. 똑바로 보고 싶어요, 주님, 곁눈질하긴 싫어요. 하지만 내 모습은 온전치 않아, 세상이 보는 눈은. 마치 날 죄인처럼 멀리하며, 외면을 하네요. 주님, 이 낮은 자를 통하여 어디에 쓰시려고. 이렇게 초라한 모습으로 만들어 놓으셨나요. 당신께 드릴 것은 사모하는 이 마음뿐, 이 생명도 달라시면 십자가에 놓겠으니, 허울뿐인 육신 속에 참 빛을 심게 하시고, 가식뿐인 세상 속에 밀알로 썩게 하소서.

> 주님, 장애 시인 송명희의 고백처럼, 초라하고 온전치 않은 제 모습으로도 주님을 똑바로 보고 싶다는 제 간절한 사모함을 받아주옵소서. 세상이 죄인처럼 외면할지라도, 이 낮은 자를 통하여 주님의 빛을 심고 가식뿐인 세상 속에서 밀알로 썩어지기를 원합니다. 주님께 드릴 것은 사모하는 이 마음뿐이니, 이 생명까지도 주님의 십자가에 놓아 주님의 영광만을 드러내게 해주옵소서. 예수님의 이름으로 기도드립니다. 아멘.

MARCH 31

낚시금지!

"만일 우리가 우리 죄를 자백하면 그는 미쁘시고 의로우사 우리 죄를 사하시며 우리를 모든 불의에서 깨끗하게 하실 것이요"〈요일 1:9, 개역개정〉

육군본부교회를 섬길 때, 바로 옆에 숫용추라는 곳이 있었습니다. 한여름 정말 가볼 만한 곳입니다. 그곳을 올라가는데 보니까 큰 저수지가 있더라구요. 거기에 푯말이 하나 있었습니다. 낚시 금지! 그 밑에 영어도 쓰여 있었습니다. NO Fishing! 저는 이 푯말이 하나님의 음성으로 들려왔습니다. "현복아, 너의 모든 죄를 이 저수지에 집어 던져라." 그리고 또 하나님의 음성이 들려왔습니다. "현복아, 이 죄책감의 저수지에서 다시는 낚시질해서는 안 된다. 낚시 금지! NO Fishing!" 예수 그리스도께서 십자가를 지신 이번주 고난주간, 여러분에게도 이 음성이 들려지기를 소망합니다. "내가 너를 위해 십자가를 대신 져주었다. 너의 모든 죄책감을 내가 다 십자가에 지고 간다. 너는 이제 그리스도 예수 안에서 자유인이 되었다." 예수 그리스도의 십자가로 여러분을 하나님의 자녀 삼으신 주님이 말씀하십니다. "누가 이 그리스도 예수의 사랑 안에서 우리를 끊을 자 있느냐? 그러니 다시는 죄책감의 저수지에서 낚시를 하지 마라. 낚시 금지! NO Fishing!

> 주님, 제 모든 죄책감을 저수지에 던져 버리고, 다시는 그 죄책감의 저수지에서 낚시질하지 않게 하옵소서. 주님께서 저를 위해 십자가를 대신 져주셨고, 제 모든 죄책감을 십자가에 지고 가셨음을 믿습니다. 다시는 죄책감의 굴레에 갇히지 않게 해주옵소서. 주님의 은혜로 완전히 해방되어 자유인으로 살아가게 해주옵소서. 예수님의 이름으로 기도드립니다. 아멘.

APRIL 4월

APRIL 1

달걀

"예수께서 이르시되 나는 부활이요 생명이니 나를 믿는 자는 죽어도 살겠고 무릇 살아서 나를 믿는 자는 영원히 죽지 아니하리니 이것을 네가 믿느냐"〈요 11:25-26, 개역개정〉

유럽에서 십자군 전쟁이 일어났을 때입니다. 로자린드라는 부인이 있었는데, 남편이 십자군 전쟁에 나간 뒤 나쁜 사람들에게 집을 빼앗깁니다. 그리고 깊은 산골마을로 쫓겨 들어가 살게 됩니다. 마을 사람들은 그 딱한 로자린드 부인을 친절하게 대해줍니다. 가난한 부인은 그 친절에 보답하는 뜻으로 부활주일에 마을 아이들에게 예수님의 부활을 상징하는 예쁜 색 달걀을 하나씩 나눠주었습니다. 로자린드 집안의 가훈을 기록해서! 어느 해 부활주일, 부인은 어느 소년에게 가훈이 적힌 달걀을 주었습니다. 그런데 그 소년은 그 달걀을 자신보다 더 초라한 병든 군인에게 줍니다. 그것을 받아 든 군인은 그 달걀에 적힌 글을 보고 깜짝 놀랍니다. 바로 자기 집안의 가훈이었으니까요. 군인은 그 소년에게 물어서 결국 아내와 가족을 다시 만나게 됩니다. 천사가 도운 거지요! 부인은 그 후에도 해마다 부활주일이면 자신의 남편을 찾아준 색 달걀을 이웃들에게 나눠줍니다. 이것이 유래가 되어, 우리도 달걀을 나누며 예수님의 부활을 축하하는 것입니다.

주님, 병든 군인에게 전달된 가훈 달걀을 통해 남편을 다시 만나게 해주신 주님의 놀라운 섭리를 찬양합니다. 남편을 찾아준 색 달걀이 부활의 기쁨을 나누는 아름다운 전통이 되게 해주시니 감사드립니다. 저도 부활의 소망을 품고 이웃에게 사랑과 위로의 색 달걀을 나누게 하옵소서. 우연처럼 보이는 모든 만남과 사건 속에서 제 삶을 이끄시는 주님의 천사를 발견하게 해주옵소서. 예수님의 이름으로 기도드립니다. 아멘.

APRIL 2

천사

"그가 너를 위하여 그의 천사들을 명령하사 네 모든 길에서 너를 지키게 하심이라"
〈시 91:11, 개역개정〉"

육군본부교회를 섬길 때, 새벽기도 가다가 교통사고가 났습니다. 전날 무슨 일로 속상한 게 있었습니다. 밤새 끙끙거리다가 새벽기도 시간이 되어 운전대를 잡았는데, 계속 그 생각이 머릿속에 꽉 차 있었던 것입니다. 그러면 안 됐는데! 순간 데굴데굴 차가 구르며 중앙분리선 화단을 넘어갔습니다. 순간, 주여, 외마디를 질렀습니다! 그런데 중앙선을 넘어 거꾸로 넘어진 차가 순간 다시 반동을 받아 다시 이쪽으로 화단을 넘어 구르더니 딱 중앙분리대 화단에 걸려 서는 게 아니겠습니까. 얼마나 살 떨리던지. 중앙선을 아예 넘어갔거나 뒤에서 오던 차에 치었으면 그대로 죽을 수밖에 없었는데. 아, 살았구나! 차 안에서 내가 살아 있다는 것이 도무지 믿어지지 않았습니다. 차는 놔두고 몸만 겨우 빠져나왔습니다. 그리고 길가에 털썩 주저앉았습니다. 그때부터 온몸이 뒤늦게 부들부들 떨리기 시작했습니다. 교회에 전화를 걸어 사고가 났음을 알리고, 내 위치도 알려드렸습니다. 그리고 구난차를 기다리며 질문이 생겼습니다. 누가 나를 구해주었지? 아, 주님께서 천사를 보내셨구나!

주님, 차가 데굴데굴 구르며 중앙분리선을 넘어갔을 때, "주여!" 외쳤던 외마디 소리를 기억합니다. 주님께서 천사를 보내시어 저를 구해주셨음을 확신합니다. 제 연약함과 불안 속에서도 항상 저를 지키시는 주님의 은혜를 잊지 않게 해주옵소서. 제 삶의 모든 순간이 주님의 보호 아래 있음을 믿고 감사와 찬양을 올려드리게 해주옵소서. 예수님의 이름으로 기도드립니다. 아멘.

APRIL 3

누가 내 핸들을 꺾으셨을까?

"여호와의 천사가 주를 경외하는 자를 둘러 진 치고 그들을 건지시는도다" 〈시 34:7, 개역개정〉

강원도 골짜기. 최전방 산악군단. 기린대교회를 섬길 때 일입니다. 현리에서 홍천으로 나오는 길이 두 개가 있습니다. 하나는 내린천을 돌아서 인제를 거쳐 큰길로 나오는 길입니다. 내린천 구경을 하면서 오니, 참 아름다운 길이지요. 또 하나의 길이 있습니다. 아홉사리로 구불구불 산을 넘어 홍천으로 나오는 길입니다. 이 길로 나오면 15분이 단축됩니다. 현리에서 살다 보면 바쁘다 보니 다들 그렇게 지름길로 나갈까 고민하게 됩니다. 15분이 얼마입니까. 그런데 강원도 현리에 겨울이 찾아들면 고민이 깊어집니다. 겨울 길이 매우 위험하기 때문입니다. 1미터가 넘는 눈. 곳곳에 응달진 곳. 초겨울 살얼음을 모르고 브레이크를 밟았다간 완전 낭떠러지입니다. 그날 아침, 묘한 마음이 들었습니다. 핸들을 꺾어 15분을 더 돌아갔습니다. 그런데 그 시각 아홉사리 지름길에서 사망사고가 난 것입니다. 응달진 곳. 낭떠러지. 딱 내가 그 길을 달렸을 텐데! 아, 주님께서 천사를 보내셔서 내 핸들을 꺾으셨구나!

주님, 15분을 아끼려 구불구불한 살얼음 길을 고민하던 저에게 묘한 마음을 주시어 핸들을 꺾고 큰길로 돌아가게 해주신 주님의 섬세한 인도하심에 감사드립니다. 주님께서 천사를 보내시어 제 핸들을 꺾게 하시고 제 생명을 지켜주셨음을 믿습니다. 제 바쁜 마음과 근시안적인 생각이 위험한 선택을 하도록 유혹할 때, 주님의 세미한 음성에 순종하여 안전하고 올바른 길을 가게 해주옵소서. 예수님의 이름으로 기도드립니다. 아멘.

APRIL 4

누구나 갈릴리가 있다

"가서 그의 제자들과 베드로에게 이르기를 예수께서 너희보다 먼저 갈릴리로 가시나니 전에 너희에게 말씀하신 대로 너희가 거기서 뵈오리라 하라 하는지라"〈막 16:7, 개역개정〉

이 땅의 수많은 청년들이, 이 땅의 수많은 아버지들이, 내 영혼의 갈릴리로 생각하는 곳이 있습니다. 그곳이 바로 논산 육군훈련소 연무대군인교회입니다. 내가 처음 주님을 만나 감격하며 뛰며 노래하며 예배하며 세례를 받았던 곳. 1년에 7만 명, 저도 2년 동안 14만 명에게 세례를 베풀었습니다. 한국교회 희망 100년은 육군훈련소에 있다고 해도 과언이 아닙니다. 초코파이 세례라고 비웃지만, 그건 세례 현장을 안 가본 사람들이 인격살인을 하는 말입니다. 너무너무 진지해요. 그렇게 감동적일 수가 없어요. 엄마가 그렇게 세례받으라고 하신 이유를 훈련소 와서야 아들은 깨닫습니다. 감격으로! 기쁨으로! 하루는 자살을 시도하던 병사가 종교집합 소리에, 어렸을 때 엄마 손 잡고 딱 한 번 가본 교회가 생각나서 왔다가, 실로암 찬송소리, 복음을 듣고 자살을 살자로 바꾸고 세례를 받기도 했습니다. 눈물로! 감사로! 주님을 처음 만나 가슴이 뛰었던 눈물의 장소, 감동의 세례를 받았던 훈련소교회. 그곳이 바로 내 영혼의 갈릴리입니다.

> 주님, 자살을 시도하려던 병사가 실로암 찬양과 복음을 듣고 '자살'을 '살자'로 바꾸어 눈물로 세례를 받았던 회심의 역사를 기억합니다. 주님을 처음 만나 가슴이 뛰었던 그 영혼의 갈릴리 감격과 기쁨을 잊지 않게 해주옵소서. 오늘도 제 삶의 자리 곳곳에서 주님의 구원을 간증하는 세례 현장이 이어지게 하옵소서. 예수님의 이름으로 기도드립니다. 아멘.

APRIL 5

무기력

"그 후에 열한 제자가 음식 먹을 때에 예수께서 그들에게 나타나사 그들의 믿음 없는 것과 마음이 완악한 것을 꾸짖으시니 이는 자기가 살아난 것을 본 자들의 말을 믿지 아니함일러라"〈막 16:14, 개역개정〉

어린 시절 슈퍼맨 이야기는 항상 내 마음을 들뜨게 했습니다. 장애물도 휙 뛰어넘고 적을 한 방에 제압해 버리는 슈퍼맨. 우리 크리스천에게도 슈퍼맨처럼 모든 난관을 극복할 수 있는 초자연적인 힘이 있습니다. 슈퍼맨은 태양(Sun)에서 힘을 얻고, 우리 크리스천은 아들(Son)에게서 힘을 얻습니다. 슈퍼맨을 저지시킬 수 있는 것은 단 하나뿐. 바로 고향 크립톤 행성에서 가져온 방사능 물질 크립토나이트. 그걸 쳐다보는 순간, 슈퍼맨은 평범한 인간보다 더 약해져 버립니다. 힘이 쫙 빠져버립니다. 맥을 못 춥니다. 우리 크리스천에게도 크립토나이트가 존재합니다. 이 크립토나이트의 영향권 아래 들어가면, 하나님이 주신 절대적인 힘이 무용지물이 됩니다. 바로 그것이 내 영혼의 무기력입니다. 여러분도 지금 이 크립토나이트, 무기력에 빠져 있지는 않습니까? 아무것도 하기 싫고, 먹기도 싫고, 잠만 오고, 아니 잠도 안 오고! 불안증, 조급증, 건강염려증! 실패에 대한 기억, 질병에 대한 두려움, 안 좋은 생각들! 어떻게 해야 이 영적인 무기력을 치유할 수 있을까요?

> 주님, 제 영혼을 무기력에 빠뜨리는 안 좋은 생각들, 실패에 대한 기억, 질병에 대한 두려움을 주님께 올려드립니다. 아무것도 하기 싫고, 먹기도 싫고, 불안과 조급증에 시달리는 제 무기력을 치유해 주옵소서. 주님의 이름으로 명령하노니, 내 안의 모든 무기력은 깨끗이 사라질지어다. 성령 충만함으로 제 영혼이 활력을 되찾고 힘차게 일어서게 해주옵소서. 예수님의 이름으로 기도드립니다. 아멘.

APRIL 6

미로와 미궁

"마리아가 가서 예수와 함께 하던 사람들이 슬퍼하며 울고 있는 중에 이 일을 알리매"〈막 16:10, 개역개정〉

진학과 진로와 진급의 큰 충격, 건강과 물질과 관계의 큰 충격, 사랑과 사업과 직장의 큰 충격, 부모와 자녀와 부부의 큰 충격, 하여 슬픔에 울고 계십니까? 하여 아무것도 하기 싫고, 하여 만사가 귀찮은 귀차니즘에 빠지셨습니까? 인생이 하나도 재미가 없고, 밥 먹을 기운마저 없고, 살 힘마저 없으시다구요? 기력이 다 빠져 버렸다구요? 제가 이번에 읽은 책이 있는데, 〈문제는 무기력이다〉라는 책이에요. 거기 보니, 미로와 미궁이 다르다는 거예요. 미로는 입구와 출구가 달라서 끝을 못 찾고 계속 헤맬 수 있는데, 미궁은 입구와 출구가 같아서 중심부까지 갔다가 딴 데로 헤매지 않고 그대로 돌아나오면 반드시 끝으로 나올 수 있다는 거지요. 여기서 중요한 것은 반드시 끝이 나올 것이라는 믿음이에요. 무기력도 마찬가지입니다. 무기력은 끝이 안 보이는 미로가 아니라, 반드시 걸어가면 끝이 나오는 미궁입니다. 지금 무기력의 미궁에 빠지셨습니까? 지금 가장 필요한 것은 이 무기력의 미궁은 끝이 반드시 나타날 것이라는 강력한 믿음입니다.

> 주님, 인생의 재미를 잃고 밥 먹을 기운마저 없는 제 무기력을 불쌍히 여겨주옵소서. 미로와 달리 입구와 출구가 같아 반드시 끝이 나오는 미궁처럼, 이 무기력도 반드시 끝이 나타날 것을 깨닫게 해주시니 감사합니다. 제 삶을 짓누르는 이 무기력이 영원하지 않음을 믿고 다시 일어설 힘을 주옵소서. 주님의 약속을 붙잡고 소망 가운데 이 무기력의 미궁을 마침내 빠져나가게 해주옵소서. 예수님의 이름으로 기도드립니다. 아멘.

APRIL 7

삶의 목표를 리셋하라!

"또 이르시되 너희는 온 천하에 다니며 만민에게 복음을 전파하라" 〈막 16:15, 개역개정〉

목표가 병들면 인생도 병듭니다. 제자들이 왜 무기력에 빠졌을까요? 그동안 가슴에 품었던 삶의 목표가 병들어 있었기 때문입니다. 예수님을 3년이나 따라다니면서도 말귀를 못 알아들었습니다. 때가 찼다, 하나님 나라가 가까이 왔다, 회개하고 복음을 믿으라고 하셨는데도, 그들은 여전히 예수님이 이스라엘을 독립시키시면 자신들이 차지할 자리를 놓고 다투었습니다. 삶의 목표가 병들었기에 인생도 병들었습니다. 그래서 예수님이 십자가에 못 박히시자, 그 병든 목표가 무너지자, 순식간에 무기력에 빠져버린 것입니다. 여러분도 삶의 목표가 병들어 있지는 않습니까? 제자들처럼 너무 세상적인 것들에 삶의 목표를 두고 있지는 않습니까? 그러면 여러분도 순식간에 무기력에 빠질 수 있습니다. 데이비드 머리의 〈리셋하라!〉, 우리말로 재설정하라, 그런 책이 있어요. 일로만 치우쳐 자신을 다 잃어버리기 전에 삶의 패턴을 바꿔야 한다는 것입니다. 과로와 분주함에 중독된 일상을 조정하여, 은혜의 속도로, 새로운 목표로, 삶을 리셋해야 할 때입니다.

> 주님, 목표가 병들면 인생도 병든다는 사실을 깨닫고, 제 삶을 리셋, 재설정하기 원합니다. 과로와 분주함에 중독된 제 일상을 은혜의 속도로 조정하게 해주옵소서. 세상의 목표를 버리고 주님 한 분을 향하는 새로운 목표로 제 삶을 재설정하게 해주옵소서. 주님 안에서 영적인 활력을 되찾고, 무기력에서 벗어나게 해주옵소서. 예수님의 이름으로 기도드립니다. 아멘.

APRIL 8

무기력에서 무를 빼라!

"제자들이 나가 두루 전파할새 주께서 함께 역사하사 그 따르는 표적으로 말씀을 확실히 증언하시니라"〈막 16:20, 개역개정〉

에리히 프롬이 쓴 〈나는 왜 무기력을 되풀이하는가〉라는 책을 보면, 현대인들이 무기력에 중독되어 있다는 말을 하고 있었어요. 이것을 학습된 무기력(learned helplessness)이라고 말합니다. 자꾸만 잘 가다가도 푹푹 쓰러지고 꺼지고 다 놓아버리는 나. 무기력도 학습이 된다는 것입니다. 이게 인생입니다. 곳곳에 무기력이 도사리고 있어요. 무기력과 함께 동행하는 게 인생이지요. 그때마다 우리에게 필요한 것은 주님께 아뢰는 거예요. 주님 또 무기력이 찾아왔어요. 저는 어쩌면 좋나요? 주님 지난번 도와주셨듯이, 이번에도 한번 더 도와주세요. 새로운 삶의 목표를 주세요. 그렇게 주님 주시는 새로운 삶의 목표로 삶을 리셋하고, 어영차 탈탈 털고 일어서는 거예요. 제자들이 그랬습니다. 주님 주시는 새로운 삶의 목표, 천하만민 복음전파로 삶의 목표를 리셋 재설정하고, 탈탈 털고 일어섰더니, 놀랍게도 그들을 괴롭히던 무기력에서 무가 떨어져 나갔습니다. 이 계절, 여러분의 무기력에서 무를 빼버리고 어영차 탈탈 털고 일어서심으로 리본(Re:born), 다시 태어나는 부활의 계절이 되시기를 주님의 이름으로 축원합니다.

> 주님, 잘 가다가도 푹푹 쓰러지고 모든 것을 놓아버리는 제 모습을 고백합니다. 제자들이 천하 만민 복음 전파라는 주님 주신 목표로 삶을 리셋하고 탈탈 털고 일어섰을 때, 무기력에서 '무'가 떨어져 나갔듯이, 저도 오늘 새로운 목표로 무기력에서 벗어나게 해주옵소서. 무기력을 털어내고 리본(Re:born), 다시 태어나는 부활의 은혜를 주옵소서. 예수님의 이름으로 기도드립니다. 아멘.

APRIL 9

아, 뒷골 땡겨!

"나는 너희 마음에 평안을 남기고 간다. 내가 주는 평안은 세상이 주는 평안과는 다르다. 그러니 불안해하거나 두려워하지 말라."〈요 14:27, 현대어〉

최근에 어떤 일에 신경을 곤두세웠더니, 시력이 좀 떨어지고 왼쪽 눈이 빨갛게 충혈되더라구요. 실핏줄이 터지고, 눈동자에 혹이 생겨서, 떼어 내는 수술을 받았어요. 의사가 스트레스를 많이 받으면 그런다고 조심하라는 거예요. 눈에 실밥을 빼기까지 1주일 동안 안대를 하고, 매일 약 넣고, 매일 병원 다니고. 너무 불편하고, 너무 속상하고. 어젯밤도 새벽 2시에 일어났어요. 매주 토요일마다 설교 스트레스. 너무 예민해집니다. 일주일이 너무 빠릅니다. 미리미리 준비할 걸! 항상 후회합니다. 왕관을 쓰려는 자, 그 무게를 즐겨라, 그런 말도 있는데, 전 아직도 그 무게가 너무 무겁기만 합니다. 언제쯤 즐길 수 있을까. 아, 뒷골 땡겨! 이 시대는 가히 '스트레스'의 시대입니다. 이 '스트레스'(stress)라는 말은 이제 일상언어가 되어버렸습니다. 하루에도 몇 번씩 우리 입에서는 "스트레스 받는다!"는 말이 쏟아져 나옵니다. 스트레스를 먹고, 스트레스를 입고, 스트레스를 마시고, 스트레스와 함께, 현대사회 아스팔트 위를 배회하는 나. 어떻게 해야 할까요?

> 주님, 스트레스와 지나친 예민함을 주님께 올려드립니다. '왕관의 무게'를 아직도 무겁게 느끼며 뒷골이 땡기는 제 삶의 스트레스를 치유해 주옵소서. 스트레스를 먹고, 입고, 마시며, 현대사회의 아스팔트 위를 배회하는 제 영혼을 긍휼히 여겨주옵소서. 주님의 평강이 제 마음을 다스려 모든 염려를 주님께 맡기게 해주옵소서. 짐을 내려놓습니다. 주님의 안식을 누리게 해주옵소서. 예수님의 이름으로 기도드립니다. 아멘.

APRIL 10

그만 좀 먹어라!

"성령을 따라 살면 생명과 평안을 누리지만 육신을 따라 살면 죽음에 이르게 됩니다."〈롬 8:6, 현대어〉

가장 심각한 3대 스트레스가 있습니다. 포기해야 할 것을 하지 못할 때. 누군가를 증오하고 있을 때. 열등감을 느낄 때. 그런데 사실 살다보면, 스트레스 아닌 게 어디 있나요? 출퇴근 시간에 콩나물시루처럼 시달리는 것도, 교통체증으로 차 안에서 마냥 기다리는 것도, "그만 좀 먹어라!"도, "숙제했냐?"도, "이번에 꼭 성적 올려야 돼!"도 스트레스. 비만, 과외, 시험, 진학, 진로, 취업, 노후, 스트레스는 끊이질 않습니다. 교회에서 대표기도 하시는 것도, 처음 나오신 분들이 인사하는 것도 스트레스입니다. 너무 화가 나도, 너무 기뻐도, 업무가 많아도, 업무가 없어도 스트레스. 사랑하는 사람에게 뭘 선물할까도, 사랑하는 사람이 이별을 선언해도, 일이 너무 안 되어 통장 잔고가 바닥이 날 때도, 일이 너무 잘 되어 눈코 뜰 새 없이 바빠도, 이혼도 결혼도 스트레스입니다. 제주도 신혼여행 갔다가 돌아오면서 법원으로 가는 부부도 있다잖아요. 진급이 안 되어도 스트레스, 진급이 되어도 스트레스, 이사, 전출, 전입도 다 스트레스입니다. 이 스트레스를 어떻게 치유해야 할까요?

> 주님, 너무 화가 나도, 너무 기뻐도, 업무가 많아도, 업무가 없어도, 스트레스를 받는 제 연약한 모습을 주님께 올려드립니다. 스트레스 아닌 것이 없는 세상 속에서 제 삶을 붙들어 주옵소서. 저에게 감당할 힘을 주시고, 모든 염려와 근심을 주님께 맡기는 믿음을 더해주옵소서. 세상 스트레스 속에서도 주님 안의 평안을 누리는 지혜로운 삶이 되게 해주옵소서. 예수님의 이름으로 기도드립니다. 아멘.

APRIL 11

스트레스

"내가 이 모든 것을 너희에게 일러두는 것은 너희가 내 안에서 평안을 누리게 하기 위해서다. 이 세상에서 너희는 많은 시련과 슬픔을 겪을 것이다. 그러나 용기를 내어라. 내가 세상을 이겼다.'"〈요 16:33, 현대어〉

스트레스는 무엇보다 긴장과 관련되어 있습니다. 새롭거나 불쾌하거나 위협적인 상황에 처했을 경우 느끼게 되는 자동적인 신체반응. 근육이 뻣뻣해지고, 혈압이 높아지고, 심장박동이 빨라지고, 아드레날린의 분비가 많아지지요. 이것은 오랜 세월에 걸친 생존반응입니다. 스트레스를 받으면 자꾸 화를 냅니다. 신경질. 오해. 교회 안에서도 누가 자기 말하지 않았는데도 혼자 인상 쓰고 난리를 칩니다. 자기 욕하는 것같이 착각합니다. 모든 게 귀찮고 짜증이 납니다. 우울합니다. 외로움과 소외감. 불쑥불쑥 생각 없이 내뱉는 말이 남에게 상처가 됩니다. 쓸데없는 걱정들이 많습니다. 일하기가 싫습니다. 싫증이 납니다. 어디론가 도망가 버리고 싶은 마음이 굴뚝같습니다. 불안, 초조, 불면, 두통. 설사를 자주 한다든지, 위가 안 좋다든지, 배가 더부룩하다든지, 심장이 터질 것같다든지, 골이 빈 것같다든지, 죽을 것만 같다든지, 암인 것 같다든지. 그런데도 병원에 가면 아무런 병명이 없습니다. 스트레스 때문입니다. 여러분이 지금 그런 상태는 아닙니까?

주님, 스트레스로 긴장하고 근육이 뻣뻣해지며 심장이 빨라지는 제 모습을 봅니다. 스트레스 때문에 신경질, 오해, 짜증, 우울, 외로움, 불쑥 내뱉는 상처 되는 말과 쓸데없는 걱정에 시달리고 있음을 고백합니다. 이 모든 스트레스에 주님의 치유를 간구합니다. 제 삶에 주님의 평안을 부어 주옵소서. 제 몸과 마음과 영과 혼이 스트레스로부터 온전히 회복되게 하옵소서. 예수님의 이름으로 기도드립니다. 아멘.

APRIL 12

무언의 살인자

"골로새에 사는 하나님의 백성인 신실한 믿음의 형제들에게 이 편지를 씁니다. 우리 아버지 하나님께서 여러분에게 복을 넘치게 쏟아부어 주시고 큰 평안으로 채워 주시기를 빕니다."〈골 1:2, 현대어〉

스트레스라고 다 나쁜 게 아닙니다. 어떤 스트레스는 이로운 것도 있습니다. 그것을 유스트레스(eustress)라고 합니다. 이것을 다른 말로, 인생의 양념. 반찬에 양념이 없으면 맛이 없듯이, 스트레스가 없으면 인생의 맛이 없습니다. 하지만 너무 지나친 스트레스는 여러분의 영혼을 해치게 됩니다. 그것을 디스트레스(distress)라고 합니다. 이것을 다른 말로, 무언의 살인자. 가랑비에 옷 젖는 줄 모른다 그러지요. 어렸을 때 이슬비가 보슬보슬 내릴 때, 어머니랑 고구마를 캐는 일을 하다 보면, 속옷까지 젖어 있습니다. 스트레스라고 하는 게 조금씩 조금씩 쌓이다 보면 병이 깊어져서, 어느 사이 돌이킬 수 없는 지경까지 와 있게 됩니다. 아차 하는 순간 이미 늦어버립니다. 암에 걸린 사람들 통계를 내보니, 대개는 암에 걸리기 전에 무언가에 깊이 신경을 썼던 사람들이라는 것. 깊은 충격과 사건을 겪었던 사람들이 그 후에 암에 걸릴 확률이 높습니다. 스트레스는 사람을 죽이는 무언의 살인자입니다.

> 주님, 가랑비에 옷 젖듯 조금씩 쌓이는 스트레스가 제 병을 깊게 만들어 돌이킬 수 없는 지경에 이르게 되었음을 고백합니다. 무언의 살인자인 지나친 스트레스가 제 생명을 해치지 않도록 도와주옵소서. 저에게 스트레스를 건강하게 다스릴 수 있는 지혜와 영적 분별력을 주옵소서. 날마다 주님 안에서 참된 안식을 누림으로 제 영혼과 육체가 생명력을 되찾게 해주옵소서. 예수님의 이름으로 기도드립니다. 아멘.

APRIL 13

지독한 현대병

"여러분은 하나님의 은혜와 평안을 더욱더 받기를 원합니까? 그렇다면 예수 그리스도를 더 깊이 배우십시오." 〈벧후 1:2, 현대어〉

한국의 40~50대. 스트레스 지수 세계 1위. 그런데 그 스트레스를 거의 다 술로 풉니다. 그러니 공동묘지에 가보면, 이 땅의 40~50대는 다 과로와 과음. 40~50대만이 아닙니다. 나이를 불문하고, 요즘 스트레스로 병원을 찾는 사람들이 점점 더 많아지고 있습니다. 많은 현대인들이 정신적인 스트레스를 이겨내지 못하고 있다는 증거입니다. 1980년대까지 사람들의 죽음은 세균에 의한 질병 때문이었습니다. 그러나 1990년대부터는 거의 모든 사람들의 죽음이 스트레스와 관련되고 있습니다. 상처 입은 그대여, 스트레스는 그야말로 지독한 '현대병'(現代病)입니다. 만병의 근원입니다. 스트레스는 밤길의 깡패처럼 나와 상의 없이 달려들어 내 영혼을 공격해 옵니다. 억울하고 분하고 어찌할 바 모르게 됩니다. 경쟁 속에서 바쁘게 바쁘게 달려온 우리 현대인들. 그러기에 우리가 이 스트레스를 잘 관리하지 못하면, 스트레스가 우리를 관리하게 됩니다. 그렇다면 이 스트레스, 어떻게 관리해야 할까요?

> 주님, 밤길의 깡패처럼 나와 상의 없이 달려들어 내 영혼을 공격하고 억울하고 분하게 만드는 스트레스의 위협 속에서 저를 보호해 주옵소서. 경쟁 속에서 바쁘게 달려온 제가 이 스트레스를 잘 관리하지 못하면, 이 스트레스가 저를 관리하게 됨을 알고 영적으로 경계하게 해주옵소서. 이 스트레스를 주님의 은혜 안에서 건강하게 관리할 수 있는 지혜를 주옵소서. 예수님의 이름으로 기도드립니다. 아멘.

APRIL 14

행복한 사람은 마음의 절반이 미소다

"오랜 후에 다윗의 글에 다시 어느 날을 정하여 오늘이라고 미리 이같이 일렀으되 오늘 너희가 그의 음성을 듣거든 너희 마음을 완고하게 하지 말라 하였나니"〈히 4:7, 개역개정〉

어느 산골에 노인 부부가 단둘이 살고 있었습니다. 딱딱하고 까칠하기로 유명한 구두쇠 할아버지가 막 잠이 들려는데, 문득 신혼시절 추억에 젖은 할머니가 슬그머니 입을 열었습니다. "그땐 잠자리에 들면, 당신이 내 손을 꼭 잡아주곤 했는디...." 할아버지는 별로 내키지 않았지만, 손을 뻗어 잠시 할머니의 손을 잡아주고는, 다시 잠을 청했습니다. 몇 분이 지나자, 할머니는 다시 말을 건넸습니다. "그런 다음, 키스를 해줬는디...." 아 짜증! 그렇지만 꾹 참고 할아버지는 할머니에게 다가가서 살짝 키스를 했습니다. 그런데 잠시 후, 할머니가 또 할아버지를 보챘습니다. "그러고는 내 귀를 가볍게 깨물어주곤 했는디...히히...." 그 말이 끝나기가 무섭게 할아버지는 이불을 걷어차며 일어섰습니다. 놀란 할머니가 물었습니다. "다...다...당신 어디 가우?" 할아버지가 뭐라고 했게요? "이놈의 할망구.... 아, 이빨 가지러 가야 할 거 아녀!" 딱딱하고 까칠한 할아버지도 은근히 좋아서 마음이 부드러워지신 거죠.

> 주님, 할아버지 마음이 은근히 좋아서 부드러워지셨던 것처럼, 제 마음의 딱딱함과 까칠함도 주님의 사랑으로 녹여주옵소서. 우리 부부, 오래된 관계 속에서도 신혼의 설렘과 따뜻한 애정을 회복하게 해주옵소서. 말로는 표현 못 해도 행동으로 서로를 아끼고 사랑하는 저희 부부가 되게 해주옵소서. 인간적인 기대로 서로 마주보기보다, 함께 주님을 바라보는 영적인 부부 되게 하옵소서. 예수님의 이름으로 기도드립니다. 아멘.

APRIL 15

마음이 호호하면 스트레스는 하하한다

"마음의 즐거움은 얼굴을 빛나게 하여도 마음의 근심은 심령을 상하게 하느니라"
〈잠 15:13, 개역개정〉

스트레스를 받으면, 저는 얼굴이 돌처럼 딱딱하게 굳어 버립니다. 세상 고통 다 짊어지고 가는 얼굴. 기쁨이 사라진 얼굴. 제 얼굴이 그랬습니다. 늘 스트레스에 찌든 얼굴이었습니다. 그런데 제 아내 얼굴은 뭐가 그렇게도 좋은지, 항상 미소 띤 얼굴입니다. 생기가 넘쳐납니다. 집에 가서 아내 미소를 보면, 제 스트레스도 다 날아가 버립니다. 저도 심각한 얼굴인데 아내마저 심각한 얼굴이면, 정말 힘들었을 것입니다. 다행히도 저는 아내를 참 잘 만났습니다. 하나님께서 저에게 주신 지상 최고의 선물입니다. 여러분 부부는 어떻습니까? 결국 스트레스는 마음의 문제입니다. 마음의 미소를 지을 수 있어야 합니다. 그것이 가장 큰 치료제입니다. 주님은 우리가 사는 이 세상이 얼마나 스트레스에 취약한지를 잘 아십니다. 그래서 이 스트레스에 우리가 휘둘리지 않으려면 마음의 즐거움, 마음의 미소를 지으라고 하시는 것입니다. 상처 입은 그대여, 스트레스에 찌든 현대인들이여, 마음이 좋을 호, 호호(好好)하면, 스트레스는 아래 하, 하하(下下)합니다.

> 주님, 스트레스로 얼굴이 돌처럼 딱딱하게 굳어 세상 고통을 다 짊어진 듯했던 제 모습을 고백합니다. 스트레스가 결국 마음의 문제임을 깨닫습니다. 스트레스에 취약한 세상 속에서 제가 마음의 미소를 지을 수 있도록 가장 큰 치료제이신 주님의 평안을 주옵소서. 마음이 좋을 호(好), 호호(好好)하여 스트레스가 아래 하(下), 하하(下下)하는 역설적인 치유를 경험하게 해주옵소서. 예수님의 이름으로 기도드립니다. 아멘.

APRIL 16

행복한 사람은 일의 절반이 쉼이다

"이미 그의 안식에 들어간 자는 하나님이 자기의 일을 쉬심과 같이 그도 자기의 일을 쉬느니라"〈히 4:10, 개역개정〉

〈기쁨 지수를 높여라〉라는 책을 보면, "일의 스트레스를 줄이는 십계명"을 이렇게 제시합니다. 1) 일을 네 가지로 구분하라. "꼭 내가 해야 할 일, 남에게 맡겨도 되는 일, 하지 말아야 할 일, 시간이 날 때 할 일." 2) 우선순위를 정하고 '선택과 집중'의 원리에 따라 진행하라. 3) 크고 힘든 일은 감당할 수 있을 정도로 작게 나누고 하나씩 처리하라. 4) 여유가 있을 때 미리 준비하라. 5) 빨리빨리 대충 하지 말고 정확하게 천천히 끝내라. 6) 자신에게 버거운 일일 때에는 마감기간을 길게 잡으라. 7) 사안에 따라 반드시 전문가의 도움을 받으라. 8) 확신을 가지고 어려운 일에 맞서라. 9) 무리하지 말고 순리에 따르라. 여기서 흥미로운 것은 10번째입니다. "아무리 노력해도 일이 진척되지 않으면 잠시 쉬었다가 다시 시도하라." 그러면 의외로 쉽게 풀린다는 것입니다. 몸과 머리를 혹사시키지 말고 적당한 간격으로 쉬어 주라는 것. 일중독자(workaholic)가 되지 말라는 것. 쉼표가 있는 삶을 살라는 것. 그게 더딘 것 같지만 더 지름길이라는 것입니다.

> 주님, '일의 스트레스를 줄이는 십계명'을 통해 주님의 지혜를 발견합니다. 일을 구분하고 우선순위를 정하며 크고 힘든 일을 작게 나누어 처리하는 효율적인 삶게 하옵소서. 일 중독자가 되지 않고 쉼표가 있는 삶을 살게 해주옵소서. 주님 안의 안식이 더딘 것 같지만 가장 빠른 지름길임을 믿습니다. 오늘도 쉼을 통해 제 영혼과 육체가 회복되게 하옵소서. 예수님의 이름으로 기도드립니다. 아멘.

APRIL 17

시계는 아침부터 똑딱똑딱

"그러므로 사람들이 자기 일에 만족하며 행복하게 사는 것보다 더 좋은 일이 없다는 것을 나는 깨달았다. 바로 이렇게 살도록 인간이 지금 이 세상에 살고 있는 것이다. 죽은 다음에 아무리 좋은 일이 있다 하여도 누가 다시 돌아와 그것을 즐길 수 있겠는가? 그러므로 누구나 지금 여기서 자신의 인생을 즐겨라" 〈전 3:22, 현대어〉

옛날 우리 시골집 거실에는 큰 괘종시계가 있었어요. 얼마나 소리가 큰지. 정각이 되면 땡땡. 그런데 여러분, 이 괘종시계 초침은 1분에 몇 번을 똑딱거려야 할까요? 60번. 그럼 1시간에 몇 번? 3,600번. 하루 온종일은? 86,400번. 1년에는? 31,536,000번. 엄청 스트레스지요. 하루는 이 초침이 자신을 만든 시계공을 찾아와 따졌어요. 왜 자신은 시침처럼 1시간에 1번만 똑딱이게 만들지 않았느냐고. 자신이 얼마나 힘든지 아냐고. 그랬더니 초침을 만든 시계공이 이렇게 말했습니다. "초침아, 스트레스받지 마라. 네가 스트레스를 받는 건 네가 1분에 60번 똑딱인다고 생각하니까 그런 거야. 그렇게 생각하지 말거라. 이제부터 너도 1초에 1번만 똑딱이면 된단다." 그렇습니다. 시계공은 창조주 하나님이시고 우리는 초침입니다. 하나님께서 지금 초침 여러분에게 말씀하십니다. "초침아, 스트레스받지 마라. 너는 1초에 1번만 똑딱이면 된단다. 1초에 1번만! 그것도 즐겁게!"

주님, 시계공이 초침에게 "너는 1초에 1번만 똑딱이면 된단다. 그것도 즐겁게!"라고 말씀하셨듯이, 창조주 하나님께서 초침 같은 저에게 하시는 음성을 듣습니다. 하루의 짐을 하루에 족한 것으로 여기고, 미래의 모든 염려를 주님께 맡기게 해주옵소서. 지나친 욕심과 과도한 계획 대신, 주님께서 허락하신 오늘 하루, 이 순간에 충실하고 즐겁게 살아가게 해주옵소서. 예수님의 이름으로 기도드립니다. 아멘.

APRIL 18

넘어졌다!

"구부러진 말을 네 입에서 버리며 비뚤어진 말을 네 입술에서 멀리 하라" 〈잠 4:24, 개역개정〉

한 목사님에게 고민이 있었습니다. 성도들이 신앙상담을 요청할 때마다 민망한 외도 이야기를 늘어놓는 것입니다. 상세한 묘사를 들을 때면 얼굴이 벌게지고 흥분이 되곤 했습니다. 결국 성도들한테 타일렀습니다. 앞으로 외도 부분은 '넘어졌다'고만 해달라고. 얼마 후, 그 목사님이 전출을 가게 되었습니다. 후임목사에게 모든 것을 인수인계했는데, 문제는 그 '넘어졌다'는 부분을 미처 알려주지 못한 것. 새 목사님이 성도들이 자꾸만 넘어졌다고 하니, 도로상태가 안 좋아 고쳐 달라는 이야기구나 단정을 짓고는, 마침 교회 나오시는 시장님을 찾아갔습니다. "시장님, 교회 앞에 도로정비 좀 해주셔야겠습니다. 교인들이 자꾸만 넘어지네요." 시장님은 '넘어졌다'는 말의 속뜻을 알고 있었기 때문에 웃음이 나왔습니다. 은근히 화가 난 목사님. "시장님, 속히 조치 좀 취해 주세요." 시장님은 킥킥 더 웃음보가 터졌습니다. 목사님은 결국 안 할 말을 하고 말았습니다. "시장님, 그렇게 웃을 일이 아닙니다. 지난주 시장님 사모님도 두 번이나 넘어지셨다니까요."

주님, 말의 속뜻을 헤아리지 못해 곤란한 상황에 처했던 목사님처럼, 저도 성급한 판단으로 실수하지 않도록 지혜를 더해주옵소서. 저에게 영적인 분별력과 말의 깊은 의미를 살피는 신중함을 주셔서, 오해로 불필요한 갈등을 만들지 않게 해주옵소서. 솔직하고 명확한 소통을 통하여 매일매일의 삶이 혼란 없이 기쁨으로 가득 차게 해주옵소서. 예수님의 이름으로 기도드립니다. 아멘.

APRIL 19

행복한 사람은 말의 절반이 칭찬이다

"선한 말은 꿀송이 같아서 마음에 달고 뼈에 양약이 되느니라"〈잠 16:24, 개역개정〉

가장 스트레스 주는 말은 딱 세 가지입니다. 무시하는 말. 비교하는 말. 욕하는 말. 특히, 수험생 자녀에게 독이 되는 말. "재수는 어림도 없다." "절대 긴장하면 안 돼." "인 서울이야, 너!" 반대로, 수험생 자녀에게 약이 되는 말. "고생 많다." "어떤 결과가 나와도 나는 네 편이야." "살아보니 다 길은 있더라."〈성공한 사람들은 말의 절반이 칭찬이다〉는 책을 우연히 보게 되었습니다. 이탈리아 사회학자인 프란체스코 알베로니가 쓴 책인데, 성공한 사람들의 공통적인 특징을 칭찬이라고 밝히고 있습니다. 여러분, 그렇지 않은가요? 주변에 성공한 분들을 가만히 보세요. 말의 절반이 진짜 칭찬입니다. 예수님의 말씀이 바로 그랬습니다. 사람을 살리는 말씀! 사람들의 가슴을 뛰게 하는 말씀! 상처 입은 그대여, 스트레스에 찌든 현대인들이여, 예수님처럼 죽어가는 영혼을 살리는 말, 낙심한 가슴을 다시 뛰게 하는 말을 사용하심으로 스트레스를 잘 관리하시기를 주님의 이름으로 축원합니다.

> 주님, 성공한 사람들은 말의 절반이 칭찬이었듯이, 저도 사람을 살리고 가슴을 뛰게 하는 말을 사용하기 원합니다. 상처 입고 스트레스에 찌든 이들에게 주님의 사랑을 전하는 생명의 언어를 사용하게 해주옵소서. 제 입술이 죽어가는 영혼을 살리고 낙심한 가슴을 다시 뛰게 하는 격려와 칭찬으로 가득하게 해주옵소서. 예수님의 이름으로 기도드립니다. 아멘.

APRIL 20

박복자와 우아진

"여러분이 본성이 시키는 대로 육체의 욕망에 따라 살면 여러분의 생활은 다음과 같은 결과를 가져옵니다. 곧 더러운 생각, 육신의 쾌락을 찾는 마음, 우상숭배, 마술, 헐뜯음과 싸움, 질투와 분노, 언제나 자기 이익을 추구하는 일, 불평과 비판적인 태도, 자기의 작은 당파 외에는 모두 나쁜 것으로 인정하는 배타주의와 거기서 나오는 잘못된 교설, 시기, 살인, 술주정, 흥청대며 먹고 마시는 것 따위입니다. 전에도 말했지만 한번 더 당부합니다. 누구든지 이런 생활을 하는 사람은 하나님 나라를 물려받을 수 없습니다."〈갈 5:19-21, 현대어〉

어린 시절, 가난한 집에서 태어나 버려진 박복자. 고아원에서 자라다 입양됩니다. 허나 억울하게 차별받고 학대당하다 파양당합니다. 고아원에서 함께 지냈던 동생을 도와주려다 누명을 쓰고 옥살이까지 합니다. 그런데 운명의 장난일까. 메이드로 일하던 호텔에서 손님으로 온 우아진을 보게 됩니다. 너무나 부러운 동경의 대상. 아, 그녀의 모습으로 살아보고 싶다. 상류사회에서 인정받는 최고의 아내, 엄마, 그리고 며느리. 철없는 남편만 빼고는 모든 게 완벽한 우아진. 이런 우아진에게 첫눈에 매료되어 평생 단 한 번만이라도 그녀의 모습으로 살아보고 싶어 하는 박복자. 요동치는 욕망의 군상들 가운데 마주한 이 두 여인의 엇갈린 삶. 이 두 여인이 만나면서 벌어지는 섬뜩한 이야기. 예사롭지 않습니다. 머리끝부터 발끝까지 품위와 기품이 흐르는 우아진을 동경해 상류사회로 편입하고자 하는 박복자의 질투, 바로 나의 질투입니다. 이 질투가 박복자의 행복을 앗아가 버렸습니다. 나의 행복도 이 질투를 어떻게 다루느냐에 달려 있습니다.

> 주님, 질투의 불이 행복의 집을 태웠듯이, 저 또한 비교의 시선으로 남의 정원을 탐내지 않게 하옵소서. 저에게 주신 동산에 감사의 씨앗을 뿌리게 하옵소서. 질투의 불꽃을 잠재우는 주님의 평안으로 제 마음에 만족 가득한 푸른 쉼터를 허락해 주옵소서. 예수님의 이름으로 기도드립니다. 아멘.

APRIL 21

그건 질투야!

"내가 걱정하는 것은 여러분을 찾아갔을 때 바람직하지 않은 일이 눈에 띄어 어쩔 수 없이 내가 여러분이 원하지 않는 행동을 해야되지 않을까 하는 것입니다. 내가 거기서 여러분이 싸우는 것을 보거나 서로 질투를 하고 성깔을 부리며 횡포와 욕설과 험담을 하고 거만하고 무질서하게 행동하는 것을 볼까봐 두렵습니다."〈고후 12:20, 현대어〉

어느 날 저녁, 명동거리에 네 쌍의 커플이 지나가고 있었습니다. 첫 번째로 못생긴 남자와 잘생긴 여자 커플. 사람들이 뭐라고 했게요? "저 남자 머슴처럼 살겠구만!" 두 번째로 잘생긴 남자와 못생긴 여자 커플. "저 여자 꽤 돈이 많은가 봐!" 세 번째로 남자여자 둘 다 못생긴 커플. "어머, 쟤들 정말 사랑하는가 봐!" 마지막으로 남자여자 둘 다 잘생긴 커플. 뭐라고 했는 줄 아세요? "쟤들 너무 안 어울린다!" 따라합시다. "그건 질투야!" 언제나 잘난 척을 하는 민희가 에쿠스를 타고 나타나서 한마디 했습니다. "어머, 얘들아, 잘 있었니? 나는 남편이 사준 에쿠스 타고 왔는데, 너희들은 뭐 타고 왔니? 영숙아! 저 빨간 소형차, 네가 타고 온 거니?" "그래." "빨간색이 꼭 깍두기 같다. 우리 아들하고 딸한테 하나씩 사주려고 하는데 얼마 줬니?" "알 거 없어." "얼마 줬는데?" "알 거 없다니까!" "너무 앙증맞아서 그래, 얼마 줬어?" "그렇게 알고 싶어? 벤츠 사니까 덤으로 주더라." 따라합시다. "그건 질투야!"

> 주님, 사랑의 순수함조차 비웃음의 대상 되고, 아름다움마저 불화의 짐이 되는 세상입니다. 남의 그릇 크기를 재지 않게 하옵소서. 타인의 몫을 향한 탐욕의 눈빛을 거두고, 저에게 주신 작은 차에도 충만한 감사를 담게 하옵소서. 질투의 독화살이 제 영혼에 박히지 않도록 평안의 방패를 주옵소서. "그건 질투야!" 선언하며 비교의 굴레에서 자유를 누리는 제 삶이 되게 하옵소서. 예수님의 이름으로 기도드립니다. 아멘.

APRIL 22

옆집 남자

"질투와 이기심은 하나님께 받은 지혜가 아닙니다. 그런 것은 땅에 속한 것이요, 악마의 부추김입니다." 〈약 3:15, 현대어〉

어느 여성잡지에서 우리나라 남편들이 가장 싫어하는 사람은 누구일까 설문조사를 실시했습니다. 이 설문의 1위는 바로 '옆집 남자'였습니다. 도대체 이유가 무엇일까요? 이 설문에 참여한 대부분의 남성들이 그 이유를 이렇게 말했습니다. 집사람 말 들어보면, 옆집 남자는 돈도 잘 벌어오고, 옆집 남자는 인간성도 좋고, 옆집 남자는 아이들 공부도 잘 봐주고, 옆집 남자는 처가에도 잘하고, 아무리 이사를 다녀도 옆집에는 꼭 그런 남자만 산다는 것. 따라합시다. "그건 질투야!" 감자와 고구마는 부부 사이였습니다. 둘이 길을 가는데 저만치 벤치에 찹쌀떡이 앉아 있었습니다. 찹쌀떡을 본 남편 감자는 아내 고구마에게 이렇게 말했습니다. "야, 찹쌀떡이다. 정말 예쁘지 않니?" "예쁘긴 뭐가 예뻐?" "야, 좀 봐라. 저 뽀송뽀송하고 하얀 피부!" 그러자 그들의 수다를 듣고 있던 찹쌀떡이 쑥스러워서 그만 자리를 피하려고 일어섰습니다. 그런데 찹쌀떡에 묻어 있던 하얀 가루가 사르르 떨어지는 게 아닙니까. 그러자 아내 고구마 왈, "거봐, 화장빨이지?" 따라합시다. "그건 질투야!"

> 주님, 옆집 남자, 옆집 여자, 옆집과 비교하느라, 제 삶의 빛을 가두지 않게 하옵소서. 찹쌀떡의 하얀 가루를 걷어내려는 심술 대신, 고구마처럼 투박해도 달콤한 제 고유함에 감사하게 하옵소서. 질투의 쓴물을 자족의 단물로 바꾸어주옵소서. 평안 속에서 주님 주신 기쁨을 누리며 진정 행복할 줄 아는 삶이 되게 하옵소서. 예수님의 이름으로 기도드립니다. 아멘.

APRIL 23

마음속의 독한 시기

"그러나 너희 마음속에 독한 시기와 다툼이 있으면 자랑하지 말라 진리를 거슬러 거짓말하지 말라"〈약 3:14, 개역개정〉

신데렐라는 어려서 어머니를 잃고요 계모와 언니들에게 핍박을 받았드래요 샤바샤바 아이샤바…얼마나 울었을까 샤바샤바 아이샤바…1978년. 누나들과 고무줄놀이를 하면서 고무줄 양쪽이 발끝에서부터 무릎, 허리, 가슴, 머리꼭대기까지 한 눈큼 한 눈큼 올라갈 때마다 입이 닳도록 불러댔던 이 노래. 기억하시지요? 홍얼홍얼 부르면서도 무언가 그 가사에 깊은 슬픔이 느껴졌던 신데렐라 이야기. 이 이야기의 중심에는 바로 계모와 언니들의 마음속 독한 시기가 있었습니다. 인류의 고전인 백설공주, 콩쥐팥쥐, 장화홍련, 흥부놀부, 알고 보면 하나같이 마음속의 독한 시기 때문에 나온 이야기입니다. 성경에도 보면, 가인, 에서, 사라와 하갈, 요셉의 형제들, 모두 마음속의 독한 시기가 문제였습니다. 마음속의 독한 시기는 이렇듯 인류의 근원적인 감정입니다. 사실 정신병동의 환자 70%도 그 심리적인 밑바닥에는 마음속의 독한 시기가 자리하고 있습니다. 치매의 뿌리도 결국은 마음속의 독한 시기입니다. 여러분은 어떻습니까?

> 주님, 정신병동 환자 70%의 심리적 밑바닥과 치매의 뿌리에까지 자리 잡고 있다는 이 독한 시기가 제 마음을 병들게 하고 있지는 않은지 돌아봅니다. 타인의 행복을 질투하고 시기하며 스스로를 갉아먹는 독에서 저를 해방시켜 주옵소서. 다른 이들의 기쁨을 함께 축하하고 축복해 주는 순수한 마음을 갖게 해주옵소서. 예수님의 이름으로 기도드립니다. 아멘.

APRIL 24

여자들이 질투하는 여자

"시기와 다툼이 있는 곳에는 혼란과 모든 악한 일이 있음이라" 〈약 3:16, 개역개정〉

여자들이 질투하는 여자, 혹시 세대별로 아세요? 10대 여자들이 질투하는 여자, 이쁜데 공부도 잘하는 여자! 20대 여자들이 질투하는 여자, 성형수술 했는데 티도 안 나고 이쁜 여자! 30대 여자들이 질투하는 여자, 오만 짓 다 하고 놀았는데 시집가서 잘 사는 여자! 40대 여자들이 질투하는 여자, 놀 거 다 놀고 쏘다니는데 자식들 대학 척척 붙는 여자! 50대 여자들이 질투하는 여자, 먹어도 먹어도 살 안 찌는 여자! 60대 여자들이 질투하는 여자, 건강도 타고났는데 돈복도 타고난 여자! 70대 여자들이 질투하는 여자, 자식들 다 효자고 서방까지 멀쩡하게 살아 호강하는 여자! 80대 여자들이 질투하는 여자, 아직도 살아 있는 여자! 어째 좀 섬뜩하지 않나요? 상처 입은 그대여, 무언가 질투에 살기가 느껴지지 않나요? 그래서 성경은 경고합니다. 질투로, 마음속의 독한 시기로, "너희가 서로 물고 물으면 피차에 멸망할까 조심하라."

> 주님, 상대를 헐뜯는 이 질투와 독한 시기가 멸망의 불씨가 될까 두렵습니다. 남이 가진 빛을 시샘하는 어둠의 눈을 닫아 주옵소서. 타인의 잔에 담긴 축복을 질투하지 않고, 제 잔에 넘치는 주님의 은혜에 눈을 뜨게 하옵소서. 서로 물고 무는 멸망의 길에서 돌이켜, 축복으로 생명의 울타리를 세우는 삶이 되게 하옵소서. 예수님의 이름으로 기도드립니다. 아멘.

APRIL 25

품위있는 그녀

"여러분은 남을 미워하지 마십시오. 착한 사람인 체하지 마십시오. 부정직하거나 남을 질투하거나 남을 뒤에서 흉보는 일이 없도록 하십시오." 〈벧전 2:1, 현대어〉

우아진은 행복이 무엇인지를 이미 눈치채 버린 사람 같습니다. "행복이란 햇살 같은 거예요. 새로운 아침을 열어준다고 보면 한없이 고맙잖아요. 전 그냥, 세상이 내게 준 공짜를 마음껏 즐기고 살 거예요." 반면에, 박복자의 불행. 가만 생각해 보면, 그 모든 불행의 시작은 그녀의 질투 때문이었습니다. 우아진의 마지막 멘트. '누구나 행복을 꿈꾼다. 누구나 가지질 못한 걸 욕망한다. 그래야 행복해질 거라 생각한다. 하지만 행복은 그 욕망을 비울 때 오히려 내 삶을 더욱 빛나게 채워준다. 난 지금 행복하다.' 우아진 처음 멘트도, 마지막 멘트도 행복이에요. 대전 대전 내 영혼의 행복플러스를 교회표어로 내건 우리들에게 이 드라마는 과연 행복이 무엇인지를 잘 보여주고 있습니다. 낮엔 해처럼 밤엔 달처럼 그렇게 살 순 없을까 욕심도 없이 어둔 세상 비추어 온전히 남을 위해 살 듯이. 가진 것에 만족하는 우아진. 그래서 우아진은 지금 행복합니다. 그렇습니다. 내 영혼은 무엇을 갈망하는가? 내 영혼, 가진 것에 만족하며, 살고 싶습니다, 우아진처럼, 품위있는 그녀처럼.

주님, 박복자의 불행이 욕망과 질투에서 시작되었음을 깨닫고, 우아진의 마지막 멘트처럼 "욕망을 비울 때 오히려 내 삶을 더욱 빛나게 채워주는" 참된 행복을 간구합니다. "낮엔 해처럼 밤엔 달처럼" 주님께서 허락하신 가진 것에 만족하는 우아진의 품위를 닮게 해주옵소서. 세상의 욕망이 아닌 주님의 뜻을 갈망하는 제 영혼이 되게 해주옵소서. 예수님의 이름으로 기도드립니다. 아멘.

APRIL 26

모나리자 미소의 법칙

"나는 무시무시한 구덩이에 빠져 있었지. 진흙탕에 빠져 어찌할 줄을 모르고 있었지. 그런데 주께서 나를 거기서 꺼내 든든한 바위 위에 올려놓아 주셨지. 이리하여 나는 아무런 걱정 없이 나아가겠네."〈시 40:2, 현대어〉

종교개혁 성지순례. 프랑스 루브르 미술관. 비 오는 날이었는데도 그곳에 들어간 이유는 딱 하나. 세상에서 가장 아름다운 미소, 모나리자의 미소를 보기 위해서였습니다. 모나리자는 이태리어로 리자 여사. 이탈리아 피렌체의 부유한 상인 조콘다의 부인. 24~27세 정도. 레오나르도 다 빈치가 1503~1507년, 4년에 걸쳐 그린 대작이지요. 행복심리학자 에드 디너가 쓴 책〈모나리자 미소의 법칙〉을 보면, 모나리자의 미소도 100% 행복해 보이지는 않는다는 것. 83%만 행복하고, 17%는 슬픔이 느껴진다는 것. 그런데 그 17%의 슬픔이 담겨 있기 때문에, 모나리자의 미소가 세상에서 가장 아름다운 미소라는 것. 여러분도 지금 그 17% 슬픔 때문에 인생에 생채기가 나서 불면의 밤을 지새우고 가슴앓이를 하며 눈물을 쏟고 땅을 치며 살아가고 있지는 않습니까? 그래서 얼굴이 일그러져 있지는 않습니까? 그것이 인생이거늘! 어쩌다 구덩이에 빠져, 어쩌다 진흙탕에 빠져, 어찌할 줄 모르는 내 영혼의 슬럼프, 17%. 그것이 우리의 자화상이거늘!

주님, 햇살 83% 아래, 슬픔 17%를 감춘 모나리자의 미소, 그 작은 슬픔의 그림자가 영원한 아름다움의 생채기가 되었듯이, 불면의 밤과 가슴앓이로 얼룩진 제 영혼의 17%를 주님께 올려드립니다. 제 일그러진 얼굴 위에 슬픔까지 품어 안은 깊은 미소를 새겨주옵소서. 인생의 쓴잔을 마심으로 완성되는 주님의 위로와 영광의 아름다움을 제 삶에 허락하옵소서. 예수님의 이름으로 기도드립니다. 아멘.

APRIL 27

광야

"자기 자신은 광야로 들어가 하룻길쯤 가서 한 로뎀 나무 아래에 앉아서 자기가 죽기를 원하여 이르되 여호와여 넉넉하오니 지금 내 생명을 거두시옵소서 나는 내 조상들보다 낫지 못하니이다 하고 로뎀나무 아래에 누워 자더니 천사가 그를 어루만지며 그에게 이르되 일어나서 먹으라 하는지라" 〈왕상 19:4-5, 개역개정〉

이스라엘 성지순례를 가보니까, 브엘세바 광야는 정말 끝없는 사막이었습니다. 4세기 이곳 광야에서 살았던 영성지도자들은 슬럼프에 빠진 우리 인생들에게 광야로 들어가라고 강권합니다. 그들의 강조점은 3가지입니다. 떠나라! 침묵하라! 쉬지 말고 기도하라! 슬럼프에 빠졌을 땐 무엇보다 먼저 시끄러운 현실에서 떠나, 세상의 소음에 대해서는 더 이상 일희일비하지 않고 절대침묵, 오로지 하나님께만 사생결단 기도할 수 있어야 하는데, 그곳이 바로 광야라고 추천했습니다. 슬럼프에 빠진 엘리야가 찾아 들어간 곳도 바로 이 광야였습니다. 오늘 슬럼프에 빠진 여러분에게도 오히려 상처를 주고 마는 무수한 말보다 침묵을 지키는, 이런 광야의 영성이 필요합니다. 내 영혼의 슬럼프, 인생의 광야는 마냥 나쁜 것만이 아닙니다. 그 광야, 로뎀나무 아래에서 하나님의 힐링터치, 치유의 손길, 치료의 어루만지심을 경험할 수만 있다면, 상처 입은 그대여, 내 영혼의 슬럼프, 내 인생의 광야, 그 광야는 오히려 축복의 자리입니다.

> 주님, 세상의 소음에 일희일비하지 않고, 하나님께만 사생결단 기도할 수 있는 광야가 제게 필요합니다. 내 영혼의 슬럼프와 인생의 광야가 마냥 나쁜 것만은 아님을 믿습니다. 그 광야, 그 로뎀나무 아래에서 하나님의 힐링 터치, 치유의 손길, 치료의 어루만지심을 경험하게 하옵소서. 내 영혼의 슬럼프, 내 인생의 광야가 오히려 축복의 자리가 되게 하옵소서. 예수님의 이름으로 기도드립니다. 아멘.

APRIL 28

동굴

"이에 일어나 먹고 마시고 그 음식물의 힘을 의지하여 사십 주 사십 야를 가서 하나님의 산 호렙에 이르니라 엘리야가 그곳 굴에 들어가 거기서 머물더니 여호와의 말씀이 그에게 임하여 이르시되 엘리야야 네가 어찌하여 여기 있느냐"〈왕상 19:8-9, 개역개정〉

성지순례 때 몸이 안 좋아서 호렙산, 다른 말로 시내산 등반을 못했습니다. 높이 솟은 호렙산을 보며, 엘리야가 숨은 동굴이 저만큼 있을 거라 상상만 해보았습니다. 인간에게 동굴은 어떤 의미가 있을까요? 원시시대 우리 인류의 조상들은 낮에 수렵을 하고 저녁이 되면 지친 몸 이끌고 가족이 있는 동굴 속으로 들어갔습니다. 그래서인지 치유상담에서도 슬럼프에 빠진 현대인들에게 동굴로 들어가라고 힘주어 말합니다. 특히 밖에서 직장생활을 해야 하는 사람들은 업무의 긴장, 관계의 갈등, 삶의 스트레스로부터 무장해제 되어, 잠옷 팬티바람으로 소파에서 뒹굴뒹굴 멍때리며 내 영혼을 적나라하게 들여다볼 수 있는 자기 성찰과 재충전의 시간이 필요한데, 그곳이 바로 동굴이라고 추천합니다. 슬럼프에 빠진 엘리야가 하나님의 산 호렙에 이르러 찾아 들어간 곳도 바로 동굴이었습니다. 지금 여러분도 삶의 스텝이 꼬이셨습니까? 슬럼프에 빠지셨습니까? 동굴로 들어가십시오. 그곳에서 슬럼프에 강하신 분, 예수님을 만나십시오.

> 주님, 호렙산 높은 봉우리 아래, 엘리야가 숨었던 동굴을 바라봅니다. 업무의 긴장, 관계의 갈등, 삶의 스트레스 앞에 무장해제 된 벌거벗은 영혼으로, 잠옷 바람으로 멍때리며 뒹구는 소파처럼 제 영혼의 동굴을 찾게 하옵소서. 삶의 스텝이 엉키고 슬럼프에 빠졌을 때, 혼돈의 빛을 피해 침묵의 동굴로 들어가, 그곳에서 슬럼프보다 강하신 주님의 임재를 만나게 하옵소서. 예수님의 이름으로 기도드립니다. 아멘.

APRIL 29

터널비전

"그가 대답하되 내가 만군의 하나님 여호와께 열심이 유별하오니 이는 이스라엘 자손이 주의 언약을 버리고 주의 제단을 헐며 칼로 주의 선지자들을 죽였음이오며 오직 나만 남았거늘 그들이 내 생명을 찾아 빼앗으려 하나이다"〈왕상 19:10, 개역개정〉

고속도로를 달리다 갑자기 터널에 나타나면 흠칫 놀랍니다. 마치 녹내장에 걸린 것처럼, 주변 시력이 뚝 떨어지고 시야가 확 좁아지기 때문입니다. 이름하여, 터널비전. 선글라스라도 쓰고 있으면 더 당혹스럽습니다. 엘리야도 그런 터널비전에 빠졌습니다. 오직 나만 남았거늘! 자기 혼자뿐이라는 신세한탄. 슬럼프에 빠지면 시야가 좁아져서 자기밖에 안 보입니다. 스스로 돌파구를 찾을 엄두는 안 나고, 그렇다고 가만히 있을 수도 없고, 그러다 보니 정신이 확 날 수 있는 강력한 자극을 고대합니다. 엘리야는 크고 강한 바람과 지진과 큰불 속에서 하나님을 찾고 있었습니다. 하지만 하나님은 아주 세미한 소리로 찾아오셨습니다. 그리고 그 세미한 소리를 통하여 엘리야가 자신의 연약한 내면세계와, 자신의 과대포장된 거짓자기와, 자신의 상처 입은 영혼을 들여다보게 하셨습니다. 상처 입은 그대여, 내 영혼의 슬럼프, 터널비전, 위기는 기회입니다. 더 강한 자극보다는 하나님의 세미한 소리를 들으시는 둘도 없는 시간이 되시기를 주님의 이름으로 축원합니다.

> 주님, 세미한 소리 속에서 엘리야가 자신의 연약한 내면, 과대 포장된 거짓자기, 상처 입은 영혼을 들여다보게 하시니 놀랍습니다. 제 영혼의 슬럼프도, 이 터널비전의 위기도 오히려 기회가 되게 하옵소서. 더 강한 자극이 아닌, 주님의 세미한 소리를 듣고 제 참된 모습을 발견하게 하옵소서. 예수님의 이름으로 기도드립니다. 아멘.

APRIL 30

롤러코스터

"여호와께서 그에게 이르시되 너는 네 길을 돌이켜 광야를 통하여 다메섹에 가서 이르거든 하사엘에게 기름을 부어 아람의 왕이 되게 하고 너는 또 님시의 아들 예후에게 기름을 부어 이스라엘의 왕이 되게 하고 또 아벨므홀라 사밧의 아들 엘리사에게 기름을 부어 너를 대신하여 선지자가 되게 하라"〈왕상 19:15-16, 개역개정〉

저는 처가가 수원이기 때문에 종종 용인 에버랜드에 갔습니다. 옛날에 이름이 자연농원일 때부터 늘 갈 때마다 신기했지요. 저 같은 땅끝 촌놈이 처음으로 가보고 가장 신기했던 건 롤러코스터. 탁탁탁탁. 올라갔다가 맨 꼭대기에서 잠시 멈추는가 싶더니, 쉥 내려가는 그 속도감. 정말 압권이었어요. 그런데 지금 생각해 보니, 어쩌다 찾아온 내 영혼의 슬럼프. 마치 롤러코스터를 타고 내려가는 기분입니다. 내려가는 롤러코스터. 그러나 마냥 내려가는 것만은 아닙니다. 반드시 치고 올라가는 순간이 있습니다. 롤러코스터의 묘미는, 아니 슬럼프의 묘미는 바로 그 바닥을 치고 올라갈 때, 다메섹으로 올라갈 때입니다. 또 하나 중요한 것. 롤러코스터에는 안전바가 있습니다. 내 영혼의 슬럼프, 내 인생의 롤러코스터에도 안전바가 있습니다. 바로 예수 그리스도! 내 영혼 넘어질까 쓰러질까 손을 꼭 잡아주시는 주님! 지금 롤러코스터를 타고 내려가고 계십니까? 안전바 되신 주님의 손을 꼭 잡으십시오.

> 주님, 신기했던 롤러코스터를 기억합니다. 탁탁탁탁 올라갔다가 맨 꼭대기에서 멈춘 뒤, 쉥 내려가는 그 속도감이 압권이었습니다. 지금 어쩌다 찾아온 내 영혼의 슬럼프도 롤러코스터를 타고 내려가는 기분임을 고백합니다. 그러나 슬럼프의 묘미는 바로 그 바닥을 치고 올라갈 때 있음을 깨닫습니다. 지금 롤러코스터를 타고 내려가는 제 삶, 안전바 되신 주님의 손을 꼭 잡게 해주옵소서. 예수님의 이름으로 기도드립니다. 아멘.

MAY 5월

MAY 1

골 때리는 현상

"다만 여호와를 거역하지는 말라 또 그 땅 백성을 두려워하지 말라 그들은 우리의 먹이라 그들의 보호자는 그들에게서 떠났고 여호와는 우리와 함께 하시느니라 그들을 두려워하지 말라 하나"〈민 14:9, 개역개정〉

얼마 전, 정말 골 때리는 현상이 벌어졌습니다. 어떤 집사님이 미국에서 눈 위를 다니는 스노우모빌 자동차를 타고, 눈이 펄펄 내리는 그 산을 타고 올라가는데, 눈 위에 방금 지나간 큰 짐승의 발자국이 있는 것 아니겠습니까! 사냥개 두 마리를 풀어놓았더니 곧장 산 밑으로 내려가는데, 산을 울리는 짐승의 포효소리, 쫓고 쫓기는 소리가 들립니다. 가보니까 사냥개들이 큰 소나무 위를 쳐다보면서 짖는데, 그 소나무 끝을 쳐다보았더니 엄청나게 큰 호랑이가 밑을 내려다보고 있었습니다. 문제는 어떻게 이 사냥개 두 마리가 호랑이를 그렇게 나무 위로 몰아붙였냐 하는 것입니다. 이 사냥개들의 마음 속 높은 자존감 때문이었습니다. 이 사냥개들은 자기 주인 총 앞에서 안 쓰러지는 짐승을 못 보았습니다. 분명한 확신이 있었습니다. 호랑이가 아니라 별별 짐승이 내 앞에 나타나도 겁날 것이 없다! 왜? 우리 뒤에는 우리 주인이 있으니까! 지금 우리 자녀들에게 필요한 것도 바로 이런 높은 자존감 아닐까요? 겁날 것 없다! 우리 주님이 내 뒤에 계시니까!

> 주님, 사냥개들이 호랑이를 이길 수 있었던 것은 주인의 총 앞에서 안 쓰러지는 짐승이 없다는 확신에서 나오는 높은 자존감 때문이었습니다. 저에게도 이런 높은 자존감을 심어 주옵소서. 세상의 어떤 어려움과 호랑이 같은 문제가 나타나도 "겁날 것이 없다! 우리 주님이 내 뒤에 계시니까!"라고 확신하며 용기 있게 맞설 수 있게 해주옵소서. 예수님의 이름으로 기도드립니다. 아멘.

MAY 2

너, 너 썼지?

"함부로 내뱉는 말은 비수 같아서 사람의 속마음을 깊숙이 찌르나, 슬기로운 이는 하는 말마다 고통속에 헤매는 이의 용기를 북돋운다."〈잠 12:18, 현대어〉

지난주, 교회 앞 글꽃초등학교를 지나가다가 초등학생 2학년 정도 되는 두 어린이가 나누는 대화를 듣게 되었습니다. "야, 너 지난번 반장투표에서 누구 썼냐?" "왜?" "너, 너 썼지?" "아냐, 나, 나 안 썼어." "뭐가 아냐, 네 이름이 한 표 나왔던데, 그거 네가 쓴 거 맞잖아." 그러니까 상대 어린이가 아무 소리를 못 하는 거예요. 와, 완전 독심술을 가진 아이였어요. 그냥 한 마디로 보내버리더라고요. 웃기기도 했지만, 내가 자녀들과 나누는 대화도 저런 독심술 대화가 아닌가 반성을 했어요. "너, 네가 그랬지? 귀신은 속여도 엄마는 못 속여!" 잠언 12장 18절에 보면, 함부로 내뱉는 말은 비수 같아서 사람의 속마음을 깊숙이 찌른다고 말씀합니다. 우리가 참 이것이 잘 안됩니다. 지난주 몇 명이나 여러분의 비수 같은 말에 사람들이 죽어갔습니까? 예수님은 말 한마디로 사람을 살려내셨는데, 우리는 말 한마디로 사람을 죽여버립니다. 어린이주일, 자녀들에게 죽이는 말이 아닌 살리는 말을 사용하시기를 주님의 이름으로 축원합니다.

> 주님, 상대방의 속마음을 꿰뚫어 비수를 꽂는 듯한 '독심술 대화'를 저 또한 자녀들과 나누고 있지는 않은지 반성합니다. 제 말로 상처 입고 죽어간 영혼은 없었는지 돌아보게 해주옵소서. 예수님께서 말 한마디로 사람을 살려내셨듯이, 저도 죽이는 말이 아닌 살리는 말을 사용하게 해주옵소서. 자녀들의 영혼을 살리는 부모가 되게 해주옵소서. 예수님의 이름으로 기도드립니다. 아멘.

MAY 3

자녀는 부모의 뒷모습을 보고 자란다

"산해진미 차려 놓고 서로 미워하느니, 밥 한 그릇이라도 나눠 먹으며 서로 아끼는 것이 훨씬 더 낫다."〈잠 17:1, 현대어〉

자녀들은 부모가 싸울 때 이렇게 생각합니다. '아, 나 때문에 또 싸우시는구나. 나만 안 태어났어도 부모님이 싸우지 않을 텐데.' 자녀들은 다 자신의 탓으로 먹어버립니다. 부모님이 싸울 때 내뱉는 말은 자녀들의 가슴에 기록됩니다. 시멘트처럼 단단하게 굳어져 버립니다. 평생 그 말을 생각하고 또 생각합니다. 마음이 아픈 성인아이로 살아갑니다. 그렇게 자녀는 부모의 뒷모습을 보고 자랍니다. 마른 떡 한 조각을 나눠 먹더라도 화목한 가정이 최고입니다. 산해진미 차려 놓고 서로 미워하는 가정. '저러려면 우리 엄마아빠는 왜 결혼했을까?' 자녀들은 부모가 싸울 때 그런 질문을 던집니다. 자녀들이 모르는 것 같아도 다 압니다. 모르는 척하는 거지요. 웃지만 웃는 게 아닙니다. 밖에 나가면 위축됩니다. 거짓자기로 살아갑니다. 우리 가정의 수치스러운 비밀 때문에 너무너무 아파합니다. 어린이주일입니다. 자녀는 우리 부모의 뒷모습을 보고 자랍니다. 수치심을 느끼지 않고 자긍심을 느낄 수 있도록 해주시기를 주님의 이름으로 축원합니다.

> 주님, 저희 부부의 다툼을 보며 "나만 안 태어났어도..."라고 생각하는 자녀들의 아픈 마음을 주님께 올려드립니다. 자녀는 부모의 뒷모습을 보고 자라오니, 저희 부부가 화목한 뒷모습을 보이게 해주옵소서. 수치심 대신 자긍심을 느끼며 당당하게 살아가도록 저희 가정에 주님의 평화를 가득 채워주옵소서. 예수님의 이름으로 기도드립니다. 아멘.

MAY 4

잔소리 듣고 변하는 사람 없다

"부모들에게도 한마디 당부하겠습니다. 자녀들을 너무 꾸짖지 마십시오. 또 잔소리를 늘어놓아 반항심을 일으키거나 분노를 품게 하지 마십시오. 그보다는 주님의 사랑이 담긴 훈계와 조언과 충고로 키우십시오."〈엡 6:4, 현대어〉

세상에는 4가지 대화가 있습니다. 입술의 대화, 머리의 대화, 마음의 대화, 영혼의 대화. 여러분은 어떤 대화를 주로 하십니까? 영혼의 대화는 영과 영으로 서로 대화를 나누는 것입니다. 서로 영이 통한다 그러지요. 가장 깊은 단계에서 영혼의 대화는 우리 인간의 영혼 가장 깊은 곳에 계신 하나님과 나누는 대화입니다. 마음의 대화는 마음과 마음으로 서로 대화를 나누는 것입니다. 그 사람하고는 마음이 통한다 그러지요. 머리의 대화는 지식으로 서로 대화를 나누는 것입니다. 아는 체하는 것이지요. 이렇듯 아는 체하는 사람 앞에서 내 인생이 변하지는 않지요. 입술의 대화는 잔소리입니다. 우리 부모들이 가장 많이 사용하는 대화입니다. 자녀들이 내 잔소리를 다 듣고 있다고 생각하지만, 그것은 상당한 착각입니다. 오히려 반항심을 불러일으키거나 분노만 품게 만듭니다. 잔소리 듣고 변하지는 않습니다. 그러므로 잔소리는 하지 않으니만 못합니다. 어린이주일, 잔소리가 아닌 마음의 대화, 영혼의 대화를 사용하시기를 주님의 이름으로 축원합니다.

> 주님, 지식을 과시하는 머리의 대화나 잔소리인 입술의 대화를 멈추고, 서로 마음이 통하는 마음의 대화를 나누게 해주옵소서. 가장 깊은 단계인 영과 영이 통하는 영혼의 대화를 자녀와 나누게 해주옵소서. 제 입술에서 잔소리가 사라지게 하시고, 제 영혼 가장 깊은 곳에 계신 하나님과 나누는 대화의 심오함을 자녀들과도 함께 나누게 해주옵소서. 예수님의 이름으로 기도드립니다. 아멘.

MAY 5

우리가 잃어버린 날은 웃지 않았던 날이다

"주께로 가까이 가는 이들 하나같이 기뻐 뛰게 하소서. 복 받아 웃음 짓게 하소서. 주께서 베푸신 구원 고마워하는 이들이 '여호와 주님은 위대하시다' 늘 이렇게 외치게 하소서."〈시 40:16, 현대어〉

자녀들에게 자긍심을 줄 수 있는 최고의 선물은 웃음소리입니다. 이 어린이 주일에 우리 자녀들이 가장 바라는 선물은 바로 엄마아빠 할아버지할머니의 웃음소리입니다. 그런 의미에서 여러분, 지금 우리 어린이들이 가장 좋아하는 캐릭터가 뭘까요? 맞춰보세요. 뽀로로! 완전히 뽀로로 노래가 세계를 휩쓸어 버렸어요. 나는 왜 전 세계 어린이들이 뽀로로를 그렇게 좋아할까 곰곰이 생각해 보았습니다. 어제 그 답을 찾았어요. 그것은 엄마아빠 할아버지할머니의 웃음소리였어요. 바나나차차! '아, 엄마아빠 할아버지할머니가 오늘 기분이 좋으시구나!' 자녀들도 다 느끼고 있습니다. '내가 세상에 태어난 것이 우리 엄마아빠에게는 최고의 기쁨이구나!' 여러분의 가정은 어떻습니까? 저는 아내가 늘 밝게 웃을 때 기분이 좋습니다. 아이들도 그래서인지 엄마의 웃는 모습을 참 좋아합니다. 해맑은 웃음소리를 듣는 것이 얼마나 큰 기쁨인지요. 우리, 이번 5월, 그렇게 웃으며 살아갑시다. 우리, 훗날, 후회하지 맙시다. 우리가 잃어버린 날은 웃지 않았던 날이라고.

주님, 자녀들에게 줄 수 있는 최고의 선물이 엄마아빠, 할아버지할머니의 웃음소리임을 깨닫습니다. 제 아내가 늘 밝게 웃을 때 제 기분이 좋듯이, 저희 가정에 해맑은 웃음소리가 끊이지 않게 해주옵소서. 아이들에게 엄마아빠가 서로를 향해 기쁨으로 웃는 모습을 보여주게 해주옵소서. 훗날 "우리가 잃어버린 날은 웃지 않았던 날"이라고 후회하지 않게 해주옵소서. 예수님의 이름으로 기도드립니다. 아멘.

MAY 6

어머니는 짜장면이 싫다고 하셨어!

"나의 말이 나의 하나님이여 나의 중년에 나를 데려가지 마옵소서 주의 연대는 대대에 무궁하니이다"〈시 102:24, 개역개정〉

어려서부터 우리 집은 가난했었고, 남들 다하는 외식 몇 번 한 적이 없었고, 일터에 나가신 어머니 집에 없으면, 언제나 혼자서 끓여 먹었던 라면. 그러다 라면이 너무 지겨워서 맛있는 것 좀 먹자고 대들었었어. 그러자 어머님이 마지못해 꺼내신 숨겨 두신 비상금으로 시켜 주신 짜장면 하나에 너무나 행복했었어. 하지만 어머니는 왠지 드시질 않았어. 어머니는 짜장면이 싫다고 하셨어. 어머니는 짜장면이 싫다고 하셨어. 지오디의 〈어머님께〉. 여러분에게도 이런 어머니가 계셨지요? 짜장면이 싫다고 하셨던 그 어머니. 그 어머니의 품이 사무치도록 그리운 5월. 그런데 깜박 잊어버릴 뻔한 게 있었습니다. 짜장면이 싫다고 하셨던 그 '어머니'의 그 딸이 아니라, 이제는 내 자신이 바로 그 '어머니'라는 사실. '누구 엄마, 누구 어머니.' 나의 진짜 이름은 잊혀진 지 오래입니다. 탈대로 다 타버린 나의 고단한 영혼. 중년의 위기 속에서 갈 바를 알지 못하고 방황하는 나. 꿈 많던 여고시절, 그 해맑던 미소는 지금 다 어디로 가버렸습니까?

> 주님, '누구 엄마, 누구 어머니'로 살면서 진짜 이름은 잊혀진 지 오래인 저의 고단한 영혼을 주님께 올려드립니다. 탈 대로 다 타버려 갈 바를 알지 못하고 방황하는 중년의 위기 속에서, 꿈 많던 여고 시절의 해맑던 미소는 지금 다 어디로 갔는지요. 제 잊혀진 이름을 불러주시고, 제 고단한 영혼을 회복시켜 주옵소서. 가족을 위해 희생했던 제 마음을 헤아려주옵소서. 예수님의 이름으로 기도드립니다. 아멘.

MAY 7

빈 둥지

"내가 밤을 새우니 지붕 위의 외로운 참새 같으니이다" 〈시 102:7, 개역개정〉

집은 조용하다. 아이들의 침대는 더 이상 정돈할 필요가 없다. 아! 새 둥우리는 비어 있는데 나는 이름 모를 상처 입은 어미 새 되어 어디로 떠나려는가. 외롭게 목표 없이 어미 됨 외에는 다른 것을 모르고 살아온 세월 이제 내가 어머니가 아니라면 난 누구여야 한단 말인가. 가정생활이 내 삶의 전부였는데! 자식밖에 모르고 살아왔는데! 무언가가 잘못되었음을 느낍니다. 빈 둥지 증후군. 어느 날 갑자기 외로움이 몰려옵니다. 집에 들어가기도 싫습니다. 가출이라도 하고 싶습니다. 그 외로움을 다른 데서 채울 수가 없습니다. 쇼핑중독, 게임중독, 텔레비전중독, 운동중독, 일중독, 잠시 외로움을 잊을 순 있으나 근원적인 치유는 될 수 없습니다. 외로움의 근원적인 치유는 누구보다 외로워 보신 분, 바리새인과 사두개인들에게 왕따를 당해 보신 분, 은 삼십에 배신당해 보신 분, 십자가 위에서 제자들은 다 도망을 쳐버리고 혼자 외롭게 죽음을 맞이해 보신 분, 곧 우리 주 예수 그리스도께 나아와 내 영혼의 외로움을 있는 그대로 토로하는 것입니다.

주님, 아이들의 침대를 더 이상 정돈할 필요가 없는 조용한 집에서 상처 입은 어미 새의 외로움을 고백합니다. 어미 됨 외에는 다른 것을 모르고 살아온 세월, 전 이제 어머니가 아니라면 누구여야 한단 말인지요. 십자가 위에서 혼자 외롭게 죽음을 맞이하신 주님께 제 외로움을 있는 그대로 토로하오니, 주님 품에서 참된 안식과 위로를 얻게 해주옵소서. 예수님의 이름으로 기도드립니다. 아멘.

MAY 8

그동안 내가 헛살았구나!

"내 날이 연기같이 소멸하며 내 뼈가 숯같이 탔음이니이다" 〈시 102:3, 개역개정〉

'아, 그동안 내가 헛살았구나! 아무것도 이룬 게 없구나! 애들이 장가가고 시집가는 데 집 한 채 마련해 놓질 못했구나!' 인생이 덧없습니다. 늘어만 가는 주름살, 희끗희끗 솟아나는 흰머리, 탄력을 잃어 가는 피부, 처진 뱃가죽, 침침한 눈, 까진 이중턱. 특히 여성의 경우, 육체적인 쇠락과 함께 생리가 멎게 됩니다. 모든 것이 예전 같지 못합니다. 갑자기 숨이 가빠지고 힘에 부칩니다. 원하지도 않았는데 몸이 불어납니다. 쉬 피로해집니다. 그래서 마음이 심란해집니다. 거울을 들여다보며 내 인생의 죽음을 건너다보게 됩니다. 그래서 인생이 더 허무합니다. 그 허무함을 다른 데서 채우려 하지 마십시오. 다 헛될 뿐입니다. 부귀도 영화도 진급도 진학도 건강도 자식도 부모도 부부도 다 지나갈 것입니다. 영원한 것이 아니기 때문입니다. 그런 것들에 집착하는 한 허무할 뿐입니다. 허무함의 근원적인 치유는 영원히 존재하는 그 무엇, 곧 우리 주 예수 그리스도로 내 삶의 의미를 차곡차곡 채워가는 것입니다.

> 주님, 헛살았구나, 이룬 것이 없구나, 덧없는 마음, 주름살, 흰머리, 쇠락하는 육체의 변화 속에서 인생의 허무함을 느낍니다. 덧없는 것들에 집착하려 했던 제 어리석음을 용서해 주옵소서. 헛된 것들로 허무함을 채우려 하지 않고, 영원하신 그리스도로 제 삶의 의미를 차곡차곡 채워가게 하옵소서. 영원한 것을 붙잡음으로 세상의 허무함에서 근원적인 치유를 얻게 해주옵소서. 예수님의 이름으로 기도드립니다. 아멘.

MAY 9

우울의 밤

"나는 재를 양식 같이 먹으며 나는 눈물 섞인 물을 마셨나이다"〈시 102:9, 개역개정〉

우울함은 중년여성들의 영혼을 파괴하는 가장 고통스런 질병입니다. 상실, 실패, 좌절, 낙심, 돈, 자녀, 남편, 질병, 상처, 관계, 시댁, 친정. 중년여성에게 다가오는 삶의 그림자들은 끝이 없습니다. 영혼의 감기처럼, 잊어버릴 만하면 찾아오는 인생의 애환들. 그때마다 마음속 분노가 켜켜이 쌓여갑니다. 그렇게 '응고된 분노'는 우울이라는 가면 속으로 숨어듭니다. 이러한 중년기 우울함을 치유하기 위해서는 우선 비논리적인 생각에서 벗어나야 합니다. 하나님은 한 번도 내 편이 되어 주신 적이 없다? 정말 한 번도요? 나는 되는 일이 아무것도 없다? 정말 아무것도요? 그것은 악마의 소리입니다. 생각으로 생각을 치유해야 합니다. 스텝이 꼬였습니까? 오히려 그 꼬인 스텝으로 주님과 탱고를 추십시오. 우울의 밤이 다가왔습니까? 오히려 그 우울의 밤중에 주님을 찬송하십시오. 나를 위하여 십자가에 죽으시고 부활하신 주 예수 그리스도를, 손을 들고 찬양, 콧노래로 찬양, 설거지하며 찬양, 빨래 널며 찬양, 길을 가며 찬양, 하늘 보며 찬양!

> 주님, "하나님은 한 번도 내 편이 되어 주신 적이 없다," "나는 되는 일이 아무것도 없다"는 비논리적인 생각과 악마의 소리에서 벗어나게 해주옵소서. 생각으로 생각을 치유하게 하옵소서. 스텝이 꼬인 삶이라도 주님과 탱고를 추고, 우울의 밤중이라도 주님을 찬송하게 하옵소서. 설거지하며, 빨래 널며, 길을 가며, 하늘 보며, 쉬지 않고 찬양함으로 우울을 물리쳐 버리게 하옵소서. 예수님의 이름으로 기도드립니다. 아멘.

MAY 10

에이씨

"하나님께서 내리는 시련을 참아내십시오. 하나님께서는 아버지로서 당연히 자녀에게 하실 일을 하고 계십니다. 아버지로서 자기 자식을 단련시키지 않는 사람이 어디 있겠습니까?" 〈히 12:7, 현대어〉

언젠가 모 신문에서, 지금 직장생활하는 사람들 머릿속에 어떤 생각이 가장 많은가 조사를 했더라구요. 가장 많은 게 업무생각이었습니다. 직장에서도 업무생각, 집에서도 업무생각, 자다가도 업무생각, 꿈에서도 업무생각. 그러니 얼마나 업무 스트레스가 많겠어요? 그러니 아빠 노릇을 제대로 할 수가 있겠습니까? 그래서 업무에 지친 아빠들이 가장 많이 올라가는 곳, 바로 옥상입니다. 저도 군대에서 인사보직장교를 할 때 업무 스트레스가 많았습니다. 서로 좋은 곳으로 보내달라고 하는데, 다 그럴 수는 없고, 누군가는 오지로 가야 하고, 서로 양보는 안 하려 하고, 너 나중에 보자, 막말과 독설을 퍼붓고, 그러면 에이씨, 속이 뒤집힙니다. 그러면 잠시 옥상으로 올라갑니다. 바람 좀 쐬러. 그런데 거기에는 이미 수많은 에이씨들이 담배를 빨고 있습니다. 이곳도 그리 행복하지가 않구나. 별별 인간들이 다 있구나. 앞만 보고 달려왔는데, 앞으로도 이렇게 달려야만 한단 말인가. 바로 여러분의 고민 아닌가요?

> 주님, 앞만 보고 달려온 삶, 앞으로도 이렇게 달려야만 하는가 하는 고민을 주님께 올려드립니다. 제 업무 스트레스와 지친 마음을 위로해 주옵소서. 강한 자극이 아닌, 주님 안에서 참된 쉼과 평안을 얻게 해주옵소서. 덧없는 인간들의 욕심에 휘둘리지 않고, 주님께서 정해주신 삶의 속도와 방향을 따라 지혜롭게 나아가게 해주옵소서. 예수님의 이름으로 기도드립니다. 아멘.

MAY 11

아버지로 산다는 것

"사랑받는 아이가 그의 아버지를 닮는 것같이 여러분도 모든 일에 하나님을 닮은 사람이 되십시오."〈엡 5:1, 현대어〉

통계청이 발표한 '작년도 출생사망 통계'에 따르면, 40대부터 남자들의 사망률이 급격히 높아지면서, 50대 때는 남자들이 9,239명, 여자들이 4,481명, 사망률이 여자들보다 배나 더 높았습니다. 이 그래프가 60대에서도 내려올 줄 모릅니다. 이런 통계가 의미하는 게 뭐겠습니까? 이 시대 이 땅에서 40대, 50대, 60대 남성 여러분이 이렇게 아버지로 산다는 것이 그리 녹록지 않다는 말 아니겠습니까? 겉으론 문제가 없어 보이는 남성들. 그러나 고용이나 노후불안으로 스트레스가 가중되고 가족이 해체되는 현상 앞에서 '정신적 공황'을 호소하는 중년기 남성들. 수많은 갈등과 번민 속에서도 내색 한번 하지 못하고 살아가는 이 땅의 아버지들. 이렇게 인생이 끝나 버리는 것은 아닌가, 때론 너무 허무하고 너무 외롭고 너무 슬프기도 합니다. 애들 앞에서, 아내 앞에서, 말은 다 못하지만, 하루에도 몇 번씩 정말 이렇게까지 살아야 되나, 삶의 의미를 찾아 깊은 질문을 던지게 됩니다. 이게 우리 교회 아버지들의 현실입니다. 바로 저와 여러분의 이야기입니다.

> 주님, 수많은 갈등과 번민 속에서도 내색 한 번 못 하고 살아가며 인생의 허무함, 외로움, 슬픔을 느끼는 이 땅의 아버지들 마음을 헤아려 주옵소서. "정말 이렇게까지 살아야 되나?" 삶의 의미를 찾아 아픈 질문을 던지는 아버지들의 현실을 위로해 주옵소서. 가장이라는 무거운 짐을 지고 가는 아버지들에게 새 힘을 주옵소서. 예수님의 이름으로 기도드립니다. 아멘.

MAY 12

아버지는 그래도 되는 줄 알았습니다

"아비를 우습게 여겨 욕이나 해대고 어미에게 고맙다는 말 한마디 제대로 할 줄 모르는 세대." 〈잠 30:11, 현대어〉

주님, 아버지는 그래도 되는 줄 알았습니다. 눈물 한 방울도 없고, 늘 당당하기만 한, 아버지는 그런 줄 알았습니다. 단 하루도 쉬지 않고 일하러 나가시는, 아버지는 그런 줄 알았습니다. 좋아하는 운동도 취미도 없고, 오직 직장과 일밖에 모르는, 아버지는 그런 줄 알았습니다. 좋은 음식 앞에서는, 배가 부르다 먼저 일어나시는, 아버지는 그런 줄 알았습니다. 늘 낡은 양말에, 구식 양복 한 벌만 고수하시는, 아버지는 그런 줄 알았습니다. 안주머니에는 늘 돈이 얼마쯤 있을 것이라는, 아버지는 그런 줄 알았습니다. 아무리 깊고 험한 길을 걸어도, 조금도 두려워하지 않는, 아버지는 그런 줄 알았습니다. 개구쟁이 소년 시절의 꿈도, 청년의 위대한 야망도 원래 없었던, 아버지는 그런 줄 알았습니다. 주님, 오늘 이 자리에는, 수많은 아버지들이 있습니다. 우리 교회 아버지들을 치유하여 주옵소서. 우리 교회 아버지들을 위로하여 주옵소서. 우리 교회 아버지들을 인도하여 주옵소서. 예수님의 이름으로 기도드립니다. 아멘.

> 주님, 아버지의 희생을 당연하게 여겼던 제 어리석음을 고백합니다. 늘 낡은 양말과 구식 양복을 고수하시는 아버지의 외로운 뒷모습을 이제야 봅니다. 아버지들의 지친 어깨와 숨겨진 눈물을 치유하여 주옵소서. 묵묵히 가장의 짐을 감당해 온 아버지들을 위로하여 주옵소서. 참된 안식과 영원한 소망의 길로 인도하여 주옵소서. 예수님의 이름으로 기도드립니다. 아멘.

MAY 13

네 손에 있는 것이 무엇이냐?

"여호와께서 그에게 이르시되 네 손에 있는 것이 무엇이냐 그가 이르되 지팡이니이다"〈출 4:2, 개역개정〉

유명한 심리학자 제인스 교수는 애완동물로 도마뱀을 키우기 시작했습니다. 처음 몇 주간 상추, 망고, 다진 돼지고기, 과일주스, 곤충, 중국요리를 주었는데, 아무것도 안 먹었습니다. 어느 날, 햄 샌드위치를 사다 주었습니다. 별 반응이 없었습니다. 실망스러워 신문을 집어 들고 뉴욕타임스를 다 읽은 뒤 던져놓았는데, 하필 햄 샌드위치를 덮쳐버렸습니다. 그 순간 놀라운 일이 벌어졌습니다. 도마뱀이 살금살금 기어서 신문지 위로 폴짝 뛰어오르더니 갈기갈기 찢은 다음, 눈 깜짝할 사이에 햄 샌드위치를 먹어 치웠습니다. 하나님이 주신 도마뱀의 강점은 갈기갈기 찢는 거였던 거지요. 축구황제 리오넬 메시는 어린 시절 7년간 희귀병을 앓았습니다. 그 영향인지 키가 169센티미터밖에 자라지 않았습니다. 주변사람들은 말했습니다. "넌 키가 작아서 축구를 할 수 없어!" 그러나 메시의 생각은 달랐습니다. '남들보다 작기 때문에 좀 더 빠르고 민첩할 수 있을 거야!' 주변사람들은 약점에, 메시는 강점에 초점을 맞춘 것입니다.

주님, 축구황제 메시가 작은 키라는 약점을 "남들보다 빠르고 민첩할 수 있는" 강점으로 바꾸어 생각했듯이, 저에게도 약점이 아닌 강점에 초점을 맞추는 지혜를 주옵소서. 세상이 제 약점을 보고 "할 수 없다"고 말할지라도, 도마뱀이 숨겨진 강점으로 음식을 취하였듯이, 주님께서 저에게 주신 강점을 발견하고 꽃피우게 하옵소서. 예수님의 이름으로 기도드립니다. 아멘.

MAY 14

강점으로 승부를 걸어라!

"내게 능력 주시는 자 안에서 내가 모든 것을 할 수 있느니라" 〈빌 4:13, 개역개정〉

손흥민의 가치는 현재 1,600억이 넘습니다. 어떻게 이런 선수가 우리나라에서 나오게 되었을까요? 아버지가 축구선수였는데, 부상을 입고 그만 두셨어요. 그래서 춘천에서 아이들에게 축구를 가르치는데, 손흥민이 축구를 하고 싶어 하는 거예요. 그래서 그래 하는 건 좋은데, 기본기부터 제대로 해라 그러신 거예요. 볼 넣는 것은 몇 년이 지난 뒤에 하고, 그전까지는 매일 줄넘기 1,000개, 계단 오르내리기 1,000회, 공이 몸에 딱 붙어서 반사적으로 반응하도록 연습을 한 거예요. 그러다 보니, 그 기본기가 지금 누구도 따라잡을 수 없는 강점이 된 거예요. 빠른 스피드, 완벽한 양발잡이, 치고 나가는 돌파력, 경기 이해력, 엄청난 골 결정력, 목표의식, 볼 컨트롤, 최전방 공격수, 이게 그의 강점인 기본기 때문에 가능한 거예요. 우리 교회 중고등부 푸른이 여러분, 앞으로 어떤 진로를 택할 것인가 고민이 많지요? 하나님이 여러분에게 주신 강점으로 승부를 걸어야 합니다. 약점으로는 그 어떤 성과도 낳을 수 없습니다.

주님, 우리 푸른이들이 진로를 고민할 때, 약점이 아닌 주님께서 주신 강점으로 승부를 걸게 해주옵소서. 약점으로는 어떤 성과도 낳을 수 없음을 깨닫고, 자신의 달란트를 꾸준한 기본기로 다져 세상에서 빛을 발하게 해주옵소서. 자신에게 주신 강점을 확신하고, 성실한 노력을 통해 주님께 영광을 돌리는 인생이 되게 해주옵소서. 예수님의 이름으로 기도드립니다. 아멘.

MAY 15

약점은 내려놓기

"우리 강한 사람들은 마땅히 연약한 사람들의 약점을 감싸 주고 자기가 기뻐하는 대로 하지 않도록 해야 합니다."〈롬 15:1, 우리말〉

김연아 선수. 일본의 아사다 마오와 늘 경쟁이었죠. 아사도 마오는 기술점수 8.2, 최고 난이도, 3바퀴 반을 도는 트리플 악셀에 늘 자신 있어 했어요. 그런데 번번이 본 경기에서 실패를 했어요. 그런데 김연아는 중고등학교 때 허리부상으로 트리플 악셀을 할 수가 없었어요. 순간 절망했지만, 캐나다 전지훈련에서, 이 또한 지나가리라, 탈무드에 나오는 다윗왕의 반지문구를 자신의 좌우명으로 삼고, 다시 일어나지요. 그리고 자신이 할 수 없는 트리플 악셀을 내려놓고, 대신 그다음 기술점수 6.0의 트리플 럿츠, 그리고 기술점수 4.0의 트리플 토루프, 합이 10점이죠, 그런데 그 두 개의 기술을 함께 해내는 콤비네이션으로, 도합 10.10, 거기다 세계에서 가장 아름다운 선수라는 예술성까지, 누구도 넘볼 수 없는 전설이 되고 맙니다. 그 기술 하나하나를 자신의 강점으로 만드는 데 5,000번씩 엉덩방아를 찧었다는 것은 유명한 일화입니다. 그렇게 약점을 내려놓고 강점에 초점을 맞춘 결과, 김연아는 세계 1위 선수가 된 것입니다.

> 주님, 김연아 선수가 허리부상으로 최고 난이도인 트리플 악셀을 포기해야 했을 때, "이 또한 지나가리라!"는 다윗 왕의 반지문구를 붙잡고 다시 일어섰음을 봅니다. 강점을 만들기 위해 5,000번씩 엉덩방아를 찧었던 그녀의 땀과 노력을 주님께서 축복하셨지요? 저 또한 제 약점과 제가 할 수 없는 일에 좌절하기보다, 주님께서 주신 강점에 초점을 맞추게 해주옵소서. 예수님의 이름으로 기도드립니다. 아멘.

MAY 16

요새 젊은 것들은....

"젊은이여, 네 젊음을 즐겨라. 젊은 시절을 즐거운 마음으로 보내라. 네가 가고 싶은 데는 어디든지 가고, 네가 보고 싶은 것은 무엇이든지 보아라. 다만 모든 행동에 대해서 하나님께서 심판하신다는 것을 잊지 말아라."〈전 11:9, 현대어〉

'요새 젊은 것들은....' 스페인에서 발견된, 15,000년 전 구석기시대, 가장 오래된, 알타미라 동굴벽화에 씌어 있는 말입니다. 그런데 주전 1792년, 고대 바벨론 제국의 함무라비 왕이 반포한, 인류역사상 가장 오래된 성문법인, 함무라비 법전에도 비슷한 말이 씌어 있습니다. '요새 젊은 것들은 싸가지가 없다!' 예나 지금이나 신세대 젊은이들은 어른들을 꼰대라 괄시하고, 어른들은 젊은이들을 버릇없다 나무랍니다. 그러나 젊은이들의 선자리에서 들여다보면, 그렇게 말할 수만은 없습니다. 너무 많은 고민거리들이 앞을 가로막고 있기 때문입니다. 진로, 대학, 군대, 취업, 데이트, 결혼. 한 치 앞도 내다볼 수 없는 미래. 무작정 앞으로 달려 나갈 수도, 가만히 앉아서 움츠러들 수도 없는 불안. 독한 슬픔과 슬럼프. 성장통. 그리고 외로움. 새롭게 눈을 뜨게 되는 이 민족의 현실. 각계방면에서 겪는 좌절과 번민들. 세계의 문제들. 그 속에서 고민하는 크리스천 청년으로서 나. 인생에서 가장 고민이 많은, 가장 버거운, 그리고 가장 아픈 시기입니다.

주님, 인생에서 가장 고민이 많고, 가장 버거운, 가장 아픈 시기를 지나고 있는 크리스천 청년들을 긍휼히 여겨주옵소서. 이 성장통 시기에 세상의 잣대가 아닌 주님의 음성을 듣게 해주옵소서. 좌절과 번민 속에서도 주님을 붙잡고 다시 일어설 힘을 주옵소서. 미래를 주님의 소망으로 가득 채워주시고, 주님 안에서 인생의 목표를 발견하게 하옵소서. 예수님의 이름으로 기도드립니다. 아멘.

MAY 17

다니엘은 뜻을 정하여!

"다니엘은 뜻을 정하여 왕의 음식과 그가 마시는 포도주로 자기를 더럽히지 아니하리라 하고 자기를 더럽히지 아니하도록 환관장에게 구하니 하나님이 다니엘로 하여금 환관장에게 은혜와 긍휼을 얻게 하신지라" 〈단 1:8-9, 개역개정〉

대학에 들어가면 가장 먼저 신입생 오리엔테이션에서 신발에 술을 부어 마시게 하는 문화. 이것이 바벨론 문화입니다. 술에는 장사가 없습니다. 사람이 술을 먹다가, 술이 술을 먹다가, 술이 사람을 먹습니다. 제가 군대에서 보니, 음주운전, 성폭행, 구타, 모든 사건사고의 90퍼센트는 다 술과 관련되어 있습니다. 대학에서, 직장에서, 술을 안 마시면 왕따가 됩니다. 약간의 술은 기분을 좋게 합니다. 대화가 부드러워집니다. 술이 다 나쁜 것은 아닙니다. 일방적으로 술 마시지 마라 그런 말이 아닙니다. 아마도 그러면 고리타분한 목사라고 저에게 실망할 것입니다. 핵심은 여러분이 술을 다스릴 줄 알아야 한다는 것입니다. 술이 여러분을 다스리게 해서는 안 됩니다. 나는 술로 나를 더럽히지 않겠다, 다니엘은 뜻을 정했습니다. 이것이 청년 다니엘이 유혹의 도시 바벨론, 안티 크리스천들로 우글거리는 죄악의 도시 바벨론, 밤거리의 휘황찬란한 퇴폐의 도시 바벨론, 돈과 권력과 자기자신을 우상숭배하는 타락의 도시 바벨론에서 믿음을 지킬 수 있었던 비결입니다.

주님, 유혹의 도시 바벨론, 안티 크리스천들과 퇴폐 문화가 가득한 곳에서, "나는 술로 나를 더럽히지 않겠다"고 뜻을 정했던 청년 다니엘의 믿음을 저에게도 주옵소서. 세상 유혹과 분위기에 휩쓸리지 않게 하옵소서. 술을 다스릴 줄 아는 절제를 주옵소서. 주님을 향한 확고한 믿음으로 제 영혼을 지키게 해주옵소서. 예수님의 이름으로 기도드립니다. 아멘.

MAY 18

거룩한 습관

"다니엘이 이 조서에 왕의 도장이 찍힌 것을 알고도 자기 집에 돌아가서는 윗방에 올라가 예루살렘으로 향한 창문을 열고 전에 하던 대로 하루 세 번씩 무릎을 꿇고 기도하며 그의 하나님께 감사하였더라"〈단 6:10, 개역개정〉

신앙이 좋으면 공부도 잘한다! 여러분, 이 말을 어떻게 생각하십니까? 육군본부교회를 섬길 때, 중등부가 300명이었습니다. 여름성경학교와 겨울수련회를 하는데, 학생들이 안 오는 겁니다. 학원 때문입니다. 그런데 그 아이들이 학원 가서, 도서관 가서 공부가 될까요? 기도하는 아이가 집중도 잘합니다. 하나님이 집중적으로 도와주시기 때문입니다. 우리 교회가 실시하고 있는 삼시세끼 기도회는 다니엘의 거룩한 습관을 본받은 것입니다. 하루 세 번, 05:30, 12:00, 20:30, 저마다 그 자리에서 잠깐씩 하나님께 다시 내 영혼의 초점을 맞추는 습관. 이 거룩한 습관이 인생의 성패를 좌우합니다. 여러분도 이것 하나만 한번 실천해 보겠노라 다짐하시고 오늘부터 알람을 맞춰놓으십시오. 다니엘처럼 모든 문제가 술술 풀리게 될 것입니다. 하나님이 가장 기뻐하시는 습관이기 때문입니다. 지금 여러분의 습관은 청년 다니엘처럼 하나님이 기뻐하시는 습관입니까? 아니면 여러분 스스로도 문제가 있다고 느끼는 습관입니까?

주님, "신앙이 좋으면 공부도 잘한다"는 말의 진정한 의미를 깨우쳐 주옵소서. 청년 다니엘의 거룩한 습관을 본받게 하옵소서. 하루 세 번, 정해진 시간에 잠깐씩 하나님께 제 영혼의 초점을 맞추는 이 거룩한 습관이 제 인생의 성패도 좌우함을 믿습니다. 문제가 술술 풀리게 하시는 주님의 은혜를 경험할 수 있도록, 거룩한 습관을 오늘부터 실천하며 살아가게 해주옵소서. 예수님의 이름으로 기도드립니다. 아멘.

MAY 19

친구를 보면 그 사람을 알 수 있다!

"이제 몇 유다 사람 사드락과 메삭과 아벳느고는 왕이 세워 바벨론 지방을 다스리게 하신 자이거늘 왕이여 이 사람들이 왕을 높이지 아니하며 왕의 신들을 섬기지 아니하며 왕이 세우신 금 신상에게 절하지 아니하나이다"〈단 3:12, 개역개정〉

얼마 전, 뉴스를 듣고 기가 막혔습니다. 어떤 대학에서 있었던 일입니다. 자기 학과의 전통이라면서 대학원생이 대학 신입생 남자들을 모두 데리고 나가 창녀촌에 집어넣은 것입니다. 현대판 바벨론입니다. 우리 아이들이 이런 현대판 바벨론에서 살아가야 하는 현실. 혼자서는 절대 쉽지 않습니다. 우리는 그러지 말자, 그렇게 나와 마음을 같이 하는 친구들이 있어야 합니다. 다니엘과 세 친구! 생각할수록 정말 부럽습니다. 박수를 쳐 주고 싶습니다. 세상은 절대 호락호락하지 않습니다. 서로 믿음의 길을 잘 걸어갈 수 있도록 격려해 줄 수 있는 친구! 내가 신앙을 지키고자 안간힘을 쓸 때 네 말이 옳다며 박수 쳐 줄 수 있는 친구! 그런 영혼의 친구들이 필요합니다. 지금 여러분에게도 이런 소울 프렌드, 영혼의 친구들이 있습니까? 우리 교회 청년들이 서로 그렇게 신앙의 친구, 영혼의 친구 되어, 하나님 앞에서 거룩한 뜻을 정하여 세상을 담대하게 이겨나갈 수 있도록 응원해 주시기를 주님의 이름으로 축원합니다.

주님, 우리 아이들이 혼자서는 절대 쉽지 않은 이 세상을 살아가고 있음을 고백합니다. "우리는 그러지 말자"고 마음을 같이하고 서로 믿음의 길을 격려할 수 있는 다니엘과 세 친구 같은 영혼의 친구들을 허락해 주옵소서. 하나님 앞에서 거룩한 뜻을 정하고 세상을 담대하게 이겨나갈 수 있도록 강한 능력을 부어주옵소서. 예수님의 이름으로 기도드립니다. 아멘.

MAY 20

젊음은 젊은이에게 주기에는 너무 아깝다!

"젊은이들도 지쳐서 피곤해지고 용사들도 비틀거리고 넘어지지만 오랫동안 여호와를 믿고 기다리는 사람은 언제나 다시 새 힘을 얻어서 마치 강풍을 타고 창공으로 치솟아오르는 독수리처럼 그들도 하나님의 영에게 이끌려 올라갈 것입니다. 그들은 뛰고 달려도 피곤한 줄을 모르며 아무리 먼 길을 걸어도 쓰러지지 않을 것입니다."
〈사 40:30-31, 현대어〉

1년에 12만 명이 들어오는 곳, 그 가운데 7만 명이 예수님을 구주로 영접하고 세례를 받는 곳, 그곳이 어디인 줄 아십니까? 이름하여 논산 육군훈련소. 우리 교회도 세례예식 지원을 위하여 한 번 다녀왔지요. 군선교의 관문! 청년선교의 황금어장! 볼수록 너무나 늠름합니다. 실로암을 부르는 모습에 가슴이 뭉클합니다. 주보에 보면, 입대한 우리 교회 청년들도 참 많습니다. 비록 군대지만, 그곳에서도 다니엘처럼, 뜻을 정하여, 전에 하던 대로, 영혼의 친구들과 함께, 하나님을 기쁘시게 하는, 군선교사가 되도록 격려를 부탁드립니다. 젊음은 젊은이에게 주기에는 너무 아깝다! 조지 버나드 쇼는 이렇게 말했습니다. 이처럼 절절한 표현도 부족하다고 생각될 만큼 젊음은 소중하고, 또 소중합니다. 우리 교회 청년들도 이 소중한 젊음을 잘 선용하여, 장차 10년 후, 20년 후, 30년 후, 이 땅의 정치 경제 사회 문화 종교 도덕 군대 예술 스포츠 각계방면에서, 다니엘처럼 하나님께 영광을 올려드리는 기독교 명문가문이 다 되시기를 온맘다해 축복합니다.

> 주님, 조지 버나드 쇼가 "젊음은 젊은이에게 주기에는 너무 아깝다"고 했듯이, 이 소중한 젊음을 주님 안에서 잘 선용하게 해주옵소서. 장차 10년, 20년, 30년 후, 정치, 경제, 사회, 문화, 종교, 군대, 예술, 스포츠 등 각계 방면에서 다니엘처럼 하나님께 영광을 올려드리는 기독교 명문가문이 다 되도록 축복해 주옵소서. 예수님의 이름으로 기도드립니다. 아멘.

MAY 21

길을 잃으면 길을 내신다!

"나를 쳐다보십시오. 아무도 나에 대해 관심을 가지는 사람이 없습니다. 내가 피할 곳이 없습니다. 아무도 나의 생명을 돌보는 자가 없습니다."〈시 142:4, 쉬운성경〉

판문점 자유의 다리를 가보았습니다. 1953년, 한국전쟁 포로 12,773명이 귀환한 다리. 남과 북을 연결하는 상징적인 다리. 브릿지. 우리 교회에도 브릿지 역할을 하는 이들이 있습니다. 바로 젊은 부부들. 청년도 아니고, 중년도 아니고. 낀 세대. 방황. 불안. 가정보다 일. 떼돈을 꿈꾸나 쉽지가 않습니다. 서툰 결혼. 몰랐던 성격. 출산과 양육. 멈춰버린 꿈. 내가 이러려고 결혼이란 걸 했는가? 저 사람이 진정 나를 사랑하고는 있는 걸까. 청년 때의 신앙도 어디론가 재껴둔 지 오래입니다. 애 데리고 교회 가는 것도 전쟁. 가도 겨우 유아실 신세. 예배를 드리는지 마는지 정신이 없습니다. 교회마저 전혀 도움을 못 주고 있습니다. 길을 잃어버린 느낌? 우리 부부 어떻게 해야 하느냐구요? 정해진 정답은 없습니다. 풀어갈 해답이 있을 뿐입니다. 기독교 명문가문 누가 이어가겠습니까? 그래도 여러분 아닌가요? 남편이 바로 서야 가정이 바로 섭니다! 아내의 기도로 남편을 도웁시다! 우리가 옛 길을 잃어버렸을 때, 하나님은 새 길을 내십니다!

주님, 청년도 중년도 아닌 낀 세대로서, 서툰 결혼, 몰랐던 성격, 출산과 양육으로 멈춰버린 꿈, "내가 이러려고 결혼했는가?" 후회하는 젊은 부부들의 마음을 주님께 올려드립니다. 정해진 정답은 없으나, 함께 풀어갈 해답을 주님께 구합니다. 옛 길을 잃어버렸을 때, 하나님께서 내시는 새 길을 보게 하옵소서. 예수님의 이름으로 기도드립니다. 아멘.

MAY 22

최선이 때로는 독이 된다!

"신앙심이 깊은 이들 부부는 하나님의 모든 계명과 규율을 어김없이 성실하게 지켰다."〈눅 1:6, 현대어〉

한 죄수가 대낮에 탈옥을 했습니다. 난리가 났는데, 그날 밤 스스로 자수하고 돌아왔습니다. 탈옥수에게 텔레비전 기자들이 카메라를 들이대고 어떻게 순순히 돌아오게 되었느냐고 물었습니다. 그 탈옥수가 말했습니다. "아내를 보려고 방문을 살그머니 여는 순간, 아내가 다짜고짜 '당신이 탈옥한 것은 여덟 시간 전인데, 도대체 그동안 어디 있었어요?' 하고 바가지를 긁기 시작하더군요. 그 순간 차라리 감옥이 낫겠다 싶어 다시 왔습니다." 사랑하는 성도 여러분, 아내 입장에서 진짜 하고 싶은 말은 무엇이었을까요? 당신 내가 얼마나 걱정했는 줄 알아요? 당신 어디 다치지 않았어요? 아마도 그런 말을 하고 싶었던 것이겠죠. 그런데 남편 얼굴 보자마자 툭 튀어나온다는 말이 다 바가지. 우리 부부들의 대화가 혹 이런 식은 아닙니까? 나는 최선을 다하려고 했는데, 그게 결과적으로는 독이 되어 버리는! 그래서 부부생활이 어렵다는 말 아닐까요? 그렇습니다. 최선이 때로는 독이 됩니다. 여러분은 어떻습니까?

> 주님, 저희 부부의 대화도 진심은 걱정과 사랑인데, 결과적으로는 독이 되는 바가지나 비난으로 상대방을 오해하게 만들고 있지는 않은지 돌아봅니다. 최선을 다하려고 한 말이 상대방에게는 독이 되어 저희 부부생활이 어려워지는 현실을 고백합니다. 최선이 독이 되는 어리석음을 범치 않도록, 성령님께서 저희 부부의 입술을 다스려주옵소서. 예수님의 이름으로 기도드립니다. 아멘.

MAY 23

엄마아빠나 잘하세요!

"이는 남편이 아내의 머리 됨이 그리스도께서 교회의 머리 됨과 같으니 그가 바로 몸의 구주시니라"〈엡 5:23, 개역개정〉

그리스도께서 교회의 머리이듯이, 남편은 아내의 머리입니다. 이 기본적인 관계설정부터 다시 시작해야 합니다. 남편과 아내의 이 기본적인 관계설정이 잘못되면 그 집안은 반드시 문제가 터집니다. 문제집안을 들여다보면, 대부분 아내의 머리에 남편이 없습니다. 남편 대신 자식이 턱 하니 올라가 있습니다. 온통 자식생각. 그러면 그럴수록 자식들은 숨통이 조여 옵니다. 여러분 부부는 어떻습니까? 우리 아들이 그러더라구요. 엄마아빠나 잘하세요! 요녀석 성경의 핵심을 꿰뚫고 있는 듯합니다. 자식들 걱정하지 말고 우리 부부가 먼저 행복합시다. 그러면 자식들은 그 행복을 먹고 자동으로 행복해집니다. 자녀에 대한 지나친 불안. 지나친 기대. 지나친 잔소리. 정말 자녀의 숨통을 조이는 짓입니다. 자녀는 절대 내 것이 아닙니다. 하나님이 잠시 맡아달라 위임해 주신 것일 뿐, 절대 내 맘대로 할 수가 없습니다. 하나님이 이제 내놔라 하시면 마음껏 쓰실 수 있도록 내드릴 준비를 해야 합니다. 자식이란 때가 되면, 결국 떠나보내야 합니다.

> 주님, "엄마아빠나 잘하세요!"라고 말하는 자녀의 목소리가 성경의 핵심을 꿰뚫고 있음을 고백합니다. 자식들 걱정보다 저희 부부가 먼저 행복하여, 자녀들이 그 행복을 먹고 자라 자동으로 행복해지게 하옵소서. 자녀에 대한 지나친 불안, 지나친 기대, 지나친 잔소리가 숨통을 조이는 일임을 인정합니다. 자녀는 제 것이 아니라 하나님이 잠시 맡겨주신 존재임을 잊지 않게 하옵소서. 예수님의 이름으로 기도드립니다. 아멘.

MAY 24

떠나보내는 연습

"그러므로 사람이 부모를 떠나 그의 아내와 합하여 그 둘이 한 육체가 될지니"〈엡 5:31, 개역개정〉

사람이란, 자식이란, 때가 되면 부모를 떠나 그 아내와 합해야 합니다. 보통 결혼을 기점으로 자녀를 떠나보내지요. 이것이 하나님의 섭리입니다. 이것이 결혼의 신비입니다. 그러기에 어차피 떠날 자녀, 지금부터 서서히 떠나보내는 연습이 필요합니다. 떠나보내지 못하면 서로가 비극입니다. 자녀들 침대에 시어머니가 함께 자고 있는 형국, 생각만 해도 끔찍합니다. 그런데 오늘 우리들 가정에 그런 삼각관계가 참 많습니다. 주변을 보세요. 떠나보내지 못하는 부모 때문입니다. 그러기에 우리는 너무 자녀에게 집착하지 말아야 합니다. 그럴 시간이 있다면, 남편에게 아내에게 좀 더 잘해 주어야 합니다. 온통 머릿속에 남편사랑, 아내사랑으로 가득 찬 부부, 그런 부부 밑에서 크는 자녀들이 아무것도 안 해줘도 더 행복해합니다. 진짜 자녀들이 바라는 것은 자기들에게 잘해 주는 부모보다, 엄마아빠가 제발 싸우지 않고 행복하게 사는 모습입니다. 부부가 행복하면 자녀는 덩달아 행복합니다.

주님, 자녀에게 지나치게 집착할 시간에 남편에게, 아내에게, 좀 더 잘해 주는 삶을 살게 하옵소서. 자녀들이 진짜 바라는 것은 자기들에게 잘해 주는 것보다 엄마아빠가 싸우지 않고 행복하게 사는 모습임을 잊지 않게 해주옵소서. 부부가 행복하면 자녀는 덩달아 행복해짐을 믿고, 저희 부부의 관계를 주님의 사랑으로 견고하게 세워주옵소서. 예수님의 이름으로 기도드립니다. 아멘.

MAY 25

오늘 설거지 내가 했당~!

"모두가 결혼을 귀하게 여기고, 부부의 잠자리를 더럽히지 말고 순결하게 유지하십시오. 하나님께서는 음란한 자들과 간음하는 자들을 심판하실 것입니다."〈히 13:4, 쉬운말〉

아내사랑을 표현할 수 있는 따뜻한 감정놀이를 해보십시오. 그 하나가 설거지. 설거지를 한 다음에, 오늘 설거지 내가 했당~! 자랑하십시오. 그러면 내 마음이 행복해집니다. 그러니까 내가 행복해지기 위해서라도 아내의 설거지를 도와주고 그것을 자랑하십시오. 설거지로 아내사랑을 표현하는 것은 결국 자기사랑의 다른 표현입니다. 뒤집어 보면, 자기를 사랑할 줄 모르면서 아내를 사랑한다는 말은 거짓말입니다. 둘은 마차의 양쪽 수레바퀴처럼 같이 가는 것입니다. 사랑하는 성도 여러분, 여러분 부부는 어떻습니까? 서로의 성격차이가 매력 있어 보여서 결혼을 했건만, 이제는 그것이 숨통을 조여 오고 있습니까? 배우자가 너무 섬세하고 불안감이 많습니까? 배우자가 너무 단순하고 털털합니까? 이제는 그것을 뜯어고칠 단계는 지났습니다. 이제는 받아주셔야 합니다. 그래야 부부가 삽니다. 부부가 살아야 가정이 삽니다. 서로 비수를 꽂는 쓴뿌리들을 제거하고, 이제는 서로 따뜻한 감정놀이를 통하여 행복감을 누리며 살아가시기를 주님의 이름으로 축원합니다.

> 주님, 서로의 성격 차이가 매력이어서 결혼했지만, 이제는 그것이 숨통을 조여 오는 저희 부부의 모습을 봅니다. 배우자가 섬세하고 불안감이 많든, 단순하고 털털하든, 이제 뜯어고치려 하지 않고, 있는 그대로 받아주는 지혜를 주옵소서. 서로에게 비수를 꽂는 쓴뿌리를 제거하고, 설거지와 같은 따뜻한 감정놀이를 통해 천국의 행복을 누리며 살아가게 하옵소서. 예수님의 이름으로 기도드립니다. 아멘.

MAY 26

아내는 사랑을 먹고 살고, 남편은 존경을 먹고 산다!

"그러나 너희도 각각 자기의 아내 사랑하기를 자신 같이 하고 아내도 자기 남편을 존경하라"〈엡 5:33, 개역개정〉

현대 목회상담학자들이 힘주어 하는 말이 있습니다. 아내가 가장 필요로 하는 것은 사랑이고, 남편이 가장 필요로 하는 것은 존경이다! 여러분 부부는 어떻습니까? 상대방 감정은 공감해 주지 않고 내 감정만 알아달라 하고 있지는 않습니까? 사람들 앞에서, 특히 자식들 앞에서 아내를 핀잔주고 남편을 무시하고 있지는 않습니까? 그래서 골이 자꾸 깊어지고 있는 것은 아닙니까? 너무너무 다정한 우리 엄마아빠! 너무너무 행복한 우리 엄마아빠! 자녀들이 그 모습을 보며 안정감을 누립니다. 너무너무 좋아라 합니다. "우리 엄마아빠는 사이가 너무너무 좋아요~!" 가정천국! 자녀들이 얼마나 원하는 모습인가요! 따뜻한 가정, 변화된 가정, 행복한 가정! 예수님이 바라시는 크리스천 가정의 모습도 진정 이것이 아니겠습니까! 사랑하는 성도 여러분, 여러분 부부는 어떻습니까? 이제 남편은 아내를 자기 몸처럼 사랑하고, 아내는 남편을 진심으로 존경하는 행복한 부부로 거듭나시기를 주님의 이름으로 축원합니다.

> 주님, "아내는 사랑을, 남편은 존경을 가장 필요로 한다"는 부부관계의 핵심을 기억하게 하옵소서. 너무너무 다정하고 행복한 엄마아빠 모습을 보며, 우리 자녀들이 안정감을 누리게 하옵소서. "우리 엄마아빠는 사이가 너무너무 좋아요~!"라고 자랑하는 가정천국을 만들어가게 하옵소서. 남편은 아내를 자기 몸처럼 사랑하고, 아내는 남편을 진심으로 존경하게 하옵소서. 예수님의 이름으로 기도드립니다. 아멘.

MAY 27

하긴 누구라서 나이가 들지 않겠는가!

"얘야, 내 말을 좀 들어 보려무나. 내가 하는 말을 간직해 두면 네가 살아갈 날이 길어지리라. 오래도록 장수하리라."〈잠 4:10, 현대어〉

오페라의 전설, 주세페 베르디(1813-1901, 88세)는 80세에 〈팔스타프〉 걸작을 남겼습니다. 노벨문학상을 받은 독일 소설가, 토마스 만(1875-1955, 80세)은 79세에 〈사기꾼 펠릭스 크룰의 고백〉을 집필했습니다. 피카소(1881-1973, 92세)는 91세에 〈자화상〉을 그렸습니다. 건축가 프랭크 로이드 라이트(1867-1959, 92세)는 92세에 〈구겐하임 미술관〉을 완공했습니다. 존 캅 같은 과정신학자들에게 큰 영향을 준 영국의 대표적인 철학자, 알프레드 노스 화이트헤드(1861-1947, 86세)가 72세에 쓴 〈관념의 모험〉은 그의 마지막 가장 가치 있는 책입니다. 또 20세기의 레오나르도 다빈치라고 불리는 세계적인 건축 디자이너, 리처드 버크민스터 풀러(1895-1983, 88세)는 80세에 대표작 〈몬트리올 엑스포의 미국관〉을 디자인한 것으로 유명합니다. 이제 100세는 식은 죽 먹기입니다. 120세, 아니 인간의 게놈지도 하나만 해결하면 142세까지 살 수 있다는 영국의 보고도 있습니다. 그렇다면 어떻게 살 것인가? 여러분은 거기에 대해서 지금 대답을 갖고 계십니까?

> 주님, 인생의 후반부에도 가치 있는 걸작을 남긴 위대한 이들을 기억합니다. 100세를 넘어 120세, 심지어 142세까지 바라보는 장수의 시대 앞에서, "그렇다면 어떻게 살 것인가?"라는 인생의 근원적인 질문에 저는 대답을 갖고 있는지 돌아봅니다. 단지 오래 사는 것을 넘어, 저에게 주신 시간과 능력을 선용하여 하나님께 영광을 돌리고 세상에 선한 영향력을 끼치게 하옵소서. 예수님의 이름으로 기도드립니다. 아멘.

MAY 28

나이 드는 즐거움

"청년의 영광은 그 힘에 있고 노인의 아름다움은 백발에 있다." 〈잠 20:29, 우리말〉

노후의 기나긴 세월을 무기력하게 지내지 않기 위해서는 연금을 붓고 보험을 들고 이런저런 경제적 장치를 준비하는 것처럼 마음의 준비가 필요합니다. 열정보다 오래 사는 비결은 없습니다. 죽음을 받아들여야 합니다. 품위 있게 늙어야 합니다. 젊고 아름다운 사람은 자연의 우연한 산물이지만, 늙고 아름다운 사람은 하나의 예술작품입니다. 참 행복은 언제나 내면의 깊은 조화와 연결되어 있습니다. 자신의 나이를 인정하는 것입니다. 성인이 되어서는 자신이 더 이상 어린아이가 아니라는 사실을 인정해야 하고, 나이가 들어 노인이 되어서는 전처럼 격한 활동은 단념해야 합니다. 노년은 은퇴하는 시기입니다. 하나님과 인격적인 만남은 인간 존재의 가장 큰 사건이 됩니다. 그 만남만이 인생의 의미에 투영한 빛을 비춥니다. 아름다운 노년을 위해서 내려놓기가 필요합니다. 내려놓기는 힘을 추구하는 의지로부터 해방되는 것입니다. 하나님께 모든 것을 맡기는 내려놓기는 세상을 등진다는 뜻이 아닙니다. 더 넓고 더 깊이 세상에 관심을 갖는 것이지요.

주님, "젊고 아름다운 사람"은 자연의 우연한 산물이지만, "늙고 아름다운 사람"은 하나의 예술작품임을 기억하게 해주옵소서. 힘을 추구하는 의지로부터 해방되어, 하나님과 인격적인 만남을 통해 인생의 의미를 발견하게 해주옵소서. 모든 것을 하나님께 맡기는 내려놓기가 세상을 등지는 것이 아니라, 더 넓고 더 깊이 세상에 관심을 갖는 성숙함임을 깨닫게 해주옵소서. 예수님의 이름으로 기도드립니다. 아멘.

MAY 29

나이 듦의 신학

"하늘 아래 모든 일에는 정한 때가 있고, 시기가 있는 법이다. 날 때가 있고, 죽을 때가 있고, 심을 때가 있고, 심은 것을 뽑을 때가 있다." 〈전 3:1-2, 쉬운성경〉

사람은 누구나 한번 태어나고 한번 죽는 존재입니다. 그것이 인생입니다. 누구도 예외는 없습니다. 하여, 인생 후반전, 나이 들어서 죽는 게 아니라, 소명이 다해서 죽는 것이어야 합니다. 소명의 관점에서 나이 듦의 신학을 써가야 합니다. 은퇴하면, 인생의 의미와 목적을 부여하던 소명도 끝나버리는 것이 아닙니다. 주님 주신 소명 찾기를 통해서 남은 생애 동안 계속 즐길 수 있는 일을 탐구해야 합니다. 늙어 간다는 건 낙심의 사유가 아니라, 소망의 토대입니다. 조금씩 퇴락해 가는 것이 아니라, 차츰차츰 성숙해 가는 과정입니다. 이를 악물고 감수해야 할 운명이 아니라, 두 팔을 벌려 맞이해야 할 기회입니다. 나이가 드는 것은 바퀴가 굴러가는 것입니다. 진흙탕을 뒹굴고 오르내리기를 되풀이하며 한 발 한 발 죽음을 향해 가는 것이 인생일지라도, 첫 번째 흙구덩이는 두 번째 흙구덩이와 다릅니다. 곰곰이 생각해 보면, 부침을 거듭하는 가운데도 진보가 있습니다. 죽음 또한 마지막 선물이 될 수 있습니다.

주님, 은퇴해도 인생의 의미와 목적을 부여하던 제 소명은 끝나지 않았음을 믿습니다. 주님 주신 남은 소명 찾기를 통해 계속 즐길 수 있는 일을 탐구하게 해주옵소서. 늙어 간다는 것은 낙심의 사유가 아니라 소망의 토대이며, 퇴락이 아닌 차츰차츰 성숙해 가는 과정임을 깨닫게 해주옵소서. 죽음마저도 마지막 선물이 될 수 있음을 소망하게 하옵소서. 예수님의 이름으로 기도드립니다. 아멘.

MAY 30

지혜롭게 나이 든다는 것

"너희는 이제 내가 창조하는 것을 보고 기뻐하며 끝없는 즐거움을 누려 내가 이제 예루살렘을 기쁨이 가득 찬 도성으로 만들고 그 주민들에게는 내가 행복을 가득히 채워주겠다."〈사 65:18, 현대어〉

나이 드는 사람에게 말할 수 없이 귀한 것이 있는데, 바로 우정입니다. 친구는 삶이라는 모험의 동반자입니다. 정말 그런 것 같아요. 아내를 봐도 그렇고 저를 봐도 그렇고, 나이 들면서 갈수록 중요한 게 친구 같아요. 노년에 이르러 또 가장 필요한 것은 용서입니다. 특히 60을 넘긴 아버지들 중에 아들과 사이가 좋지 않은 분들이 주변에 꼭 있는데, 이유불문하고 화해해야 합니다. 화해의 방법은 딱 한 가지, 잘잘못을 따지지 말고 그냥 받아주는 것입니다. 부자지간에 미안하다는 말도 아버지가 먼저 해야 합니다. 그것이 아버지의 사랑이고 아버지의 능력입니다. 아들과 화해하지 못하면 죽을 때까지 행복은 없습니다. 어차피 살 거라면, 백 살까지 유쾌하게 나이 드는 법을 배워야 합니다. 어쨌든 하루하루 재미있게 살아야 합니다. 사소한 기쁨과 웃음을 잃어버리지 않는 한, 인생은 무너지지 않습니다. 그런 즐거움은 마음만 먹으면 주변에서 언제든지 찾을 수 있습니다. 인생의 비극 앞에서 웃을 수 있는 사람은 절망할지언정 절대로 무너지지 않습니다.

> 주님, 백 살까지 유쾌하게 나이 드는 법을 배우게 하옵소서. 하루하루 재미있게 살아가게 해주옵소서. 사소한 기쁨과 웃음을 잃지 않는 한, 인생은 무너지지 않음을 믿습니다. 인생의 비극 앞에서도 웃을 수 있는 사람은 절대로 무너지지 않음을 깨닫게 하옵소서. 주변에서 언제든지 즐거움을 찾아 소망 속에 살아가게 해주옵소서. 예수님의 이름으로 기도드립니다. 아멘.

MAY 31

백 년을 살아보니!

"사람이 비록 장수하여 천년의 갑절을 산다고 하여도 인생의 만족을 누리지 못한다면 도대체 그것이 무슨 소용이 있는가? 슬기로운 사람이나 어리석은 사람이나 다 같이 밥을 얻어먹으려고 평생토록 애쓰지만 만족을 얻은 적은 한 번도 없는 것같이 보인다. 인생의 우여곡절은 어느 쪽에나 다 있다. 그러나 가난하더라도 슬기롭게 사는 사람이 훨씬 더 좋은 인생을 누린다." 〈전 6:6, 현대어〉

우리 교회에 오셨던 연세대 김형석 명예교수님은 〈백 년을 살아보니〉에서 인생은 늙어 가는 것이 아니라 익어가는 것이라고 말합니다. 백 년을 살아보니, 인생은 허무도 운명도 아닌 하나님의 섭리였다고 고백합니다. 백 년을 살아보니, 인생의 황금기는 60에서 75세라고 말합니다. 백 년을 살아보니, 똑같은 행복은 없다고 말합니다. 그러면서 아주 아름다운 행복론을 펼칩니다. 우리 교회가 내 영혼의 행복플러스를 펼쳐가는 것과 맥을 같이 합니다. 우리는 운전은 배우면서도, 요리는 배우면서도, 운동은 배우면서도, 늙어 가는 법은 배우려 하지 않습니다. 그래서 늙어서 보기에 딱한 분들이 많습니다. 그래서 늙어서 가슴을 치는 이들이 많습니다. 그러나 지금이라도 늦지 않았습니다. 늦었다고 할 때가 가장 빠릅니다. 화해하기, 용서하기, 성찰하기, 단순하게 살기, 하나님 나라 영성을 계발하기 등, 오늘부터라도 우리, 늙어 가는 법을 배웁시다. 그것이 지혜의 명작입니다.

주님, 인생은 늙어 가는 것이 아니라 익어가는 것임을 깨닫습니다. 운전, 요리, 운동은 배우면서도 늙어 가는 법은 배우려 하지 않아, 나이 들어 딱하고 가슴 치는 이들이 많음을 봅니다. 화해하기, 용서하기, 성찰하기, 단순하게 살기, 하나님 나라 영성을 계발하기 등 오늘부터라도 늙어 가는 법을 배우게 하옵소서. 익어가는 인생을 통해 지혜의 명작을 완성하게 하옵소서. 예수님의 이름으로 기도드립니다. 아멘.

JUNE 6월

JUNE 1

지금 행복하십니까?

"이스라엘이여 너는 행복한 사람이로다 여호와의 구원을 너 같이 얻은 백성이 누구냐 그는 너를 돕는 방패시요 네 영광의 칼이시로다 네 대적이 네게 복종하리니 네가 그들의 높은 곳을 밟으리로다"〈신 33:29, 개역개정〉

지금 하버드대학교에서 가장 인기 있는 강좌가 바로 행복학입니다. 행복하지 않다면 다 소용없기 때문입니다. 그렇다면 여러분은 지금 행복하십니까? 언젠가, 모 방송국에서 〈한국인의 행복지수〉를 보도했는데, 100점 만점에 59점. 143개국 가운데 118위. 〈한국인의 마음온도〉는 영하 14도. 마음이 춥습니다. 마음이 꽁꽁 얼어 붙어있습니다. 왜 우리 현대인이 이렇게 행복하지 않을까요? 무엇이 우리의 행복을 앗아가고 있는 걸까요? 그것은 바로 참 행복의 근원이신 예수 그리스도를 놓치고 있기 때문입니다.

주님, 저희 현대인들이 행복하지 않은 이유가 참 행복의 근원이신 예수 그리스도를 놓치고 있기 때문임을 고백합니다. 세상의 기준과 덧없는 욕망을 좇다가 참된 기쁨을 잃어버렸습니다. 제 마음이 꽁꽁 언 냉골이 되지 않도록 주님의 따뜻한 사랑으로 녹여주옵소서. 세상이 줄 수 없는 참 행복의 근원이신 예수 그리스도를 굳게 붙잡고 영혼의 행복플러스를 경험하게 해주옵소서. 예수님의 이름으로 기도드립니다. 아멘.

JUNE 2

행복은 장수가 아닙니다!

"그가 비록 천 년의 갑절을 산다 할지라도 행복을 보지 못하면 마침내 다 한 곳으로 돌아가는 것뿐이 아니냐"〈전 6:6, 개역개정〉

보건복지부가 OECD보건통계를 발표했습니다. 2018년 주요지표별 현황을 분석한 결과, 우리나라 기대수명은 82.4년으로 OECD평균보다 1.6년 길었습니다. 학자들은 앞으로 기대수명이 더 길어져서 120세까지 살 수 있다고 보고 있습니다. 영국의 어떤 학자는 인간의 게놈지도 하나만 해결하면 142세까지 살 수 있다고 말합니다. 한양대 과학기술정책학과 김창경 교수는 재수 없으면 200살까지 산다고 말합니다. 그런데 그것이 과연 행복일까요? 전도서 6:6. 그가 비록 천 년의 갑절을 산다 할지라도 행복을 보지 못하면 마침내 다 한 곳으로 돌아가는 것뿐이 아니냐. 정말 맞는 말씀 아닙니까? 천 년의 갑절을 산다 할지라도 예수님 안에서 행복하지 못하다면 무슨 소용이 있겠습니까?

주님, 아무리 오래 살아도 예수님 안에서 참된 행복을 누리지 못한다면 헛된 삶임을 고백합니다. 제 삶이 덧없는 장수나 세상 부귀영화에 목적을 두지 않게 하옵소서. 참 행복의 근원이신 예수 그리스도 안에서, 하루를 살아도 영원한 만족을 얻고, 주님과 함께 복된 삶을 살아, 마침내 주님 품에 안기는 인생이 되게 해주옵소서. 예수님의 이름으로 기도드립니다. 아멘.

JUNE 3

행복은 연봉이 아닙니다!

"어떤 사람은 아들도 없고 형제도 없이 홀로 있으나 그의 모든 수고에는 끝이 없도다 또 비록 그의 눈은 부요를 족하게 여기지 아니하면서 이르기를 내가 누구를 위하여는 이같이 수고하고 나를 위하여는 행복을 누리지 못하게 하는가 하여도 이것도 헛되어 불행한 노고로다"〈전 4:8, 개역개정〉

연봉을 어느 정도 받아야 행복할까요? 행복학자들에 따르면, 월 400만 원선에서 행복의 포물선은 더 이상 올라가지 않습니다. 컨버런스 보도에 따르면, 미국의 직장인들 가운데 45%만 업무에 행복을 느끼는 것으로 나타났습니다. 이는 지난 22년 동안 조사가 실시된 이래 가장 낮은 수치입니다. 우리나라에서도 얼마 전 삼성경제연구소가 직장인 849명을 대상으로 조사한 결과, 한국 직장인의 행복도는 55점인 것으로 나타났습니다. 삼성처럼 최고 엘리트들이 들어가서 최고의 제품을 만들어 내면서 최고의 연봉을 받는데, 왜 행복하지 않을까요? 삼성 직장인들이 행복하지 않다면, 누가 행복하다는 말인가요? 행복은 결코 연봉이 아닙니다. 행복은 예수 그리스도입니다.

> 주님, 행복은 결코 연봉이나 돈에 있지 않음을 깨닫습니다. 제 마음이 헛된 연봉이나 세상 성공에 매이지 않게 해주옵소서. 지금 있는 것에 자족할 수 있는 마음을 주옵소서. 참 행복의 유일한 근원이신 예수 그리스도를 제 삶의 중심에 모시게 하옵소서. 주님 안에서 영원하고 흔들리지 않는 행복을 누리게 해주옵소서. 예수님의 이름으로 기도드립니다. 아멘.

JUNE 4

행복은 1등이 아닙니다!

"내가 다시 해 아래에서 보니 빠른 경주자들이라고 선착하는 것이 아니며 용사들이라고 전쟁에 승리하는 것이 아니며 지혜자들이라고 음식물을 얻는 것도 아니며 명철자들이라고 재물을 얻는 것도 아니며 지식인들이라고 은총을 입는 것이 아니니 이는 시기와 기회는 그들 모두에게 임함이니라" 〈전 9:11, 개역개정〉

세계 최첨단 교육시설, 세계최고 교수진, 세계에서 가장 똑똑한 천재들. 하버드대학교 모습입니다. 그런데 이상하게도 우울하고 불행한 젊은이들이 많습니다. 하버드에 입학해서 자부심을 느끼는 건 잠시, 학기 중에 우울증을 토로하는 학생들이 5명 가운데 4명이나 됩니다. 그 가운데 절반은 심각한 우울증입니다. 그들은 말합니다. 어마어마한 과제물, 무지막지한 스트레스, 피말리는 경쟁. 내가 하버드라고 들어왔는데 전혀 행복하지 않다. 그들이 그렇게 말한다면, 아니 하버드 다니는 학생들이 행복하지 않다면, 세상에 누가 행복하다는 말인가요? 행복은 1등이 아닙니다. 행복은 예수 그리스도입니다.

> 주님, 하버드대학교에서조차 우울하고 불행한 젊은이들이 많음을 봅니다. "하버드라고 들어왔는데 전혀 행복하지 않다"는 그들의 고백은 세상의 최고 기준으로는 행복을 얻을 수 없음을 증명합니다. 행복은 1등이 아님을 깨닫게 해주옵소서. 참 행복의 유일한 근원이신 예수 그리스도를 제 삶의 전부로 삼게 하옵소서. 세상 경쟁과 성적이 아닌, 주님 안에서 참 행복을 누리게 해주옵소서. 예수님의 이름으로 기도드립니다. 아멘.

JUNE 5

찾아가는 행복플러스!

"그러므로 너희는 가서 모든 민족을 제자로 삼아 아버지와 아들과 성령의 이름으로 세례를 베풀고 내가 너희에게 분부한 모든 것을 가르쳐 지키게 하라 볼지어다 내가 세상 끝날까지 너희와 항상 함께 있으리라 하시니라"〈마 28:19-20, 개역개정〉

군목으로 섬길 때, 체감온도 -53도까지 내려가는 강원도 인제군 최전방, 일명 5,000계단 꼭대기를 밧줄을 잡고 찾아간 적이 있습니다. 이름하여 찾아가는 행복플러스. 63빌딩 4개 높이. 그 외로운 눈망울들. 근데 막내병사가 한 선임을 찾아가더니 감사편지를 읽는 것이었습니다. 5,000계단 꼭대기로 전입 온 날, 이제 모든 희망의 문은 닫혀 버렸다고 생각했다는 것. 엎친 데 덮친 격, 40도 고열, 밤새 끙끙 앓고 있는데, 누군가 머리맡에 사제 약을 놓고 간 것. 그 약을 먹고 살아났다는 것. 제대로 감사표현을 못했다며 둘이가 부둥켜안고 우는데 저도, 동료들도, 소대장도 다 눈시울을 붉혔습니다. 원망이 나올 수밖에 없는 곳, 5,000계단 꼭대기, 거기서 드리는 감사의 고백. 행복의 비밀코드는 바로 그것 아닐까요?

주님, 원망이 나올 수밖에 없는 5,000계단 꼭대기, 인생의 그 힘든 자리에서 서로를 향한 감사의 고백이야말로 행복의 비밀코드임을 깨닫습니다. 작은 섬김과 나눔이 큰 위로와 생명을 줄 수 있음을 기억하게 하옵소서. 주변을 살피고 감사를 표현하는 따뜻한 마음을 주옵소서. 어둠 속에서도 작은 빛을 발견하게 하옵소서. 원망 대신 감사를 올려 드릴 때, 참된 행복이 임하게 해주옵소서. 예수님의 이름으로 기도드립니다. 아멘.

JUNE 6

'쌩크'와 '씽크'

"또 무엇을 하든지 말에나 일에나 다 주 예수의 이름으로 하고 그를 힘입어 하나님 아버지께 감사하라"〈골 3:17, 개역개정〉

한 신발회사에서 사업확장을 위하여 아프리카로 두 명을 파견했습니다. 그런데 보내온 보고서가 너무 달랐습니다. 한 명은 말했습니다. 여기는 모두 맨발로 살기 때문에 사업확장의 가능성이 전혀 없습니다. 다른 한 명은 정반대였습니다. 여기는 아직 아무도 신발구경을 못했으니 사업확장의 가능성이 무궁무진합니다. 그것은 생각의 차이였습니다. 감사하다는 뜻의 '쌩크'(Thank)와 생각하다는 뜻의 '씽크'(Think)가 어근이 같습니다. 무슨 의미이겠습니까? 감사는 생각에서 비롯된다는 것입니다. 똑같은 환경에서도 모든 일을 희망적으로 '씽크'(Think) 생각하면, '쌩크'(Thank) 감사할 일이 진짜로 생긴다는 것입니다. 감사할 것인가, 원망할 것인가, 그것은 한끝 차이입니다. 감사는 생각하기 나름입니다. 행복도 생각하기 나름입니다.

> 주님, 감사(Thank)와 생각(Think)의 어근이 같듯이, 감사는 생각에서 비롯됨을 믿습니다. 똑같은 환경에서도 모든 일을 희망적으로 생각(Think)하면, 감사(Thank)할 일이 진짜로 생긴다는 지혜를 붙잡게 해주옵소서. 감사할 것인지, 원망할 것인지, 그것은 한끝 차이이며 생각하기 나름임을 인정합니다. 제 생각을 희망적으로 다스려, 행복과 감사가 넘치는 삶이 되게 해주옵소서. 예수님의 이름으로 기도드립니다. 아멘.

JUNE 7

별빛 보고 감사하면 달빛 같은 은혜 주신다!

"달과 별들로 밤을 주관하게 하신 이에게 감사하라 그 인자하심이 영원함이로다"
〈시 136:9, 개역개정〉

튀르키예로 사도 바울 성지순례를 갔는데, 가는 곳마다 아이들이 1달러, 1달러, 하면서 구걸하는 것을 보았습니다. 우리는 지금 얼마나 풍요롭습니까? 400만 톤의 음식만 있으면, 북한 주민 전체를 먹여 살릴 수 있는데, 우리는 지금 470만 톤의 음식을 쓰레기로 버리고 있으니, 지금 얼마나 배부릅니까? 아프리카에서는 한 해에 100만 명의 아이들이 말라리아로 죽어 가는데, 우리나라는 전 세계 70억 인구 가운데 최상층 10억 명에 속하니, 지금 얼마나 부유합니까? 베트남에 갔더니 관광객의 60%가 한국 사람이었습니다. 지금 얼마나 위상이 높아졌습니까? 그러니 우리 불평을 멈추고 작은 것부터 감사합시다. 별빛 보고 감사하면 달빛 같은 은혜를 주실 것입니다. 달빛 보고 감사하면 햇빛 같은 은혜를 주실 것입니다.

주님, 튀르키예에서 1달러를 구걸하는 아이들을 보며, 저희의 풍요로운 현실을 돌아봅니다. 470만 톤의 음식을 쓰레기로 버리는 저희의 배부른 삶을 고백합니다. 제가 불평을 멈추고 작은 것부터 감사하게 해주옵소서. 별빛을 보고 감사하면 달빛 같은 은혜를, 달빛을 보고 감사하면 햇빛 같은 은혜를 주시리라는 약속을 믿고, 무조건 감사하게 하옵소서. 예수님의 이름으로 기도드립니다. 아멘.

JUNE 8

원망

"이스라엘 자손의 온 회중이 여호와의 명령대로 신 광야에서 떠나 그 노정대로 행하여 르비딤에 장막을 쳤으나 백성이 마실 물이 없는지라 백성이 모세와 다투어 이르되 우리에게 물을 주어 마시게 하라 모세가 그들에게 이르되 너희가 어찌하여 나와 다투느냐 너희가 어찌하여 여호와를 시험하느냐 거기서 백성이 목이 말라 물을 찾으매 그들이 모세에게 대하여 원망하여 이르되 당신이 어찌하여 우리를 애굽에서 인도해 내어서 우리와 우리 자녀와 우리 가축이 목말라 죽게 하느냐"〈출 17:1-3, 개역개정〉

출애굽 과정에서 사람들은 끊임없이 원망합니다. 감사할 줄 모릅니다. 먼저 홍해를 앞두고 원망합니다. 그다음 마라에서는 쓴물 때문에 원망합니다. 그다음 엘림에서는 먹을 것이 없다고 원망합니다. 그다음 르비딤에서는 또 마실 물이 없다고 원망합니다. 원망하는 사람들. 원망이 습관이 되어 있습니다. 이스라엘 백성들은 이렇게 인생 전체를 원망만 하다가 죽었습니다. 젖과 꿀이 흐르는 땅을 눈앞에 두고도 그 땅에 들어가지 못했습니다. 그 이유는 단 하나, 원망 때문이었습니다. 여러분은 어떻습니까? 그렇습니다. 감사가 습관인 것처럼, 원망도 습관입니다. 어떤 사람은 말끝마다 감사인데, 어떤 사람은 말끝마다 원망입니다. 감사하는 부모 밑에 감사하는 자녀 있고, 원망하는 부모 밑에 원망하는 자녀 있습니다.

주님, 감사가 습관인 것처럼 원망도 습관임을 고백합니다. 말끝마다 감사하는 사람이 있는가 하면, 말끝마다 원망하는 사람이 있듯이, 제 습관은 어떠한지 돌아봅니다. 원망하는 부모 밑에 원망하는 자녀가 있음을 기억하며, 제 입술을 주님께 올려드립니다. 어떤 환경과 상황에서도 감사를 선택하여, 약속의 땅에 마침내 들어가게 해주옵소서. 예수님의 이름으로 기도드립니다. 아멘.

JUNE 9

표현되지 않은 감사는 감사가 아닙니다!

"예수께서 대답하여 이르시되 열 사람이 다 깨끗함을 받지 아니하였느냐 그 아홉은 어디 있느냐"〈눅 17:17, 개역개정〉

예수님이 열 명을 고쳐주셨는데 한 명만 돌아와서 감사하다고 표현했습니다. 그것도 유대인들이 종교혼합주의자라고 손가락질하던 사마리아 사람. 나머지 아홉은 어디 갔느냐? 바로 저와 여러분에게 하시는 질문 아닌가요? 오래 믿은 게 탈입니다. 매너리즘. 순수함이 사라진 지 오래. 모든 것을 삐딱하게 바라보는 나. 액면 그대로 믿지 못하는 나. 하여, 초신자보다 못합니다. 은혜를 잃어버렸습니다. 십자가를 잃어버렸습니다. 기쁨을 잃어버렸습니다. 웃음을 잃어버렸습니다. 그래서 지금 떨림이 없습니다. 감격이 없습니다. 감동이 없습니다. 감탄이 없습니다. 무엇보다, 감사가 없습니다. 주님은 표현 안 해도 아신다구요? 아뇨! 표현해야 아십니다. 아니, 표현 받고 싶어 하십니다. 행복은 주님께 감사를 표현해 드리는 것입니다. 표현되지 않은 감사는 감사가 아닙니다.

> 주님, 모든 것을 삐딱하게 바라보는 제 모습을 고백합니다. 은혜, 십자가, 기쁨, 웃음을 잃어버렸습니다. 떨림, 감격, 감동, 감탄이 사라져 버렸습니다. 무엇보다 감사가 없는 제 영혼을 불쌍히 여겨주옵소서. 표현되지 않은 감사는 감사가 아님을 깨닫게 해주옵소서. 다시금 주님께 뜨거운 감사를 표현해 드리는 제 삶이 되게 해주옵소서. 예수님의 이름으로 기도드립니다. 아멘.

JUNE 10

"그래서 감사! 그래도 감사! 무조건 감사!"

"범사에 감사하라 이것이 그리스도 예수 안에서 너희를 향하신 하나님의 뜻이니라"
〈살전 5:18, 개역개정〉

어젯밤 중학교 다니는 아이가 반항을 했다면, 그건 내 아이가 거리에서 방황하지 않고 집에 잘 있다는 것이기에, 주님, 감사합니다. 내야 할 세금이 있다면, 그건 내게 직장이 있다는 것이기에, 주님, 감사합니다. 옷이 몸에 좀 낀다면, 그건 내가 잘 먹고 있다는 것이기에, 주님, 감사합니다. 난방비가 너무 많이 나왔다면, 그건 내가 따뜻하게 살고 있다는 것이기에, 주님, 감사합니다. 온몸이 뻐근하고 피곤하다면, 그건 내가 열심히 일했다는 것이기에, 주님, 감사합니다. 아내가 바가지를 긁어댄다면, 그건 내 아내가 아직은 바가지 긁을 힘이라도 있다는 것이기에, 주님, 감사합니다. 이른 새벽 시끄러운 자명종 소리에 깼다면, 그건 내가 아직 살아 있다는 것이기에, 주님, 감사합니다. 마음속에 나도 모르게 일궈진 불평과 불만, 미움과 증오, 그것도 바꾸어 생각하면 이 또한 감사한 일이기에, 주님, 감사합니다.

주님, 아내의 바가지 소리가 아직 살아 있는 생명의 노래로 들리고, 뻐근한 육신이 열심의 훈장으로 빛나며, 밀린 세금이 일터의 증표가 되듯이, 모든 것을 감사로 승화시키는 지혜의 눈을 주옵소서. 불평의 쓴 물을 감사의 단물로 바꾸시는 주님의 연금술을 제 삶에 펼쳐주옵소서. 원망의 습관을 버리고 감사의 옷을 입어, 젖과 꿀이 흐르는 소망의 땅을 향해 기쁨으로 나아가게 하옵소서. 예수님의 이름으로 기도드립니다. 아멘.

JUNE 11

몰입의 기쁨

"우리는 오로지 기도하는 일과 말씀 사역에 힘쓰리라 하니" 〈행 6:4, 개역개정〉

세계적인 발레리나 강수진은 하루 18시간 연습에 몰입했다고 합니다. 하루 18시간! 그녀는 그 몰입의 시간들이 어떻게 지나갔는지 세본 적이 없다고 합니다. 하다 보면, 어느새 그렇게 시간이 지나버렸다는 것입니다. 흔히, 체조선수가 공과 자신이 물아일체가 되어 움직일 때, 예술가가 미적 황홀경에 푹 빠져 있을 때, 무언가에 몰입되어 있다, 그런 말을 쓰지요. 저도 어젯밤 설교준비에 몰입하다 보니 새벽 4시 반이 되어 있었습니다. 시간 가는 줄 몰랐습니다. 푹 빠져 있었습니다. 중학교 때 처음 방언 받던 날, 데굴데굴 구르며 눈물범벅 콧물범벅, 정신을 차리니 어느새 동이 터오고 있었습니다. 그때 그 상큼한 공기, 마치 하늘을 나는 것 같았습니다. 숲속의 새들이 모두 나를 보고 인사하는 것 같았습니다. 그 몰입의 시간들이 너무너무 행복했습니다. 그렇습니다. 행복의 비밀코드는 바로 몰입입니다. 여러분은 지금 크리스천으로서 무엇에 몰입하고 계십니까?

> 주님, 강수진의 하루 열여덟 시간이 강물처럼 흘러 숫자를 잃었듯이, 제 영혼도 주님의 뜻에 깊이 잠겨 시간을 잊게 하옵소서. 물아일체가 되는 체조선수의 숨결처럼, 황홀경에 빠진 예술가의 손길처럼, 제 모든 행위가 주님과 하나 되는 몰입이 되게 하옵소서. 세상 잡념을 끊고 영원한 가치에 푹 빠져, 주님이 주신 소명에 전심으로 몰입하게 해주옵소서. 예수님의 이름으로 기도드립니다. 아멘.

JUNE 12

여호수아 성을 쳤네 여리고!

"너희 모든 군사는 그 성을 둘러 성 주위를 매일 한 번씩 돌되 엿새 동안을 그리하라 제사장 일곱은 일곱 양각 나팔을 잡고 언약궤 앞에서 나아갈 것이요 일곱째 날에는 그 성을 일곱 번 돌며 그 제사장들은 나팔을 불 것이며 제사장들이 양각 나팔을 길게 불어 그 나팔 소리가 너희에게 들릴 때에는 백성은 다 큰 소리로 외쳐 부를 것이라 그리하면 그 성벽이 무너져 내리리니 백성은 각기 앞으로 올라갈지니라 하시매"
〈수 6:3-5, 개역개정〉

여호수아 성을 쳤네 여리고 나팔소리에 무너졌네. 우리는 흔히 이렇게 찬양을 해왔는데, 더 정확히 말하자면 나팔소리에 무너진 게 아니라, 백성들의 순간적인 함성, 와 그 한마디에 무너져 버린 것입니다. 10미터 높이의 이중벽. 외벽은 폭이 2미터, 내벽은 폭이 4미터. 성벽은 진흙벽돌로 지어졌는데, 두께가 10센티미터, 길이가 60센티미터. 그런데 어떻게 일시에 무너져 버렸을까요? 어떤 이들은 와 함성을 질렀을 때, 고유 주파수끼리 딱 맞아떨어져서 순간 무너져 버린 게 아닌가 과학적인 상상력을 발휘하기도 합니다. 매일 한 바퀴, 일곱째 날 일곱 바퀴, 마지막 와 함성, 마침내 무너져 버린 거대한 여리고 성, 그것은 선명한 목표를 세우고 강력하게 몰아붙인 몰입의 힘이었습니다. 여러분에게도 지금 이렇게 몰입할 수 있는 선명한 목표가 있습니까? 행복의 비밀코드는 바로 거기에 있습니다.

> 주님, 매일 한 바퀴, 일곱째 날 일곱 바퀴, 마지막 "와" 함성을 통해 무너진 여리고 성의 기적은 선명한 목표를 세우고 강력하게 몰아붙인 몰입의 힘이었습니다. 저에게도 여리고 성을 무너뜨릴 수 있는 선명한 목표가 있는지 돌아봅니다. 주님께서 주신 사명이라는 선명한 목표를 향해 전심으로 몰입하여, 제 인생의 거대한 장벽을 무너뜨리게 해주옵소서. 예수님의 이름으로 기도드립니다. 아멘.

JUNE 13

딸아, 네 믿음이 너를 구원하였다!

"이에 열두 해를 혈루증으로 앓는 중에 아무에게도 고침을 받지 못하던 여자가 예수의 뒤로 와서 그의 옷 가에 손을 대니 혈루증이 즉시 그쳤더라 예수께서 이르시되 내게 손을 댄 자가 누구냐 하시니 다 아니라 할 때에 베드로가 이르되 주여 무리가 밀려들어 미나이다 예수께서 이르시되 내게 손을 댄 자가 있도다 이는 내게서 능력이 나간 줄 앎이로다 하신대 여자가 스스로 숨기지 못할 줄 알고 떨며 나아와 엎드리어 그 손 댄 이유와 곧 나은 것을 모든 사람 앞에서 말하니 예수께서 이르시되 딸아 네 믿음이 너를 구원하였으니 평안히 가라 하시더라" 〈눅 8:43-48, 개역개정〉

열두 해를 혈루증으로 앓던 여인. 사람들은 부정 탄다고 가까이 오지 말라고 했을 것입니다. 돈도 다 써버리고, 남편도 자식도 다 떠나버렸을 것입니다. 더 이상 희망이 없었습니다. 그런데 그녀에게도 죽으란 법은 없었습니다. 죽은 자도 살리셨다는 예수님 옷 가에 손을 댄 것입니다. 딸아, 네 믿음이 너를 구원하였다. 저는 여기서 예수님의 말씀이 너무나 와닿습니다. 12년째 혈루증 여인. 그녀는 다 포기했어도 오직 한 가지 포기하지 않은 것이 있었습니다. 그것은 세상사람 다 못 고쳐도 반드시 내 병을 고쳐주실 분이 나타날 것이다. 12년째 지속된 그 절실한 믿음, 그 절실한 몰입. 주님께서는 그 절실함을 보시고 기꺼이 치유의 능력을 베푸신 것입니다. 여러분에게도 지금 이런 절실함이 있습니까?

주님, 열두 해 혈루증 여인이 오직 예수님 옷 가에 손을 대는 절실한 몰입을 했을 때, "딸아, 네 믿음이 너를 구원하였다"는 주님의 치유를 경험했습니다. 저에게도 인생의 문제 앞에서 세상의 모든 것을 내려놓고 오직 주님만을 바라보는 절실함이 있는지 돌아봅니다. 제 영혼에도 혈루증 여인 같은 절실함을 주옵소서. 그 절실함을 통해 주님의 치유 능력을 꼭 경험하게 해주옵소서. 예수님의 이름으로 기도드립니다. 아멘.

JUNE 14

상처 주려고 태어난 사람은 아무도 없다!

"데마는 이 세상을 사랑하여 나를 버리고 데살로니가로 갔고 그레스게는 갈라디아로, 디도는 달마디아로 갔고 누가만 나와 함께 있느니라 네가 올 때에 마가를 데리고 오라 그가 나의 일에 유익하니라"〈딤후 4:10-11, 개역개정〉

저는 군목으로 섬기면서 힘들어하는 장병들을 많이 만났습니다. 그리고 발견했습니다. 그들을 괴롭히는 공통적인 문제가 있다는 것. 바로 용서하지 못하는 관계들이었습니다. 용서하지 못하는 아버지와 아들. 용서하지 못하는 선임과 후임. 그것이 그들의 행복을 발목 잡고 있었습니다. 그래서 개발한 프로그램이 일명 용서의 강. 마음 한 켠, 용서하고 싶은 그 한 사람, 그 이름이 적힌 카드를 불에 태우게 했습니다. "나는 용서했습니다!" 과거완료형으로 크게 선언하게 했습니다. 과거완료형으로 크게 선언하는 것은, 네 믿음대로 될지어다 말씀하신 주님의 말씀처럼, 우리가 선언한 대로 되기 때문입니다. 말이 씨가 되기 때문입니다. 참 진지했습니다. 저렇게도 용서를 하고 싶었구나. 그 병사들의 눈망울을 보며 깨달은 게 있습니다. 일부러 상처 주려고 태어난 사람은 세상에 아무도 없다!

> 주님, 군목으로 섬기며 힘들어하는 장병들을 만났을 때, 그들을 괴롭히는 공통적인 문제가 용서하지 못하는 관계였음을 알았습니다. 일부러 상처 주려고 태어난 사람은 세상에 아무도 없음을 잊지 않게 하옵소서. 네 믿음대로 될지어다 말씀하신 주님의 약속처럼, 제 용서의 선언이 씨가 되어 선언한 대로 되게 하옵소서. 예수님의 이름으로 기도드립니다. 아멘.

JUNE 15

내가 살기 위해서라도 용서해야 한다!

"당신들이 나를 이 곳에 팔았다고 해서 근심하지 마소서 한탄하지 마소서 하나님이 생명을 구원하시려고 나를 당신들보다 먼저 보내셨나이다" 〈창 45:5, 개역개정〉

창세기 45장에서, 요셉이 음식을 구하러 온 형들을 만나 이렇게 말합니다. 내가 여기까지 팔려 온 것은 형들 잘못이 아니라, 하나님이 이 기근에 조국을 살리라고 나를 먼저 보내신 것이라고. 나 형님들 다 용서했습니다. 복수하지 않을 테니 걱정 마십시오. 그리고 엉엉 운 거예요. 어떻게 요셉이 이런 마음을 먹게 되었을까요? 정말 자신을 노예로 팔아버린 형들이 한순간도 밉지 않았을까요? 아니었을 거예요. 때로는 너무나 속상하고 너무나 외롭고 너무나 미웠을 거예요. 그러나 요셉은 알았습니다. 그래보았자 나만 손해라는 것. 미워하면 나만 괴롭다는 것. 화를 내면 내 기도줄만 막힌다는 것. 복수심에 사로잡히면 내 영성만 흔들린다는 것. 그래서 혀를 깨물며 다짐하고 또 다짐했던 것입니다. 내가 살기 위해서라도 용서해야겠다. 이처럼 파랑새는 내 안에 있습니다. 행복의 열쇠도 내 안에 있습니다.

> 주님, 요셉도 때로는 속상하고 외롭고 미웠을 것임을 압니다. 그러나 "내가 살기 위해서라도 용서해야겠다"고 혀를 깨물며 다짐했음을 믿습니다. 파랑새가 내 안에 있듯이, 행복의 열쇠도 내가 먼저 용서할 수 있느냐에 달려 있음을 깨닫게 해주옵소서. 요셉처럼 하나님의 섭리를 믿고, 제가 먼저 용서해 버리고 평강을 누리게 해주옵소서. 예수님의 이름으로 기도드립니다. 아멘.

JUNE 16

엄마아빠는 추석이 오기만 기다렸어!

"너희가 각각 마음으로부터 형제를 용서하지 아니하면 나의 하늘 아버지께서도 너희에게 이와 같이 하시리라"〈마 18:35, 개역개정〉

추석, 떨어져 있던 자녀들이 왔어요. 온가족이 장태산에 올랐습니다. 그런데 다 내려오니까 첫째가 막 화를 내는 거예요. 자기는 고소공포증이 있는데 왜 아빠는 들은 척도 않고 올라가 버리냐구. 저는 전혀 몰랐습니다. 그런데 화를 내는 첫째를 보고 나도 화가 나더라구요. 그게 그렇게 화낼 일이냐. 급기야 둘째가 중재에 나섰습니다. 한참을 나도 속상해 있는데, 첫째가 둘째랑 와서 그러는 거예요. "화를 내서 미안해요. 고소공포증이 있다는 데도 아빠가 그냥 올라가 버리니까 너무 속상했어요." "나는 네가 고소공포증이 있다는 것을 전혀 몰랐다. 생각해 보니, 정말 미안하다." "근데 아빠, 정말 궁금해요. 무슨 생각으로 고소공포증이 있다는데도 그렇게 혼자 막 올라가신 거예요?" "아빠엄마는 추석이 오기만 기다렸어. 너희들과 장태산 오를 걸 생각하며. 그것뿐이야." 그리곤 서로 포옹을 하고 내려왔어요. 그날의 용서! 미처 몰랐어요. 그 단어가 그렇게 따뜻하다는 걸.

주님, 온 가족이 장태산에 올랐다가, 고소공포증이 있다는 첫째의 화외 그것을 몰랐던 저의 속상함이 충돌했던 사건을 기억합니다. '용서'가 얼마나 따뜻한 단어인지 깨닫게 해주셔서 감사합니다. 가정 안에 오해가 있을지라도 제가 먼저 용서하여, 주님의 평강이 가득한 저희 가족이 되게 해주옵소서. 예수님의 이름으로 기도드립니다. 아멘.

JUNE 17

분노는 암을 가져온다!

"유순한 대답은 분노를 쉬게 하여도 과격한 말은 노를 격동하느니라"〈잠 15:1, 개역개정〉

영어로 이런 표현이 있습니다. "Anger brings cancer." 분노는 암을 가져온다는 뜻입니다. 용서는 누구보다도 나 자신을 위한 일입니다. 그 사람을 미워하다 보면 내가 미칠 것 같습니다. 가슴이 답답하고 심장이 터질 것 같습니다. 잠이 안 오고 소화가 안 됩니다. 어느 순간, 암 덩어리가 되어 있습니다. 나만 죽습니다. 어떤 목사님이 그런 상태였습니다. 교인한테 마음 아픈 소리를 들었습니다. 밤새도록 잠을 못 잤습니다. 새벽에 교회 나가 기도하다가 깨달았습니다. 내게 상처 준 그 사람도 어젯밤 잠을 못 잤을까? 그 사람은 편히 잘 잤을 텐데 나는 이게 뭐야! 그리고 다시는 그까짓 일로 괴로워하며 잠 못 이루지 않겠노라 결심했습니다. 그렇습니다. 분노는 나만 손해입니다. 분명히 아셔야 합니다. 그 사람은 어젯밤 다리 뻗고 잤습니다.

주님, 분노가 암을 가져온다는 경고를 새겨듣게 하옵소서. 상처 준 사람 때문에 밤새 잠을 못 자다가 "그 사람은 편히 잘 잤을 텐데 나는 이게 뭐야!" 하고 깨달은 것처럼, 분노는 나만 손해라는 진실을 분명히 알게 해주옵소서. 다른 사람이 아닌 나 자신을 위해 용서를 선택하여, 마음의 평안과 영혼의 건강을 회복하게 해주옵소서. 예수님의 이름으로 기도드립니다. 아멘.

JUNE 18

삶의 의미는 가장 절박한 문제다!

"내가 해 아래에서 행하는 모든 일을 보았노라 보라 모두 다 헛되어 바람을 잡으려는 것이로다"〈전 1:14, 개역개정〉

우리는 전례가 없을 정도로 영적인 위기 한복판에 살고 있습니다. 약물남용, 술중독, 이혼, 문란한 성생활, 십대의 자살, 범죄, 폭력 등. 이런 것들은 모두 삶의 무의미함에 뿌리를 두고 있습니다. 철학자 알베르 카뮈는 말합니다. 삶의 의미는 가장 절박한 문제라고. 신학자 라인홀드 니버도 말합니다. 삶의 신비는 의미 안에서 이해된다고. 나는 왜 여기에 있는가? 나는 어디로 가는가? 무엇이 삶의 목적인가? 하나님은 계신가? 내가 죽을 때 어떤 일이 벌어질까? 죽은 다음에도 삶이 있을까? 이런 질문들 속에는 하나같이 삶의 의미를 느끼고픈 깊은 갈망이 깃들어 있습니다. 아무런 삶의 의미를 느끼지 못하는 사람들은 대체로 우울증과 절망을 경험합니다. 사실 그것은 죽음과도 같은 것입니다. 수많은 사람들은 어떤 평범한 증상도 없이 공허한 삶을 살고 있습니다. 워커 퍼시의 말처럼, 그것이야말로 타나토스의 시간, 산송장(The living dead)의 시간입니다.

주님, 니버가 삶의 신비는 의미 안에서 이해된다고 했듯이, 제 영혼에는 삶의 의미를 느끼고픈 깊은 갈망이 있습니다. 워커 퍼시의 말처럼, 공허한 삶은 타나토스의 시간, 산송장의 시간과 같음을 깨닫습니다. 제가 죽음과도 같은 삶의 무의미함에서 벗어나, 예수 그리스도 안에서 삶의 의미를 발견하고 생명력 넘치는 삶을 살게 해주옵소서. 예수님의 이름으로 기도드립니다. 아멘.

JUNE 19

오늘 죽는다면 지금 이 일을 할 것인가?

"전도자가 이르되 헛되고 헛되며 헛되고 헛되니 모든 것이 헛되도다"〈전 1:2, 개역개정〉

애플의 창시자, 스티브 잡스는 결국 췌장암으로 세상을 떠났습니다. 그런데 그가 죽기 전 마지막으로 행한 스탠포드대학교 졸업식 축사가 우리의 심금을 울립니다. 그는 거기서 인간의 죽음에 대하여 이렇게 말합니다. 오늘 죽는다면 지금 이 일을 할 것인가? 그는 끊임없이 그 질문을 던졌고, 노우라고 생각되는 것들은 다 지워나갔습니다. 그랬더니 놀랍게도 자신에게 의미 없는 것들은 다 사라지고, 의미로 가득 찬 것만 남았습니다. 의미 없음(meaninglessness)에서 의미 있음(meaningfulness)으로. 그 가장 의미 있는 것에 몰입했던 순간, 그 순간이 그는 인생에서 가장 행복했던 순간이라고 고백하고 있습니다. 그렇다면, 여러분에게 여쭤보고 싶습니다. 지금 여러분에게 지워도 지워도 지워지지 않을, 가장 의미 있는 것은 무엇입니까?

> 주님, 스티브 잡스가 가장 의미 있는 것에 몰입했던 순간을 인생에서 가장 행복했던 순간으로 고백했듯이, 지금 저에게 지워도 지워도 지워지지 않을, 가장 의미 있는 것은 무엇인지 제 영혼을 돌아보게 해주옵소서. 세상의 헛된 것들을 미련 없이 지워버리고, 주님 안에서 영원히 가치 있는 일에 전심으로 몰입하게 해주옵소서. 예수님의 이름으로 기도드립니다. 아멘.

JUNE 20

행복일보

"내가 오늘 네 행복을 위하여 네게 명하는 여호와의 명령과 규례를 지킬 것이 아니냐"〈신 10:13, 개역개정〉

육군본부교회를 섬길 때, 행복플러스를 진행했는데, 그 가운데 행복일보라는 일간지에 자신의 죽음이 어떻게 대서특필되면 좋겠는지 제3자 기자의 입장에서 써보는 시간이 있었습니다. 행복일보에서 자신의 죽음기사를 보도할 때, 가장 많이 소망하는 말, 그것은 행복이었습니다. "이 사람은 정말 주님의 행복을 누리며 살다 간 사람이다." "이분은 전 세계에 주님의 행복을 전하는 일을 하다가 하나님 품에 안긴 사람이다." "이분의 죽음은 세상에서 가장 행복한 죽음이었다." 유언장에서 가장 많이 나오는 말도, 역시 행복이었습니다. "자녀들아, 너희들에게 이 엄마가 가장 바라는 건, 돈도 아니다, 명예도 아니다, 오직 주님 안에서 행복하게 살아라, 그리고 그 행복을 형제간에 의좋게 나누며 살아라. 그 행복을 이웃에게 전하며 살아라. 그리고 마침내 그날이 오면, 천국에서 우리 다시 만나자." 사랑하는 여러분, 여러분도 오늘 주님의 행복을 되찾으십시오. 그리고 그 행복, 이웃에게 전합시다. 그것이 인생에서 가장 의미 있는 일 아니겠습니까?

> 주님, 행복일보에 자신의 죽음기사를 대서특필하는 시간을 가졌을 때, 가장 많이 소망했던 단어가 '행복'이었음을 보았습니다. 유언장에서도 "돈도, 명예도 아니다, 오직 주님 안에서 행복하게 살아라, 그 행복을 형제간에 의좋게 나누고 이웃에게 전하며 살아라"는 메시지가 가장 많이 나왔음을 기억합니다. 그 '행복'이 제 인생에서도 가장 의미 있는 단어가 되게 해주옵소서. 예수님의 이름으로 기도드립니다. 아멘.

JUNE 21

버킷 리스트

"예수께서 신 포도주를 받으신 후에 이르시되 다 이루었다 하시고 머리를 숙이니 영혼이 떠나가시니라"〈요 19:30, 개역개정〉

버킷 리스트라는 말을 들어 보셨나요? 이 말은 'kick the bucket'이라는 말에서 유래했습니다. 자살하는 사람들이 버킷, 흔한 말로 바께스 위에 올라가 나뭇가지에 목을 매달고 죽기 직전에 하는 일. 그 마지막 일이 뭐지요? 맞아요. 그 바께스를 죽기 직전 발로 툭 차 버리는 거지요. 그런 의미에서, 버킷 리스트는 죽기 직전에 하는 일, 곧 우리 인생이 죽기 전 꼭 해보고 싶은 일을 의미하게 되었습니다. 그렇다면 이 시간 여러분에게 여쭙고 싶습니다. 여러분의 버킷 리스트, 죽기 전 꼭 해보고 싶은 일은 무엇입니까? 행복의 비밀코드는 소소한 성취감입니다. 인생의 목적, 인생의 목표, 인생의 꿈이 분명하면 분명할수록 성취감은 건강해질 것이고, 100배 60배 30배 그 성취감은 늘어갈 것입니다. 예수님의 인생 목적이 한 마디로 하나님의 나라이었듯이, 저는 저의 인생 목적이 행복플러스입니다. 내 영혼의 행복플러스! 여러분도 그렇지 않으신지요?

> 주님, 예수님의 인생 목적이 "하나님의 나라"였듯이, 제 인생 목적 또한 "내 영혼의 행복플러스"가 되기를 소원합니다. 제 버킷 리스트가 단순한 소망을 넘어, 주님의 영광을 위한 선명한 목표와 소명으로 가득 차게 해주옵소서. 그 소명을 향해 몰입하여 하루하루 작은 성취감을 누리며, 마침내 주님 앞에서 큰 기쁨을 얻게 해주옵소서. 예수님의 이름으로 기도드립니다. 아멘.

JUNE 22

블루오션

"여호수아가 그들에게 이르되 네가 큰 민족이 되므로 에브라임 산지가 네게 너무 좁을진대 브리스 족속과 르바임 족속의 땅 삼림에 올라가서 스스로 개척하라 하니라"
〈수 17:15, 개역개정〉

블루오션이란 아직은 존재하지 않거나 아직은 잘 알려지지 않아서 별로 경쟁자가 없기에 아주 유망한 분야를 말합니다. 또는 무조건 경쟁만 하는 것에서 벗어나 고객에게 자신만의 아주 차별화된 상품과 서비스를 만들어 내는 것을 말합니다. 그 반대는 레드오션이지요. 너무 경쟁자가 많이 뛰어들어서 서로 아옹다옹 싸우다 다 죽는 거지요. 시골에서 어렸을 때 보면, 어머니가 항상 하시는 말씀이 있어요. 왜 마을 사람들은 뭐가 좀 좋다하면 다 그 작물만 심어서, 결국은 다함께 죽는지 모르겠다. 그런 게 레드오션이지요. 사랑하는 여러분, 지금 여러분은 레드오션에 빠져 있습니까? 아니면 블루오션을 개척하고 계십니까? 남들이 다 하는 것, 거기에 나까지 뛰어들어 서로가 다 죽는, 그런 무모한 경쟁이 아닌, 나만의 블루오션, 그것이 바로 행복의 비밀코드입니다.

주님, 저는 지금 레드오션에 빠져 무모한 경쟁을 하고 있지는 않은지 돌아봅니다. 남들이 다 하는 것에 뛰어들어 서로가 다 죽는 길을 가지 않게 해주옵소서. 나만의 블루오션, 곧 주님께서 저에게 주신 고유한 은사와 소명을 따라 차별화된 길을 개척하게 해주옵소서. 나만의 블루오션이 행복의 비밀코드임을 믿고, 창의적이고 가치 있는 삶을 살게 해주옵소서. 예수님의 이름으로 기도드립니다. 아멘.

JUNE 23

사막을 건너는 사람들

"예수께서 이르시되 내가 곧 길이요 진리요 생명이니 나로 말미암지 않고는 아버지께로 올 자가 없느니라"〈요 14:6, 개역개정〉

국토의 70%가 산이라서 그런지, 우리는 문화적으로 태생적으로 산꼭대기를 보면서 자라납니다. 그래서 그런지 인생도 산 정상을 향하여 오르고 또 오르는 데 의미를 둡니다. 좀 더 좀 더 좀 더! 그래서 산 정상에 도달했을 때 그 기분은 이루 헤아릴 수가 없습니다. 그러나 인생이 어디 그런가요. 산이 그렇듯 우리 인생도 언제나 정상에 머무를 수는 없습니다. 이내 내려와야 합니다. 그래서 스티브 도나휴는 〈사막을 건너는 여섯 가지 방법〉에서, 인생이란 산이 아니라 사하라 사막을 건너는 것과 같다고 말합니다. 끝은 보이질 않고, 길을 잃기도 하며, 오도 가도 못하는 신세가 되었다가, 신기루를 좇기도 합니다. 언제 저 끝에 다다를지 알 수가 없습니다. 목표를 볼 수가 없고, 목적지에 다다랐는지 아닌지도 알 길이 없습니다. 이 인생 사막에서 여러분 지금 길을 놓쳐버리진 않으셨습니까? 주님께서 말씀하십니다. 내가 바로 그 길이다.

> 주님, 길을 잃었습니다. 오도 가도 못하는 신세가 되었습니다. 신기루를 좇기도 했습니다. 목적지를 알 수 없는 사막에서 혹 길을 놓쳐버리진 않았는지 돌아봅니다. 그러나 주님께서 "내가 바로 그 길이다"라고 말씀하심에 소망을 얻습니다. 사막 같은 인생길에서 방황하지 않고, 주님 친히 인도하시는 참된 길을 따라 목적지인 주님의 나라에 이르게 하옵소서. 예수님의 이름으로 기도드립니다. 아멘.

JUNE 24

토끼와 거북이

"그런즉 너희는 하나님께 복종할지어다 마귀를 대적하라 그리하면 너희를 피하리라"〈약 4:7, 개역개정〉

토끼가 거북이에게 달리기 시합에서 진 뒤, 피나는 연습을 하고 다시 도전을 신청했습니다. 그리고 다시 경주를 벌인 결과, 또다시 거북이의 승리로 끝나버렸습니다. 낙심한 토끼, 고개를 푹 숙이고 집에 가고 있는데, 달팽이가 나타났습니다. "너 또 졌다매?" 열 받은 토끼가 달팽이를 사정없이 한 대 쳤습니다. 달팽이는 저 멀리 산기슭까지 날아갔습니다. 1년 뒤, 토끼가 집에서 쉬고 있는데, 누군가가 문을 두드렸습니다. 문을 열어보니, 자신이 1년 전에 한 대 때린 달팽이가 서 있는 것이었습니다. 문밖에서 달팽이가 토끼한테 뭐라고 했는지 아십니까? "니가 지금 나 쳤냐?" 한낱 미물인 달팽이도 이렇게 1년을 깡으로 걸어와 토끼와 맞짱 뜹니다. 맞서 싸웁니다. 우리는 달팽이보다는 더 나은 조건 아닙니까? 그러니 마귀와 맞서 싸우면 반드시 이길 수 있습니다. 주 예수의 이름으로 명하노니, 나를 낙심케 하는 마귀야 물러가라!

> 주님, 저는 한낱 미물인 달팽이보다 더 나은 조건, 곧 예수 그리스도의 이름과 권세를 가졌습니다. 그러니 낙심하지 않고 마귀와 담대히 맞서 싸우게 도와주옵소서. 저에게 주 예수의 이름으로 강력하게 선포하는 믿음을 주옵소서. 저를 낙심케 하고 넘어뜨리려 하는 마귀의 모든 궤계를 물리치며, 주님의 승리를 드러내게 해주옵소서. 예수님의 이름으로 기도드립니다. 아멘.

JUNE 25

절반쯤 왔을 때

"이에 우리가 성을 건축하여 전부가 연결되고 높이가 절반에 이르렀으니 이는 백성이 마음 들여 일을 하였음이니라"〈느 4:6, 개역개정〉

우리 인생에서 낙심이 언제 가장 많이 찾아올까요? 느헤미야 4:6에 보면, 이런 말씀이 있습니다. "이에 우리가 성을 건축하여 전부가 연결되고 높이가 절반에 이르렀으니 이는 백성이 마음 들여 일을 하였음이니라." 절반에 이르렀을 때 낙심이 찾아옵니다. 누구나 처음에는 열심히 합니다. 처음에는 재미있고 신선하기 때문입니다. 그러나 절반에 이르렀을 때, 그 신선함은 사라지고, 일은 지겨워집니다. 삶은 일상에 빠지고, 진부해지고, 나중에는 다람쥐 쳇바퀴 돌듯 형식적인 습관이 되고 맙니다. 그래서 주님께서 갈라디아서 6:9에 이렇게 말씀하십니다. "우리가 선을 행하되 낙심하지 말찌니 피곤하지 아니하면 때가 이르매 거두리라." 선을 행하다가 중간에, 절반쯤 왔을 때, 낙심하지 말아라. 왜 그렇게 말씀하시는 것일까요? 맞습니다. 우리 인생이 아직 끝난 것이 아니기 때문입니다. 이 고비만 넘으면 됩니다.

> 주님, 처음의 열심과 신선함은 사라졌습니다. 일이 지겹습니다. 삶이 진부한 일상이나 형식적인 습관이 되어버렸습니다. 이 고비를 잘 넘게 도와주옵소서. "우리가 선을 행하되 낙심하지 말찌니 피곤하지 아니하면 때가 이르매 거두리라"는 주님의 격려를 붙잡습니다. 낙심을 이기고 끝까지 선을 행하여, 마침내 때가 이르매 풍성한 열매를 거두게 해주옵소서. 예수님의 이름으로 기도드립니다. 아멘.

JUNE 26

이제 겨우 전반전!

"우리가 선을 행하되 낙심하지 말지니 포기하지 아니하면 때가 이르매 거두리라"
〈갈 6:9, 개역개정〉

1929년 새해 첫날, 조지아공대와 캘리포니아대학이 로즈볼에서 미식축구를 하고 있었습니다. 그런데 캘리포니아대학의 로이 리젤스 선수가 헛잡았던 공을 다시 잡는가 싶더니, 막 자기 진영 쪽으로 달리기 시작했습니다. 긴장한 나머지, 방향감각을 잃어버린 거지요. 이 일로 캘리포니아대학은 경기의 흐름을 놓쳐버린 채, 고전에 고전, 이제 한 점만 더 내줘도 지게 될 판이었습니다. 휙! 전반전이 끝났습니다. 선수들은 탈의실로 들어갔습니다. 리젤스는 얼굴을 두 손에 묻은 채 어린아이처럼 울고 있었습니다. 후반전 시작 3분 전. 프라이스 코치는 말했습니다. "모두들 전반전 멤버 그대로 뛴다. 나가자!" 그러나 리젤스는 꼼짝도 하지 않았습니다. "코치님, 전 죽어도 못 나가겠어요." 코치가 리젤스의 어깨에 손을 대고 말했습니다. "리젤스, 이제 겨우 전반전이야!" 여러분, 그 후반전, 리젤스 선수의 활약상은 이제 전설이 되었습니다. 그렇습니다. 우리 인생, 이제 겨우 전반전 끝난 것입니다!

> 주님, 제 인생에서도 방향을 잃고 실수하여 낙심하고 주저앉고 싶을 때가 있음을 고백합니다. 과거의 실패나 부끄러움 때문에 "죽어도 못 나가겠다"고 포기하려 할 때, 주님께서 제 어깨에 손을 얹고 "이제 겨우 전반전이야!"라고 말씀해 주시옵소서. 이제 겨우 전반전 끝났음을 기억하고, 새로운 소망과 용기로 다시 나아가게 해주옵소서. 예수님의 이름으로 기도드립니다. 아멘.

JUNE 27

낙심

"형제들아 너희는 선을 행하다가 낙심하지 말라" 〈살후 3:13, 개역개정〉

한자어로 낙심(落心)은 떨어질 낙(落) 자에 마음 심(心) 자입니다. 저 낭떠러지로 떨어지는 것 같은 마음. 영어로 낙심은 loss of heart, 마음의 상실입니다. 무언가 행복한 마음을 잃어버린 상태, 그것이 낙심입니다. 산 너머 산, 해도 해도 끝이 없는 일, 그 때 우리는 낙심합니다. 또 영어로 번아웃(burn-out)되었다고 하지요. 탈진이 될 때, 그때 우리는 낙심하게 됩니다. 또 사람들의 방해공작, 비난, 비방, 조롱, 위협, 그리고 그 너머의 두려움, 그때 우리는 눈앞이 노래지며 낙심하게 됩니다. 지금 낙심이 찾아왔습니까? 마냥 주저앉아 계시겠습니까? 목표가 잘못되지는 않았는지, 접근방법이 잘못되지는 않았는지, 내 인생의 책상 위에 놓여있는 그 잡동사니들을 깨끗이 치우십시오. 그리고 한 가지 순전한 목표에 몰입하십시오. 그 목표가 나를 향하신 하나님의 뜻과 일치하도록 삶을 재편성하십시오.

> 주님, 지금 낙심이 찾아왔을지라도 마냥 주저앉아 있지 않게 하옵소서. 목표가 잘못되지 않았는지, 접근방법이 잘못되지 않았는지, 돌아보게 하옵소서. 제 인생 책상 위 잡동사니들을 깨끗이 치우고, 한 가지 순전한 목표에 몰입하게 하옵소서. 그 목표가 저를 향하신 하나님의 뜻과 일치하도록 제 삶을 재편성할 지혜와 용기를 주옵소서. 예수님의 이름으로 기도드립니다. 아멘.

JUNE 28

아빠는 무엇으로 사는가!

"그는 엘리야의 심령과 능력을 가지고 주님보다 먼저 올 것이다. 그래서 아버지의 마음을 자녀에게로 향하게 하며, 순종하지 않는 사람들을 의인의 지혜로 돌아서게 할 것이다. 그래서 사람들에게 주님을 맞을 준비를 하게 할 것이다."〈눅 1:17, 쉬운성경〉

83세 아버지와 53세 아들이 창밖을 보면서 대화를 나눕니다. "아들아, 저게 뭐냐?" "까치요." "아들아, 저게 뭐냐?" "까치요." "아들아, 저게 뭐냐?" "까치요." "아들아, 저게 뭐냐?" "까치요." "아들아, 저게 뭐냐?" "까치라니까요, 아, 몇 번이나 물으세요?" 5번이나 반복되자 아들이 신경질을 부리며 욱하고 화를 냅니다. 그러자 83세 아버지가 다락방에서 무언가를 꺼내와 53세 아들에게 내밉니다. 아들이 3살이었을 때 썼던 아빠의 일기장이었습니다. 아들은 아빠의 일기장을 읽고 그 자리에 주저앉아 엉엉 울어버립니다. 일기장에는 이렇게 쓰여 있었습니다. "오늘도 내 귀염둥이 아들이 나에게 물었다. '아빠, 저게 뭐예요?' '까치란다.' '아빠, 저게 뭐예요?' '까치란다.' '아빠, 저게 뭐예요?' '까치란다.' 오늘도 23번을 반복해서 물었다. 그래서 나는 오늘도 너무너무 행복하다." 여러분, 이게 아버지의 마음입니다. 아들 예수 그리스도를 이 땅에 보내신 하늘 아버지의 마음도 바로 이런 마음 아니실까요?

> 주님, 83세 아버지와 53세 아들의 대화를 통해 아버지의 깊은 마음을 깨닫습니다. 하늘 아버지의 마음이 바로 이런 마음이심을 깨우쳐 주옵소서. 아들 예수 그리스도를 이 땅에 보내신 하늘 아버지의 마음을 깊이 묵상하게 해주옵소서. 저도 성령님의 도움으로 인내와 따뜻함을 가지고 주변 사람들을 대하며, 아버지의 마음을 닮아가게 하옵소서. 예수님의 이름으로 기도드립니다. 아멘.

JUNE 29

당신이 이 교회 담임목사잖아요!

"내 영혼아 네가 어찌하여 낙심하며 어찌하여 내 속에서 불안해 하는가 너는 하나님께 소망을 두라 그가 나타나 도우심으로 말미암아 내가 여전히 찬송하리로다"〈시 42:5, 개역개정〉

어떤 아빠가 교회에 크게 실망을 했습니다. 낙심이 되었습니다. 예배도 싫고 찬송도 싫고 설교도 싫어졌습니다. 급기야 어느 주일아침, 이 아빠가 교회를 안 가려 하는 것입니다. 아내도, 자녀들도, 그런 아빠의 모습에 덩달아 낙심이 되었습니다. 낙심이 전염된 거지요. 그때 참다 참다 아내가 한마디 했는데, 뭐라고 했는지 아십니까? "여보, 당신이 이 교회를 안 가면 누가 가요? 당신이 이 교회 담임목사잖아요!" 목사의 가정도 낙심하면 지옥으로 변합니다. 마귀가 입 벌리며 달려들기 때문입니다. 그래서 그런 이야기가 있지요? 마귀가 벼룩시장에 물건을 다 내놓고 파는데 한 가지 물건만은 내가 계속 써야 하니 절대 안 판다고 붙여놓았습니다. 무엇이었을까요? 바로 낙심이었습니다. 마귀도 알고 있었던 거지요. 아무리 신앙 좋은 크리스천도 낙심으로 살짝 건들기만 하면 풀썩 주저앉고 만다는 것을. 우리, 마귀에게 져서야 되겠습니까?

주님, 마귀가 벼룩시장에 내놓은 물건 중 오직 하나, 낙심만은 팔지 않고 계속 써야 한다고 했던 것을 제가 잊지 말게 하옵소서. 제가 마귀의 궤계에 넘어가지 않게 하옵소서. 저에게 굳건한 믿음과 용기를 주옵소서. 어떤 낙심이 찾아와도 주저앉지 않게 하옵소서. 주 예수의 이름으로 마귀를 대적하여 승리하게 도와주옵소서. 예수님의 이름으로 기도드립니다. 아멘.

JUNE 30

나침반도 때론 흔들린다

"혹시 구름이 성막 위에 머무는 날이 적을 때에도 그들이 다만 여호와의 명령을 따라 진영에 머물고 여호와의 명령을 따라 행진하였으며 혹시 구름이 저녁부터 아침까지 있다가 아침에 그 구름이 떠오를 때에는 그들이 행진하였고 구름이 밤낮 있다가 떠오르면 곧 행진하였으며"〈민 9:20-21, 개역개정〉

바다를 항해하는 배들은 해도라는 바다지도를 보고 갑니다. 그런데 비바람이 몰아치고 거센 파도가 치면 그것도 아무 소용이 없습니다. 그때는 무조건 나침반입니다. 그런데 배가 거센 풍랑에 막 흔들리면 나침반도 덩달아 막 흔들립니다. 그런데 전혀 걱정할 게 없습니다. 나침반이 막 흔들리는 것은 북극을 맞추기 위해서고, 북극을 다시 잡으면 나침반은 언제 그랬냐는 듯이, 이내 자리를 잡고 평온해집니다. 그리고 보니 저도 어렸을 때 나침반 가지고 놀 때, 막 흔들리다가 이내 자리 잡고 평온해지는 것을 볼 수 있었습니다. 아, 이것도 인생이구나! 흔들리는 우리 인생! 그때는 나침반도 흔들리거니와, 그 흔들림은 저 북극, 저 멀리 나의 시온성, 천국을 향하여, 본향을 향하여, 다시 방향을 바로 잡아주시려는 주님의 개입하심이구나! 저 강력한 흔들림은 나의 흔들림이 아니라 아, 북극을 다시 잡아주시려는 주님의 강력한 몸부림이시구나! 아, 흔들리는 게 이렇게 축복일 수도 있구나!

주님, 흔들리는 제 인생의 풍랑 속에서 나침반이 흔들리듯 제 마음도 흔들립니다. 하지만 이 흔들림은 저 북극, 저 멀리 나의 시온성, 천국을 향하여 방향을 바로잡아 주시려는 주님의 강력한 개입이심을 믿습니다. 흔들리는 것이 축복일 수 있음에 감사드립니다. 주님만을 참된 나침반으로 삼아, 천국 본향을 향해 곧게 나아가게 해주옵소서. 예수님의 이름으로 기도드립니다. 아멘.

JULY 7월

JULY 1

지도보다는 나침반을 따라가라!

"예수께서 이르시되 내가 곧 길이요 진리요 생명이니 나로 말미암지 않고는 아버지께로 올 자가 없느니라"〈요 14:6, 개역개정〉

독도법(讀圖法)이라는 말을 들어 보셨는지요? 지도를 읽는 법이라는 뜻이지요. 군대에서 군목훈련을 받으면서 저는 독도법을 배웠습니다. 처음 가보는 어느 깊은 산골, 혼자씩 풀어놓고, 지도를 보고 목표지점을 찾아오라고 하는 건데, 저는 당최 지도를 못 읽겠더라구요. 남들은 다 잘 찾아가는데, 왜 나는 안 되지? 약속한 시간이 지났는데, 제가 안 오니까 모두 난리가 난 거예요. 그러는 저는 얼마나 속이 탔겠어요. 그때 독도법 교관이 아까 했던 말이 생각나더라구요. 지도를 모르겠으면 무조건 나침반만 보고 와라. 그 말대로 나침반을 손바닥 위에 올려놓았습니다. 교관이 말했던 방향을 향하여 무조건 나아갔습니다. 나무숲을 헤치고 물을 건너고 언덕을 넘고 한참을 갔더니, 무슨 소리가 웅성웅성거리는 거예요. 보니까 나를 기다리고 있는 동기들이었어요. 저는 그때 깨달았어요. 길을 잃었을 때는, 나침반이 굉장히 중요하구나! 여러분, 이 광활한 인생의 사막길, 지금 여러분의 나침반은 누구십니까?

주님, 독도법 훈련에서 깊은 산골에 혼자 남겨져 지도를 읽지 못해 길을 잃고 속이 타던 저의 모습을 봅니다. 그때 깨달았던 나침반의 중요성처럼, 주님께서 흔들림 없는 제 나침반이 되심을 믿습니다. 인생의 사막길에서 방향을 잃고 헤맬 때, 주님만을 정확한 길잡이로 삼고 곧게 나아가게 하옵소서. 마침내 주님이 약속하신 복된 지점에 이르게 해주옵소서. 예수님의 이름으로 기도드립니다. 아멘.

JULY 2

독도를 못하면 독도를 못가고 독도가 된다

"우리는 그의 약속대로 의가 있는 곳인 새 하늘과 새 땅을 바라보도다"〈벧후 3:13, 개역개정〉

독도를 못하면 독도를 못가고 독도가 된다! 무슨 의미인지 아시나요? 독도(讀圖), 지도를 못 읽으면, 독도(獨島), 울릉도 동남쪽 87.4킬로미터 그 독도를 못 가고, 독도(獨島), 홀로 고립된 외딴섬이 되고 만다는 뜻입니다. 아담의 후예인 우리 인생들은 천국의 행복을 놓쳐버리고, 이 땅 실낙원으로 추방되어, 오늘도 지치고 곤한 인생살이를 살아가고 있습니다. 그러면서도 우리는 늘 본능적으로 소망하는 게 있습니다. 우리가 본디 있었던 그 천국으로 본향으로 태초에 하나님이 주고자 하셨던 행복의 나라로 돌아가고 싶다! 그런데 그 돌아가는 길이 어딘지 모르겠습니다. 동서남북 사막의 끝이 보이지 않는다구요? 그래서 갖고 있는 내 인생지도가 다 무용지물이라구요? 그렇다면 여러분, 여러분이 계획한 그 인생지도를 내려놓으십시오. 그리고 오직 한 분, 내 인생의 나침반, 하나님 나라로 가는 바로 그 길, 예수 그리스도만 바라보십시오! 그리고 이 여름, 죽 나아가십시오!

> 주님, 독도(讀圖), 곧 지도를 읽지 못하면, 독도(獨島), 곧 홀로 고립된 외딴섬이 되고 만다는 말의 심오한 의미를 깨닫습니다. 천국의 행복을 놓치고 실낙원으로 추방되어 지치고 곤한 인생살이를 사는 저를 긍휼히 여겨주옵소서. 제가 계획한 인생지도를 내려놓고, 오직 한 분, 제 인생의 나침반이시며 하나님 나라로 가는 바로 그 길이신 예수 그리스도만 바라보게 하옵소서. 예수님의 이름으로 기도드립니다. 아멘.

JULY 3

이제 신목사만 행복하면 되겠구나!

"우리가 선을 행하되 낙심하지 말지니 포기하지 아니하면 때가 이르매 거두리라"
〈갈 6:9, 개역개정〉

어제 치유상담대학원 정태기총장님께서 전화를 주셨어요. "별일 없지?" "예, 지난번 제직행복수련회를 했는데, 평소 30명 오던 분들이 200명 가까이 오셨어요. 기적이 일어나고 있어요." "그래, 교인들이 행복했겠네." "예, 그런 것 같아요. 뭔가 희망의 조짐이 보여요." "그래, 그럼 이제 신목사만 행복하면 되겠구나." "예?" 담임목사가 웃어야 교인들이 웃는다! 담임목사가 행복해야 교인들이 행복하다! 그런 말씀으로 들려왔습니다. "예, 총장님, 꼭 그렇게 하겠습니다." "그래, 신목사는 정말 잘할 거야. 교인들이 복 받은 거지." 아, 얼마나 위로가 되는지! 이제 나만 행복해하면 되는구나! 문제는 나구나! 여러분도 지금 인생의 사막을 건너고 계시지요? 자꾸만 포기하고 싶다구요? 포기는 배추를 셀 때나 쓰는 말입니다. 십자가에 죽으셨다 다시 사신 예수님! 죽음도 그분을 어찌지 못했습니다. 그분이 여러분을 포기하지 않으십니다. 여러분, 여러분이 먼저 마침표를 찍어서야 되겠습니까?

> 주님, "이제 신목사만 행복하면 되겠구나"라는 총장님의 말씀이 "담임목사가 웃어야 교인들이 웃고, 담임목사가 행복해야 교인들이 행복하다"는 주님의 음성처럼 들려왔습니다. "이제 나만 행복해하면 되는구나, 문제는 나구나"라는 깨달음에 위로를 받습니다. 인생의 사막을 건너며 자꾸만 포기하고 싶은 마음이 들 때, "포기는 배추를 셀 때나 쓰는 말"임을 기억하게 해주옵소서. 예수님의 이름으로 기도드립니다. 아멘.

JULY 4

하마터면 행복을 모르고 죽을 뻔했다

"이미 그의 안식에 들어간 자는 하나님이 자기의 일을 쉬심과 같이 그도 자기의 일을 쉬느니라" 〈히 4:10, 개역개정〉

추석 연휴 바로 전날, 한 은행직원이 잔금을 정리하려고 은행금고 안으로 들어갔습니다. 그런데 밖에서 다른 직원이 금고문이 열려 있는 것을 보고 닫아버렸습니다. 자기도 빨리 퇴근해서 추석 한가위 고향을 다녀와야겠다는 급한 마음에 무심코 닫아버린 것입니다. 은행금고 안에 갇힌 남자. 꼬박 그 밤을 거기서 조그만 공기구멍에 의지해 새야 했습니다. 처음엔 황당했고, 그다음 화가 났고, 그러다가 갑자기 정신이 번쩍 들었습니다. 아, 추석 연휴구나! 내일도 모레도 아무도 안 오겠구나! 갑자기 불안해졌습니다. 여기서 죽을 수도 있겠구나! 갇혀 있는 그 밤, 많은 생각을 했습니다. 이렇게 열심히 사는 게 다가 아니구나. 좀 더 의미 있는 삶을 살아야겠구나! 가족들에게 정말 잘해야겠구나! 고향 가자고 해놓고 다음날 아침까지 오지 않는 남편. 걱정이 된 아내. 은행에 연락해 겨우 찾아냈습니다. 휴, 그 남자는 인생에서 가장 소중한 연휴를 보낸 느낌이었습니다.

주님, 은행 금고 안에 갇힌 남자 이야기가 바로 제 이야기임을 고백합니다. 저도 매일의 분주함 속에 가장 소중한 것들을 잊고 살고 있지는 않은지 돌아봅니다. 제 삶이 열심히 사는 것을 넘어, 하나님이 주신 참된 의미와 가족 사랑을 실천하는 매일이 되게 해주옵소서. 오늘 제 인생에서 가장 소중한 것이 무엇인지 깨닫고 변화되게 해주옵소서. 예수님의 이름으로 기도드립니다. 아멘.

JULY 5

오선지에도 쉼표가 있다

"너는 엿새 동안에 네 일을 하고 일곱째 날에는 쉬라 네 소와 나귀가 쉴 것이며 네 여종의 자식과 나그네가 숨을 돌리리라"〈출 23:12, 개역개정〉

아빠는 한 번도 우리랑 휴가를 간 적이 없잖아요. 24년의 군생활 동안, 정신없이 달려왔습니다. 가족휴가? 나중에! 나중에! 그러다 갑자기 청빙을 받아 오게 되었습니다. 전역 전 3개월 휴가제도가 있었지만, 사정상 휴가를 반납하고 또 1년을 정신없이 달렸습니다. 그런데 갑자기 온몸이 마비된 것처럼. 병원에 갔더니 무조건 쉬라는 거예요. 안 그러면 진짜 마비가 올 수도 있다는 거예요. 그래서 장로님께 조용히 말씀드리고 베트남으로 가족휴가를 떠났습니다. 처음으로. 케이블카 딱 한 번 타고 정말 아무것도 안 하고 3일 동안 리조트에만 있었습니다. 대신, 아이들과 깊은 대화를 나눴습니다. 처음으로. 아, 이런 생각을 하고 있었구나. 부끄럽고 미안했습니다. 왜 진작 이런 시간, 이런 쉼을 갖지 못했을까! 여러분은 지금 어떻습니까? 만일 오선지에 쉼표가 없다면, 그것은 노래를 하지 말라는 것과 같습니다. 쉼표가 없는 인생. 그것도 너무나 끔찍합니다.

> 주님, 24년의 군생활, "나중에!"만 외치다 단 한 번도 가족휴가를 가지 못했던 제 모습을 돌아봅니다. 오선지에 쉼표가 없다면 노래를 하지 말라는 것과 같듯이, 쉼표가 없는 인생이 얼마나 끔찍한지 깨닫게 해주옵소서. 제 삶에도 주님이 주시는 쉼을 통해 가족과 제 영혼을 돌아보고 진정한 행복을 누리게 해주옵소서. 예수님의 이름으로 기도드립니다. 아멘.

JULY 6

하마터면 열심히 살 뻔했다

"모세가 홍해에서 이스라엘을 인도하매 그들이 나와서 수르 광야로 들어가서 거기서 사흘길을 걸었으나 물을 얻지 못하고"〈출 15:22, 개역개정〉

이번에 참 재미있는 책을 읽었어요. 〈하마터면 열심히 살 뻔했다〉. 항상 타인의 시선이 신경 쓰였고, 그들 보기에 괜찮은 삶을 살려고 애썼다는 저자 하완. 대입 4수와 3년간 깨달음, 회사원과 일러스트레이터의 투잡생활까지, 그동안 인생 대부분을 눈치만 보며 살아왔다고 고백합니다. 열심히 살면 뭐가 있겠지 하면서. 그런데 그가 뒤늦게 깨달은 것. 이렇게 사는 건 내 인생이 아니다. 이제라도 내 자신만의 길을 찾아야겠다. 그러면서 인생 뒤늦게 외친 말이 이것입니다. "하마터면 열심히 살 뻔했다." 정말 맞는 말 아닌가요? 제가 군대에서 행복플러스라는 프로그램을 만들고 참모총장님과 대화를 한 적이 있어요. 이런 걸 만들어주셔서 참 고맙다고 그러시더라구요. 그래서 제가, "열심히 하겠습니다," 말씀을 드렸더니, 참모총장님이 제 손을 꼭 잡으시면서 이렇게 말씀하시는 거예요. "목사님, 열심히 하지 마시고 잘해 주십시오." 아 맞다, 정말 맞는 말이다.

주님, 오늘도 "열심히 하는 것"보다 "잘하는 것"이 중요함을 깨닫습니다. 세상의 시선을 의식한 맹목적인 열심이 아니라, 주님 앞에서 참된 의미와 선함을 찾아 지혜롭게 잘 사는 삶이 되게 해주옵소서. 다른 사람이 아닌 주님 보시기에 가장 의미 있는 길을 저만의 블루오션으로 개척하게 해주옵소서. 예수님의 이름으로 기도드립니다. 아멘.

JULY 7

상황에 끌려다니지 않기로 했다

"다니엘은 뜻을 정하여 왕의 음식과 그가 마시는 포도주로 자기를 더럽히지 아니하리라 하고 자기를 더럽히지 아니하도록 환관장에게 구하니 하나님이 다니엘로 하여금 환관장에게 은혜와 긍휼을 얻게 하신지라"〈단 1:8-9, 개역개정〉

캐나다에 있는 켄 시게마츠 목사님의 책, 〈상황에 끌려다니지 않기로 했다〉. 저처럼 동분서주하다 삶의 중심을 잃어버렸다는 고백으로 시작됩니다. 사방에서 시간을 달라 아우성치는 목회. 더 이상 끌려다니지 않기로 했다는 것입니다. 정신없이 살고 싶은 사람은 아무도 없습니다. 바쁨이 일상이 된 시대. 나의 하루는 내가 택한 영적 질서대로 돌아갑니다. 상황 중심에서 예수 중심으로 삶의 규칙이 바뀌어야 합니다. 복잡한 일상에 건강한 경계를 세워야 합니다. NO! 할 수 있어야 합니다. 내 영성을 짓밟고 침범해 오는 스마트폰, 카톡, 텔레비전에 NO를 설정해 놓아야 합니다. 다 받고는 못 삽니다. 그러다간 상황에 끌려다닐 수밖에 없습니다. 살아지는 대로 살던 방치된 일상. 예수님 중심으로 삶의 구석구석을 정돈해야 할 시간. 삶에서 켜켜이 영성을 쌓아가야 합니다. 그래서 꽉 차 있어도 어수선하지 않은 삶. 짐은 가벼워지고 의미는 더욱 깊어지는 그런 삶을 계발해 가야 할 때가 이제 온 것입니다.

> 주님, 동분서주하다 삶의 중심을 잃어버렸던 제 모습을 돌아봅니다. 바쁨이 일상이 된 시대, 더 이상 상황에 끌려다니지 않게 하옵소서. 상황 중심에서 예수 중심으로 삶의 규칙을 바꾸고, 복잡한 일상에 건강한 경계를 세우게 해주옵소서. 삶에서 켜켜이 영성을 쌓아가, 꽉 차 있어도 어수선하지 않은 삶을 살게 해주옵소서. 짐은 가벼워지고 의미는 더욱 깊어지게 하옵소서. 예수님의 이름으로 기도드립니다. 아멘.

JULY 8

오아시스를 만나면 반드시 쉬어가라

"밭과 그 가운데에 있는 모든 것은 즐거워할지로다 그 때 숲의 모든 나무들이 여호와 앞에서 즐거이 노래하리니"〈시 96:12, 개역개정〉

정상을 향한 열병 때문에 수많은 사람들이 사하라 사막에서 오아시스를 그냥 지나쳐 버리고 맙니다. 우리 인생의 사막을 건널 때도 마찬가지입니다. 이 일을 마치고 나면, 이 프로젝트를 끝내고 나면, 이 해야 할 일을 다 하고 나면, 시간이 날 거라고 생각하면서 말이죠. 하지만 사막은 한없이 계속됩니다. 사막을 다 건너 저편에 다다를 때쯤이면, 한없이 후회만 남습니다. 그래서 우리 지금 사막에 있다면 그 무엇보다도 오아시스에 우선순위를 두어야 합니다. 그런 의미에서, 저에게는 거룩한 꿈이 있습니다. 우리 교회가 사막을 건너는 인생들에게 오아시스가 되는 꿈. 우리 교회가 대전 대전 내 영혼의 행복플러스를 통하여, 시편 96편 12절처럼, 지친 영혼의 나무들이 주님의 숲에서 치유를 맛보며 즐거이 노래하는 꿈. 이 꿈을 여러분과 함께 꾸고 싶습니다. 사막에 샘이 넘쳐흐르리라. 사막에 숲이 우거 향기 내리라.

주님, "이 일을 마치고 나면 시간이 날 것"이라고 생각하며, 인생의 사막을 걷고 또 걷다 한없는 후회만 남기는 제 모습을 봅니다. 제가 이 사막길에서, 그 무엇보다 오아시스에 우선순위를 두게 해주옵소서. "사막에 샘이 넘쳐흐르리라. 사막에 숲이 우거져 향기 내리라"는 주님의 약속을 믿습니다. 오늘도 제가 서 있는 곳에 영적인 오아시스가 넘쳐흐르게 해주옵소서. 예수님의 이름으로 기도드립니다. 아멘.

JULY 9

모래에 갇히면 타이어 바람을 빼라

"그런즉 선 줄로 생각하는 자는 넘어질까 조심하라" 〈고전 10:12, 개역개정〉

중학교 1학년 때 사이클 도대표 선수로 뛰었던 적이 있습니다. 너무 어이없게 선수가 되었는데요. 땅! 출발하는데, 앞에 달리던 형들이 커브 돌다가 넘어지는 거예요. 그래서 다 뒤엉켜 버린 거예요. 저는 꼴등으로 가다가 넘어진 친구들 살짝 비껴서 1등 한 거예요. 군대표, 도대표도, 와 앞에 가던 형들이 코너를 돌다가 또 우르르 넘어지는 바람에, 그래서 제일 어린 제가 도대표 선수까지 된 거예요. 왜 내 앞의 사람들이 번번이 넘어지지? 나중에 알았어요. 코치가 저에게 제일 먼저 앞바퀴 바람부터 빼라고 하는 거예요. 타이어에 바람이 빵빵 하면 지면에 착 달라붙지 않아서 커브 돌 때 위험하다고. 아, 바람을 너무 빵빵하게 집어넣었던 게 화근이었구나. 인생의 사막을 건너는 그대여, 지금 여러분도 자꾸 인생길 커브길 돌다가 넘어지셨나요? 혹 여러분 자아의 바람이 너무 빵빵해서 그런 것은 아닌가요?

> 주님, 인생이라는 이 사막의 커브길을 돌다가 자꾸 넘어지는 제 모습을 돌아봅니다. 제 자아에 바람이 너무 빵빵하게 들어가 있어, 예수님께 착 달라붙지 못하고 미끄러지는 것은 아닌지요? 타이어의 바람을 빼야 안전하게 커브를 돌 수 있듯이, 오늘도 제 자아의 바람을 좀 더 빼게 해주옵소서. 예수님의 이름으로 기도드립니다. 아멘.

JULY 10

혼자 가면 빨리 가지만, 함께 가면 멀리 간다!

"성령이 내게 명하사 아무 의심 말고 함께 가라 하시매 이 여섯 형제도 나와 함께 가서 그 사람의 집에 들어가니" 〈행 11:12, 개역개정〉

갑자기 이사를 했습니다. 갑자기 주인이 들어오겠다고 해서 얼떨결에 옮겼어요. 그동안 열악하지만 군인관사에서 집 걱정 없이 살다가, 아! 월세 사는 성도들의 불안이 이런 거구나 제대로 체험했어요. 길거리에 나앉을 수도 있겠구나, 가장으로서 정신이 번쩍 들더라구요. 그런데 이번에 참 귀한 체험도 했어요. 이번이 22번째 이사였는데, 아내도 전역 후에 내가 함께 있어 주니 너무 신기해하는 거예요. 그동안 이사는 아내 혼자 도맡아 했거든요. 하나하나 챙겨주시는 부동산 집사님도, 4년은 마음 놓고 사시라고 하시는 집주인 분도, 팥죽을 끓여 주신 여신도회원들도, 함께 오셔서 거들어 주신 장로님들과 권사님들도 참 힘이 됐습니다. 그렇습니다. 인생의 사막, 나 혼자 걸을 수는 없습니다. 너무 외롭기 때문입니다. 때때로 다른 차에, 다른 낙타에, 다른 순례자들에게 도움을 청해야 합니다. 혼자 가면 빨리 가지만, 함께 가면 멀리 갑니다.

주님, 제가 지금 걷고 있는 이 인생의 사막이 너무나 외로운 길임을 인정합니다. 때때로 다른 순례자들에게 도움도 청해야 함을 깨닫습니다. 혼자 가면 빨리 가지만, 함께 가면 멀리 간다는 진리를 붙잡게 해 주옵소서. 서로 돕고 서로 나누며 기쁨으로 동행할 수 있게 해주옵소서. 예수님의 이름으로 기도드립니다. 아멘.

JULY 11

캠프파이어에서 한 발짝 물러서라!

"형제들아 나는 아직 내가 잡은 줄로 여기지 아니하고 오직 한 일 즉 뒤에 있는 것은 잊어버리고 앞에 있는 것을 잡으려고 푯대를 향하여 그리스도 예수 안에서 하나님이 위에서 부르신 부름의 상을 위하여 달려가노라"〈빌 3:13-14, 개역개정〉

〈90년생이 온다〉라는 책을 읽어보셨습니까? 거기 보면, 새로운 세대, 9급 공무원 세대, 90년생의 3가지 특징이 나옵니다. 간단, 재미, 솔직. 알아듣기 힘든 줄임말을 남발합니다. 어설프고 맥락도 없는 이야기에 열광합니다. 회사와 제품에 솔직함을 요구합니다. 90년생이 거부하는 것 3가지가 있더라구요. 호구가 되기를 강요하는 조직. 꼰대질하는 기성세대. 호갱으로 대하는 기업. 스티브 도나휴의 책 〈사막을 건너는 여섯 가지 방법〉에서도 그렇게 말합니다. 인생길 캠프파이어에 안주하지 마라. 그 캠프파이어에서 한 발짝 물러서라! 그리고 다시 사막의 어둠 속으로 들어가라. 그런데 감사한 건, 그 어둠 속에 하나님이 계신다는 것. 그런 찬양도 있지요. 너무 편하고 너무 만족했던 나의 신을 벗습니다. 그러므로 여러분, 인생의 사막, 안주하지 말고 완주하십시오. 고루한 건 가차 없이 외면당합니다. 변화하지 않으면 변화 당합니다.

주님, "너무 편하고 너무 만족했던 나의 신을 벗습니다"라는 찬양처럼, 익숙함을 벗어던지고 변화를 선택하게 해주옵소서. 고루한 것은 가차 없이 외면당하고, 변화하지 않으면 변화 당한다는 시대의 흐름을 깨닫게 해주옵소서. 제가 이 인생의 사막에서 안주하지 않고, 어둠 속에 계시는 하나님을 굳게 의지하여, 소명의 길을 끝까지 완주할 수 있게 해주옵소서. 예수님의 이름으로 기도드립니다. 아멘.

JULY 12

허상의 국경에서 절대 멈추지 마라!

"때가 이르리니 사람이 바른 교훈을 받지 아니하며 귀가 가려워서 자기의 사욕을 따를 스승을 많이 두고 또 그 귀를 진리에서 돌이켜 허탄한 이야기를 따르리라" 〈딤후 4:3-4, 개역개정〉

우리나라에 사막이 있다는 말 들어 보셨나요? 아주 가까운 곳. 태안 신두리 해안사구. 어머니를 모시고 가보았어요. 그런데 안내방송, 지금 들어가신 분 나가 주시기 바랍니다! 아, 이 경계선 안으로 들어가면 안 되는구나! 얼른 사진 찍고 나와 버렸어요. 그런데 출구에서 해설사 아저씨, 차 한 잔 드시고 가세요! 어머니 모시고 오신 모습이 참 보기 좋았다면서 자세히 해설을 해주셨습니다. 그러면서 결정적인 말씀, CCTV로 다 보고 있었는데, 조금만 더 돌아가면 진짜 장관을 보실 수 있었는데, 그냥 오셔버렸다고. 안내방송 듣고 거기까지가 경계선인 줄 알고 나와버렸다고 했더니, 조금만 더 돌아가면 된다는 거예요. 그 길로 다시 갔지요. 그랬더니 글쎄, 1,300리 해안선을 따라, 15,000년 동안 형성된, 우리나라 가장 큰 모래사막. 정말 장관이었어요. 사막을 건너는 인생들이여, 지금 허상의 국경선 앞에서 꼼짝 못 하고 두려움에 떨고 있는 건 아닌가요? 조금만 더 돌아가면 되는데!

> 주님, 제가 이 인생의 사막에서 허상의 국경선 앞에 꼼짝 못 하고 두려움에 떨고 있지는 않은지 돌아봅니다. 조금만 더 돌아가면 기적과 장관이 펼쳐지는 새로운 길이 있는데, 쉽게 포기하고 주저앉는 제 나약함을 용서해 주옵소서. 눈앞의 가짜 경계선에 속지 않게 해주옵소서. 예수님의 이름으로 기도드립니다. 아멘.

JULY 13

내 영성에 적신호가 켜지다

"여호와여 어느 때까지니이까 나를 영원히 잊으시나이까 주의 얼굴을 나에게서 어느 때까지 숨기시겠나이까 나의 영혼이 번민하고 종일토록 마음에 근심하기를 어느 때까지 하오며 내 원수가 나를 치며 자랑하기를 어느 때까지 하리이까"〈시 13:1-2, 개역개정〉

나 교회 안 나가! 그런 사람을 안 나가 거꾸로 가나안 성도라고 하지요. 가나안 성도 200만 시대. 가나안 성도 대부분이 10년 이상 신앙생활을 한 사람들입니다. 그들이 교회를 안 나오는 이유는 예수님이 싫어서가 아닙니다. 교회가 성도 개개인의 영적인 필요를 채워주지 않기 때문입니다. 한 성도의 고백이 있습니다. "나는 22년 동안 그리스도인이었습니다. 그러나 지금 나는 22세의 그리스도인이 아니라, 22년 동안 1살의 그리스도인으로 살았습니다! 나는 그저 똑같은 것을 반복하고 또 반복했습니다." 성인아이처럼, 아무리 교회를 오래 다녔어도, 정서적으로 치유되지 않은 사람은 영적으로 아기라는 거예요. 여러분의 영성은 지금 어떻습니까? 성장하고 있다는 착각에 빠져 있지는 않습니까? 뭔가 단단히 잘못되었다고 느끼고 계시지는 않습니까? 내 영성에 적신호가 켜져 있다는 느낌. 이대로는 안 된다는 절박감. 어떻게 하면 내 영성의 빨간불을 파란불로 바꿀 수 있을까요?

> 주님, 오랜 신앙생활에도 정서적으로 치유되지 않아 영적으로 아기 상태에 머물러 있는 제 영성을 돌아봅니다. 제 영성의 빨간 불을 파란 불로 바꿔주옵소서. 주님과 깊은 만남을 통하여 성인아이와 같은 제 미성숙을 벗어 던지게 해주옵소서. 삶의 구석구석을 주님 중심으로 정돈하고, 정서적으로 건강한 영성을 계발하게 해주옵소서. 예수님의 이름으로 기도드립니다. 아멘.

JULY 14

나는 영성의 그 거대한 깊이를 모른 채 살았다

"너희는 하나님의 은혜에 이르지 못하는 자가 없도록 하고 또 쓴 뿌리가 나서 괴롭게 하여 많은 사람이 이로 말미암아 더럽게 되지 않게 하며"〈히 12:15, 개역개정〉

바다에 떠다니는 저 어마어마한 빙산. 우리 눈에 보이는 빙산은 전체의 10퍼센트에 불과합니다. 이 10퍼센트가 다른 사람들에게 보이는 우리의 변화된 모습이지요. 우리는 신앙생활을 하면서 남들 보기에 더 좋은 사람, 더 공손한 사람이 되었습니다. 교회에 출석하며 정기적으로 모임에도 참석합니다. 우리의 삶을 정화시킵니다. 술도 끊고, 담배도 끊고, 저속한 말도 사용하지 않고, 부도덕한 행동도 하지 않습니다. 경건하게 기도하며 예수님에 대해 나눕니다. 하지만 존재의 뿌리는 말씀으로부터 어떤 영향도 받지 못한 채 요지부동입니다. 기존의 영성 모델은 수면 아래 잠긴 90퍼센트 가운데 일부만을 다루고 있습니다. 문제는 그보다 훨씬 더 많은 부분이 예수 그리스도를 통해 조금도 건드려지지 않은 채로 살아간다는 것입니다. 그 부분이 변화되려면 정서적으로 건강한 영성, 곧 상처 입은 정서들이 먼저 치유되어야 합니다. 그런 의미에서, 여러분은 지금 치유 받은 그리스도인입니까?

> 주님, 바다 빙산의 10퍼센트만 눈에 보이듯이, 제 변화된 모습도 전체의 10퍼센트에 불과함을 깨닫습니다. 수면 아래 잠긴 90퍼센트는 말씀으로부터 어떤 영향도 받지 못한 채 요지부동인 제 존재의 뿌리를 봅니다. 온전하신 치유의 빛을 비추어 주옵소서. 90퍼센트 숨겨진 부분까지 변화시켜 주옵소서. 예수님의 이름으로 기도드립니다. 아멘.

JULY 15

건강하지 못한 영성에는 10가지 증상이 있다

"내가 이것을 너희에게 이름은 내 기쁨이 너희 안에 있어 너희 기쁨을 충만하게 하려 함이라"〈요 15:11, 개역개정〉

건강하지 못한 영성에는 10가지 증상이 있습니다. 하나님께로부터 도망치고자 하나님을 이용하지요. 분노, 슬픔, 두려움 같은 정서를 무시하지요. 자신의 정당한 욕구조차 거부합니다. 현재에 미치는 과거의 영향력을 부정합니다. 우리 삶을 속된 것과 거룩한 것으로 양분합니다. 하나님과 동행하기보다 사역에만 바쁘지요. 갈등을 회피합니다. 상처, 약점, 실패를 은폐합니다. 자신의 한계를 인정하지 않습니다. 다른 사람들의 신앙을 판단합니다. 이 열 가지 증상 가운데 여러분은 몇 개나 해당되세요? 저는 하나님과 동행하기보다 사역에만 바쁘다, 갈등을 회피한다, 다른 사람들의 신앙을 판단한다, 이 세 가지가 가장 공감이 되더라구요. 꼭 내 모습인 것 같아요. 건강한 영성을 계발하고 싶지 않으세요? 속도를 줄이고 느긋하게 사는 삶. 하나님의 사랑에 닻을 내리는 삶. 환상에서 벗어나는 삶. 그런 삶을 살고 싶지 않으세요?

주님, 하나님과 동행하기보다 사역에만 바쁜 것, 갈등을 회피하는 것, 다른 사람들의 신앙을 판단하는 것이 제 모습임을 고백합니다. 건강한 영성을 계발하여 속도를 줄이고 느긋하게 사는 삶, 하나님의 사랑에 닻을 내리는 삶, 환상에서 벗어나 진실 위에 서는 삶을 살고 싶습니다. 제 영혼을 진단하시고 주님의 말씀으로 치유하여 주옵소서. 예수님의 이름으로 기도드립니다. 아멘.

JULY 16

그 독수리는 닭으로 살다가 닭으로 죽었다

"너희는 유혹의 욕심을 따라 썩어져 가는 구습을 따르는 옛 사람을 벗어 버리고 오직 너희의 심령이 새롭게 되어 하나님을 따라 의와 진리의 거룩함으로 지으심을 받은 새 사람을 입으라"〈엡 4:22-24, 개역개정〉

한 사람이 독수리 알을 발견해서 닭 둥지에 넣었습니다. 독수리 새끼는 병아리들과 함께 부화되어 자랐습니다. 그 독수리는 평생 닭들이 하는 행동을 보면서, 자신을 닭으로 생각했습니다. 흙을 파서 벌레와 곤충을 잡아먹고 꼬꼬댁거리며 울었습니다. 그리고 날개를 몇 번 펄럭여 살짝 떠오르기만 했습니다. 세월이 흘러 독수리는 매우 늙었습니다. 어느 날, 그는 멋진 새가 청명한 하늘을 나는 것을 보았습니다. 그 새는 우아하고 장엄하게 거센 바람을 따라 활강했습니다. 강한 금빛 날개를 펄럭이지도 않았습니다. 늙은 독수리는 경탄하며 바라보았습니다. "저건 독수리야. 새들의 왕이지." 이웃이 말했습니다. "그는 하늘에 속하고, 우린 땅에 속해. 우리는 닭이야." 그 독수리는 닭으로 살다가 닭으로 죽었습니다. 여러분도 지금 닭으로 살고 있지는 않습니까? 하나님께서 여러분을 독수리로 창조하셨는데, 나만 모르고 있는 것은 아닙니까?

주님, 독수리로 태어났으나 닭 둥지에서 땅만 바라보다 죽은 늙은 독수리처럼, 제가 하나님의 자녀라는 독수리의 정체성을 잊고 세상의 닭처럼 살고 있지 않은지 돌아보게 해주옵소서. 청명한 하늘을 우아하고 장엄하게 활강하며 나는 독수리의 본모습을 회복하게 해주옵소서. 주님께서 제게 주신 금빛 날개를 펼치고 훨훨 비상하게 하옵소서. 예수 그리스도의 이름으로 기도드립니다. 아멘.

JULY 17

살아 있다는 싱싱한 느낌!

"베드로와 세베대의 두 아들을 데리고 가실새 고민하고 슬퍼하사 이에 말씀하시되 내 마음이 매우 고민하여 죽게 되었으니 너희는 여기 머물러 나와 함께 깨어 있으라 하시고" 〈마 26:37-38, 개역개정〉

장례식장 가서도 울지 마라. 천국 갔으니 기뻐해라. 여러분도 이런 말 들어 보셨지요? 흔히 교회 다니는 사람들은 슬픈 상황에서도 슬픈 감정을 표현하지 말라고 강요받아 왔습니다. 그러다 보니, 내 감정은 더욱 거짓으로 포장되어야만 했습니다. 분노도 마찬가지입니다. 때론 그런 감정들이 표현이 제대로 안 되어 마음의 깊은 병이 되기도 했습니다. 우리는 하나님의 형상대로 만들어졌습니다. 하나님이 감정을 느끼십니다. 우리도 감정을 느끼는 것이 당연합니다. 예수님도 감정을 느끼셨습니다. 우리도 감정을 느끼는 것이 당연합니다. 성령님도 감정을 느끼십니다. 우리도 감정을 느끼는 것이 당연합니다. 문제는 이 감정을 얼마나 건강하게 잘 표현하느냐 하는 것입니다. 부디 여러분의 감정을 잘 추스르십시오. 사려 깊게 반응하십시오. 지혜롭게 대처하십시오. 건강하게 표현하십시오. 그리하여 거짓자기가 아닌 참자기로, 주님 앞에서 살아 있다는 싱싱한 느낌으로 살아가십시오.

주님, 제 감정을 거짓으로 포장하며 슬픔과 분노를 마음의 깊은 병으로 만들었던 어리석음을 용서해 주옵소서. 제 감정을 억누르거나 방치하지 않고, 건강하게 잘 표현하게 해주옵소서. 사려 깊게 반응하고, 지혜롭게 대처하여, 거짓자기가 아닌 참자기로, 주님 앞에서 살아 있다는 싱싱한 느낌으로 살아가게 하옵소서. 예수 그리스도의 이름으로 기도드립니다. 아멘.

JULY 18

참자기와 거짓자기

"그런즉 거짓을 버리고 각각 그 이웃과 더불어 참된 것을 말하라 이는 우리가 서로 지체가 됨이라"〈엡 4:25, 개역개정〉

10대가 화장을 하면 위장, 20대가 화장을 하면 치장, 30대가 화장을 하면 분장, 40대가 화장을 하면 포장, 50대가 화장을 하면 환장. 사람들은 자꾸만 자신을 위장하려 합니다. 사람들에게 잘 보이기 위하여, 자신이 괜찮은 사람으로 보이기 위하여, 실제보다 더 좋게 보이기 위하여. 사람들은 자꾸만 가식적인 행동을 취합니다. 인정받기 위해서, 거룩해 보이기 위해서, 완전한 사람처럼 보이기 위해서. 이렇듯 자신이 아닌 타인으로 사는 인생들. 가면을 쓰고 사는 인생들. 거짓자기로 사는 인생들. 혹 저와 여러분의 모습은 아닙니까? 이 거짓자기를 벗어 버리는 방법이 있을까요? 있습니다. 침묵과 고독을 통하여 자신의 내면에 집중하는 것입니다. 신뢰할 만한 동반자를 찾는 것입니다. 안전지대에서 나오는 것입니다. 용기를 달라고 기도하는 것입니다. 더 이상 목마르지 않는 영성의 깊은 샘! 그분이 바로 참자기의 근원, 예수 그리스도이십니다.

주님, 제가 오늘도 자신이 아닌 타인으로, 가면을 쓰고 거짓자기로 사는 건 아닌지 돌아봅니다. 더 이상 목마르지 않는 영성의 깊은 샘, 곧 참자기의 근원이신 예수 그리스도께로 나아갈 수 있게 도와주옵소서. 주님 안에서 가장 진실하고 온전한 참자기를 회복하여, 이제는 거짓 가면을 벗고 참 자유를 누리게 해주옵소서. 예수님의 이름으로 기도드립니다. 아멘.

JULY 19

너는 왜 너처럼 살지 못했느냐?

"그리고 사울은 자기의 군복을 다윗에게 입혀 주었다. 뿐만 아니라 그의 머리에는 놋투구를 씌워 주었고, 그의 몸에는 비늘 갑옷을 입혀 주었다. 이렇게 완전무장을 한 다윗은 허리에 사울의 칼까지 차고 몇 걸음 걸어 보려고 하였으나 그에게는 걷기에 너무나 무거운 장비였다. 그래서 다윗은 이렇게 말하였다. '이대로는 걸을 수조차 없습니다. 이렇게 안전무장을 해본 적이 한 번도 없기 때문입니다.' 다윗은 그것들을 모두 벗어 놓았다. 다윗은 목자의 지팡이와 물매만을 다시 집어 들었다. 그리고 시냇가에서 조약돌 5개를 주워 가지고 메고 다니던 목자의 주머니에 넣었다. 이제 그는 물매만을 손에 들고서 그 블레셋 거인 골리앗을 향하여 걸어 나갔다." 〈삼상 17:38-40, 현대어〉

군목으로 장병들과 24년을 섬겼습니다. 그래서 못 해본 게 많았습니다. 전역 후에 가장 해보고 싶은 게 있었습니다. 파마였습니다. 평생을 짧은 머리만 했으니, 파마가 그렇게 부럽더라구요. 드디어 이번에 소원을 풀었습니다. 근데 영 어색해요. 그리고 파마하면 새벽기도 나올 때 머리 안 감아도 될 줄 알았는데, 손이 더 가요. 영 내 스타일이 아니에요. 그래서 아내를 설득해서 다시 이발소로 달려갔습니다. 역시 내 머리는 면장님 스타일. 이게 나의 참모습이구나 싶었습니다. 내 참모습을 찾는다는 게 이렇게 중요한 거더라구요. 랍비 수시아도 말년에 이런 말을 했지요. "천국에서 내가 듣게 될 질문은 '너는 왜 모세처럼 살지 못했느냐?' 그런 질문이 아닐 것이다. 바로 이 질문일 것이다. '너는 왜 수시아처럼 살지 못했느냐?'" 여러분에게도 이 질문을 주님께서 하실 것입니다. 너는 왜 너처럼 살지 못했느냐? 너는 왜 평생 남의 옷을 입고 살았느냐?

주님, 타인의 시선이나 세상의 기준이 아닌, 주님께서 저에게 주신 본연의 모습, 가장 진실하고 가장 온전한 참자기를 회복하게 하옵소서. 가면을 벗고 주님 안에서 나 자신으로 자유롭게 살아가게 옵소서. 예수님의 이름으로 기도드립니다. 아멘.

JULY 20

과거에서 배우지 못한 사람은 과거를 되풀이한다!

"그리스도께서 다시 살아나신 일이 없으면 너희의 믿음도 헛되고 너희가 여전히 죄 가운데 있을 것이요"〈고전 15:17, 개역개정〉

찰스 디킨슨 아시죠? 그의 소설 〈위대한 유산〉에 보면, 해비셤이라는 여인이 나옵니다. 부자 아버지를 두었지요. 딸에게 성대한 결혼예식을 치러주기로 했습니다. 결혼예식이 있는 날, 아침 8시 40분, 그녀는 신랑으로부터 뜻밖의 편지를 받습니다. 결혼예식에 가지 않겠다! 충격을 받은 그녀는 그때부터 이상한 행동을 하게 됩니다. 평생토록 집안의 모든 시계를 신랑의 편지가 도착한 그 시각에 맞추어 놓습니다. 그리고 일평생 신부 드레스를 입고 지냅니다. 하염없이 시간이 지나고, 결국, 순백의 드레스는 누런색으로 바랬습니다. 그녀는 신발도 한 짝만 신고 지냅니다. 신랑의 편지가 도착하던 그 비운의 시각, 아직 다른 한 짝은 신고 있지 않았기 때문입니다. 할머니가 되어서도 그녀는 달라지지 않습니다. 여전히 충격에 시달립니다. 마치 집안의 모든 것이 멈춘 것 같았습니다. 그녀는 현재가 아닌, 과거에 머물러 살기로 결정했습니다. 여러분도 이 여인처럼 과거에 머물러 살고 계시지는 않습니까?

주님, 현재가 아닌 과거에 머물러 삶의 모든 것을 멈춘 듯이 사는 해비셤 여인의 모습처럼, 저도 과거의 상처나 실패에 매여 현재의 삶을 잃어버리고 있지는 않은지 돌아봅니다. 과거의 비극적인 순간에 저 스스로를 가두지 않게 해주옵소서. 주님께서 주시는 치유와 자유를 통하여 과거에서 벗어나, 오늘도 주님과 함께 새롭게 시작하게 하옵소서. 예수님의 이름으로 기도드립니다. 아멘.

JULY 21

깔끔한 가계도는 없다!

"야곱의 족보는 이러하니라 요셉이 십칠 세의 소년으로서 그의 형들과 함께 양을 칠 때에 그의 아버지의 아내들 빌하와 실바의 아들들과 더불어 함께 있었더니 그가 그들의 잘못을 아버지에게 말하더라"〈창 37:2, 개역개정〉

가족은 2대부터 4대가 함께 삶의 여러 시기와 장소를 살아 나갑니다. 그렇게 정서적 공동체를 이루는 제도가 가족이지요. 한 사람이 가정에서 태어날 때, 가정 안의 관계방식, 가치, 세상을 살아가는 방식을 물려받습니다. 여러분의 가족사와 개인사는 결코 분리될 수 없습니다. 그래서 이런 말도 있지요. 예수님은 우리 마음속에 계시지만, 할아버지는 우리 뼛속에 계신다. 피는 물보다 진하다. 모든 가족은 정도의 차이가 있을 뿐 하나같이 깨어져 있습니다. 그리고 슬프게도 우리 부모님들이 행했던 일들을 그대로 행하고 있는 내 모습을 발견하게 됩니다. 그런데 여러분, 아셔야 할 것이 있습니다. 우리 부모님들은 고비고비 할 수 있는 최선을 다하셨습니다. 우리 부모님들은 부모님의 부모님보다 더 잘하셨습니다. 내가 만물을 새롭게 하노라. 주님의 말씀입니다. 이제 과거를 돌아봄으로써 하나님의 가족으로 새롭게 태어나고 새롭게 변화되어야 하지 않겠습니까? 그리고 그 변화는 바로 나부터입니다.

> 주님, 가정 안의 관계방식, 가치, 세상을 살아가는 방식이 제 가족사를 통해 물려받았음을 고백합니다. 그러나 제 부모님들은 고비고비 할 수 있는 최선을 다하셨고, 부모님의 부모님보다 더 잘하셨음을 기억합니다. "내가 만물을 새롭게 하노라"는 주님의 말씀을 붙잡고, 새롭게 태어나게 해주옵소서. 그 변화가 오늘 바로 저로부터 시작되게 하옵소서. 예수님의 이름으로 기도드립니다. 아멘.

JULY 22

어떤 분위기의 가정에서 자라셨습니까?

"그런즉 누구든지 그리스도 안에 있으면 새로운 피조물이라 이전 것은 지나갔으니 보라 새 것이 되었도다"〈고후 5:17, 개역개정〉

하나님께서는 여러분을 특정한 가정, 특정한 장소, 특정한 역사의 순간에 태어나게 하셨습니다. 이것이 여러분의 인생 여정 내내 어느 정도 정서적인 짐이 되기도 합니다. 여러분 가운데 어떤 이들에게는 그 짐이 작고, 어떤 이들에게 매우 무겁습니다. 그러나 이렇게 태어나게 하신 하나님의 섭리와 선택을 받아들이는 것이 정서적으로 건강한 영성입니다. 여러분의 과거를 받아들이는 그 선택이 기회와 축복이 됩니다. 여러분 가정은 2~3세대 전의 축복과 죄가 현재 누군가에게 심오한 영향을 미치고 있습니다. 예수 그리스도의 제자가 되려면 원가정의 그 죄악된 패턴을 벗어나야 합니다. 그리고 하나님의 가족 안에서 예수님의 영성으로 살아가는 법을 다시 배워야 합니다. 그것이 참된 그리스도교 영성입니다. 그 영성이 여러분을 자유롭게 할 것입니다. 그 영성이 현재를 만족하며 행복플러스 인생을 살게 할 것입니다.

> 주님, 2~3세대 전의 축복과 죄가 제 현재에 심오한 영향을 미치고 있음을 봅니다. 예수 그리스도의 제자가 되려면, 원가정의 그 죄악된 패턴을 벗어나야 함을 깨닫습니다. 하나님의 가족 안에서 예수님의 영성으로 살아가는 법을 다시 배우게 해주옵소서. 그 영성으로 현재를 만족하며, 행복플러스 인생을 살게 해주옵소서. 예수님의 이름으로 기도드립니다. 아멘.

JULY 23

변화는 바로 나부터!

"너희는 이 세대를 본받지 말고 오직 마음을 새롭게 함으로 변화를 받아 하나님의 선하시고 기뻐하시고 온전하신 뜻이 무엇인지 분별하도록 하라"〈롬 12:2, 개역개정〉

죽음을 앞둔 하시딤의 한 랍비가 있었습니다. 어릴 때 그의 기도는 매우 당찼습니다. 주님, 제가 이 세상을 변화시키는 사람이 되게 해주옵소서. 그런데 그 기도가 너무 허망한 기도라는 것을 알고 기도를 바꿨습니다. 주님, 제가 이 세상을 변화시키지는 못하지만, 이 지역은 변화시키는 사람이 되게 해주옵소서. 그런데 그 기도가 너무 허망한 기도라는 것을 알고 기도를 바꿨습니다. 주님, 제가 이 지역을 변화시키지는 못하지만, 이 동네는 변화시키는 사람이 되게 해주옵소서. 그런데 그 기도도 너무 허망한 기도라는 것을 알고 또다시 기도를 바꿨습니다. 주님, 제가 이 동네를 변화시키지는 못하지만, 내 가족은 변화시키는 사람이 되게 해주옵소서. 그런데 이제 늙어 내 가족도 변화시키는 것이 힘들다는 것을 알고 그는 이렇게 탄식했습니다. 아, 차라리 어렸을 때부터 나 자신만이라도 변화시키게 해달라고 기도했으면 좋았을 것을!

> 주님, 세상을 변화시키려 하기 전에, 저 자신을 변화시키는 것이 가장 중요하고 가장 어려운 일임을 깨닫게 하옵소서. 다른 사람이나 세상을 바꾸려 하기보다, 먼저 제 내면세계를 돌아보고 주님의 말씀으로 저부터 변화되게 하옵소서. 제 안에서부터 시작되는 그 작은 변화가 결국 세상을 바꿀 수 있는 유일한 길임을 믿고, 오늘도 그 작은 한 걸음을 내딛게 도와주옵소서. 예수님의 이름으로 기도드립니다. 아멘.

JULY 24

그 밤중에 그 밤길을

"주께서 너를 그 품으로 안아주시리니 네가 그 품안에서 아무런 걱정 없으리라. 주님의 진실함이 방패가 되고 액막이가 되리니 밤중에 그 어떤 위험이 닥쳐온다 해도 대낮에 그 누가 갑작스레 해치려 한다 해도"〈시 91:4-5, 현대어〉

그동안 만났던 교인들 가운데 참 마음 아픈 분들이 있습니다. 교사로, 찬양대로, 여신도회장으로, 남신도회장으로, 장로로, 권사로, 교회를 들었다 놨다 하셨던 분들이셔요. 그런데 지금은 조용히 숨어 계셔요. 쉬고 싶다는 말씀이에요. 왜 그러실까. 곰곰이 생각해 보았어요. 아, 이분들이 일에 지치셨구나! 아니, 사람들에게 지치셨구나! 그래서 교회를 옮기고 조용히 계시는 분들이 참 많아요. 그게 지금 그분들만의 문제일까요? 여러분의 영적 상태는 지금 어떠신가요? 영적인 여정에서 우리는 반드시 어떤 벽들을 만나게 됩니다. 신앙의 성숙을 위해서는 그 벽들을 통과해야 하지요. 우리가 만나는 그 벽들을 기독교 영성에서는 영혼의 어두운 밤이라고 말해왔습니다. 예수님에게 십자가는 영혼의 어두운 밤, 그 극치였습니다. 그러나 예수님은 이 밤을 피하지 않으셨습니다. 아니, 순순히 그 밤속으로 들어가셨습니다. 우리도 예수 그리스도의 제자입니다. 영혼의 어두운 밤, 그 밤중에 그 밤길을 통과해야 하지 않겠습니까? 예수님 손 꼭 붙잡고!

주님, 저도 지금 '영혼의 어두운 밤'을 지나고 있습니다. 예수님께서는 십자가가 영혼의 어두운 밤 그 극치였지만, 그 밤을 피하지 않으시고 순순히 그 밤속으로 들어가셨습니다. 저도 예수님의 제자로서 영혼의 어두운 밤, 이 밤길을 피하지 않고 당당히 걸어가게 해주옵소서. 예수님 손 꼭 붙잡고 이 밤길을 예수님과 함께 마침내 통과하게 해주옵소서. 예수님의 이름으로 기도드립니다. 아멘.

JULY 25

신앙생활의 6단계

"그러므로 너희가 더욱 힘써 너희 믿음에 덕을, 덕에 지식을, 지식에 절제를, 절제에 인내를, 인내에 경건을, 경건에 형제 우애를, 형제 우애에 사랑을 더하라" 〈벧후 1:5-7, 개역개정〉

신앙생활을 하다 보면, 크게 6단계의 과정을 거치게 됩니다. 1단계는 하나님을 알고 삶이 변화되는 단계이고, 2단계는 그리스도의 제자가 된다는 것이 무엇을 의미하는지를 배우는 단계이고, 3단계는 어딘가 소속되어 하나님을 위해 일하며 사람들을 섬기는 활동적인 단계이며, 이 정도에서 한번 벽을 만나게 됩니다. 일에 지치고 사람에 지치고. 그래서 갑자기 신앙생활의 회의를 느낍니다. 앞길을 가로막는 벽 때문에 영혼의 어두운 밤을 만나는 시기입니다. 그러다가 4단계는 이전과는 달리 외부 활동을 줄이고 내적 여정을 시작하는 단계이며, 5단계는 다시 한번 하나님을 위해 무엇인가를 하는 쪽으로 움직이는 외적 여정 단계이며, 6단계는 우리의 전 존재가 하나님의 완벽한 뜻에 순종하고 복종함으로써 사랑의 사람으로 변화되어 마침내 하나님과 사랑의 연합을 이루는 단계입니다. 이 단계가 비로소 영성의 깊은 샘에 이르는 단계이지요. 여러분은 지금 어느 단계에 있으신지요?

> 주님, 신앙생활의 6단계를 생각해 봅니다. 저는 지금 어느 단계에 있는지 제 영적 여정을 돌아보게 해주옵소서. 영혼의 어두운 밤을 피하지 않고 통과하게 하옵소서. 내적 여정을 통해 참된 영성의 깊이를 더하게 하옵소서. 마침내 하나님과 사랑으로 온전히 연합하는 6단계에 이를 수 있도록 동행하여 주옵소서. 예수님의 이름으로 기도드립니다. 아멘.

JULY 26

시험에 시험 들지 맙시다

"시험을 참는 자는 복이 있나니 이는 시련을 견디어 낸 자가 주께서 자기를 사랑하는 자들에게 약속하신 생명의 면류관을 얻을 것이기 때문이라"〈약 1:12, 개역개정〉

인생은 여행입니다. 그 여행에는 뜻하지 않은 수많은 위기, 곧 고난, 절망, 슬픔, 포기, 분노, 배신, 상처 같은 벽들이 도사리고 있습니다. 그 벽을 통과할 때 우리는 영혼의 어두운 밤을 경험합니다. 그 밤은 우리를 좌절시키고 억압하고 불행하게 하기 위하여 있는 게 아닙니다. 도리어 우리가 더 자유롭게 누리면서 살게 하기 위하여 있는 것입니다. 그런 의미에서 우리 그리스도인에게 영혼의 어두운 밤은 하나님이 주시는 시험입니다. 테스트입니다. 그런데 여러분, 겁먹을 필요 없습니다. 시험은 통과하면 됩니다. 지금 영혼의 어두운 밤을 통과하고 계십니까? 피하지 맙시다. 다시 말씀드리지만, 그것은 하나님의 시험입니다. 일종의 테스트입니다. 시험은, 테스트는, 통과하면 됩니다. 통과하면 큰 상이 주어질 것입니다. 지금 영혼의 어두운 밤, 하나님의 시험을 치르고 계십니까? 그 시험에 시험 들지 맙시다. 오히려 멋지게 통과합시다. 그래서 하늘의 큰 상을 받으시기를 주님의 이름으로 축원합니다.

> 주님, 제 인생은 지금 여행 중입니다. 뜻하지 않은 수많은 위기 곧 벽들이 도사리고 있음을 고백합니다. 그 벽을 통과할 때, 제가 지금 영혼의 어두운 밤을 지나고 있다는 것 보고 계시지요? 제가 겁먹을 필요 없이, 이 영혼의 어두운 밤을 잘 통과하게 해주옵소서. 이 시험에 시험 들지 않게 해주옵소서. 오히려 멋지게 통과하여, 하늘의 큰 상을 받게 해주옵소서. 예수님의 이름으로 기도드립니다. 아멘.

JULY 27

영적 초보자들의 7가지 치명적인 결함

"속에서 곧 사람의 마음에서 나오는 것은 악한 생각 곧 음란과 도둑질과 살인과 간음과 탐욕과 악독과 속임과 음탕과 질투와 비방과 교만과 우매함이니 이 모든 악한 것이 다 속에서 나와서 사람을 더럽게 하느니라"〈막 7:21-23, 개역개정〉

500년 전, 십자가의 요한이 쓴 〈영혼의 어두운 밤〉에 보면, 영적인 초보자들이 범하기 쉬운 7가지 치명적인 결함이 있습니다. 첫째는 교만입니다. 사람들의 잘못을 판단하고 참지 못하는 것이지요. 둘째는 탐욕입니다. 고통스러운 불만족이지요. 셋째는 사치입니다. 하나님 자신보다 영적 축복을 더 즐거워하는 것이지요. 넷째는 분노입니다. 쉽게 짜증 내고 참지 못하는 것이지요. 다섯째는 과식입니다. 십자가를 거부하는 것이지요. 여섯째는 시기입니다. 항상 비교하는 것이지요. 일곱째는 나태입니다. 어려운 것으로부터 도망가는 것이지요. 하나님은 사랑의 불꽃이라는 영혼의 어두운 밤을 보내셔서 이런 치명적인 결함을 치유하십니다. 내면세계를 다시 정비하십니다. 애정과 열정을 청소하십니다. 내 영혼의 찌꺼기와 불순물을 태워버리십니다. 건강하지 못한 집착과 세상의 우상숭배로부터 해방시키십니다. 영혼의 어두운 밤은 하나님의 사랑 안에서 더 기뻐하고 더 풍성하고 더 충만한 친교에 들어가, 그리스도를 닮은 새로운 성품으로 도약하게 하는 하나님의 준비 방법이신 거지요.

> 주님, 500년 전 십자가의 요한이 〈영혼의 어두운 밤〉에서 경고한 교만(판단), 탐욕(불만족), 사치(축복에 집착), 분노(짜증), 과식(십자가 거부), 시기(비교), 나태(도피)가 오늘 제 영성도 병들게 하고 있습니다. 사랑의 불꽃이라는 영혼의 어두운 밤을 보내셔서 이 치명적인 결함을 치유하여 주옵소서. 제 영혼의 찌꺼기와 불순물을 태워주옵소서. 예수님의 이름으로 기도드립니다. 아멘.

JULY 28

밤은 하나님의 축복이다

"나를 지으신 하나님은 어디 계시냐고 하며 밤에 노래를 주시는 자가 어디 계시냐고 말하는 자가 없구나"〈욥 35:10, 개역개정〉

우리는 밤을 만날 때마다 나를 향한 하나님의 사랑이 끊어진 것같은 느낌이 듭니다. 기도해도 하늘문이 닫혀버린 것 같은 느낌이 듭니다. 지치고 실패하고 메마르고 공허하고 회의가 듭니다. 그러나 참된 영성은 우리가 하늘이 무너지는 듯한 밤을 만났을지라도 하나님을 신뢰하고 의지하는 것입니다. 밤이 깊을수록 그분을 더욱 신뢰하고 의지함으로 그 밤을 통과해야 합니다. 그리고 그 밤에 담겨 있는 하나님의 의도를 알고 그 안에 깃들어 있는 하나님의 선물을 누릴 수 있어야 합니다. 그런 점에서 밤은 하나님의 축복입니다. 어떤 축복이냐구요? 4가지 하나님의 축복이 나타납니다. 곧 깊은 수준에서 더 많이 깨어지고, 거룩한 무지인 신비를 더욱 귀히 여기게 되고, 하나님을 기다리는 능력이 깊어지고, 세상으로부터 더 많이 초연해집니다. 밤은 반드시 필요합니다. 잠이 안 와 밤새 뒤척였던 기억, 생각하기도 싫어요. 밤은 우리에게 축복입니다. 이 축복을 충만히 누리십시오.

주님, 이 밤이 깊을수록 주님을 더욱 신뢰하게 하옵소서. 이 밤 속에 스며 있는 하나님의 축복을 영적으로 분별할 수 있게 해주옵소서. 깊은 수준에서 더 많이 깨어지게 하옵소서. 거룩한 무지인 신비를 더욱 귀히 여기게 하옵소서. 하나님을 기다리는 능력이 더 깊어지게 하옵소서. 세상으로부터 더 많이 초연해지게 하옵소서. 예수님의 이름으로 기도드립니다. 아멘.

JULY 29

여러분도 두려우십니까?

"하나님이 우리에게 주신 것은 두려워하는 마음이 아니요 오직 능력과 사랑과 절제하는 마음이니" 〈딤후 1:7, 개역개정〉

두려움의 대상이 되어버렸던 코로나19. 여러분도 그때 두려우셨습니까? 이곳은 대전이라 안심하고 계셨는지, 아니면 충청도라 표현이 없으셔서 그랬는지 잘 모르겠지만, 그렇게 표면적으로 두려워하는 분들이 많지 않다 했는데, 정말 기가 막힌 것은 코로나 초기 교회 주변 서대전역부터 코스트코, 홈플러스, 백화점, 약국들 다 뒤졌는데 마스크가 하나도 없는 거예요. 손소독제 딱 3개 남았더라구요. 그러니까 다들 말씀은 안 해도 은근히 다들 준비하고 계셨던 거예요. 여러분, 어떻게 해야 이 두려움을 치유할 수 있을까요? "하나님이 우리에게 주신 것은 두려워하는 마음이 아니요 오직 능력과 사랑과 절제하는 마음이니"(디모데후서 1:7). 하나님이 우리에게 주신 것은 두려워하는 마음이 아닙니다! 두려움은 절대 하나님에게서 온 것이 아닙니다. 그것은 하나님과 정반대 세력, 악한 세력, 마귀가 주는 것입니다. 코로나19가 문제가 아니라, 코로나19를 통해 두려움을 가져다주는 마귀가 문제입니다. 두려움으로 포장된 그 정체가 바로 마귀라는 것, 우리는 이것을 직시해야 합니다.

주님, 두려움은 절대 하나님에게서 온 것이 아님을 믿습니다. 코로나19가 문제가 아니라, 코로나19를 통해 두려움을 가져다주는 마귀가 문제였음을 직시하게 해주옵소서. 오늘도 두려움으로 포장된 그 정체가 바로 마귀임을 알고, 주님께서 주신 능력과 사랑과 절제하는 마음으로 이 마귀를 대적하여 승리할 수 있게 해주옵소서. 예수님의 이름으로 기도드립니다. 아멘.

JULY 30

뭐지, 이 두려움?

"곳곳에 큰 지진과 기근과 전염병이 있겠고 또 무서운 일과 하늘로부터 큰 징조들이 있으리라"〈눅 21:11, 개역개정〉

2015년, 아내가 수술을 해야 한다는 겁니다. 메르스가 딱 터지기 시작한 때였습니다. 아내도 저도 4일 동안 마스크! 화장실 손잡이도 꺼림칙했습니다. 병원 엘리베이터에서 누군가 연거푸 기침을 했는데, 모두가 깜짝 놀라 일시에 고개를 피했습니다. 다음 층에서 다 내려버렸습니다. 뭐지, 이 두려움? 그리고 나서 5년이 지나, 우리는 또다시 두려움 앞에 위축된 적이 있습니다. 중국에서 발원되어 전 세계를 휩쓸던 코로나19. 사람들이 모인 곳은 어디라도 두려웠습니다. 만남도 외출도 여행도 출근도 두렵기만 했습니다. 병들어도 병원을 가기가 꺼려지던 그 두려움. 마스크를 쓴 사람들의 불안한 눈빛. 확진자들은 이름을 잃고 1번 2번 번호로 불리고. 21세기 첨단 문명, 그 훤한 대낮에! "곳곳에 큰 지진과 기근과 전염병이 있겠고 또 무서운 일과 하늘로부터 큰 징조들이 있으리라"(누가복음 21:11). 흡사 주님께서 경고하신 마지막 심판의 때를 보는 것 같았습니다. 두려움은 오늘도 계속됩니다. 이러한 때, 우리가 의지해야 할 분은 십자가 두려움을 이겨내시고 하늘에서 치료의 광선을 발하시는 소망의 주, 예수 그리스도뿐이십니다.

주님, 사람들의 눈빛 속에서, 오늘도 두려움이 계속되고 있음을 알 수 있습니다. 이러한 때, 제가 의지해야 할 분은 십자가 두려움을 이겨내시고 하늘에서 치료의 광선을 발하시는 소망의 주, 예수 그리스도뿐이심을 믿습니다. 주님만을 의지하여 이 두려움을 이기고 소망으로 나아갈 수 있게 해주옵소서. 예수님의 이름으로 기도드립니다. 아멘.

JULY 31

재앙이 네게 가까이하지 못하리로다

"너는 밤에 찾아오는 공포와 낮에 날아드는 화살과 어두울 때 퍼지는 전염병과 밝을 때 닥쳐오는 재앙을 두려워하지 아니하리로다 천 명이 네 왼쪽에서, 만 명이 네 오른쪽에서 엎드러지나 이 재앙이 네게 가까이하지 못하리로다"〈시 91:5-7, 개역개정〉

"너는 밤에 찾아오는 공포와 낮에 날아드는 화살과 어두울 때 퍼지는 전염병과 밝을 때 닥쳐오는 재앙을 두려워하지 아니하리로다 천 명이 네 왼쪽에서, 만 명이 네 오른쪽에서 엎드러지나 이 재앙이 네게 가까이하지 못하리로다"(시편 91:5~7). 꼭 우리의 상황을 두고 하시는 말씀 같습니다. 코로나19, 당시 전 세계 사망자가 709만 명이 넘었습니다. 당시 확진자는 7억 7,769만 명을 넘어섰습니다. 그렇지만 코로나19, 이 재앙이 우리 생명을 빼앗아 가지는 못했습니다. 주님께서 우리를 위하여 주님의 천사들을 명령하사 우리 모든 길에서 우리를 지켜주셨기 때문입니다(시편 91:11). 천사들을 명령하사 저와 여러분을 모든 길에서 지켜주셨다는 말씀입니다. 이것이 하나님의 말씀입니다. "너희의 두려움이 광풍같이 임하겠고 너희의 재앙이 폭풍같이 이르겠고 너희에게 근심과 슬픔이 임하리니"(잠언 1:27). "오직 내 말을 듣는 자는 평안히 살며 재앙의 두려움이 없이 안전하리라"(잠언 1:33). 오직 내 말, 하나님의 말씀을 듣는 이는 평안히 살 것이다. 재앙의 두려움 없이 안전할 것이다. 이것이 하나님의 말씀입니다. 이 말씀의 능력을 믿으십니까?

> 주님, 오늘도 사는 것이 쉽지는 않습니다. 그러나 두려움과 재앙이 폭풍같이 임할지라도, 오직 하나님의 말씀만 듣고 단단히 그 말씀 붙잡게 하옵소서. 그래서 평안히 살며 재앙의 두려움이 없이 안전하게 하옵소서. 오늘도 하나님의 말씀이 저에게 주시는 기적적인 능력을 온전히 믿고, 담대히 나아가게 하옵소서. 예수님의 이름으로 기도드립니다. 아멘

AUGUST 8월

AUGUST 1

우리가 아산이다!

"사랑 안에 두려움이 없고 온전한 사랑이 두려움을 내쫓나니 두려움에는 형벌이 있음이라 두려워하는 자는 사랑 안에서 온전히 이루지 못하였느니라"〈요일 4:18, 개역개정〉

코로나19 당시, 전염병이 창궐한 우한에서 교민들을 안전하게 데려와야 하는데, 아산으로 격리시키겠다고 했을 때 아산 주민들은 트랙터 시위를 벌이며 길을 가로막았습니다. 가족을 지켜야 하고 마을을 지켜야겠다는 아산 주민들의 두려움을 충분히 이해할 수 있습니다. 그런데 바로 그때 또 하나의 사진이 인터넷에 떴습니다. 우리가 아산이다. 그러면서 우리가 우한 교민들을 품겠다고 나선 것입니다. 얼마나 힘드셨습니까? 이곳 아산에서 편히 쉬었다 가세요. 얼마나 감동적입니까? 이 한 장의 사진이 분위기를 확 바꿔버렸습니다. 트랙터 시위대도 기꺼이 문을 열어주었습니다. 우리가 이웃사랑 이웃사랑 말로만 하는데, 이것이 진짜 이웃사랑 아닌가요? 우리가 하나님의 사랑 하나님의 사랑 외치는데, 이것이 진짜 하나님의 사랑 아닌가요? 이런 하나님의 사랑에 푹 잠길 때, 두려움은 그 힘을 잃고 물러납니다. 하여, 사도 요한은 이렇게 고백합니다. "사랑 안에 두려움이 없고 온전한 사랑이 두려움을 내쫓나니 두려움에는 형벌이 있음이라 두려워하는 자는 사랑 안에서 온전히 이루지 못하였느니라"(요한일서 4:18).

주님, 요한일서 4장 18절, "사랑 안에 두려움이 없고 온전한 사랑이 두려움을 내쫓나니"라는 말씀을 붙잡습니다. 제가 이런 하나님의 사랑에 푹 잠길 때, 두려움은 그 힘을 잃고 물러남을 믿습니다. 오늘도 제가 서 있는 자리에서, 온전한 사랑으로 두려움을 내쫓고, 용기와 평안을 누릴 수 있게 해주옵소서. 예수님의 이름으로 기도드립니다. 아멘.

AUGUST 2

허세가 아니라 절제입니다

"하나님이 우리에게 주신 것은 두려워하는 마음이 아니요 오직 능력과 사랑과 절제하는 마음이니"〈딤후 1:7, 개역개정〉

"하나님이 우리에게 주신 것은 두려워하는 마음이 아니요 오직 능력과 사랑과 절제하는 마음이니"(디모데후서 1:7). 절제는 영어성경에 '셀프 디써플린'(self-discipline), 자기 훈련이라고 번역해 놓았습니다. 여기서 자기 훈련은 바로 자기를 절제하는 훈련입니다. 두려운 생각이 스멀스멀 올라올 때, 더 이상 그 두려운 생각이 내 영혼을 파고들 수 없도록, 예수의 이름으로 명하노니 썩 물러가라, 단칼에 내쳐버릴 수 있는 단호한 자기 훈련, 그것이 절제 훈련입니다. 이런 '디써플린'(discipline), 주님의 훈련을 받지 않으면, '디싸이플'(disciple), 주님의 제자가 될 수 없습니다. 지금 우리에게 이런 절제 훈련이 필요합니다. 코로나19 같은 위기는 앞으로도 얼마든지 있을 수 있습니다. 그런 때, 우리 가정과 직장과 교회가 면역력이 약한 어르신들과 아기들, 환우들과 새가족들, 온 성도들을 보호하기 위해서는 이런 절제 훈련이 반드시 필요합니다. 손소독제. 마스크. 기침예절. 우리부터 이런 절제 훈련에 본을 보입시다. 어떤 분들 보면, 이런 때 꼭, 아 괜찮아, 난 끄떡없어, 그렇게 믿음이 없어? 그러시는데, 절대 분위기를 그렇게 몰아가시면 안 됩니다. 지금 필요한 것은 허세가 아니라 절제입니다.

주님, 지구촌의 위기는 앞으로도 얼마든지 있을 수 있음을 고백합니다. 이런 때, 저희 가정과 직장과 교회가 절제 훈련에 모본이 되게 하옵소서. 절제 훈련에 저부터 본을 보이게 해주옵소서. "괜찮아, 난 끄떡없어"라는 허세가 아니라 절제가 필요한 때임을 기억하며, 자기를 절제하는 훈련으로 이웃을 섬길 수 있게 해주옵소서. 예수님의 이름으로 기도드립니다. 아멘.

AUGUST 3

언제까지 이래야 되는가?

"그러므로 너희가 이제 여러 가지 시험으로 말미암아 잠깐 근심하게 되지 않을 수 없으나 오히려 크게 기뻐하는도다" 〈벧전 1:6, 개역개정〉

코로나19 당시, 국민 코로나19 위험인식조사 결과, 국민의 59.8%가 종교 활동이나 사적 모임 등이 멈추는 일상 정지를 경험하고 있다고 답했습니다. 발병 초기에 비해 국민들이 느끼는 감정은 불안이 48.8%, 분노가 21.6%, 충격이 12.6%, 공포가 11.6%, 슬픔이 3.7%, 혐오가 1.7% 순이었습니다. 여러분은 한 주 한 주 어떠셨습니까? 아이들이 학교에 가지 않고 있으니 하루종일 윗집아랫집 쿵쾅쿵쾅 정신이 없으셨죠? 손주들까지 갈 데가 없어 죄다 몰려오니 반갑고, 몰려가니 더 반갑고. 재택근무로 전환된 아빠들 삼시세끼 밥을 차리랴, 하루가 어떻게 지나가는지 모르셨다구요? 종일 얼굴 보고 있으려니 아주 오랜만에 싸우신 부부도 있으셨죠? 교회 가서 마음껏 예배하고 마음껏 찬송하고 그러고 싶은데, 너무너무 답답하셨죠? 언제까지 이래야 되는가, 고민이 많으셨죠? 오늘도 근심거리가 많으시다구요? "그러므로 너희가 이제 여러 가지 시험으로 말미암아 잠깐 근심하게 되지 않을 수 없으나 오히려 크게 기뻐하는도다"(베드로전서 1:6). 여기서 시험은 시련을 뜻합니다. 그리고 이 시련은 터널을 지나는 것과 같습니다. 터널로 들어가는 것 같은데, 금방 저쪽에서 비쳐오는 햇빛. 그렇습니다. 시련은 잠깐입니다. 마침내 웃을 날을 곧 주실 것입니다.

> 주님, 이 시련은 터널을 지나는 것과 같음을 고백합니다. 터널로 들어가는 것 같은데, 금방 저쪽에서 햇빛이 비쳐오듯이, 잠깐임을 믿습니다. 오늘도 근심거리가 많지만, 이 시련은 잠깐임을 기억하며 인내하게 하옵소서. 마침내 웃을 날을 곧 주실 주님을 신뢰합니다. 이 시련의 터널을 믿음으로 통과할 수 있게 해주옵소서. 예수님의 이름으로 기도드립니다. 아멘.

AUGUST 4

고통에는 뜻이 있다

"대답하기를 그들이 자기 조상들을 애굽 땅에서 인도하여 내신 자기 하나님 여호와를 버리고 다른 신들에게 붙잡혀서 그것들을 경배하여 섬기므로 여호와께서 이 모든 재앙을 그들에게 내리셨다 하리라"〈대하 7:22, 개역개정〉

고통에는 뜻이 있습니다. 어떤 고통도 그 뜻을 읽어낼 수만 있다면 세상에서 쓸모없는 고통은 하나도 없습니다. 코로나19 당시, 이 전염병 속에 어떤 하나님의 뜻이 있는 것은 아닐까, 영적 분별이 필요했습니다. "내 이름으로 일컫는 내 백성이 그들의 악한 길에서 떠나"(역대하 7장 14절). 우리가 떠나야 할 악한 길은 어떤 길일까, 제 자신에 대한 성찰을 많이 했습니다. "그들이 자기 조상들을 애굽 땅에서 인도하여 내신 자기 하나님 여호와를 버리고 다른 신들에게 붙잡혀서 그것들을 경배하여 섬기므로 여호와께서 이 모든 재앙을 그들에게 내리셨다 하리라"(역대하 7:22). 다른 신들에게 붙잡혀서 그것들을 경배하여 섬기고 있기 때문이라는 뼈아픈 말씀이었습니다. 여기서 말씀하시는 다른 신들이 무엇일까요? 리처드 포스터 목사님은 그것이 돈, 섹스, 권력이라고 정확히 우리의 심장을 해부하십니다. 이 돈 신, 섹스 신, 권력 신에서 떠나 하나님과 관계회복의 자리로 돌아오라, 그러면, 역대하 7장 14절을 다시 보면, 내 이름으로 일컫는 내 백성이 그들의 악한 길에서 떠나, 스스로 낮추고 기도하여 내 얼굴을 찾으면, 내가 하늘에서 듣고 그들의 죄를 사하고 그들의 땅을 고칠지라. 코로나19 당시, 그 전염병, 그런 뜻이 있으셨던 것은 아닐까요?

> 주님, 고통에는 뜻이 있음을 믿습니다. 그 뜻을 읽어낼 수 있다면, 세상에 쓸모없는 고통은 없음을 고백합니다. 코로나19가 당시 저를 정결하게 하시고, 주님께로 다시 돌아오게 하시려는 하나님의 뜻이셨음을 깨닫게 해주시니 감사합니다. 참된 회개와 관계 회복으로, 오늘도 저를 고치시는 주님의 은혜를 경험할 수 있게 하옵소서. 예수님의 이름으로 기도드립니다. 아멘.

AUGUST 5

하나님은 하늘에 계시고, 인간은 땅에 있다

"이르시기를 너희는 가만히 있어 내가 하나님 됨을 알지어다 내가 뭇 나라 중에서 높임을 받으리라 내가 세계 중에서 높임을 받으리라 하시도다"〈시 46:10, 개역개정〉

우리 종교개혁 전통에서 신학의 최고봉에 이른 칼 바르트 박사는 자신의 신학을 한 마디로 이렇게 표현했습니다. 하나님은 하늘에 계시고, 인간은 땅에 있다. 하나님은 절대타자로서, 우리 인간이 뭘 할 수 있다는 생각 자체가 교만이라는 말씀입니다. 하늘에 계신 하나님 앞에서 우리 인간은 아무것도 아니라는 말씀입니다. 모든 것은 하나님의 섭리 가운데 진행되고 있다는 말씀입니다. 이 사실을 믿으십니까? "너희는 가만히 있어 내가 하나님 됨을 알지어다 내가 뭇 나라 중에서 높임을 받으리라 내가 세계 중에서 높임을 받으리라"(시편 46:10). 가만히 있어라. 네가 뭘 해보려고 하지 마라. 가만히 있어라. 조급해하지 말아라. 경거망동하지 말라는 말씀입니다. 하나님은 우리의 피난처가 되시며 환난 날에 우리의 힘과 도움이시라 너희는 가만히 있어 주가 하나님 됨 알지어다 열방과 세계 가운데 주가 높임을 받으리라. 코로나19 당시, 저는 그런 생각을 보았습니다. 이 신종바이러스가 물론 우리 인간의 위기인 건 분명하지만, 오히려 우리 한국교회가 스스로 바짝 낮추고, 하늘에 계신 하나님께 백기투항하는, 하나님을 하나님 되게 해드리는, 하나님의 기회로 삼을 수만 있다면!

> 주님, 제가 뭘 해보려고 조급해하거나 경거망동하지 않고, 가만히 있어 주님이 하나님 되심을 알게 해주옵소서. 지금 제 상황이 물론 위기 중의 위기인 것은 분명하지만, 오히려 제가 스스로 바짝 낮추고 하늘에 계신 하나님께 백기투항하게 하옵소서. 하나님을 하나님 되게 해드리는, 하나님의 기회로 삼을 수 있게 해주옵소서. 예수님의 이름으로 기도드립니다. 아멘.

AUGUST 6

내가 일하면 내가 일하지만, 내가 기도하면 하나님이 일하신다

"내 이름으로 일컫는 내 백성이 그들의 악한 길에서 떠나 스스로 낮추고 기도하여 내 얼굴을 찾으면 내가 하늘에서 듣고 그들의 죄를 사하고 그들의 땅을 고칠지라"
〈대하 7:14, 개역개정〉

패트릭 존스톤이 이런 말을 했습니다. 내가 일하면 내가 일하지만, 내가 기도하면 하나님이 일하신다. 영어 원문으로 보면 한눈에 탁 와닿습니다. "이프 아이 워크, 아이 워크. 이프 아이 프레이, 갓 워크스."(If I work, I work. If I pray, God works.) "내 이름으로 일컫는 내 백성이 그들의 악한 길에서 떠나 스스로 낮추고 기도하여 내 얼굴을 찾으면"(역대하 7:14). 기도하여 내 얼굴을 찾으면. 기도가 정답입니다. 기도하여 하나님의 얼굴을 찾으면 하나님이 이 땅을 고쳐주시겠다는 약속의 말씀입니다. 그렇다면 답은 분명해졌습니다. 코로나19 당시, 제 고민도 그것이었습니다. 어떻게 해야 이 코로나19 신종바이러스를 이 땅에서 내쫓을 수 있을 것인가? 기도밖에 없었습니다. "기도 외에 다른 것으로는 이런 종류가 나갈 수 없느니라"(마가복음 9:29). 기도가 정답이었습니다. 정말 기도밖에 없었습니다. 그래서 그때 저는 그렇게 선포했습니다. 코로나19 신종바이러스가 물론 우리 인간의 위기이지만, 오히려 우리 한국교회가 각 가정에서 가정예배를 회복하고 골방기도를 회복하는, 하나님의 기회로 삼을 수만 있다면!

> 주님, "내가 일하면 내가 일하지만, 내가 기도하면 하나님이 일하심"을 믿습니다. 제가 기도하며 하나님의 얼굴을 찾으면, 하나님께서 저를 고쳐주실 줄 믿습니다. "기도 외에 다른 것으로는 이런 종류가 나갈 수 없느니라"는 말씀처럼, 제가 이 위기를 이길 수 있는 것은 오직 기도임을 깨닫습니다. 지금 제 위기가 오히려 하나님의 기회가 되게 해주옵소서. 예수님의 이름으로 기도드립니다. 아멘.

AUGUST 7

진주

"또 천국은 마치 좋은 진주를 구하는 장사와 같으니 극히 값진 진주 하나를 발견하매 가서 자기의 소유를 다 팔아 그 진주를 사느니라" 〈마 13:45-46, 개역개정〉

서양에서는 어머니가 결혼하는 딸에게 진주를 선물로 줍니다. 그 진주의 별칭은 얼어붙은 눈물. 이유는 두 가지. 하나는 결혼생활 중에 눈물 흘릴 일이 많이 있을 거라는 의미입니다. 또 하나는 그 눈물이 진주 같은 보석이 될 거라는 의미입니다. 고통 없이 만들어진 진주는 세상에 단 하나도 없습니다. 진주조개를 아비큘레데라고 합니다. 바다의 모래가 들어오면 그 진주살이 고통스러워합니다. 그러면서 하나님이 만들어주신 창조의 섭리 따라, 그 안에 나카라고 하는 화학물질을 분사합니다. 이것이 모래를 감싸고 감싸고 또 감싸서 마침내 진주가 탄생되는 것입니다. 고통은 고통으로 끝나지 않습니다. 고통 중에서도 하나님의 얼굴을 찾는 눈물 어린 기도, 나카만 분사할 수 있다면, 그 고통은 나에게 어느새 보석이 될 수 있습니다. 지금 이 순간이 분명 고통스러운 인간의 위기임이 부인할 길 없지만, 이 고통 중에서도 하나님의 뜻이 무엇일까 묵상하며 교훈으로 삼으면, 보석처럼 빛나는 하나님의 기회가 찾아올 것입니다. 그렇습니다. 인간의 위기는 하나님의 기회입니다!

주님, 모래가 들어와 고통스러워하면서 '나카'라는 화학물질을 분사하여 마침내 진주를 탄생시키듯이, 저도 지금 이 고통 속에서 하나님의 얼굴을 찾는 눈물 어린 기도, 곧 '나카'를 분사할 수 있다면 그 고통은 저에게 보석이 될 수 있음을 믿습니다. 이 고통 중에서도 하나님의 뜻이 무엇일까 묵상하며 교훈으로 삼을 수 있게 해주옵소서. 예수님의 이름으로 기도드립니다. 아멘.

AUGUST 8

이 또한 지나가리라

"그러므로 너희가 이제 여러 가지 시험으로 말미암아 잠깐 근심하게 되지 않을 수 없으나 오히려 크게 기뻐하는도다"〈벧전 1:6, 개역개정〉

김연아. 2006년. 비엘만 자세, 다리를 뒤로 젖혀 머리 위로 올리는 자세를 과도하게 연습하다 심각한 허리부상을 입게 됩니다. 엎친 데 덮친 격. 예민한 사춘기. 스케이트화도, 연습장도, 모든 게 싫었습니다. 은퇴선언. 그런데 그때 물리치료 교수님이 캐나다 전지훈련을 권합니다. 자의반 타의반, 캐나다에서 홀로 누워 있는데, 우연히 탈무드를 읽다가 이런 글귀를 발견합니다. "이 또한 지나가리라." 이 말은 본디 다윗 왕이 세공전문가를 불러, 전쟁에 잠깐 이겼다고 해서 교만하지 않고, 전쟁에 잠깐 졌다고 해서 낙심하지 않을 수 있는, 그런 문구를 새겨 반지를 만들어 오라고 한 데서 연유합니다. 전국의 지혜자들을 다 만났지만 허탕. 궁전으로 돌아온 세공전문가. 거기서 연못 뜰을 거닐고 있는 다윗의 아들, 솔로몬을 만나게 됩니다. 거기서 솔로몬이 가르쳐 주었다는 문구. "이 또한 지나가리라!" 김연아는 이 말에 무릎을 칩니다. 마침내 그 깊은 슬럼프에서 빠져나와 일본의 아사다 마오를 제치고 세계 피겨스케이트의 여왕이 됩니다. 김연아가 해냈다면 여러분도 해낼 수 있습니다. 이 또한 지나가리라.

> 주님, 지금 제가 슬럼프에 빠져 있습니다. 김연아 선수가 탈무드에서 "이 또한 지나가리라"라는 글귀를 발견하고, 슬럼프에서 빠져나왔듯이, 저도 제 인생의 고난과 위기 앞에서 "이 또한 지나가리라"는 소망을 품게 해주옵소서. 주님의 은혜로 이 모든 슬럼프를 극복하고, 마침내 승리하게 하옵소서. 예수님의 이름으로 기도드립니다. 아멘.

AUGUST 9

밤이 깊을수록 별은 빛난다

"너희 믿음의 확실함은 불로 연단하여도 없어질 금보다 더 귀하여 예수 그리스도께서 나타나실 때에 칭찬과 영광과 존귀를 얻게 할 것이니라"〈벧전 1:7, 개역개정〉

저는 어렸을 때 외딴 산속에서 살았기 때문에 밤이 되면 밤하늘의 별들이 너무나 아름다웠어요. 별이 쏟아진다 그러지요. 밤이 깊을수록 별이 찬란하게 빛나는 것을 보았습니다. 그러면서 사춘기 감수성을 가지고 두 손을 모아 밤하늘의 별을 보며, 간절히 기도드리곤 했지요. 하나님, 저는 어떻게 살아야 합니까? 저를 향하신 하나님의 계획은 무엇입니까? 현실을 생각하면 캄캄한 밤 같지만, 기도를 드리면 별처럼 믿음이 생겼어요. 하나님이 반드시 가장 선한 길로 인도하실 것이다! 그런 믿음이 별처럼 영롱하게 제 영혼을 비추었지요. "너희 믿음의 확실함은 불로 연단하여도 없어질 금보다 더 귀하여 예수 그리스도께서 나타나실 때에 칭찬과 영광과 존귀를 얻게 할 것이니라"(베드로전서 1:7). 너희 믿음의 확실함. 지금도 고난의 밤이 지속되고 있지만, 이런 때 오히려 우리의 믿음은 더 확실해진다는 것입니다. 고난의 밤, 하여 영혼의 어두운 밤을 보내고 있습니까? 이 밤에 여러분의 믿음은 어디 있습니까? 강하고 순수했던 내 믿음. 그 믿음을 주님께 보여드립시다.

주님, 캄캄한 밤, 밤하늘의 별을 보며, "하나님, 저는 어떻게 살아야 합니까?"라고 기도했을 때, 별처럼 영롱한 믿음이 제 영혼을 비추었던 기억이 있습니다. 영혼의 어두운 밤을 보내고 있는 지금, 강하고 순수했던 제 믿음을 되찾게 하옵소서. 고난의 이 밤을 믿음으로 통과하게 하옵소서. 연단된 순금 같은 믿음을 주님께 보여드리게 하옵소서. 예수님의 이름으로 기도드립니다. 아멘.

AUGUST 10

메멘토 모리

"내가 전한 복음대로 다윗의 씨로 죽은 자 가운데서 다시 살아나신 예수 그리스도를 기억하라"〈딤후 2:8, 개역개정〉

'메멘토 모리!'(Memento Mori)라는 라틴어가 있습니다. '죽음을 기억하라!'는 뜻입니다. 옛날 로마, 전쟁에서 이기고 돌아오는 개선장군이 행진하는 부하들에게 외치게 했다는 말입니다. 전쟁터에서 숨진 전우들의 죽음을 기억하라! 그런데 이 '메멘토 모리'가 초대교회 광야 수도원에서는 아침인사였습니다. 일종의 암호였지요. 예수님의 십자가 죽음을 기억하라! 예수님의 십자가 죽음을 기억하지 않는다면, 매일매일 압도해 오는 고난과 역경을 도저히 견뎌낼 수 없었기 때문입니다. 예수님의 십자가 죽음을 기억하며, 그들은 기독교의 본질, 곧 십자가와 부활을 다시 붙잡을 수 있었습니다. 여러분도 지금 고난 중에 계십니까? 예수님의 십자가 죽음을 기억하십시오. 여러분의 고난은 변장된 축복입니다. 여러분의 고난은 곧 맞이하게 될 부활의 전주곡입니다.

> 주님, 제가 지금 이루 다 말할 수 없는 고난 중에 있습니다. 그럼에도 불구하고, 이 고난에 눌리지 않게 하옵소서. 예수님의 십자가 죽음을 기억하게 해주옵소서. 제 고난은 변장된 축복이며, 곧 맞이하게 될 부활의 전주곡임을 믿습니다. 이 고난을 통해 주님의 십자가와 부활의 능력을 깊이 체험할 수 있도록 오늘도 깊이 동행하여 주옵소서. 예수님의 이름으로 기도드립니다. 아멘.

AUGUST 11

어느 불안한 현대인의 시편 23편

"내가 사망의 음침한 골짜기로 다닐지라도 해를 두려워하지 않을 것은 주께서 나와 함께 하심이라 주의 지팡이와 막대기가 나를 안위하시나이다"〈시 23:4, 개역개정〉

어느 불안한 현대인이 쓴 시편 23편을 들어보셨나요? 나의 목자는 바로 나 자신이니 내가 언제나 불안하리로다. 내가 이 백화점에서 저 쇼핑센터로 이 병원에서 저 요양원으로 평안을 찾아 헤매 다니나 결코 얻지 못하리로다. 내가 이 골목 저 골목 불안의 음침한 골짜기를 기어다니며 안절부절 못하는 도다. 악수에서부터 헛기침에 이르기까지 모든 것을 불안해하며 불안의 치마꼬리를 붙잡고 늘어지기 시작하리로다. 매일 열리는 아침회의에 들어갈 때마다 적들이 나를 둘러쌀 것이며 집에 돌아간다 해도 하찮은 금붕어까지 찌푸린 얼굴로 나를 맞을 것이라. 내가 강력 진통제로 두통에 찌든 머리에 기름을 부었으니 독한 술이 내 잔에 넘치나이다. 내 평생에 고통과 불안이 반드시 나를 따르리니 내가 죽는 날까지 불안불안하며 영원히 불안하리로다. 우리 마음이 왜 이렇게 불안불안할까요? 내가 지금 하나님께 소망을 두기보다 하나님 아닌 다른 것들에 소망을 두고 있기 때문은 아닐까요?

> 주님, 불안한 현대인이 쓴 시편 23편 풍자를 통해, 제가 주님 아닌 제 자신을 목자 삼아 스스로 불안을 자초하는 모습을 봅니다. 제 마음이 이토록 불안한 이유가 지금 하나님께 소망을 두기보다, 하나님 아닌 다른 헛된 것들에 소망을 두고 있기 때문임을 깨닫게 해주옵소서. 참 목자이신 주님께만 제 소망을 두어, 참 평안을 누리게 하옵소서. 예수님의 이름으로 기도드립니다. 아멘.

AUGUST 12

슬며시 다가오는 잿빛 그림자

"내 영혼아 네가 어찌하여 낙심하며 어찌하여 내 속에서 불안해 하는가 너는 하나님께 소망을 두라 그가 나타나 도우심으로 말미암아 내가 여전히 찬송하리로다"〈시 42:5, 개역개정〉

불안은 '우리 시대의 가장 공식적인 정서'입니다. 우리 시대에 가장 널리 퍼져있는 마음의 그림자입니다. 불안은 분노, 슬픔, 수치심, 열등감, 죄책감과 함께 인간의 가장 부정적인 감정입니다. 불안은 이 시대 모든 신경증과 정신병의 주된 원인입니다. 스트레스, 압박감, 긴장, 두려움, 공포, 걱정, 근심, 염려. 이런 단어들은 서로 다른 뜻을 지녔지만, 불안을 묘사하기 위해 자주 혼용되는 말들입니다. 성경에도 보면, 불안에 관한 구절들이 곳곳에 있습니다. 시편 42:5. "내 영혼아 네가 어찌하여 낙심하며 어찌하여 내 속에서 불안해하는가. 너는 하나님께 소망을 두라." 여기서 너는 하나님께 소망을 두라. 영어성경에는 "호프 인 갓!"(Hope in God)이라고 하였습니다. 직역하면, 하나님 안에서 소망하라! 하나님 안에서 희망하라! 그래야 불안이 근원적으로 치유된다는 말씀입니다.

> 주님, "하나님 안에서 소망하라!"고 명령하시니 감사합니다. 이 말씀만이 제 불안을 근원적으로 치유하는 정답임을 믿습니다. 하나님이 아닌 다른 것에 두었던 헛된 소망을 모두 거두어주옵소서. 오직 주님 안에서만 참 소망을 발견하게 하옵소서. 그리하여 불안에서 완전히 해방되게 하옵소서. 예수님의 이름으로 기도드립니다. 아멘.

AUGUST 13

불안하십니까?

"나에게는 평온도 없고 안일도 없고 휴식도 없고 다만 불안만이 있구나" 〈욥 3:26, 개역개정〉

끝 간 데 없는 방황과 불안에 당황할 때가 있습니까? 무엇인가 놓이지 않을 곳에 놓인 물건처럼, 자신에 대하여 부조화를 느끼고 왠지 초조할 때가 있습니까? 세계는 점점 평화를 잃어 가고, 인간의 안식은 점점 고갈되어 가고, 인간은 한 모금 물을 찾듯 안식을 목말라하고 있는 이때, 그렇다면 여러분의 참 안식은 어디에 있습니까? 비발디의 '사계'에 취해도, 드보르작의 '꿈속의 고향'을 들어도, 제임스 골웨이의 황홀한 플룻 연주 속에서도, 밀레의 '양치는 소녀'를 보아도, 레오나르도 다 빈치의 '모나리자의 미소'를 보아도, 그 안식은 영원한 것일 수 없습니다. 일의 노예가 되어 도무지 만족과 감사와 감동이 없는 삶. 작은 것에도 아름다움을 느낄 수 없는 삶. 그때 슬며시 다가오는 영혼의 잿빛 그림자, 그것이 불안입니다. 이 불안을 치유하는 길은 돈도 술도 무력도 사람도 아닙니다. 다만 하나님께 소망을 두는 것입니다.

주님, 지금 저는 만족과 감사와 감동이 없습니다. 작은 것에도 아름다움을 느낄 수 없습니다. 다가오는 영혼의 잿빛 그림자, 곧 불안이 저를 덮칩니다. 이 불안을 치유하는 길은 돈도 술도 무력도 사람도 아님을 깨우쳐 주옵소서. 오직 하나님께만 소망을 두어, 오늘도 진정 참 평안을 누리게 하옵소서. 예수님의 이름으로 기도드립니다. 아멘.

AUGUST 14

분리불안

"내가 하나님을 기억하고 불안하여 근심하니 내 심령이 상하도다(셀라)"〈시 77:3, 개역개정〉

저희집 아이가 어렸을 때 아침마다 난리를 피운 적이 있습니다. 유치원 안 가려고 그러는 거였지요. 전날 밤, 아니 그날 아침까지도 먼저 일어나서 옷까지 혼자 다 챙겨 입고는, 막상 유치원 차가 집 앞에 올 시간이 되면, 마냥 울기 시작하는 겁니다. 심리치료에서는 그런 증상을 '분리불안'이라고 말한다는 것을 나중에야 알았습니다. 자꾸 유치원에서 주는 밥이 먹기 싫다는 겁니다. 그래서 편식이 아닌가 싶었는데, 실제로 그 밑바닥에는 엄마와 떨어지는 것에 대한 무의식적인 분리불안이 작용하고 있었던 것이지요. 내가 유치원에 간 사이, 역설적이게도 나보다 엄마에게 무슨 사고가 생기지나 않을까 하는 아이의 분리불안. 그것은 에덴동산에서 죄로 인해 하나님과 분리되어야 했던 그 태고적 불안의 남은 그림자이리니. 지금 생각해 보면, 왜 그때 아이의 그 불안을 좀 더 따뜻하게 품어주지 못했을까 참 후회가 되는 대목입니다.

> 주님, 어렸을 때 유치원 가기 싫어 울던 아이의 모습을 돌아봅니다. 그때 아이의 그 불안을 좀 더 따뜻하게 품어주지 못했던 제 모습에 후회를 느낍니다. 저희의 근원적인 분리불안을 이해하시고 품어주시는 주님의 긍휼에 감사드립니다. 저희 안에 남아 있는 태고적 불안의 그림자까지 온전히 치유하여 주옵소서. 예수님의 이름으로 기도드립니다. 아멘.

AUGUST 15

불안의 태풍이 몰아칠 때

"내가 나의 피난처로 속히 가서 폭풍과 광풍을 피하리라 하였도다"〈시 55:8, 개역개정〉

가끔 영화를 보면, 큰 태풍을 소재로 한 것들이 있습니다. 거기에 보면, 산더미 같은 해일이 집들을 덮치기도 하고, 무시무시한 회오리바람이 자동차를 하늘로 빨아올리기도 합니다. 그럴 때 살 수 있는 가장 좋은 방법은 미리 피하는 것이지요. 그러나 피할 수 없을 때에는 어떻게 해야 할까요? 가장 튼튼한 나무에 자기 몸을 밧줄로 단단히 잡아매는 것입니다. 그 나무가 바로 예수 그리스도의 십자가 나무입니다. 불안의 태풍. 내 힘만으로는 버텨낼 수 없습니다. 나보다 더 큰 나무, 주님의 십자가 나무에 튼튼한 밧줄로 단단히 잡아매고, 그 어떠한 불안의 태풍이 몰아치더라도, 나 여전히 찬양하리라, 나 여전히 하나님을 찬양하리라, 여전히 하나님을 찬양하심으로, 이 불안의 태풍, 이 불안의 폭풍, 이 불안의 광풍을 끝까지 버텨 마침내 물리쳐 버리시기를 주님의 이름으로 축원합니다.

> 주님, 제 힘만으로는 이 불안의 태풍을 버텨낼 수 없습니다. 저보다 더 큰 나무, 주님의 십자가 나무에 튼튼한 밧줄로 단단히 잡아매게 해주옵소서. 어떠한 불안의 태풍, 폭풍, 광풍이 몰아치더라도, "나 여전히 찬양하리라, 나 여전히 하나님을 찬양하리라"고 고백하게 하옵소서. 끝까지 버텨 마침내 승리하게 하옵소서. 예수님의 이름으로 기도드립니다. 아멘.

AUGUST 16

삶의 의미를 찾아서

"그리고 이처럼 내가 감옥에 갇힌 채 참고 견디는 것을 본 많은 그리스도인들은 감옥에 가기를 두려워하지 않고 더욱 담대하게 그리스도를 다른 사람들에게 증거할 수 있게 되었습니다."〈빌 1:14, 현대어〉

의미치료라는 말이 있습니다. 로고테라피라고 하는데요. 2차 세계대전 때 빅터 프랭클이 나치 수용소에서 발견해 낸 심리치료 방법입니다. 프랭클은 사람들이 가스실로 끌려가기도 전에 서서히 앓으며 죽어가는 것을 목격합니다. 더 이상 희망이 없다! 삶의 의미를 잃어버린 사람들. 자신도 그럴 뻔 했습니다. 그러던 어느 날, 감옥 창문 너머 희미한 햇살이 새들어오는 것을 발견합니다. 창밖을 내다보니 감옥 바깥 운동장 구석에 아주 작은, 아주 푸른 새싹이 돋아나고 있었습니다. 그때 그에게 떠오른 단어가 있었으니 희망! 그 날부터 프랭클은 다시 면도를 시작합니다. 살아야 한다! 그리고 그는 출소 후 이 감옥의 처절한 실상, 그리고 자신이 어떻게 살아남았는지, 대학으로 돌아가 자신의 심리학 강의시간에 가르칠 준비를 합니다. 살아야 할 이유, 내 삶의 의미를 발견한 것입니다. 여러분에게는 지금 삶의 의미가 무엇입니까? 저에게는 예수 그리스도가 제 삶의 의미이지요.

> 주님, 삶의 의미를 잃어버린 이들이 죽어가는 모습 속에서, 프랭클은 감옥 창문 너머 희미한 햇살과 운동장 구석 아주 푸른 새싹을 발견하고, '희망'이라는 단어를 떠올렸습니다. 저도 지금 이 절망 속에서 삶의 의미를 재발견하게 해주옵소서. 지금 저에게 예수 그리스도가 제 삶의 의미이듯이, 주님께서 주신 사명과 존재 이유를 오늘도 분명히 깨닫게 하옵소서. 예수님의 이름으로 기도드립니다. 아멘.

AUGUST 17

어느 날, 감옥에서 온 편지

"주 안에서 항상 기뻐하라 내가 다시 말하노니 기뻐하라" 〈빌 4:4, 개역개정〉

코로나19 당시, 우리는 집안에 꼼짝 못 하고 갇혀 있습니다. 감옥생활이나 마찬가지였습니다. 학교도 제대로 못 가니 감옥이었습니다. 일도 제대로 못 하니 정말 감옥이었습니다. 재택근무도 하루이틀이지 숨 쉬는 것도 감옥이었습니다. 하루종일 밥해 대고 간식해 대고 빨래해 대고 애 잡고 소리 지르고 정말 감옥도 그런 감옥이 없었습니다. 무엇보다도 몇 달째 교회를 제대로 못 갔을 때 정말 감옥이었습니다. 그런 감옥 같은 상황은 언제든 또 올 수 있습니다. 지금이 그런 때라구요? 그렇다면 어떤 삶의 자세를 가져야 할까요? 사도 바울이 감옥에서 빌립보교회 성도들에게 보내는 편지는 이것입니다. 주 안에서 항상 기뻐하라 내가 다시 말하노니 기뻐하라. 빌립보서는 기쁨의 편지입니다. 네 장밖에 안 된 편지 안에, 기쁨이라는 단어가 16번이나 언급됩니다. 주 안에서 항상 기뻐하라 내가 다시 말하노니 기뻐하라. 이것이 주님의 복음입니다.

> 주님, 코로나19 당시 집안에 꼼짝 못 하고 갇혀 지냈던 감옥 같은 생활을 돌아봅니다. 그런 감옥 같은 상황이 언제든 또 올 수 있음을 경계하며, 어떠한 상황 속에서도 주님 안에 있는 참된 기쁨을 빼앗기지 않게 해주옵소서. 감옥처럼 느껴지는 오늘 이 현실 속에서도 주님 주시는 기쁨으로 충만하게 살게 해주옵소서. 예수님의 이름으로 기도드립니다. 아멘.

AUGUST 18

회복탄력성

"그러나 내 이름을 두려워하며 산 너희에게는 그날에 의로운 태양이 떠오를 것이다. 그날에는 너희의 의로운 생활이 밝혀질 것이다. 그날에는 모든 것을 다시 회복시키는 햇빛이 비칠 것이다. 그러면 너희가 오랫동안 좁은 우리 안에 갇혀 있다가 초원으로 풀려 나온 송아지들처럼 기뻐서 뛸 것이다.'"〈말 4:2, 현대어〉

에이미 멀린스. 태어나 보니, 종아리에 뼈가 없습니다. 그래서 급히 무릎아래 양다리 절단수술. 그녀는 역경에 굴복하지 않았습니다. 의족을 신고 패션쇼 모델이 됩니다. 의족을 신은, 그러나 너무너무 멋진 배우도 됩니다. 세계 장애인 패럴림픽에서도 1등. 그녀는 말합니다. 문제는 역경을 겪느냐 마느냐가 아니다. 무엇을 겪든 그것을 얼마나 현명하게 마주하느냐가 중요한 것이다. 우리도 시시때때로 역경을 만납니다. 지금이 그런 때라구요? 그렇다면 이 역경을 어떻게 대할 것인가! 이때 중요한 것이 바로 회복탄력성입니다. 용수철처럼 다시 튀어 오르는 회복탄력성! 창조주 하나님이 태초에 선물로 주셨습니다. 저녁이 가면 다시 아침이 오듯이, 밤이 가면 다시 낮이 오듯이, 겨울이 가면 다시 봄이 오듯이, 꽃이 지면 다시 꽃이 피듯이! 하나님이 다시 회복시키실 것입니다. 이 땅을! 하나님이 다시 회복시키실 것입니다. 역경을 만난 여러분을!

주님, 지금 역경을 만났습니다. 용수철처럼 다시 튀어 오르는 회복탄력성으로 이 역경을 대할 수 있게 해주옵소서. 저녁이 가면 아침이 오고, 밤이 가면 낮이 오고, 겨울이 가면 봄이 오고, 꽃이 지면 다시 꽃이 피듯이, 역경을 만난 저를 오늘 다시 회복시켜 주옵소서. 용수철처럼 다시 튀어 오르게 하옵소서. 예수님의 이름으로 기도드립니다. 아멘.

AUGUST 19

예수의 이름으로 나는 일어서리라

"여호와여, 마른 땅에 시냇물이 흐르듯이 우리를 다시 회복시켜 주소서."〈시 126:4, 현대인〉

한 아버지가 실직을 했습니다. 가족들 모르게 출근하는 척, 전철 끝에서 끝을 헤맵니다. 이제 어떻게 살지? 그러던 어느 날, 아내가 회사로 전화를 걸다 알게 됩니다. 너무너무 미안했습니다. 자녀들을 불러 모았습니다. 오늘밤 레스토랑에서 특별 이벤트를 준비하자. 남편이 들어옵니다. 딸, 아들, 아내가 차례로 일어나 아빠에게 고마운 점 20가지를 읽습니다. 자정 무렵 무서웠는데 버스정류장에서 기다리고 계시는 아빠를 본 순간 너무너무 감사했어요. 대학에 떨어졌을 때 난 언제나 네 편이다 그 말씀에 너무너무 감사했어요. 주일아침, 난 당신 손잡고 교회 가는 게 일주일에 가장 큰 낙이야 말할 때 너무너무 감사했어요. 그때 아빠가 벌떡 일어섭니다. 화장실로 뛰어갑니다. 변기통에 얼굴을 묻고 엉엉 통곡을 합니다. 하나님, 내가 이런 가족이 있는데, 잠시 몹쓸 생각을 하다니, 내 포장마차를 해서라도 반드시 다시 일어서겠습니다! 그리고 결심합니다. 예수의 이름으로 나 일어서리라!

주님, 딸, 아들, 아내가 차례로 일어나 아빠에게 고마운 점 20가지를 읽어주는 모습이 참 감동입니다. 절망의 순간, 가족이라는 하나님의 선물을 통해, 다시 일어설 힘을 얻은 아버지처럼, 저도 지금 이 좌절의 순간, 가장 가까이 있는 소중한 축복들을 깨닫게 해주옵소서. 다시 일어설 수 있는 용기를 주옵소서. 예수님의 이름으로 기도드립니다. 아멘.

AUGUST 20

퍼스트 인! 라스트 아웃!

"그러므로 주 여호와께서 이렇게 말씀하신다. '보아라. 내가 시온에 주춧돌을 놓는다. 그것은 시험을 거친 돌로서, 단단한 기초를 세우기 위한 귀중한 모퉁잇돌이다. 이것을 믿는 자는 결코 조급하지 않을 것이다.'"〈사 28:16, 우리말〉

강원도 현리, 3군단 장병들을 섬길 때, 어느 날, 공병여단장실에 들렸는데, 액자가 하나 걸려 있는 거예요. "퍼스트 인! 라스트 아웃!"(first in! last out!) 무슨 뜻인지 여쭈어보았더니, 전쟁을 하려면 공병부대가 적진으로 가장 먼저 들어가, "퍼스트 인!"(first in!), 적의 지뢰와 철조망을 제거하고 다리를 놓고 길을 닦아야 우리 보병부대가 들어올 수 있다는 것입니다. 반대로 적진에서 나올 때는 "라스트 아웃!"(last out!), 흔적도 없이 다 치우고 가장 늦게 나와야 적들이 나중에 그것을 악용 못 한다는 것입니다. 그런데 나중에 전쟁영화, 위 워 솔저스에서도 대대장이 적진으로 부하들을 데리고 들어가면서, 그 말을 하는 게 아니겠어요? 내가 가장 먼저 들어가 내가 가장 늦게 나온다. 지금 너무 힘드시다구요? 예수님께서 속삭이십니다. 지금 많이 조급하지? 이렇게 위태로울 때 내가 어디 있냐구? 퍼스트 인! 내가 가장 먼저 네 곁에 들어와 있다. 라스트 아웃! 내가 가장 늦게 이 위기의 문을 닫고 나갈 것이다. 나를 믿어라. 퍼스트 인! 라스트 아웃!

주님, 지금 너무 힘듭니다. 이때 주님께서 저에게 속삭이시는 음성을 듣습니다. "퍼스트 인! 내가 가장 먼저 네 곁에 들어와 있다. 라스트 아웃! 내가 가장 늦게 이 위기의 문을 닫고 나갈 것이다. 나를 믿어라." 주님의 이 약속을 오늘도 단단히 붙잡게 하옵소서. 이 위기를 담대하게 헤쳐 나갈 수 있도록 오늘도 제 손 잡고 동행하여 주옵소서. 예수님의 이름으로 기도드립니다. 아멘.

AUGUST 21

예수님도 버림받으셨다

"제구시에 예수께서 크게 소리 지르시되 엘리 엘리 라마 사박다니 하시니 이를 번역하면 나의 하나님, 나의 하나님 어찌하여 나를 버리셨나이까 하는 뜻이라" 〈막 15:34, 개역개정〉

너무너무 다복한 가정이 있었습니다. 하나도 부족한 게 없는 가정. 남편도 자식들도 너무너무 행복하게 잘 지내고 있었습니다. 그런데 아내는 늘 불안해했습니다. 그 불안의 뿌리는 남편이 자기를 버릴지도 모른다는 것. 사연을 들어보니, 너무나 가슴이 아팠습니다. 어린 시절, 부모님이 자기를 키우시기 힘들어 고아원에 맡기셨는데, 그때의 그 버림받음, 그것이 트라우마가 되어, 지금 곁에 있는 이 남편도 언젠가는 자기를 버릴지 모른다는 불안. 이 불안이 깊게 자리하고 있었던 것입니다. 사랑하는 여러분, 여러분도 누군가에게 버림받아 본 적이 있습니까? 지금 버림받으셨다구요? 이 버림받음의 문제. 누구도 이해해 줄 수 없는 이 상처. 그런데 여러분, 놀라지 마세요. 예수님도 버림받으셨습니다. 십자가 위에서! 나를 위해! 우리를 위해! 인류를 위해! 그래서 여러분의 그 성처, 누구보다 잘 아십니다. 상처 입은 치유자, 예수님이 여러분의 그 상처를 지금 만지십니다.

> 주님, 누군가에게 버림받아 본 상처, 누구도 이해해 줄 수 없는 이 아픔을 주님께서는 가장 잘 아실 줄 믿습니다. 예수님께서 십자가 위에서 저를 위해 버림받으셨기 때문입니다. 상처 입은 치유자이신 예수님께서 제 가슴속 그 깊은 상처를 지금 만지시며 치유하심을 믿음으로 받아들이게 해주옵소서. 예수님의 이름으로 기도드립니다. 아멘.

AUGUST 22

천천히 더 천천히

"지식 없는 열심은 위험하고, 조급히 일을 처리하면 그르친다." 〈잠 19:2, 쉬운성경〉

3군단 군종참모로 섬길 때, 어느 날 새벽, 군단장님이 비상을 거시는 거예요. 오늘이 3군단 수치일이니 정신무장을 위해 행군을 한다는 거예요. 한참 후 도착한 곳이 현리전투 위령비가 있는 곳이었어요. 6.25전쟁 때 중공군에게 포위된 우리 3군단. 그런데 그곳은 특이한 게 강물이 남북이 정반대로 흘러요. 그것도 모르고 군단장은 조급한 마음에 후퇴명령을 내리고, 강물이 흘러가는 쪽이 남쪽이겠거니 하고 조급히 후퇴하다가, 북쪽에서 밀고 내려오는 중공군을 만나게 됩니다. 얼마나 조급했던지, 군단장은 경비행기 타고 혼자 도망쳐 버립니다. 지휘부가 갈팡질팡 흔들리면서, 3만 명 가운데 19,000명이 전사하고 탱크 장갑차까지 군단의 무기를 다 빼앗겨 버립니다. 몰살을 당해요. 미8군사령관 밴 플리트 대장은 군단장 계급장이 부끄럽다며 떼버리고 우리 3군단을 해체시켜 버립니다. 정말 수치스러운 일이죠. 지금 우리도 위기의 산을 내려가고 있습니다. 이때도 가장 위험한 것은 조급함입니다.

> 주님, 지형을 제대로 파악하지 못하고 조급함으로 후퇴하다 참패했던 역사의 교훈을 깨닫게 해주옵소서. 지금 저에게도 가장 위험한 것은 조급함임을 깨우쳐 주옵소서. 혼란스러운 상황일수록 가만히 있어 주님이 하나님 되심을 알게 해주옵소서. 경거망동하지 않고 주님의 섭리를 신뢰하며 평정을 유지하게 해주옵소서. 예수님의 이름으로 기도드립니다. 아멘.

AUGUST 23

사망의 잠

"여호와 내 하나님이여 나를 생각하사 응답하시고 나의 눈을 밝히소서 두렵건대 내가 사망의 잠을 잘까 하오며"〈시 13:3, 개역개정〉

코로나19 당시, 실시간 인터넷 가정예배를 몇 달째 드렸습니다. 많은 분들이 이것 또한 새로운 경험이고 이것 또한 새로운 은혜라고 하셨는데, 여섯 달쯤 지나니 이것 또한 신선도가 떨어지는 것 같았습니다. 조회수가 갈수록 떨어지더라구요. 인터넷 예배는 분명 최선이 아닙니다. 궁여지책, 차선책입니다. 아무래도 인터넷으로는 역시 신령과 진정으로 드리는 예배에 한계가 있다는 말입니다. 담임목사로서, 이러다간 교인들이 사망의 잠을 자지 않을까 우려가 되었던 게 사실입니다. 한 장로님도 전화로 그러시더라구요. 인터넷으로 드리다 보니까 아무래도 자세가 흐트러진다고요. 아마 여러분도 다 그러셨을 거예요. 인터넷이 집중이 잘 안되고 작동하는 게 귀찮게 여겨지고. 대충 틀어놓고 딴짓을 하게 됩니다. 나중에 들어야지 하면서 자꾸만 놓치고 맙니다. 내가 이러다 영영 사망의 잠을 자지나 않을까 두렵습니다. 코로나의 밤은 또 언제든 올 수 있습니다. 지금이 바로 그런 밤이라구요? 밤이 깊어갑니다. 밤이 깊을수록 새벽이 가깝습니다. 이제, 사망의 잠에서 조금씩 기지개를 펴야 할 때입니다.

> 주님, 코로나와 같은 밤이 언제든 또 올 수 있음을 경계합니다. 밤이 깊을수록 새벽이 가깝듯이, 지금이 바로 사망의 잠에서 조금씩 기지개를 펴야 할 때임을 깨닫게 해주옵소서. 어떤 상황 속에서도 신령과 진정으로 주님을 예배하게 하옵소서. 오늘도 영적으로 깨어 승리할 수 있게 해주옵소서. 예수님의 이름으로 기도드립니다. 아멘.

AUGUST 24

아직도 우리에게 희망이 있나요?

"나의 희망이 어디 있으며 나의 희망을 누가 보겠느냐" 〈욥 17:15, 개역개정〉

세계 제2차 대전 말엽에 해군 잠수함 한 척이 본부로 돌아오고 있었습니다. 그런데 갑자기 기관 고장을 일으켜 항구 밑으로 가라앉고 말았습니다. 그래서 잠수부들이 급히 바닷속으로 내려가 잠수함 뚜껑 위에 접근했습니다. 그들이 잠수함 지붕 위에 내려앉으니까 그 안에서 승무원 한 사람이 망치로 모르스 신호를 보내고 있었습니다. 또또또 뚜뚜 딱 또또또 뚜뚜 딱. 이런 내용이었습니다. "아직도 우리에게 희망이 있나요?" 이 질문은 우리 인생의 가장 근원적인 질문입니다. 환자나 보호자, 사업가, 부모와 자녀, 부부. "아직도 우리에게 희망이 있나요?" 관계의 갈등, 건강의 이상, 중년의 위기, 경제적인 어려움, 불확실한 미래, 특히 현 상황의 답답함. "주님, 아직도 우리에게 희망이 있나요?" 여기서 생각해야 할 것, 한자로 희망(喜望)이란 '기쁨으로 바란다'는 뜻. 절망의 현실이 문제가 아닙니다. 주님 주시는 내밀한 기쁨으로 절망의 현실 너머를 바라볼 수 있느냐, 그것이 문제입니다.

> 주님, 현 상황이 너무 답답합니다. 주님, 아직도 저에게 희망이 있나요? 한자로 희망(喜望)이 '기쁨으로 바란다'는 뜻임을 깨우쳐 주옵소서. 절망의 현실이 아니라, 절망의 현실 너머를 바라볼 수 있게 하옵소서. 오늘 어떤 상황 속에서도 희망의 모르스 신호를 주님과 주고받을 수 있도록 도와주옵소서. 예수님의 이름으로 기도드립니다. 아멘.

AUGUST 25

내일은 없지만 모레는 있다

"그러므로 나는 희망을 주시는 하나님께서 여러분에게 믿음에서 오는 행복과 평화를 넘치게 베풀어 주시기를 기도합니다. 또 여러분 속에 역사하고는 성령의 능력을 통해 여러분이 희망으로 넘치게 해주시기를 기도합니다."〈롬 15:13, 현대어〉

본디 우리말에는 '어제,' '오늘'이라는 말은 있지만 '내일'이라는 말은 없습니다. 내일은 한자입니다. 천 번이 넘는 외침 속에서 우리 선조들은 내일을 바라본다는 것이 너무나 힘들었을 것입니다. 그러나 놀랍게도 우리말에 내일은 없지만, '모레'라는 말은 있습니다. 암울한 내일을 넘어 희망의 모레를 기쁨으로 잘 해석해서 바라볼 수 있는 눈이 있었던 것입니다. 반항적인 딸, 흔들리는 아들, 정신지체 소녀, 술중독 아버지, 우울증 어머니, 남편의 진급, 아내의 외로움, 자녀의 진학, 병상의 부모님, 대화의 불통, 캄캄한 앞날, 여러분도 지금 내일이 없다고 생각하십니까? 아닙니다. 우리 그리스도인의 희망은 암울한 내일을 넘어, 희망의 모레를 기쁨으로 잘 해석해서 바라보는 것입니다. 하여, 오늘도, 이 고난의 십자가 넘어, 저 멀리 부활의 모레를 기쁨으로 잘 해석해서 바라보는 눈이 번쩍 열리시기를, 부활소망 예수 그리스도의 이름으로 축원합니다.

> 주님, 본디 우리말에 '내일'은 없지만, '모레'라는 말이 있음을 돌아봅니다. 저도 지금은 내일이 보이지 않습니다. 제 마음 아시지요? 그러나 암울한 내일을 넘어 희망의 모레를 기쁨으로 잘 바라보게 하옵소서. 저 멀리 부활의 모레를 기쁨으로 바라볼 수 있는 영적인 눈이 오늘 번쩍 뜨이게 해주옵소서. 예수님의 이름으로 기도드립니다. 아멘.

AUGUST 26

절대절망, 절대희망

"여호와의 말씀이니라 너희를 향한 나의 생각을 내가 아나니 평안이요 재앙이 아니니라 너희에게 미래와 희망을 주는 것이니라" 〈렘 29:11, 개역개정〉

인간은 음식 없이는 40일을 살 수 있고, 물 없이는 3일을 견딜 수 있고, 숨을 쉬지 않고는 8분을 버틸 수 있다고 하나, 희망 없이는 단 1초도 견딜 수 없습니다. 우리, 절대, 이 희망, 포기하지 맙시다. 우리를 절망시키려 호시탐탐 노리는 마귀에게 지지 맙시다. 지금 힘드시지요? 그래도 우리, 절망의 십자가까지도 이겨내시고 온 인류에게 부활의 희망을 주신 주님만 바라봅시다. 그래서 다시 소명으로, 다시 마음이 뜨거워지시기를 빕니다. 어머니의 암. 아들의 백혈병. 부부의 어긋난 관계. 직장생활의 어긋남. 신종바이러스의 세계적인 불안. 이 잔인한 현실 앞에서 마음이 뜨거워지는 건 이제 틀렸다구요? 아닙니다. 여러분, 너무 세세한 절망에 초점을 맞추지 마십시오. 질병, 전염병, 해결해야 할 과제, 그리고 고난과 역경이 있는 게 인생이지만, 그것만 바라보시면 안 됩니다. 그 너머, 그럼에도 불구하고, 나를 지으신 하나님, 나를 부르신 하나님, 나를 보내신 하나님을 바라보며, 절대절망의 현실 너머 절대희망의 미래를 내다보십시오.

주님, 오늘도 비록 힘들지만, 너무 세세한 절망에 초점을 맞추지 않게 해주옵소서. 절망만 바라보지 않게 해주옵소서. 그 너머, 저를 지으시고, 부르시고, 보내신 하나님을 바라보며, 절대 절망의 현실 너머 절대 희망의 미래를 내다볼 수 있게 해주옵소서. 절망의 십자가까지도 이겨내시고 부활의 희망을 주신 주님만 바라보게 해주옵소서. **예수님의 이름으로 기도드립니다. 아멘.**

AUGUST 27

뉴노멀

"그의 이름이 온 세계의 희망이 되리라.'" 〈마 12:21, 현대어〉

코로나19 당시, 많이 회자되는 말이 있었습니다. 뉴노멀(New Normal). 코로나 이후, 전혀 새로운 일상이 될 것이라는 뜻이었습니다. 코로나 이후, 세계가 확 달라져 있을 것이라는 말이었습니다. 거기에 맞추어 교회도 확 달라져야 한다는 경고였습니다. 변화되지 않으면 변화 당한다는 각오로! 그 말은 이제 현실이 되어 있습니다. 전혀 새로운 목회 패러다임이 요구되고 있습니다. 예배, 설교, 전도, 선교, 성도의 교제, 교육, 양육, 전혀 새로운 패러다임을 필요로 하고 있습니다. 이전으로 돌아가되, 전혀 다른 일상으로 돌아가는 것. 뉴노멀(New Normal). 지금이라도 뉴노멀로, 전혀 새로운 일상으로, 돌아갈 준비를 해야 합니다. 그것은 절망이 아니라 희망입니다. 죽음을 이기시고 부활하신 주님께서 그 희망을 보여주셨습니다. 부활 이전과 부활 이후. 세계는 완전히 다른 세계가 된 것처럼. 우리 이 절망의 길에서 즉시 일어나 생명의 길, 부활의 길, 주님 계신 희망의 길로, 전혀 새로운 일상, 뉴노멀의 길로, 곧바로, 돌아가시기를, 부활하신 주님의 이름으로 축원합니다.

> 주님, 뉴노멀의 길을 지금이라도 준비해야 함을 깨닫습니다. 죽음을 이기시고 부활하신 주님께서 부활 이전과 부활 이후, 세계가 완전히 다른 세계가 되었듯이, 제가 오늘도 이 절망의 길에서 즉시 일어나 생명의 길, 부활의 길, 주님 계신 희망의 길로, 전혀 새로운 일상, 뉴노멀의 길로 곧바로 돌아갈 수 있게 해주옵소서. 부활하신 예수님의 이름으로 기도드립니다. 아멘.

AUGUST 28

누구랑 같이 가느냐, 그것이 문제다!

"내가 다시 해 아래에서 보니 빠른 경주자들이라고 선착하는 것이 아니며 용사들이라고 전쟁에 승리하는 것이 아니며 지혜자들이라고 음식물을 얻는 것도 아니며 명철자들이라고 재물을 얻는 것도 아니며 지식인들이라고 은총을 입는 것이 아니니 이는 시기와 기회는 그들 모두에게 임함이니라" 〈전 9:11, 개역개정〉

어렸을 때 초등학교 가을운동회. 손님 찾기 장애물 경기. "땅!" 총소리와 함께 다섯 명의 친구들이 달렸습니다. 육상선수 내 친구. 당연히 선두. 사다리를 통과, 뜀틀을 뛰어넘고, 가마니를 통과, 뒷짐 지고 혀를 낼름, 가볍게 종이를 물어 올렸습니다. 그런데 순간, 그 친구, 울상이 되었습니다. 관중석을 두리번거리더니 외쳤습니다. "할머니!" 손잡고 뛰는데, 맘대로 뛰어집니까! 그런데 맨 꼴등으로 오던 소아마비 내 친구. 세월아 네월아 장애물 통과, 뒷짐 지고 밀가루 파헤치다, 마지막 남은 종이를 물어 올렸습니다. 순간, 내 친구, 얼굴이 환해지면서 본부석을 향해 외쳤습니다. "담임선생님!" 담임선생님은 그 친구를 둘러업고 뛰어버리셨습니다. 결과는 뻔했습니다. 오늘도, 희망이 보이지 않는다구요? 엠마오 가는 길, 절망하던 두 제자에게 나타나신 부활의 주님. 지금 내 영혼의 엠마오 길에 나타나십니다. 그리고 속삭이십니다. "요새 너무 힘들지? 그래, 나랑 같이 가자."

주님, 제 능력과 속도가 아니라, 누구를 만나고 누구와 동행하느냐가 제 인생의 결과를 결정함을 깨닫게 해주옵소서. 희망이 보이지 않는 저에게, "요새 너무 힘들지? 그래, 나랑 같이 가자"고 속삭이시는 주님의 음성을 듣습니다. 제 무거운 짐을 주님께 맡깁니다. 제 손 꼭 잡아주옵소서. 이 힘든 길, 부디 동행하여 주옵소서. 예수님의 이름으로 기도드립니다. 아멘.

AUGUST 29

그리울 때면, 주 안에 서라

"사랑하는 믿음의 형제들이여, 내 마음은 여러분을 향한 그리움으로 가득 차 있습니다. 여러분은 나의 기쁨이며 내가 일해서 얻은 열매입니다. 나의 사랑하는 친구들이여, 주님 안에서 진실한 믿음을 굳게 지키십시오."〈빌 4:1, 현대어〉

오늘 아침, 교회 오는데, 센트럴파크 골목길이 너무 예쁜 거예요. 아, 참 좋다! 어렸을 때 시골집이 저랬었는데, 그리움이 가득 몰려오더라구요. 사람은 누구나 그리움을 먹고 삽니다. 두고 온 고향, 떠난 님, 헤어진 가족, 동창생, 전우. 이 그리움이 때로 우리를 아프게 합니다. 때로 이 그리움은 마음의 병이 됩니다. 마음의 병은 이내 몸의 병으로 도집니다. 그러기에 우리는 이 그리움을 시로, 노래로, 그림으로, 예술로 형상화하며 승화시킵니다. 안 그러면 병이 되니까. 나태주 시인이 그런 면에서 그리움을 아주 짧은 시로 잘 승화하고 있습니다. 그리움. 때로 내 눈에서도 소금물이 나온다. 아마도 내 눈 속에는 바다가 한 채씩 살고 있나 보오. 누군가, 무언가, 너무너무 그리우시죠? 이 그리움의 시간들, 어떻게 잘 버틸 수 있냐구요? 빌립보서 4장 11절. 그러므로 나의 사랑하고 사모하는 형제들, 나의 기쁨이요 면류관인 사랑하는 자들아, 이와 같이 주 안에 서라. 그리울 때면, 주 안에 서십시오.

주님, 그립습니다. 이 그리움이 때로 저를 아프게 합니다. 마음의 병이 됩니다. 몸의 병으로 덧났습니다. 시와 노래, 예술로 이 그리움을 잘 버틸 수 있게 해주옵소서. 누군가, 무언가, 너무너무 그리울 때마다, 헛된 소망을 좇지 않게 하옵소서. 오늘도 오직 주 안에 굳건히 서게 해주옵소서. 예수님의 이름으로 기도드립니다. 아멘.

AUGUST 30

모태로 돌아가라

"예수께서 대답하셨다. '내가 너에게 진정으로 말한다. 누구든지 물과 성령으로 새롭게 다시 나지 않으면 하나님 나라에 들어갈 수 없다.'"〈요 3:5, 현대어〉

"프롬 더 툼! 투 더 움!"(From the tomb! To the womb!) 무덤에서 모태로 돌아가야 한다는 말입니다. 1935년 바이러스를 최초로 발견한 러시아의 이바노브스키. 그가 보니, 바이러스는 생명체 안으로 들어가 숙주로 존재하고 있었습니다. 공존 관계였습니다. 그런데 교만한 인간. 어느새 자기가 하나님입니다. 무시하고 군림합니다. 혼자만 최고! 함부로 자연을 파괴하고 짓누릅니다. 탐욕과 이기심. 그 결과 엘리뇨와 라니냐, 그리고 코로나바이러스. 몇 년 전, 코로나는 이런 인간의 교만을 다 뒤집어버렸습니다. 세상의 중심이 인간이 아니라는 것입니다. 당시 모든 뉴스는 코로나가 중심이었습니다. 코로나 입장에서는 인간이 바이러스입니다. 이 인간 바이러스들 때문에 지금 이 지구가 아픕니다. 세상은 온통 무덤입니다. 예수가 없는 무덤. 이제 우리는 어떻게 해야 하는가? 이제, 무덤에서 모태로 돌아와야 합니다. 그 모태에서 새롭게 다시 태어나야 합니다.

> 주님, 저 때문에 이 지구가 아파합니다. 예수님 없는 무덤처럼 되어버렸습니다. 이제 저부터 무덤에서 모태로 돌아가게 하옵소서. 새롭게 다시 태어나게 하옵소서. 교만과 탐욕을 회개하게 하옵소서. 창조의 질서를 회복하게 하옵소서. 주님 안에서 새 생명을 얻게 하옵소서. 이 세상에 참된 치유를 가져오게 하옵소서. 예수님의 이름으로 기도드립니다. 아멘.

AUGUST 31

처음사랑을 회복하라

"그러나 너를 책망할 것이 있나니 너의 처음 사랑을 버렸느니라"〈계 2:4, 개역개정〉

신학교 3학년. 저는 몹시 흔들렸습니다. 부적응의 파도. 이 길을 평생 갈 수 없겠다 싶었습니다. 포기하자. 무작정 밤기차를 올라탔습니다. 수원역. 무궁화호 막차. 새벽에 내린 곳이 영산포였습니다. 또 한참을 달려 내린 땅끝. 버스가 먼지를 날리며 눈에서 사라지고 저는 들판에 혼자였습니다. 아버지는 몇 날 며칠 끙끙 앓는 저를 보시며 묵묵히 아궁이에 불을 넣어주실 뿐. 그러다 어느 날 문득, 눈물콧물 범벅이 된 어머니의 성경책이 눈에 들어왔습니다. 갑자기 가슴에서 불이 올라왔어요. 우리 자녀들은 다 떠났지만, 어머니 아버지는 매일 이렇게 가정예배를 드리고 계셨구나. 아, 여기가 바로 내가 주님을 처음 만난 곳이구나. 얼마나 방바닥을 치며 울며불며 주님을 찾았던지! 손바닥 껍질이 다 벗겨져 핏물진물 범벅이 되어 있더라구요. 그때 내 영혼에 이런 음성이 들려왔어요. 현복아, 잘 왔다. 여기가 내가 너를 처음 만나주었던 곳이다. 힘들지? 내가 너를 도와주마. 자, 다시, 올라가자.

주님, 부적응의 파도에 몹시 흔들려 밤기차를 타고 땅끝까지 갔던 제 경험을 돌아봅니다. "현복아, 잘 왔다. 여기가 내가 너를 처음 만나주었던 곳이다. 힘들지? 내가 너를 도와주마. 자, 다시, 올라가자." 주님의 음성을 기억합니다. 초심을 잃지 않고, 주님 부르신 소명의 길로 다시 올라갈 수 있게 해주옵소서. 예수님의 이름으로 기도드립니다. 아멘.

SEPTEMBER 9월

SEPTEMBER 1

고통이 다가올 때

"그리스도께서는 고난을 받으시고 고통을 겪으셨습니다. 그러니 여러분도 그분과 같은 각오로 언제 어떤 고난이 닥쳐오더라도 견디어 낼 수 있도록 마음의 준비를 해 두십시오. 여러분의 육체가 고난을 받을수록 죄악은 그 힘을 잃어버린다는 사실을 기억하십시오." 〈벧전 4:1, 현대어〉

왜 착한 사람에게 안 좋은 일이 생길까요? 딴 사람도 아니고, 왜 내가? 행복하기만 하던 가정에 먹구름이 찾아듭니다. 예기치 않았던 질병과 그 뜻을 알 수 없는 고통스러운 사건. 당혹감을 감출 길이 없습니다. 하나님을 믿는 나에게, 우리 딸에게, 우리 부모에게 어떻게 이런 일이 일어날 수 있단 말인가? 눈물 섞인 탄식은 하늘을 향하여 끝갈 줄 모릅니다. 그전 같으면, 고통에 대해서는 모든 답변을 가지고 있다고 생각했는데, 막상 고통이 찾아온 지금, 아무런 답변도 내릴 수가 없습니다. 혼란스럽고, 놀라울 뿐입니다. 절망만이 가슴을 후비고 들어옵니다. 누가 나를 위로할 수 있단 말인가? 지금 여러분이 해야 할 일은 무엇이겠습니까? 무엇보다도 먼저, 현재의 고통 속에 담긴 의미를 탐구하십시오. 여러분은 이 고통스런 경험을 하게 해달라고 구하지 않았습니다. 그러나 이 고통에 어떻게 반응하느냐 하는 것은 지금 여러분이 선택할 수 있습니다. 순간의 선택이 천국과 지옥을 좌우합니다.

> 주님, 지금 누가 저를 위로할 수 있을지요? 현재의 고통 속에 담긴 의미를 탐구하게 해주옵소서. 이 고통에 어떻게 반응하느냐는 지금 제가 선택할 수 있음을 기억하게 해주옵소서. 순간의 선택이 천국과 지옥을 좌우하듯이, 오늘도 주님 안에서 이 고통을 의미 있게 승화시킬 수 있도록 지혜를 주옵소서. 예수님의 이름으로 기도드립니다. 아멘.

SEPTEMBER 2

마음에 깊은 상처를 입었을 때

"이제 나는 그 편지 보낸 것을 기쁘게 생각합니다. 여러분은 상처를 받은 것이 아니라, 그 상처의 고통으로 하나님께로 돌아서게 되었기 때문입니다. 그것은 좋은 의미의 슬픔이었습니다. 이제 여러분은 하나님께서 바라시는 대로 그러한 슬픔을 통하여 하나님께 돌아왔으니 결국 우리가 여러분에게 해를 끼친 것은 아닙니다."〈고후 7:9, 현대어〉

소라껍질에 귀를 기울여 보신 적이 있나요? 어떤 소리가 들리던가요? 사람들은, 저마다 시인의 마음 되어, 소라에게서 남태평양의 바닷소리가 들린다고 합니다. 소라의 속삭임. 소라는 무슨 연고로 저 머나먼 순례를 감내하며 여기까지 달려 온 걸까요? 분주한 도시 생활 속, 영혼마저 말라 버린 현대인, 돌아갈 고향을 잃어버린 21세기의 실향민들에게 무엇을 알리려고 온 걸까요? 살아가는 데 여념이 없다보니, 주변을 돌아볼 시간이 없었습니다. 소라의 소리는커녕, 바로 옆 이웃의 소리마저 귀를 막은 지 오래입니다. 그것이 영혼을 잃어버린 우리 현대인의 자화상이지요. 옆에 있는 동료, 선·후배, 상사, 직원, 형님, 누나, 어머니, 아버지, 친구, 아내, 남편, 아이들. 그들의 가슴에 귀를 대고 가만히 기다려 보세요. 무슨 소리가 들리나요? "외로워요, 그리워요, 괴로워요, 화가 나요, 미치겠어요, 죽고 싶어요!" 맞습니다. 그것은 하나같이 상처 입은 소리들. 그 상처 입은 마음들을 싸매 주고 치유하는 일이 무엇보다 절실한 시대입니다.

주님, 상처 입은 마음들을 싸매 주고 치유하는 일이 무엇보다 절실한 시대임을 깨닫습니다. 주님의 사랑과 긍휼로 제 닫힌 귀를 열어주옵소서. 이웃의 고통 소리를 듣게 해주옵소서. 상처 입은 치유자이신 예수 그리스도의 마음으로, 이 아픈 시대를 위로하게 하옵소서. 오늘도 제 삶의 자리에서 그런 치유하는 도구가 되게 하옵소서. 예수님의 이름으로 기도드립니다. 아멘.

SEPTEMBER 3

누군가가 그리울 때

"언제나 주님의 법 깨닫고 싶어 그리움에 애달아 이 마음 지쳤습니다."〈시 119:20, 현대어〉

아내가 첫째아이를 군대에 보내고 이렇게 말하더라구요. "내 아들이 군대 들어가는 날, 난 자부심과 슬픔이 뒤죽박죽이었어요. 이십여 년 매일 내 삶의 일부였던 아들. 그 아들이 떠난 자리. 커다란 구멍이 느껴졌어요." 아내의 눈가엔 눈물이 핑 돌았습니다. 내 마음속에도 세찬 공허감이 몰려들었습니다. 군목으로 수많은 병사들을 보아왔으면서도, 아니 그러기에 더 쉽지 않더라구요. 이별. 그것은 우리 삶의 한 부분. 특히 고도로 움직임이 많은 현대 사회에서는 더욱더 그렇습니다. 사람들이 멀리 이사를 가고, 가족들은 주어진 일 때문에 뿔뿔이 흩어집니다. 남편들은 아내들과, 아이들은 부모들과, 친구들도 친구들과 이별을 합니다. 이별은 변화의 한 형태입니다. 그러기에 그리움이라는 고통을 잉태합니다. 이 그리움을 어떻게 치유할 수 있을까요? 우선, 그리움을 받아들이십시오. 그리고 이 그리움의 시간들을 깊은 묵상 속에서, 기도하며 기대하며 기다리는 시간으로 승화시키십시오. 기다림은 우리 영혼의 오롯한 등불이 되리니!

> 주님, 이별이 그리움이라는 고통을 잉태할 때, 제가 이 그리움을 어떻게 치유할 수 있을지요? 우선, 그리움을 받아들이게 해주옵소서. 그리고 이 그리움의 시간들을 깊은 묵상 속에서, 기도하며 기대하며 기다리는 시간으로 승화시키게 해주옵소서. 기다림이 제 영혼의 오롯한 등불이 되게 해주옵소서. 주님을 기다리는 소망으로 가득 채울 수 있게 해주옵소서. 예수님의 이름으로 기도드립니다. 아멘.

SEPTEMBER 4

두려움을 느낄 때

"사랑이 있는 곳에는 두려움이 없습니다. 왜냐하면 완전한 사랑이 두려움을 내어 쫓기 때문입니다. 사람을 두렵게 만드는 것은 벌을 받을지도 모른다는 마음 때문입니다. 그러므로 두려움을 갖고 있는 사람은 사랑을 완성하지 못한 사람입니다." 〈요일 4:18, 쉬운성경〉

생각 없이 앉아 있다고 느꼈는데, 어느 순간 마음이 편하지 않고, 괜히 안절부절한 경험, 누구에게나 있을 것입니다. 골목길을 홀로 걸을 때, 가는 계절과 오는 계절이 맞물려 돌아갈 때, 팽그르르 하나의 나뭇잎이 떨어져 누울 때, 이웃 사람이 집을 높이고 땅을 넓혔다고 자랑할 때, 거울 앞에서 눈 밑의 주름을 발견했을 때, 이웃 나라의 전쟁 기사가 신문에 대문짝만하게 실렸을 때, 지구의 오존층이 점점 피괴되고 있다는 소리를 들었을 때, 어느 날 문득 나의 소유를 헤아려 보았을 때, 그리고 살아온 날들을 뒤돌아보았을 때, 슬며시 다가오는 잿빛 그림자, 그것은 두려움이라는 것입니다. 흔히 사람들은 술이나 일로, 괜한 헛기침이나 진한 농담으로, 일관된 침묵이나 끝없는 잠으로, 강박적인 취미생활로 그 두려움의 그늘을 애써 피해가려 합니다. 하지만, 악순환입니다. 그 악순환의 고리를 끊을 수 있는 전향적인 조치와 결단이 필요합니다. 두려움보다 더 크신 하나님의 사랑을 호흡하면서!

주님, 살아온 날들을 뒤돌아보았을 때, 슬며시 다가오는 잿빛 그림자, 그것이 두려움임을 고백합니다. 이 두려움의 그늘을 애써 피해 가려 하지만 악순환일 뿐임을 깨닫습니다. 이 악순환의 고리를 끊을 수 있도록, 두려움보다 더 크신 하나님의 사랑을 호흡하게 해주옵소서. 오늘도 두려움을 단칼에 내쳐버리고 평안을 되찾게 하옵소서. 예수님의 이름으로 기도드립니다. 아멘.

SEPTEMBER 5

걱정이 될 때

"여러분의 모든 근심 걱정을 하나님께 맡기십시오. 늘 여러분의 생각으로 가득 차 있는 하나님께서 여러분에게 일어나는 일을 일일이 보살펴 주실 것입니다."〈벧전 5:7, 현대어〉

왜 인간에게는 걱정 근심이 끊이질 않는 걸까요? 무엇을 먹을까? 무엇을 입을까? 무엇을 마실까? 이런 일은 어떻게 해야 잘한다고 소문이 날까? 정말 말세가 된 걸까? 이러다간 전쟁이 나는 거 아닐까? 우리 애들이 오늘도 별 일 없을까? 이게 몹쓸 병은 아닐까? 뭘 하면서 살아야 할까? 문화는 발전하는데 인간은 더욱더 마음의 평화를 잃어 가고 있습니다. 있을 수도 없는 일까지 끌어안고 지레걱정을 해대는 겁니다. 케이블 TV, 하루종일 나쁜 뉴스, 배신과 탄식, 전쟁과 범죄, 권력경쟁과 정치조작. 불면의 밤을 강요하는 것들 투성이입니다. 마음과 정신을 산란케 하고, 묵상과 기도에서 멀어지게 합니다. 문제는 이런 걱정거리들을, 그리고 그런 걱정거리들을 짐 지워주는 대중매체들을 바라보는 우리의 눈입니다. "여러분의 모든 근심 걱정을 하나님께 맡기십시오. 늘 여러분의 생각으로 가득 차 있는 하나님께서 여러분에게 일어나는 일을 일일이 보살펴 주실 것입니다"(베드로전서 5:7, 현대어).

주님, 무엇을 먹고 마시고 입을지, 일을 잘하는 방법, 말세와 전쟁에 대한 두려움, 아이들의 안전, 건강에 대한 염려, 앞날에 대한 고민까지, 지레걱정을 해대는 제 모습을 돌아봅니다. 문제는 걱정거리들을, 그리고 걱정거리들을 짐 지워주는 대중매체들을 바라보는 제 눈임을 깨닫습니다. 제 모든 근심 걱정을 하나님께 온전히 맡기게 해주옵소서. 예수님의 이름으로 기도드립니다. 아멘.

SEPTEMBER 6

스트레스를 받을 때

"수고하고 무거운 짐 진 자들아 다 내게로 오라 내가 너희를 쉬게 하리라 나는 마음이 온유하고 겸손하니 나의 멍에를 메고 내게 배우라 그리하면 너희 마음이 쉼을 얻으리니 이는 내 멍에는 쉽고 내 짐은 가벼움이라 하시니라"〈마 11:28-30, 개역개정〉

이 시대는 가히 '스트레스'의 시대라 할 만합니다. "스트레스 받는다!"는 말이 입에 붙어 있습니다. 스트레스를 먹고 입고 마십니다. 스트레스와 함께 현대사회 뒷골목을 배회합니다. 하는 일이 뜻대로 풀려나가지 않는 것도 스트레스, 출퇴근 시간 콩나물시루처럼 지하철에서 시달리는 것도 스트레스, 교통체증으로 차 안에서 마냥 기다리는 것도 스트레스입니다. 시험공부도 스트레스, 학교과제도 스트레스, 사랑하는 사람이 결별을 선언해도 스트레스입니다. 사업이 안 되어도 스트레스, 또 너무 잘 되어도 스트레스. 실직이나 이혼도 스트레스, 승진이나 결혼도 스트레스입니다. 스트레스는 만병의 근원이지요. 지나친 스트레스는 여러분의 영혼을 해칩니다. 그러므로 주님의 십자가 아래 여러분의 수고하고 무거운 짐을 내려놓으십시오. 그리고 주님 품에서 푹 쉬십시오. 그렇게 스트레스를 조절하십시오. 스트레스가 여러분을 조절하지 못하도록!

> 주님, 지나친 스트레스가 만병의 근원이며 제 영혼을 해침을 깨닫습니다. 수고하고 무거운 제 짐을 주님의 십자가 아래 내려놓게 해주옵소서. 주님의 품 안에서 푹 쉬면서 스트레스를 조절하게 해주옵소서. 스트레스가 저를 조절하지 못하도록, 주님 주시는 참된 안식 안에 거하게 하옵소서. 예수님의 이름으로 기도드립니다. 아멘.

SEPTEMBER 7

화가 날 때

"유순한 대답은 분노를 쉬게 하여도 과격한 말은 노를 격동하느니라"〈잠 15:1, 개역개정〉

분노란 무엇일까요? 그것은 강력하면서도 정상적인 감정입니다. 오늘 현대 사회에서 가장 다루기 서툰 감정. 분노. 왜 분노하게 될까요? 첫째는, 좌절입니다. 둘째는, 상처입니다. 셋째는, 짜증나게 하는 일입니다. 넷째는, 실망입니다. 다섯째는, 괴롭힘이지요. 여섯째는, 위협입니다. 분노 때문에 좀 더 많은 당과 아드레날린이 혈관 속으로 흘러들어 가지요. 심장 고동이 더 빨라지구요. 혈압이 올라가지요. 피의 흐름이 빨라져요. 근육이 긴장되구요. 컨디션이 매우 나빠지지요. 분노는 친구가 될 수도 있고, 적이 될 수도 있지요. 그것은 모두 우리가 그것을 어떻게 표현하느냐에 달려 있지요. 여러분이 확실히 해야 할 것은 이런 것입니다. 곧 여러분 자신과 다른 사람들 속에 있는 분노를 인정하는 법을 배우십시오. 여러분이 내는 분노의 실제적인 이유를 이해하십시오. 여러분의 분노를 표현할 수 있는 건강하고 건설적인 방법을 발견하십시오. 유순한 대답은 분노를 쉬게 하여도 과격한 말은 노를 격동합니다(잠언 15:1).

주님, 분노가 저에게도 가장 다루기 서툰 감정임을 돌아봅니다. 분노가 친구가 될 수도 적이 될 수도 있음은, 제가 그것을 어떻게 표현하느냐에 달려 있음을 깨닫게 해주옵소서. 주님 주시는 지혜와 절제로 제 분노를 잘 다스리게 하옵소서. 건강하고 건설적인 방법으로 제 분노를 성숙하게 표현하게 해주옵소서. 예수님의 이름으로 기도드립니다. 아멘.

SEPTEMBER 8

소외를 느낄 때

"인자는 와서 먹고 마시매 말하기를 보라 먹기를 탐하고 포도주를 즐기는 사람이요 세리와 죄인의 친구로다 하니 지혜는 그 행한 일로 인하여 옳다 함을 얻느니라" 〈마 11:19, 개역개정〉

인간은 누구나 소외의 고통을 겪게 됩니다. 소중하고 사랑하며 필요하다고 여기는 그 누군가로부터 또는 그 무엇으로부터의 분리됨. 그리고 버림받음. 조화롭고 화목하며 친근하게 느꼈던 그 무언가로부터 뿌리뽑혀진 듯한 느낌. 고아가 된 느낌. 밖에 내버려진 느낌. 그리고 뒤처진 느낌. 예수님 당시 나그네와 과부와 고아, 몸과 마음이 병들어 신음하는 사람들, 세리와 창녀, 한 떨기 불꽃처럼 힘이 없는 가난한 사람들, 신앙 양심을 지키려는 마음이 깨끗한 사람들, 그들은 모두 소외 계층에 속한 사람들이었습니다. 예수님은 그 소외된 이들과 함께 우셨고, 함께 아파하셨습니다. 오늘 우리가 속한 공동체에서 이렇게 우리 시야 밖에 멀찍이 떨어져 있는 이들이 있다면, 예수님의 뜻을 본받아 그들에게 따뜻한 위로와 용기를 건네줌이 옳을 것입니다. 너무 우리끼리만 앞서 달리지 맙시다. 그들의 느린 걸음, 기다렸다가, 그들의 처진 배낭, 대신 매주는, 어우러짐의 축제가 일어나기를 고대해 봅니다.

> 주님, 오늘 제가 속한 공동체에서 시야 밖에 멀찍이 떨어져 있는 이들이 있다면, 예수님의 뜻을 본받아 그들에게 따뜻한 위로와 용기를 건네주게 하옵소서. 저만 앞서 달리지 않게 해주옵소서. 그들의 느린 걸음을 기다렸다가, 그들의 처진 배낭을 대신 매주는, 어우러짐의 축제가 제 삶과 공동체에 일어날 수 있게 해주옵소서. 예수님의 이름으로 기도드립니다. 아멘.

SEPTEMBER 9

외로움을 느낄 때

"내가 밤을 새우니 지붕 위의 외로운 참새 같으니이다"〈시 102:7, 개역개정〉

'너'에게 건네는 언어는 늘 과녁을 떠난 화살처럼 어긋났고, 인간은 늘 외롭습니다. 네가 내 옆에 있음에도 외롭습니다. 외로움은 여러분의 삶과 관계에서 무언가를 놓치고 있다는 감정이지요. 이 가을, 왠지 마음이 쓸쓸해집니다. 지금까지 살아온 인생이 허망합니다. 무엇 하나 부여잡은 것 없이, 허공에다 손짓만 일삼은 것 같은 이 계절. 마음을 깊이 주고받을 수 있는 이 없을 때, 아끼고 사랑하던 대상이 떠나 버렸을 때, 그 외로움은 뼛속까지 파고듭니다. 한 이불 속에 잠들면서도 마음이 통하지 않으면, 부부라도 외롭기는 마찬가지입니다. 젊은이들만 중시하는 사회 풍조 때문에 노인들은 노인들대로 외로워하고, 기성세대에게서 소외당하는 기분 때문에 젊은이들은 젊은이들대로 외로워 안달입니다. 인간은 온통 외로움을 앓는 존재요, 이 세상은 외로움의 열병(熱病)으로 하늘마저 구멍이 나버렸습니다. 이러한 때 우리 주님은 어디 계시는 걸까요? 누군가 여러분을 위해 기도하는 소리가 들리지 않으십니까?

> 주님, 이 가을, 마음이 쓸쓸합니다. 살아온 인생이 허망합니다. 무엇 하나 부여잡은 것 없이 허공에 손짓만 일삼은 것 같은 제 심정을 돌아봅니다. 이러한 때, 주님은 어디 계시는지요? 저를 위해 누군가 기도하는 소리에 귀 기울이게 하옵소서. 혼자 외로움을 앓는 저를 결코 떠나지 않으시는 주님을 깊이 만나게 해주옵소서. 예수님의 이름으로 기도드립니다. 아멘.

SEPTEMBER 10

우울해질 때

"여호와여 내가 수척하였사오니 내게 은혜를 베푸소서 여호와여 나의 뼈가 떨리오니 나를 고치소서 나의 영혼도 매우 떨리나이다 여호와여 어느 때까지니이까 여호와여 돌아와 나의 영혼을 건지시며 주의 사랑으로 나를 구원하소서 내가 탄식함으로 피곤하여 밤마다 눈물로 내 침상을 띄우며 내 요를 적시나이다 내 눈이 근심으로 말미암아 쇠하며 내 모든 대적으로 말미암아 어두워졌나이다 악을 행하는 너희는 다 나를 떠나라 여호와께서 내 울음 소리를 들으셨도다 여호와께서 내 간구를 들으셨음이여 여호와께서 내 기도를 받으시리로다"〈시 6:2-4, 6-9, 개역개정〉

우울감은 슬프고 실망된 기분입니다. 여기에 불유쾌한 감정, 피곤감, 무력감, 자책감, 허무감, 자포자기와 갈등이 포함됩니다. 나아가 피해망상과 비관적 망상, 자살시도 등이 포함될 수 있습니다. 우울감은 심혼의 자국난 상처입니다. 우울감은 생(生)에 대한 반작용, 특히 삶에서 경험하는 많은 상실에 대한 하나의 반작용입니다. 우울감은 응고된 분노입니다. 쿨럭쿨럭 우울의 기침소리가 여러분의 영혼을 노크할 때, 이렇게 하시는 게 좋습니다. 첫째로, 종합적인 진단을 받아보십시오. 둘째로, 이해심이 깊은 친구와 충분한 대화를 나누십시오. 셋째로, 너무 어려운 목표나 너무 많은 책임을 피하십시오. 넷째로, 가장 좋아하는 활동이나 저녁 외출이나 여행이나 방문을 통하여 휴식을 취하십시오. 다섯째로, 업무의 긴장을 풀고 쉼을 누리며 잠을 잘 자기 위하여 운동을 하십시오. 여섯째로, 스트레스나 급박한 변화를 피하십시오. 무엇보다 중요한 것은, 지금 상태를 기도로 표현해 보는 것입니다. 있는 그대로.

> 주님, 쿨럭쿨럭 우울의 기침소리가 제 영혼을 노크합니다. 무엇보다 지금 저에게 중요한 것은, 지금 이 상태를 있는 그대로 주님께 기도로 표현하는 것임을 믿습니다. 제 깊은 우울과 상처까지도 주님께 솔직하게 아룁니다. 주님의 치유하시는 손길을 오늘 깊이 체험할 수 있게 해주옵소서. 예수님의 이름으로 기도드립니다. 아멘.

SEPTEMBER 11

자살충동을 느낄 때

"도둑이 오는 것은 도둑질하고 죽이고 멸망시키려는 것뿐이요 내가 온 것은 양으로 생명을 얻게 하고 더 풍성히 얻게 하려는 것이라"〈요 10:10, 개역개정〉

자살이란 무엇일까요? 그것은 자기 자신의 삶을 고의로 끝내는 것입니다. 심각한 자살 생각이나 조짐, 자살시도도 포함되지요. 우리나라에는 하루 평균 34명이나 자살로 사망하고 있습니다. 자살은 압도해 오는 고통스런 문제들을 끝내고 싶은 절망적인 노력입니다. 왜 사람들은 자살을 하는 걸까요? 그것은 모든 문제가 압도해 오고 있다고 보기 때문입니다. 대부분의 경우, 자살은 막을 수 있습니다. 자살에 관한 징후들을 알아보고, 그 경고 신호들을 깨달으십시오. 곤경에 처한 이들에게 영혼의 친구가 되어 주고, 그들이 전문적인 도움을 발견할 수 있도록 도와주십시오. 자원해서 자살 방지를 위한 일에 참여하거나 협조하십시오. 자살 시도는 도움을 바라는 부르짖음입니다. 내 이야기를 들어주는 이가 한 사람만 있어도 자살은 막을 수 있습니다. 예수님이 이 땅에 오신 것은 양으로 생명을 얻게 하고 더 풍성히 얻게 하려는 것입니다(요한복음 10:10). 여러분의 관심이 그의 생명을 구원할 수 있습니다.

> 주님, 자살에 관한 징후와 경고 신호들을 제가 깨닫게 해주옵소서. 곤경에 처한 이들에게 영혼의 친구가 되어 주고, 전문적인 도움을 발견할 수 있도록 도와주게 해주옵소서. 자살시도는 도움을 바라는 부르짖음이며, 내 이야기를 들어주는 이가 한 사람만 있어도 자살은 막을 수 있음을 기억하게 하옵소서. 오늘도 이웃을 살리는 일에 헌신할 수 있게 해주옵소서. 예수님의 이름으로 기도드립니다. 아멘.

SEPTEMBER 12

슬플 때

"주 여호와의 영이 내게 내리셨으니 이는 여호와께서 내게 기름을 부으사 가난한 자에게 아름다운 소식을 전하게 하려 하심이라 나를 보내사 마음이 상한 자를 고치며 포로된 자에게 자유를, 갇힌 자에게 놓임을 선포하며 여호와의 은혜의 해와 우리 하나님의 보복의 날을 선포하여 모든 슬픈 자를 위로하되 무릇 시온에서 슬퍼하는 자에게 화관을 주어 그 재를 대신하며 기쁨의 기름으로 그 슬픔을 대신하며 찬송의 옷으로 그 근심을 대신하시고 그들이 의의 나무 곧 여호와께서 심으신 그 영광을 나타낼 자라 일컬음을 받게 하려 하심이라"〈사 61:1-3, 개역개정〉

슬픔이란 우리 삶의 심오한 변화나 상실에 대한 자연스럽고도 필연적인 반응입니다. 슬픔에 빠진 사람들은 공통적으로 다음과 같은 감정들을 겪게 됩니다. 첫째로, 충격과 부인. '이건 현실이 아니야!' 둘째로, 분노. '왜 하필 이런 일이 생긴단 말인가!' 셋째로, 죄책감. '내가 뭔가 곧바로 조치만 취했더라도!' 넷째로, 절망. '무슨 소용이야? 어차피 예전 같을 수는 없는걸!' 다섯째로, 외로움. '나 혼자서 해낼 수는 없어!' 여섯째로, 희망. '그래, 우리에겐 즐거운 순간들이 많았지. 앞으로도 좋은 일들이 많이 생길 거야!' 슬픔이 고통스러운 경험이라는 사실은 그 누구도 부인할 수 없습니다. 하지만 그 고통은 곧 가라앉을 것이라는 믿음이 무척 중요합니다. 왜 우리가 슬픔을 꼭 이해하고 있어야 할까요? 누구나 일생 동안 변화를 경험하기 때문입니다. 슬픔을 이해하는 것은 상실이라는 여러분의 현실을 직시하고 두려움, 외로움, 절망, 그리고 무력감을 이겨내게 도와줍니다. 주님은 우리의 슬픔을 마침내 찬송으로 바꾸어주십니다.

> 주님, 제가 지금 슬픕니다. 주님께서 제 슬픔을 마침내 찬송으로 바꾸어주실 것을 온전히 신뢰하게 해주옵소서. 이 슬픔을 건강하게 극복하고, 찬송을 부를 수 있게 해주옵소서. 예수님의 이름으로 기도드립니다. 아멘.

SEPTEMBER 13

죄책감에 시달릴 때

"우리가 우리 죄를 자백하면, 하나님은 신실하시고 의로우신 분이셔서, 우리 죄를 용서하시고, 모든 불의에서 우리를 깨끗하게 해주실 것입니다."〈요일 1:9, 새번역〉

죄책감을 느껴보지 않은 사람도 있을까요? 지금 이 순간에도 수많은 이들이 죄책감에 힘겨워하고 있을 것입니다. 인간은 죄책감의 노예가 되어, 걱정 근심과 두려움과 열등감에 휩싸인 채, 파멸의 길을 걸어갑니다. 죄책감은 신실한 믿음을 가로막아 불신을 갖게 해주는 주요인이 되기도 합니다. 죄책감에 눌려 있는 이는 도저히 자신을 용서할 수 없는 극한 자책감에 시달리게 됩니다. 그 누구도 자신을 용서하지 않을 것이라고 지레 단정해 버리지요. 이처럼 죄책감은 여러분 마음속에 자리할 믿음의 공간을 불신으로 가득 채워서, 여러분을 자기 모멸과 고통의 어둠 속으로 몰아넣습니다. 그러면 어떻게 해야 죄책감으로부터 자유할 수 있을까요? 우리 죄를 대신 짊어지시고 십자가에 희생당하신 예수 그리스도를 통하여 하나님께 나아가 있는 그대로 말씀드리는 것입니다. "우리가 우리 죄를 자백하면, 하나님은 신실하시고 의로우신 분이셔서, 우리 죄를 용서하시고, 모든 불의에서 우리를 깨끗하게 해주실 것입니다"(요한일서 1:9, 새번역).

주님, 죄책감이 지금 제 마음속 믿음의 공간을 불신으로 가득 채워, 자기 모멸과 고통의 어둠 속으로 몰아넣고 있음을 돌아봅니다. 이 죄책감으로부터 자유하게 하옵소서. 제 죄를 대신 짊어지시고 십자가에 희생당하신 예수 그리스도를 바라보게 하옵소서. 참된 회개를 통하여, 주님의 완전한 용서를 누리게 하여 주옵소서. 예수님의 이름으로 기도드립니다. 아멘.

SEPTEMBER 14

내 모습이 초라해 보일 때

"내게 능력 주시는 자 안에서 내가 모든 것을 할 수 있느니라"〈빌 4:13, 개역개정〉

많은 사람들이 자신에 대하여 부정적인 이미지를 갖고 있습니다. 부정적인 자아상 때문에, 갖가지 상처와 아픔의 질곡을 헤맵니다. 부정적인 자아상이란 자신을 온전히 신뢰하지 못하는 것이지요. 반대로, 자신을 신뢰한다는 것은 그리스도교 영성생활의 핵심요소입니다. 여러분이 여러분 자신에 대하여, 곧 여러분의 자아상에 대하여, 어떻게 느끼는가 하는 것은, 여러분의 신앙과 여러분의 행동에 매우 큰 영향을 끼칩니다. 우리는 하나님의 자녀들입니다. 우리는 세상을 향한 하나님의 계획 가운데 일부입니다. 하나님의 형상대로 지음받은 이들입니다. 우리가 우리 자신을 신뢰할 수 있을 때, 하나님의 완전한 계획도 더 신뢰할 수 있습니다. 긍정적인 자아상을 갖고 있으면, 열린 마음으로 하나님을 찾게 됩니다. 성경을 보면, 믿음의 영웅들은 수많은 역경 속에서도 항상 긍정적인 자아상으로 난관을 뚫고 나갔습니다. 우리, 그런 믿음의 영웅이 되어야 하지 않을까요?

주님, 부정적인 자아상 때문에 상처와 아픔의 질곡을 헤매는 저를 돌아봅니다. 제가 제 자신을 신뢰할 수 있을 때, 하나님의 완전하신 계획도 더 신뢰할 수 있음을 깨닫게 해주옵소서. 긍정적인 자아상을 갖고 열린 마음으로 하나님을 찾게 해주옵소서. 성경의 영웅들이 수많은 역경 속에서도 항상 긍정적인 자아상으로 난관을 뚫고 나갔듯이, 저도 그런 믿음의 영웅이 되게 하옵소서. 예수님의 이름으로 기도드립니다. 아멘.

SEPTEMBER 15

열등감을 느낄 때

"모세가 여호와께 아뢰되 오 주여 나는 본래 말을 잘 하지 못하는 자니이다 주께서 주의 종에게 명령하신 후에도 역시 그러하니 나는 입이 뻣뻣하고 혀가 둔한 자니이다 여호와께서 그에게 이르시되 누가 사람의 입을 지었느냐 누가 말 못 하는 자나 못 듣는 자나 눈 밝은 자나 맹인이 되게 하였느냐 나 여호와가 아니냐 이제 가라 내가 네 입과 함께 있어서 할 말을 가르치리라"〈출 4:10-12, 개역개정〉

인간은 누구나 열등감을 지니고 있습니다. 열등감은 자기 자신을 무능하고 무가치하다고 느끼는 자기 개념입니다. 열등감은 결국 낮은 자존감에 뿌리를 두고 있지요. 늘 불만과 자기 비하에 시달립니다. 타인의 시선에 지나칠 정도로 신경을 씁니다. 자신의 열등감을 해소하기 위하여 남을 깎아내리기도 합니다. 상대방이 격하되어야 자신이 올라간다고 믿는 겁니다. 일일이 지적하고 고쳐주려고 합니다. 세세한 일까지 지시해야 마음이 후련해집니다. 유달리 잔소리가 많습니다. 열등감을 앓는 사람 가운데, 비현실적으로 높은 목표를 설정해 놓고, 그것으로 실패를 합리화하려는 이들도 있습니다. 현실적으로 가능한 일을 찾기보다, 굉장한 것을 성취하겠다고 고집을 부리기도 합니다. 자기 자신을 있는 그대로 수용하십시오. 그래야 자신뿐만 아니라 타인까지도 너그럽게 받아들일 수 있습니다. 자신의 잘못을 용서하지 못하는 자, 타인의 허물도 받아들일 수 없습니다. 자신을 사랑하지 않는 자, 타인도 사랑할 수 없습니다.

> 주님, 저 자신을 있는 그대로 수용하게 해주옵소서. 그래야 자신뿐만 아니라 타인까지도 너그럽게 받아들일 수 있음을 깨닫게 해주옵소서. 자신의 잘못을 용서하지 못하는 이는 타인의 허물도 받아들일 수 없으며, 자신을 사랑하지 않는 이는 타인도 사랑할 수 없음을 인정합니다. 오늘도 저 자신을 깊이 사랑하고 저 자신을 깊이 수용하게 해주옵소서. 예수님의 이름으로 기도드립니다. 아멘.

SEPTEMBER 16

절망을 느낄 때

"그 날에 그들 중 둘이 예루살렘에서 이십오 리 되는 엠마오라 하는 마을로 가면서 이 모든 된 일을 서로 이야기하더라 그들이 서로 이야기하며 문의할 때에 예수께서 가까이 이르러 그들과 동행하시나 그들의 눈이 가리어져서 그인 줄 알아보지 못하거늘 예수께서 이르시되 너희가 길 가면서 서로 주고받고 하는 이야기가 무엇이냐 하시니 두 사람이 슬픈 빛을 띠고 머물러 서더라"〈눅 24:13-17, 개역개정〉

부두교에 대해서 들어보신 적이 있습니까? 남태평양 군도에는 부두교의 독특한 의식이 있는데, 의사 역할을 겸하는 그곳의 주술사가 마을 사람 가운데 죄를 범한 이를 앞에 세워 놓고, 주문과 의식을 행합니다. 기다란 뼈를 보게 하면서, 이렇게 주입시키는 겁니다. "넌 뼈를 본 순간 죽을 것이다." 놀랍게도 그 뼈를 본 순간, 그 죄인은 실제로 죽어버린다는 것입니다. 그것은 절망 때문입니다. 아무런 희망도 가질 수 없는 절망감, 바로 그것이 그 고귀한 생명을 앗아가 버린 것이지요. 강력한 죽음의 메시지를 담은 주문에 따라, 다가올 죽음에 대하여 아무런 대응도 못 한 채, 삶의 의지와 희망까지, 몽땅 빼앗겨 버린 것입니다. 이렇듯 절망은 죽음에 이르는 병입니다. 엠마오 마을로 가는 두 제자, 절망과 공포에 잠겨 있을 때. 여러분도, 지금 엠마오로 내려가는 두 제자처럼 절망의 길을 내려가고 계십니까? 잊지 마십시오. 부활하신 주님께서 여러분 곁에 걷고 계십니다. 여러분은 결코 혼자가 아닙니다.

> 주님, 절망은 죽음에 이르는 병임을 깨닫습니다. 엠마오 마을로 가는 두 제자처럼, 오늘도 절망의 길을 내려가고 있는 제 모습을 돌아봅니다. 저는 결코 혼자가 아님을 잊지 않게 해주옵소서. 부활하신 주님께서 제 곁에 함께 걷고 계심을 믿음으로 바라볼 수 있게 해주옵소서. 주님 안에서 절대희망을 붙잡고, 절망의 길에서 다시 일어설 수 있게 해주옵소서. 예수님의 이름으로 기도드립니다. 아멘.

SEPTEMBER 17

참자기를 찾고 싶을 때

"그런즉 거짓을 버리고 각각 그 이웃과 더불어 참된 것을 말하라 이는 우리가 서로 지체가 됨이라"〈엡 4:25, 개역개정〉

로빈 윌리암스 주연의 〈죽은 시인의 사회〉. 거짓된 가치관에 사로잡혀 있던 엘리트 학생들이 키팅이라는 한 선생님을 만나 얼마나 많은 것을 깨닫고 변화되어 가는지 예술적으로 잘 형상화된 수작입니다. 저는 이 영화에서 나타난 게 바로 참자기와 거짓자기의 문제가 아닐까 생각해 봅니다. 사람들 가운데는 성공적인 인생을 살고 있는 것처럼 보이나, 그게 다 헛된 것이고, 그 헛된 것 속에 갇혀서 살아 가는 자신들의 존재가 참된 존재가 아니라, '거짓된 존재'라는 느낌을 지울 수가 없어, 괴로워하는 이들이 있습니다. 자신과 자신의 삶에 대한 생생한 감정이라는 게, 세상 현실에 적응하는 능력인 '거짓자기'(false self)로부터 오는 것이 아니고, 오직 한 생명체의 자발적이고 생생한 표현인 '참자기'(true self)로부터 오기 때문입니다. 아직 피어나지 못한 채 깊이 묻혀 있는 여러분의 참자기가 새롭게 태어나 자라나도록 하십시오. 결국, 인생의 참다운 의미란 바로 이 참자기를 이루고 또 그 삶을 사는 데 있습니다.

> 주님, 제 삶에 대한 생생한 감정은 세상 현실에 적응하는 '거짓자기'(false self)로부터 오는 것이 아니라, 오직 한 생명체의 자발적이고 생생한 표현인 '참자기'(true self)로부터 옴을 깨닫습니다. 아직 피어나지 못한 채 깊이 묻혀 있는 제 참자기가 새롭게 태어나 자라나도록 인도해 주옵소서. 거짓자기의 굴레에서 벗어나, 참자기의 생명력 있는 삶을 살 수 있게 해주옵소서. 예수님의 이름으로 기도드립니다. 아멘.

SEPTEMBER 18

완벽주의에 사로잡혀 있을 때

"여호와는 나의 목자시니 내게 부족함이 없으리로다"〈시 23:1, 개역개정〉

실수를 받아들일 수 없는 것 때문에 밤잠을 설친 일이 있습니까? 월드컵축구 경기 같은 데서, 마지막 역전을 시킬 수 있는 프리킥을 못 넣고 한동안 국민들에게 얼굴도 못 내미는 대표선수들을 생각해 보십시오. 그들을 죽일 놈 취급하는 언론은 또 어떻구요. 실수를 받아들이지 못하고, 또 너그러이 받아주지 못하는 풍토에서 자연스레 생겨나는 마음의 그림자. 그것이 바로 완벽주의라는 것입니다. 꼭 해야 한다는 무서운 압박감. 고립된 마음. 결국, 한순간도 자신이 세워 놓은 기준에 도달하지 못한 채, 자신이나 자신의 행동이 상대를 결코 만족시켜 주지 못한다는 감정으로 가득 차 있습니다. 완벽주의자는 내가 완벽주의자라는 것을 인정할 수 있어야 합니다. 또 완벽을 이루려는 노력보다 완벽을 즐기기로 결심하십시오. 또 불완전함을 실패라고 간주하지 마십시오. 완벽주의자들은 다른 사람들도 자신에게 완벽을 요구한다고 생각하는 경향이 있지요. 하지만, 인간은 누구나 연약하고 어리석은 존재입니다. 어서 속히, 그 속박의 굴레에서 자유로워질지어다!

> 주님, 실수를 받아들이지 못하고, 너그러이 받아주지 못하는 풍토에서 생겨나는 제 마음의 그림자, 곧 완벽주의를 돌아봅니다. 불완전함을 실패라고 간주하지 않게 해주옵소서. 다른 사람들도 저에게 완벽을 요구한다고 생각하는 경향에서 벗어나게 해주옵소서. 인간은 누구나 연약하고 어리석은 존재임을 인정하게 하옵소서. 어서 속히 그 속박의 굴레에서 자유롭게 해주옵소서. 예수님의 이름으로 기도드립니다. 아멘.

SEPTEMBER 19

성격장애를 느낄 때

"누구를 집사로 임명할 때는 우선 그의 성격과 능력을 시험하기 위해 교회 안의 다른 일을 시켜 보시오. 그래서 그 일을 훌륭하게 해내거든 집사로 선정하시오."〈딤전 3:10, 현대어〉

결국, 모든 삶의 어려움을 들여다보면, 그 심층에 '성격' 문제가 도사리고 있습니다. 첫째, 편집적 성격장애. 다른 사람에 대한 불신과 의심이 만연합니다. 둘째, 분열적 성격장애. 사회적 관계로부터 분리되어 늘 혼자입니다. 셋째, 분열형 성격장애. 별난 행동, 마음을 꿰뚫어 본다거나 누가 보인다는 생각이 깃들어 있습니다. 넷째, 반사회적 성격장애. 다른 사람의 권리를 침해하거나 무시합니다. 다섯째, 경계선적 성격장애. 불안정, 충동, 버림받을 것이라는 생각, 정체성 혼란, 공허, 자살충동, 진노나 격노 등이 그것입니다. 여섯째, 히스테리성 성격장애. 튀려 하고 칭찬과 관심의 초점이 되려 하지요. 일곱째, 자기애적 성격장애. 과대적이고 칭송을 요구하고 공감이 부족합니다. 여덟째, 회피적 성격장애. 도망치고 후퇴하려 합니다. 아홉째, 의존적 성격장애. 자신을 보호해 달라 과도하게 요구합니다. 열째, 강박적 성격장애. 뭐든지 '똑바로! 깨끗이! 정확히!'라는 중병에 걸려 있지요. 문제의 이면에 숨어 있는 각 성격의 신비, 그 신비를 공감해 줄 수 있는 넉넉함이 그래서 필요합니다.

주님, 제 삶의 심층에 '성격' 문제가 도사리고 있음을 돌아봅니다. 문제의 이면에 숨어 있는 각 성격의 신비를 영적으로 분별하게 하옵소서. 그런 성격을 갖게 된 근원적인 아픔과 외로움을 공감해 줄 수 있는 넉넉함을 저에게 주옵소서. 주님께서 제 연약함을 가장 잘 아시고 긍휼히 여기셨듯이, 저도 서로를 깊이 공감하며 사랑으로 품어줄 수 있게 해주옵소서. 예수님의 이름으로 기도드립니다. 아멘.

SEPTEMBER 20

가슴에 한이 맺힐 때

"우리가 이 성을 모조리 쓸어 버릴 작정이오. 이 성 사람들이 어찌나 못된 짓만 일삼는지 이 성 사람들 때문에 억울해하여 한이 맺혀 울부짖는 사람이 너무나 많아 여호와께서도 그 울부짖음을 들으시고 이 소돔성을 쓸어 버리라고 우리를 보내셨소."
〈창 19:13, 현대어〉

아들 잃은 한을 가슴에 품고 괴로워하는 부모가 있었습니다. 랍비를 찾아가 내 가슴의 한을 치료해 달라고 부탁했습니다. 랍비는 한이 없는 집 냄비를 빌려오면 치료해 주겠다고 했습니다. 그 부모는 전국을 다녔지만 그런 집은 없었습니다. 결국, 빈손으로 돌아왔다는 이야기입니다. 어떻게 살면서 가슴앓이 한번 안 해본 사람이 있겠습니까? 어떻게 가슴에 한을 한번 품어보지 않은 사람이 있겠습니까? 가슴에 주홍글씨 같은 한을 한 자락 품고 속앓이를 하면서 인생의 날수를 헤며 사는 사람들. 바로 여러분의 이야기 아닌지요? 에덴동산에서 하와와 아담의 사랑 관계가 파괴되었을 때, 서로에게 상처를 입힌 그날 이후, 인간은 서로에게 상처를 줌으로써 한을 남기기도 합니다. 갑작스러운 이별로 한을 품게도 됩니다. 이루지 못한 꿈으로 한을 품게도 됩니다. 놓쳐버린 시간 때문에 가슴앓이하기도 하지요. 가슴 깊은 곳에 토해 버려야 할 갖가지 한숨들을 품고 살면서, 인간의 나이테는 여무는지도 모릅니다.

주님, 제 가슴 깊은 곳에 토해 버려야 할 갖가지 한숨들이 있습니다. 제 인생의 나이테도 수많은 한들로 여물어 가고 있습니다. 오늘 제 가슴 깊은 곳에 응어리진 모든 한을 주님 앞에 있는 그대로 토해놓게 해 주옵소서. 주님의 십자가 보혈로 제 모든 한을 씻어 주옵소서. 주님만이 정답입니다. 예수님의 이름으로 기도드립니다. 아멘.

SEPTEMBER 21

삶의 무의미함을 느낄 때

"여호와여, 내 인생의 마지막이 언제이며, 어느 때에 내 삶의 끝이 오는지 알려 주소서. 나의 삶이 날아가는 화살 같다는 것을 알았습니다. 주님께서 내게 고작 한 뼘밖에 안 되는 짧은 인생을 주셨습니다. 내 일생이 주님 앞에서는 아무것도 아닙니다. 사람들의 일생은 한순간의 입김일 뿐입니다. 사람의 분주한 인생은 마치 신기루와 같습니다. 이리저리 돌아다녀 보지만 결국 모두 헛것입니다. 재물을 모아 쌓아 두지만 누가 그것을 가져가는지 알지 못합니다. 주님, 내가 무엇을 추구해야 한단 말입니까? 주님만이 나의 소망이십니다."〈시 39:4-7, 쉬운성경〉

인생길 달리다, 문득 여러분의 자리에 의구심이 들지는 않습니까? 내가 과연 있어야 할 자리에 있는 것일까? 낯선 곳에 던져진 듯한 속깊은 우울. 가슴을 싸 안을 만큼의 통증. 죽음에 대한 두려움. 나는 지금 제대로 가고 있는가? 회오리바람 같은 이 세대의 흐름 속에 '내'가 휘감겨 들어가고 있는 것은 아닌지! 아니 그 자각마저 문둥이의 감각처럼 무뎌져 가고 있는 것은 아닌지! 현대를 살아가는 사람들에게 가장 시급한 것이 있다면, 자신들의 일상 속에서 삶의 의미를 어디서 어떻게 찾느냐 하는 것입니다. 어떤 이들에게는 삶의 의미라는 것이 과연 있는지조차도 불분명합니다. 왜 사는지, 그리고 어디서 와서 어디를 향해 나아가고 있는지! 성찰과 묵상을 잃은 채, 인생을 마냥 허송세월하는 이들이 있습니다. 다람쥐 쳇바퀴 돌 듯하는 삶. 허공을 치는 안타까운 몸짓. 그것은 살았으나 죽은 것과 매한가지입니다. 산 송장일 뿐입니다. 과연 이 인생, 가장 의미 있게 사는 길은 무엇일까요? 이 가을, 우리의 기도는 깊어만 갑니다.

주님, 인생길을 달리다 문득 오늘은 제 자리에 의구심이 듭니다. 과연 이 인생을 가장 의미 있게 사는 길이 무엇인지, 이 가을, 제 기도가 깊어만 갑니다. 주님 안에서 제 삶의 참된 의미를 발견하게 하옵소서. 그리하여 남은 삶, 주님께서 기뻐하시는 생명력 있는 삶을 살게 하옵소서. 예수님의 이름으로 기도드립니다. 아멘.

SEPTEMBER 22

영적인 목마름을 느낄 때

"하나님이여 사슴이 시냇물을 찾기에 갈급함 같이 내 영혼이 주를 찾기에 갈급하니이다 내 영혼이 하나님 곧 살아 계시는 하나님을 갈망하나니 내가 어느 때에 나아가서 하나님의 얼굴을 뵈올까"〈시 42:1-2, 개역개정〉

사슴이 시냇물을 찾기에 갈급하듯이, 내 영혼이 하나님을 찾기에 목이 마르다! 시편 42편의 한 대목입니다. 이 얼마나 간절하고 절실한 생명의 부르짖음이며 몸부림입니까? 밤낮 눈물이 음식이 되리만큼 하나님 찾기에 목이 마르고 고달팠던 시인의 마음. 어느 때에 하나님을 뵈올 것인가 하고 안타까워하며 초조해하는 그의 심정. 그것이 타지 않은 듯이 타고, 불붙지 않은 듯이 불붙는 신앙 아닐까요? 고달픈 영혼의 순례자인 시인은 인생의 깊디깊은 하소연을 지니고 목숨의 의로운 산길을 홀로 가는 나그네인 듯도 싶습니다. 그는 인간의 눈물이 무엇이며, 생명의 가장 본질적이고 근본적인 갈증이 무엇인가를 뼈저리게 느낀 고독한 인생입니다. 영혼에 대한 목마름. 이것이야말로 바로 오늘을 살아가는 우리 모두의 영적 갈증이지요. 내 영혼이 목마릅니다. 알몸뚱이로 뙤약볕 속에 나앉은 내 목숨은 타오르고 있습니다. 여기저기 태풍경보는 울려오고, 열풍은 쉬지 않고 불어옵니다. 목마른 사슴의 노래는 이제 내 영혼의 노래입니다.

> 주님, 영혼에 대한 목마름, 이것이야말로 오늘을 살아가는 제 영적 갈증임을 고백합니다. 제 영혼이 목마릅니다. 알몸뚱이로 뙤약볕 속에 나앉은 제 목숨은 타오르고 있습니다. 태풍경보는 울려오고, 열풍은 쉬지 않고 불어옵니다. 오늘, 영원한 생명수로 제 목마른 영혼을 채워주옵소서. 예수님의 이름으로 기도드립니다. 아멘.

SEPTEMBER 23

영성생활의 필요를 느낄 때

"이에 예수께서 제자들에게 이르시되 누구든지 나를 따라오려거든 자기를 부인하고 자기 십자가를 지고 나를 따를 것이니라"〈마 16:24, 개역개정〉

부서져야 하리 더 많이 부서져야 하리 이생의 욕심이 하얗게 부서져 소금이 될 때까지. 김소엽은 〈바다에 뜨는 별〉을 본 순간, 쏟아져 나오는 시정(詩情)을 주체할 수가 없었나 봅니다. 이 감격스런 시적 운치를 놓치지 않으려 맨발로 뛰쳐나간 바닷가에서, 바다에 뜨는 별을 헤며 밤을 지새웠는지도 모릅니다. 세속의 묻은 때, 찌든 우리 영혼, 그래서 우리 인생의 정갈스런 참 모습을 회복하고자 하는 몸부림이 아닐까요? 바빠야 중요한 사람처럼 여겨지는 이 세상. 해야 할 일, 만나야 할 사람, 마쳐야 할 과제들, 써야 할 편지들, 걸어야 할 전화들, 지켜야 할 약속들. 꽉 찬 하루하루. 우리의 삶은 종종 무얼 너무 많이 집어넣어서 그만 솔기가 터져버린 짐가방처럼 여겨지기도 합니다. 이러한 때 예수님은 우리에게 말씀하시기를, 우리 마음을 그 나라에 두라고 하십니다. 우리 마음을 어딘가에 둔다는 것은 진지한 열망뿐만 아니라, 굳센 결심까지도 포함합니다. 영성생활에는 그래서 여러분의 결심이 필요합니다

> 주님, 바빠야 중요한 사람처럼 여겨지는 이 세상에서 제 삶은 너무 많이 집어넣어 솔기가 터져버린 짐가방 같습니다. 영성생활을 위하여 오늘 제가 단단히 결심하게 하옵소서. 이생의 욕심을 하얗게 부서뜨리고, 제 마음을 주님 나라에 온전히 두게 하옵소서. 그래서 참 영성을 회복할 수 있게 해주옵소서. 예수님의 이름으로 기도드립니다. 아멘.

SEPTEMBER 24

아버지 생각에 잠 못 이룰 때

"자녀들은 부모에게 순종하십시오. 하나님께서 자녀를 감독할 권리를 부모에게 주셨으므로 자녀들은 마땅히 부모에게 순종해야 합니다. '네 부모를 공경하라.' 이것이 십계명 중에서 약속이 붙어 있는 첫째 계명입니다. 그 약속이란 '네 부모를 공경하면 너는 복을 받고 오래 살리라'는 것입니다." 〈엡 6:1-3, 현대어〉

신학대학 시절, 부끄럽게도 저는 소명에 큰 회의를 갖게 되었습니다. 신학을 포기하고, 시골로 내려와 버렸습니다. 며칠을 신음하며 앓았습니다. 아버지가 반대한 신학의 길, 단식 십오 일 만에 겨우 허락을 받은 신학을, 중도에 이렇게 포기한다는 것은 참으로 어처구니없는 행동이었습니다. "그래, 내 그럴 줄 알았다!" 불호령이 날 줄로 알았습니다. 그러나 아버지는 침묵만 지키셨습니다. 불면의 밤을 뒤척이며 며칠을 지새우고 있는데, 어느 날 밤 제 발밑에서 묘한 느낌이 들었습니다. 끙끙 앓는 제 발을 아버지가 졸리신 눈으로 뭐라뭐라 중얼거리시며 주무르고 계신 것이었습니다. "주여, 주여······." 그것은 확실히 아버지였습니다. 어렸을 적, 술 드시고 오시면 밤새 다리를 주물러 드리느라, 원망도 많이 하고 좌절도 많이 했는데······. 그날 밤, 정반대로, 아버지는 삶의 희망을 포기한 채 몸과 마음에 병을 앓고 있는 못난 아들의 발을 주무르고 계셨던 것입니다. 그렇게 멀게만 느껴지던 아버지. 무언가 가로막고 있던 벽이 와르르 무너지는 기분이었습니다.

> 주님, 멀게만 느껴지던 아버지와 저 사이의 벽이 와르르 무너지는 체험을 하게 해주셔서 감사합니다. 침묵 속 아버지의 깊은 사랑과 헌신을 깨닫게 해주셔서 더더욱 감사합니다. 제 연약함에도 불구하고 저를 회복시키고 다시 세우시는 주님의 은혜에 무한 감사를 드립니다. 오늘도 그 은혜 잊지 않게 하옵소서. 예수님의 이름으로 기도드립니다. 아멘.

SEPTEMBER 25

가정의 소중함을 잊고 살 때

"부모들에게도 한마디 당부하겠습니다. 자녀들을 너무 꾸짖지 마십시오. 또 잔소리를 늘어놓아 반항심을 일으키거나 분노를 품게 하지 마십시오. 그보다는 주님의 사랑이 담긴 훈계와 조언과 충고로 키우십시오."〈엡 6:4, 현대어〉

조선시대 태종 이방원과 아들 양녕. 피로 얼룩진 역사를 인정하지 못하는 아들 앞에서, 방원은 스스로가 모든 것을 얻었다 생각했지만, 사실은 얻은 것이 아무것도 없음을 절감합니다. 왕이어도 못 하는 것이 있습니다. 자식 때문에 임금도 눈물을 쏟습니다. 충분히 안아주지 못했던 엄마. 병리적인 삶 속에서 피와 피의 연속을 강요한 아빠. 그 사이에서 양녕이 무엇을 보고 무엇을 생각하며 자랐을까? 우리는 많은 부분을 짐작할 수 있습니다. 비판 속에서 자라는 아이 비난하는 걸 배우고, 적대감 속에서 자라는 아이 싸우는 걸 배우며, 두려움 속에서 자라는 아이 걱정부터 배운다. 태어난 지 얼마 안 된 아이의 영혼은 백지와 같습니다. 어려서부터 부모가 "참 귀엽구나!"라고 말해 주면, 그 새하얀 영혼의 백지에 나는 귀엽다는 이미지를 그려갑니다. 반대도 마찬가지입니다. 자녀들의 가슴에 기록될 부모의 말 한마디. 자녀를 살리는 말이 될 수도 있고, 죽이는 말이 될 수도 있습니다. 결국, 모든 것의 출발점은 가정입니다.

주님, 결국 모든 것의 출발점은 가정임을 고백합니다. 오늘도 제가 가정에서 살리는 말을 구사하게 하옵소서. 죽이는 말은 멀리하게 하옵소서. 사랑의 언어, 축복의 언어만을 사용하게 하옵소서. 그래서 우리 자녀들, 그 영혼의 백지에 긍정적이고 건강한 자아상을 그려줄 수 있도록 지혜를 주옵소서. 예수님의 이름으로 기도드립니다. 아멘.

SEPTEMBER 26

젊은 날의 위기를 만났을 때

"젊은이여, 네 젊음을 즐겨라. 젊은 시절을 즐거운 마음으로 보내라. 네가 가고 싶은 데는 어디든지 가고, 네가 보고 싶은 것은 무엇이든지 보아라. 다만 모든 행동에 대해서 하나님께서 심판하신다는 것을 잊지 말아라." 〈전 11:9, 현대어〉

젊은 날의 위기. 아우성이 곳곳에서 들려옵니다. 왜 이렇게 예민한지! 왜 이렇게 날카로운지! 왜 이렇게 흥분하는지! 자기 내부에서 일어나는 갈등 때문에, 주위 사람들에게 지나친 반항과 난폭한 행위를 드러냅니다. 반항적인 자신의 행동이 쓸모없는 행위임을 잘 알면서도, 반항하지 않을 수 없지요. 타인들과의 관계에서 심리적인 거리를 두고, 자꾸 자신들을 고립시키려는 경향도 있습니다. 이와 같은 격동기를 잘 통과하기 위해서는 주위 사람들의 세밀한 관심과 도움이 필요합니다. 무엇보다도 먼저, 젊은이들의 문제를 긍정적으로 바라봐 주는 따뜻한 시선이 필요합니다. 문제가 있다면, 그것은 하나의 과정입니다. 다시 정상으로 돌아올 것입니다. 불안해하지 말고, 여유 있게 기다려 주시면 어떨까요? 그들의 짜증과 분노, 외로움과 고민을 참고 담아 줄 수 있는 그릇이 필요합니다. 말 한마디, 행동 하나로 그들에게 상처입히기보다, 공감과 치유의 언어로 생명의 장을 마련해 주는 것이, 지금 필요합니다.

주님, 젊은이들의 문제를 긍정적으로 바라봐 주는 따뜻한 시선을 저에게 주옵소서. 문제가 있다면, 그것은 하나의 과정이며, 다시 정상으로 돌아올 것이라는 믿음을 가지고, 불안해하지 않게 하옵소서. 그들의 짜증과 분노, 외로움과 고민을 참고 담아 줄 수 있는 그릇이 되게 해주옵소서. 예수님의 이름으로 기도드립니다. 아멘.

SEPTEMBER 27

중년의 위기를 느낄 때

"그림자처럼 덧없는 이 짧은 인생을 어떻게 살아야 가장 잘 살아가는 길인 줄을 누가 과연 알 수 있겠는가? 사람이 죽은 다음에 이 세상에서 벌어질 일을 누가 과연 일러줄 수 있겠는가?" 〈전 6:12, 현대어〉

중년의 위기. 뚜렷한 이유도 없이 가슴에 구멍이 뻥 뚫린 것 같은 느낌. 실존적 진공 상태. 젊음의 상실. 과거와 미래에 대한 끊임없는 질문. 나는 누구인가? 내가 왜 그 일을 했을까? 이것이 내 삶의 전부인가? 나는 이제 어디로 가는 것일까? 실패감. 죄책감. 우울감의 깊은 수렁. 어떻게 이 텅 빈 구멍을 채울 수 있을까요? 인간의 정신세계를 깊이 분석했던 심층심리학자 융에 따르면, 중년기가 되면 지금까지 외부로 향했던 생명 에너지의 흐름이 내면으로 바뀌게 됩니다. 그 목표가 의미 있는 삶과 영적인 삶으로 전환됩니다. 나이 40이 넘으면, 모든 문제는 영적인 것과 관련됩니다. 융의 말입니다. 중년기에 접어들었으면서도 지금까지 살아온 대로 외적인 방향에서 생(生)의 욕망을 채워보려는 사람. 하나님의 창조질서를 거스르고 맙니다. 중년기, 가장 중요한 것은 하나님과의 관계입니다. 중년기, 하나님을 찾아야 할 때입니다. 중년기, 가장 신심이 깊어지는 때입니다. 중년기, 더욱 푸르고 아름다운 중년의 나를 만나 보십시오.

주님, 제가 지금 중년의 위기를 앓고 있습니다. 뚜렷한 이유도 없이 가슴에 구멍이 뻥 뚫린 것 같은 느낌. 이때 가장 중요한 것은 하나님과 관계임을 고백합니다. 중년기, 지금은 하나님을 찾아야 할 때이며, 가장 신심이 깊어지는 때임을 믿습니다. 제가 주님과 깊은 관계 속에서 이 텅 빈 구멍을 채우게 해주옵소서. 예수님의 이름으로 기도드립니다. 아멘.

SEPTEMBER 28

노년에 이르렀을 때

"우리의 연수가 칠십이요 강건하면 팔십이라도 그 연수의 자랑은 수고와 슬픔뿐이요 신속히 가니 우리가 날아가나이다 누가 주의 노여움의 능력을 알며 누가 주의 진노의 두려움을 알리이까 우리에게 우리 날 계수함을 가르치사 지혜로운 마음을 얻게 하소서" 〈시 90:10-12, 개역개정〉

모든 사람은 늙습니다. 그리고 그 노년의 아픔은 클 수밖에 없습니다. 기약 없는 죽음의 공포. 신체적인 변화. 역할의 상실. 관계의 해체. 존엄성의 상실. 가슴을 파고드는 외로움과 소외감. 65세를 전후로 인생의 홍역을 앓고 계시는 어르신들의 이야기입니다. 무엇보다도, 노년기에 접어든 사람들은 죽음을 현실로 받아들일 수 있어야 합니다. 또 노년기는 평생을 바쳐서 일해온 직업에서 은퇴하는 시기입니다. 심리적 긴장 때문에 불안과 짜증과 이유를 알 수 없는 분노가 생기는 때이지요. 마음으로부터 들어주고 받아줄 수 있는 분위기가 필요합니다. 노인을 노인으로 만드는 것은, 그가 삶의 의미를 느낄 수 있는 역할이 없기 때문입니다. 노년의 즐거움은 누군가에게 자신을 줄 수 있을 때 얻어지지요. 추억을 되새기는 일, 사랑하고 사랑받는 인간관계를 형성하는 일, 운동을 계속하는 일, 주님을 가장 깊은 곳에서 만나는 일 등이 노년기 영성에 매우 중요합니다. 어르신들을 사랑합니다. 온 맘다해 축복합니다.

> 주님, 노인을 노인으로 만드는 것은 삶의 의미를 느낄 수 있는 역할이 없기 때문임을 깨닫습니다. 노년의 즐거움은 누군가에게 자신을 줄 수 있을 때 얻어짐을 믿습니다. 추억을 되새기는 일, 사랑하고 사랑받는 인간관계를 형성하는 일, 운동을 계속하는 일, 주님을 가장 깊은 곳에서 만나는 일이 노년기 영성에 매우 중요함을 깨우쳐 주옵소서. 어르신들의 삶을 축복합니다. 예수님의 이름으로 기도드립니다. 아멘.

SEPTEMBER 29

죽음을 받아들일 수 없을 때

"나의 사랑하는 형제들이여, 장래의 승리는 확실한 것입니다. 그러니 굳게 서서 흔들리지 말고 주님의 일에 항상 힘쓰십시오. 부활은 분명히 이루어지며 주님을 위해 일하는 것이 결코 헛되지 않다는 것을 기억하십시오."〈고전 15:58, 현대어〉

시카고대학 부속병원의 정신과 의사였던 엘리자베스 퀴블러 로스. 1968년부터 2년 반에 걸쳐, 신학생들과 함께, 암센터에 입원해 있는 환자들 200명을 관찰하고 면담합니다. 그 결과, 나온 책이 〈죽음에 관하여〉(On Death and Dying)입니다. 대체로 다섯 단계의 변화를 겪는다는 내용입니다. 첫째, 부정. '그럴 리가 없어!' 둘째, 분노. '하나님, 왜 저입니까?' 셋째, 타협. '내 아들 장가갈 때까지만 살려주시면!' 넷째, 우울. '어떤 말도 하고 싶지 않아!' 다섯째, 수용. '주님의 뜻이라면!' 이 단계에 접어들면, 환자는 죽음을 받아들이며 죽음과 그 이후의 삶을 차근차근 준비합니다. "우리가 지금 가지고 있는 죽을 수밖에 없는 땅 위의 몸은 멸망하지 않고 영원히 사는 하늘의 몸으로 변화"될 것입니다. "그러니 굳게 서서 흔들리지 말고 주님의 일에 항상 힘쓰십시오. 부활은 분명히 이루어지며 주님을 위해 일하는 것이 결코 헛되지 않다는 것을 기억하십시오"(고린도전서 15:53, 58, 현대어). 주님이 부활하셨습니다! 우리도 부활할 것입니다!

주님, 죽을 수밖에 없는 땅 위의 이 몸은, 멸망하지 않고 영원히 사는 하늘의 몸으로 변화될 것임을 믿습니다. 주님이 부활하셨듯이 저도 부활할 것이라는 소망을 가지고, 죽음을 두려워하지 않게 해주옵소서. 이 땅에서 주님 일에 헌신하며, 영원한 부활의 희망을 향해 흔들림 없이 나아가게 하옵소서. 예수님의 이름으로 기도드립니다. 아멘.

SEPTEMBER 30

인생의 행로를 묻고 싶을 때

"형제들아 나는 아직 내가 잡은 줄로 여기지 아니하고 오직 한 일 즉 뒤에 있는 것은 잊어버리고 앞에 있는 것을 잡으려고 푯대를 향하여 그리스도 예수 안에서 하나님이 위에서 부르신 부름의 상을 위하여 달려가노라"〈빌 3:13-14, 개역개정〉

기차를 타면 참 생각이 많아집니다. 창밖에 펼쳐지는 자연경관. 그동안 하늘 한 번 제대로 볼 여유가 없이 뭐가 그리 바빴는지! "이랴, 자랴!" 소를 몰며 논을 가는 아버지들. 뭐가 그렇게 재밌는지 냇가에서 물장구를 치고 있는 동네 꼬마녀석들. 저쪽 비탈진 산허리에서 머리에 수건을 두른 채 나란히 밭을 매는 어머니들. 왠지 가슴이 뭉클하고 눈시울이 붉혀지기도 하고 열심히 살아야겠다는 다짐도 해보지요. 그러다 서울역 가까이 이르렀을 때 들려오는 안내방송. 여러분은 지금 어디를 향해 가십니까? 여러분의 목적지는 어디입니까? 처음에는 무심코 듣다가, 어느 날부터인가 그것이 참 의미 있는 말이라 여겨졌습니다. 길면 팔십, 짧으면 칠십이라는 이 인생길에서, 나는 지금 어디를 향해 가고 있는가? 나의 인생행로에서 과연 목적지는 어디인가? 그 한마디 한마디가 예사롭지 않았습니다. 여러분, 여러분의 인생에도 방향이 있습니다. 여러분은 지금 어디를 향해 가고 계십니까? 여러분의 인생행로에서 그 목적지는 어디입니까?

주님, 제 인생에도 방향이 있음을 믿습니다. 저는 지금 어디를 향해 가고 있는지요? 제 인생행로에서 그 목적지는 어디인지요? 세상의 헛된 목적지를 향해 달려가지 않게 해주옵소서. 오직 주님만이 제 참된 목적지가 되어주옵소서. 그 목적지를 향해 주님과 동행하며 올곧게 나아갈 수 있도록 도와주옵소서. 예수님의 이름으로 기도드립니다. 아멘.

OCTOBER 10월

OCTOBER 1

소화제

"처음에는 온 세상 사람들이 쓰는 말이 하나였다. 똑같은 말을 썼기 때문에 서로 의사소통을 하는 데 아무런 지장이 없었다."〈창 11:1, 현대어〉

이번 추석, 소화제를 드신 적 있으십니까? 어땠습니까? 체한 게 뻥 뚫리는 느낌이 드셨지요? 이 소화제가 지금 저와 여러분에게 절실히 필요합니다. 뜬금없이 무슨 소화제냐구요? 제가 한번 소화제로 삼행시를 지어보겠습니다. 운을 띄워주세요. 소, 소통과. 화, 화합이. 제, 제일이다. 소통과 화합이 제일입니다. 이게 안 되니, 가족들이 자꾸만 체해서 손 따달라, 약 사달라, 아우성치며 꺼이꺼이 내 영혼의 트림을 내뱉는 것입니다. 말은 소통의 도구입니다. 그런데 사람들은 이 말 때문에 소통이 되기는커녕 불통을 느낍니다. 가정에서, 직장에서, 교회에서, 남녀노소, 동서남북, 진보보수, 여야좌우, 여기서도 불통, 저기서도 불통, 불통의 탄식이 쏟아져 나옵니다. 예수 그리스도의 십자가. 수직으로는 하나님과 나 사이, 수평으로는 나와 너 사이, 불통의 담을 허무시는 소통의 십자가입니다. 의사불통의 시대, 의사소통의 십자가! 우리, 이번 추석, 예수님이 주시는 소화제를 꼭 챙깁시다. 소통과 화합이 제일입니다. 소화제!

주님, 예수 그리스도의 십자가는 수직으로는 하나님과 나 사이, 수평으로는 나와 너 사이, 불통의 담을 허무시는 소통의 십자가임을 믿습니다. 이번 추석, 주님이 주시는 소화제, 곧 소통과 화합이 제일임을 기억하게 하옵소서. 제 삶과 관계에 예수 그리스도의 십자가가 정답이 되게 해주옵소서. 예수님의 이름으로 기도드립니다. 아멘.

OCTOBER 2

당신도 한때는 초보였다!

"경우에 합당한 말은 아로새긴 은 쟁반에 금 사과니라"〈잠 25:11, 개역개정〉

모두 초보시절, 처음 차를 끌고 시내로 나왔을 때, 얼마나 두려우셨나요? "당신도 한때는 초보였다!" 그런 쪽지를 차 뒷유리에 붙여놓은 초보들도 보았습니다. 뒤에서 오죽 빵빵거리면 그러겠어요. "이 아줌마가 집에서 밥이나 할 것이지, 뭐하러 기 나와 가지고 앞을 막고 있어?" 그게 그 경우에 합당한 말입니까? 오죽하면 그 초보 아줌마들이 "저 지금 밥 앉혀놓고 나왔어요!" 그런 문구까지 붙여놓겠어요. 그 아줌마도 참! 그런 경우, 합당한 말이 꼭 그 말밖에 없을까요? 초보 아줌마가 앞에서 얼쩡거릴 경우, 그 경우에 합당한 말은 무엇이겠습니까? "아이구, 아주머니, 불안해하지 마시고 천천히 천천히 몰고 가세요!" 그런 말이 그 경우에 합당한 말 아닐까요? "어머, 죄송해요. 이해해 주셔서 감사합니다." 이런 말이 그 경우에 합당한 말 아니겠어요? 여러분이 이번 추석, 가정에서 사용하신 말은 경우에 합당한 말이었습니까? 아니면 전혀 경우에 합당하지 않은 말, 그래서 서로 상처를 주고만, 그런 말이었습니까?

> 주님, 이번 추석, 제가 가정에서 사용한 말이 경우에 합당한 말이 되게 하옵소서. 경우에 합당하지 않은 말로 서로 상처를 주고받지 않게 하옵소서. 때에 맞는 지혜로운 말과 친절한 태도로 가족들의 마음을 위로하게 하옵소서. 하하호호 서로를 축복하며 웃을 수 있게 해주옵소서. 예수님의 이름으로 기도드립니다. 아멘.

OCTOBER 3

독화살

"슬기로운 자의 책망은 청종하는 귀에 금 고리와 정금 장식이니라" 〈잠 25:12, 개역개정〉

군목으로 섬길 때, 한 병사가 자꾸만 탈영과 자살을 시도하다, 제가 만든 비전캠프라는 치유프로그램에 들어왔어요. 처음엔 아무 말이 없다가, 첫날 밤 인생그래프를 그리며 어린 시절 이야기를 하는데, 제가 물었어요. 어렸을 때 부모님에게 가장 많이 들은 말이 뭐니? 한참을 주춤거리던 이 병사가 갑자기 대성통곡을 하는 거예요. 사연을 들어보니, 자기가 가장 많이 들었던 말이, 나가 뒈져라! 부모님은 마음에 안 들 때마다, 소리를 치셨어요. 나가 뒈져라! 그 말은 무서운 마법을 일으켜, 아 나는 이 집에 있을 팔자가 아니구나, 나가야겠다, 그래서 가출을 밥 먹듯 하다가, 군대에 들어와서도, 나가 뒈져 버려야겠다, 탈영과 자살을 계속 시도했던 것입니다. 이런 책망들은 전혀 슬기롭지 못합니다. 자기의 무의식 속에 자리 잡고 있는 상처의 화살을 뽑아서, 화살촉을 더 뾰족하게 만들고, 거기다 독을 묻힙니다. 그리고 자기와 가장 가까운 사람부터 닥치는 대로 화살을 쏘아댑니다. 그것은 독화살입니다.

> 주님, 저는 왜 이렇게 말로 상처를 주고 마는지요? 오늘만은 제가 사용하는 언어가 다른 사람들의 영혼에 상처를 주지 않게 하옵소서. 생명과 치유를 전하는 말이 되게 하옵소서. 제 입술에서 상처의 독화살을 뽑아내게 도와주옵소서. 제 입술에 축복하는 언어를 주시어, 제 영혼과 주변을 치유할 수 있게 해주옵소서. 예수님의 이름으로 기도드립니다. 아멘.

OCTOBER 4

얼음냉수

"충성된 사자는 그를 보낸 이에게 마치 추수하는 날에 얼음 냉수 같아서 능히 그 주인의 마음을 시원하게 하느니라"〈잠 25:13, 개역개정〉

어렸을 때, 추수하는 날, 논밭에서 일하시는 부모님을 위해, 주전자에 냉장고 찬물을 붓고, 냉동실 얼음을 넣고, 설탕을 몇 숟가락 저어서, 딱 가져다 드리면, 캬, 얼마나 시원해하시는지! "충성된 사자는 그를 보낸 이에게 마치 추수하는 날에 얼음냉수 같아서 능히 그 주인의 마음을 시원하게 하느니라"(잠언 25:13). 우리의 대화도 이렇게 추수하는 날 얼음냉수처럼 서로의 마음을 시원하게 해주는 말이어야 합니다. 그런데 여기서 마음을 시원하게 해주는 말은 구체적으로 어떤 것일까요? "그들이 나와 너희 마음을 시원하게 하였으니 그러므로 너희는 이런 사람들을 알아주라"(고린도전서 16:18). 그렇습니다. 마음을 시원하게 해주는 말은 그 사람의 마음을 알아주는 말입니다. 2년 전, 전역기념으로 제주에 가족여행을 다녀왔습니다. 뭔지 모르게 막혀 있던 부자지간의 담. 아빠, 그동안 수고하셨어요. 너희들이 그동안 떨어져 사느라 고생했지. 서로 마음을 알아주면서 그 답답했던 담이 서서히 허물어지는 것을 느꼈습니다. 참 마음이 시원해졌습니다. 이번 추석도 그랬으면 좋겠습니다.

> 주님, 어렸을 때 추수하는 날, 논밭에서 일하시는 부모님께 얼음냉수를 가져다드렸을 때, 시원해하시던 모습을 돌아봅니다. 제가 하는 대화도 서로의 마음을 시원하게 해주는 말이 되게 하옵소서. 이번 추석에도 저희 가족들이 서로의 마음을 깊이 알아주는 말로, 막힌 담을 허물고 얼음냉수처럼 시원한 위로와 평안을 나눌 수 있게 해주옵소서. 예수님의 이름으로 기도드립니다. 아멘.

OCTOBER 5

아이에게 상처를 입혔을 때

"아버지 된 사람들은 자녀들이 용기를 잃고 의욕을 상실할 정도로 너무 심하게 꾸짖지 마십시오."〈골 3:21, 현대어〉

얼마 전, 텔레비전에서 〈아물지 않은 영훈이의 상처〉를 방영한 적이 있습니다. 친아버지와 계모가 자행한 아동학대의 끔찍한 현장이었습니다. 누나는 며칠을 굶다가 사탕을 훔쳤다는 이유로 맞아서 죽었고, 동생 영훈이는 얼마나 맞았던지 온몸이 멍들고 찢기고 할퀴고 패여서 만신창이가 되었습니다. 인간으로서, 그것도 친아버지가 그럴 수는 없는 것이었습니다. 말이 안 나왔습니다. 어떻게 일곱 살짜리 자식을 뜨거운 다리미로 지질 수가 있습니까? 계모 앞의 겁먹은 아이 영훈이. 아, 평생 악몽에 시달릴 그 어린 영혼의 상처를 생각하면 치가 떨립니다. 부부의 안정된 삶은 자녀들에게 긍정적인 삶의 밑그림을 그리게 합니다. 자녀에게 보이는 무조건적인 관심은 부모의 빈 가슴을 채우려는 것일 가능성이 많지요. 자녀는 부모의 뒷모습을 보고 자랍니다. 세상에 사랑받지 못할 아이는 아무도 없습니다. 다만 사랑할 줄 모르는 부모가 있을 뿐입니다. 세상에 문제아는 없습니다. 문제부모가 있을 뿐입니다.

> 주님, 우리 부부의 안정된 삶이 우리 자녀들에게 긍정적인 삶의 밑그림을 그리게 함을 믿습니다. 우리 자녀들에게 주님의 무조건적인 사랑을 가장 먼저 보여주는 부모가 되게 해주옵소서. 우리 자녀들이 따뜻한 사랑과 보호 속에서 건강하게 자랄 수 있게 해주옵소서. 상처받은 우리 자녀들을 주님의 긍휼로 치유하고 회복시켜 주옵소서. 예수님의 이름으로 기도드립니다. 아멘.

OCTOBER 6

국수와 국시

"그리스도 안에서 여러분은 서로 격려하고 있습니까? 그리스도의 사랑으로 서로 위로하며 성령으로 교제하고 있습니까? 그리고 서로 친절과 동정을 베풀고 있습니까?" 〈빌 2:1, 현대인〉

국수와 국시의 차이를 아십니까? 국수는 밀가루로 만들고, 국시는 밀가리로 만듭니다. 그러면 밀가루와 밀가리의 차이를 아십니까? 밀가루는 봉투에 담고, 밀가리는 봉다리에 담습니다. 그러면 봉투와 봉다리의 차이를 아십니까? 봉투는 침으로 바르고, 봉다리는 춤으로 바릅니다. 그러면 침과 춤의 차이를 아십니까? 침은 혓바닥에서 나오고, 춤은 쎗바닥에서 나옵니다. 그러면 혓바닥과 쎗바닥의 차이를 아십니까? 어느 날 제가 종이에 이 차이들을 죽 써보았는데, 한도 끝도 없겠더라구요. 근데, 국수와 국시, 사실 똑같은 것이라고 생각하지, 무슨 차이가 있겠습니까? 그런데도 차이라는 관점에서 연구해 보니까, 한도 끝도 없습니다. 국수와 국시에도 차이가 있는데, 하물며 인간이겠습니까? 이제 곧 복제된 인간이 태어날 것이라고 큰소리치는데, 모두가 똑같다면 얼마나 무미건조한 삶이겠습니까? 차이는 있어야 합니다. 그리고 그 차이는 서로 간에 존중되어야 합니다. 그 차이는 삶의 활력소요, 조화요, 예술입니다.

주님, 차이는 삶의 활력소요, 조화요, 예술임을 믿습니다. 제가 서로의 다름을 하나님이 주신 선물로 받아들이게 하옵소서. 서로 존중하며 사랑할 수 있게 해주옵소서. 다양성 속에서 아름다운 조화를 이루어, 하나님 나라를 경험할 수 있게 해주옵소서. 예수님의 이름으로 기도드립니다. 아멘.

OCTOBER 7

첫째와 둘째

"부모들에게도 한마디 당부하겠습니다. 자녀들을 너무 꾸짖지 마십시오. 또 잔소리를 늘어놓아 반항심을 일으키거나 분노를 품게 하지 마십시오. 그보다는 주님의 사랑이 담긴 훈계와 조언과 충고로 키우십시오." 〈엡 6:4, 현대어〉

아이들이 클 때 보니까, 첫째는 내가 물어야 겨우 대답합니다. 아빠 보고싶지? 어... 아빠 사랑한다고? 어... 아빠 빨리 오라고? 어... 어휴 답답! 그런데 둘째는 넉살이 좋습니다. 아빠, 언제 와? 곧. 몇 시? 곧 간다니까. 몇 분? 곧 간다니까. 아주 끈질깁니다. 첫째는 방안퉁수, 눈만 뜨면 다 본 해리포터 책을 또 붙잡습니다. 외울 정도입니다. 둘째는 눈만 뜨면 수퍼로 달려갑니다. 첫째는 반듯하게 누워 자고, 둘째는 꼭 엎어져서 잡니다. 첫째는 첫째답게 항상 의젓합니다. 저를 닮은 것 같아요. 그런데 둘째는 늘 샘이 많고 뭘 사도 꼭 두 개씩 사서 자기도 달라고 합니다. 누구를 닮은 것 같긴 한데... 첫째는 저녁형입니다. 밤 12시도 좋아요. 자라고 떠밀지 않으면 절대 안 잡니다. 그리고는 다음날 해가 중천에 뜰 때까지 잡니다. 둘째는 아침형입니다. 밤 10시면 무조건 잡니다. 내일 시험이어도 잡니다. 아침에 하겠대요. 그리고 아침에 일찍, 안 일어납니다. 죽 잡니다. 아, 그것도 차이가 있었구나!

> 주님, 우리집 첫째와 둘째의 다양한 차이를 돌아봅니다. 이 모든 차이가 주님께서 저마다에게 주신 고유한 성품과 특성임을 깨닫게 해주옵소서. 차이를 인정하게 하옵소서. 사랑으로 이해하며 키울 수 있게 해주옵소서. 이런저런 다양성이 풍성함과 기쁨이 되게 해주옵소서. 예수님의 이름으로 기도드립니다. 아멘.

OCTOBER 8

남편과 아내

"한 번 더 당부합니다. 남편은 아내를 자기 몸의 한 부분처럼 사랑하십시오. 그리고 아내는 남편에게 순종하고 진심으로 받들어 깊이 존경하십시오." 〈엡 5:33, 현대어〉

저하고 아내도 참 차이가 많습니다. 나는 밥을 먹어야 먹은 것 같은데, 아내는 꼭 빵 쪼가리 몇 개 주고 그게 아침이랍니다. 어떤 땐 정말 성질납니다. 나는 고속도로에서도 뒤에 오는 차들 비켜주면서 천천히 가는 게 기분이 참 좋습니다. 뒷차들이 빵빵거려도 속도 내는 게 저는 너무 싫습니다. 그런데 아내는 옆에서 꼭지가 돕니다. 세월아 네월아, 내가 교통흐름을 방해하고 있다나! 다시는 내가 운전하는 차 안 탄다고 쌈을 겁니다. 우리는 참 다릅니다. 나는 내가 토라졌는데 왜 안 보살펴 주느냐, '삐돌이'입니다. 그런데 아내는 부부싸움 끝에 며칠 간이나 말도 않는 '독종'입니다. 저는 길을 가다 모르면 경찰한테 물어보자 하는데, 아내는 절대 안 물어봅니다. 저는 놀러 갈 때 일단 가보자 하는데, 아내는 전날 밤부터 지도 펴놓고 먼저 머릿속으로 한번 갔다옵니다. 왜 그렇게 어렵게 사는지. 아, 그것도 차이가 있었구나! 하나님이 주신 그 차이, 차이를 알면 부부생활이 행복합니다.

> 주님, 우리 부부 사이의 많은 차이를 돌아봅니다. "아, 그것도 차이가 있었구나!" 하고 깨닫습니다. 하나님이 주신 그 차이, 그 차이를 알면 우리 부부생활이 더욱 행복해질 것을 믿습니다. 저희가 서로의 다름을 성격의 문제가 아닌, 하나님이 주신 고유한 특성으로 인정하게 하옵소서. 차이를 존중하며 더욱 사랑할 수 있게 해주옵소서. 예수님의 이름으로 기도드립니다. 아멘.

OCTOBER 9

남자와 여자

"그러나 하나님의 계획 안에서는 남자와 여자가 서로를 필요로 한다는 것을 기억하십시오."〈고전 11:11, 현대어〉

여자와 남자의 차이, 자기들끼리의 대화에도 차이가 있는 것 아세요? 먼저 여자들끼리의 대화. 너 미팅할래?: 어떤 사람이야? 차는 있어? 나 애인 생겼다: 그래? 잘됐네. 몇 살인데? 나 어제 소개팅했다: 누구야? 너 혼자 갔니? 재미있었어? 나 어제 김태희 봤다: 그래? 실물은 어때? 키는? 다음은 남자들끼리의 대화. 너 미팅할래?: 예쁘냐? 나 애인 생겼다: 예쁘냐? 나 어제 소개팅했다: 예쁘냐? 나 어제 김태희 봤다: 예쁘디? 남녀차이, 이렇게 다릅니다. 남자가 외출준비가 되었다고 하면, 실제로 나갈 준비가 된 것입니다. 그런데 여자가 외출준비가 되었다고 하면, 씻기, 화장하기, 옷 고르기를 제외하고 나머지가 겨우 끝났다는 것입니다. 남자는 화장실에서 서로 얘기하지 않습니다. 서로 쳐다보지도 않습니다. 그런데 여자는 오래된 친구처럼 이 얘기 저 얘기 합니다. 그리고 중요한 것은 남자는 절대로 식사 중인 옆 친구에게 "민수야, 우리 화장실 같이 안 갈래?" 그런 말 안 합니다. 남녀차이, 그 차이를 알면 행복이 보입니다.

> 주님, 여자와 남자의 차이가 대화에서도 나타남을 돌아봅니다. 남녀차이, 그 차이를 알면 행복이 보임을 깨닫습니다. 저희가 서로의 다름을 틀림이 아닌 주님이 주신 고유한 특성으로 인정하고 존중할 수 있게 해주옵소서. 남녀의 차이를 이해함으로써 관계 속에서 더 큰 행복과 조화를 누릴 수 있게 해주옵소서. 예수님의 이름으로 기도드립니다. 아멘.

OCTOBER 10

나와 다른 것은 다를 뿐인지 틀린 게 아닙니다

"주께서 대답하여 이르시되 마르다야 마르다야 네가 많은 일로 염려하고 근심하나 몇 가지만 하든지 혹은 한 가지만이라도 족하니라 마리아는 이 좋은 편을 택하였으니 빼앗기지 아니하리라 하시니라"〈눅 10:41-42, 개역개정〉

마르다. 예수님이 지나가신다 하니까, 버선발로 마을 어귀까지 뛰어나가서 다짜고짜 우리 집 가서 식사하고 가시라고 끌어당깁니다. 매우 적극적입니다. 마르다 같은 사람이 있으면 교회가 활기가 넘칩니다. 마르다 같은 사람이 있는 곳에는 늘 사람이 몰립니다. 그런 사람 곁에 가면 늘 웃음이 있고, 재미가 있습니다. 정이 있고, 사랑이 있습니다. 헌신이 있고, 봉사가 있습니다. 늘 먹을 것이 끊이질 않고, 날이면 날마다 축제가 벌어집니다. 살맛이 납니다. 그런데 마리아, 언니가 부엌에서 음식준비 하느라 분주하게 움직일 때, 예수님 발 앞에 앉아 태연스레 말씀을 듣고 있습니다. 마리아 같은 사람들은 세속적인 일에 별반 가치를 두지 않고 조용히 내실 있게 살아갑니다. 마리아 같은 사람들은 생각이 많은 사람들입니다. 자신을 드러내는 데 시간이 걸립니다. 말 한 마디에 상처를 입고, 밤잠을 설칩니다. 마리아와 마르다, 여러분은 누가 옳다고 생각하십니까? 나와 다른 것은 다를 뿐이지 틀린 게 아닙니다.

주님, 나와 다른 것은 다를 뿐이지 틀린 게 아님을 깨닫게 해주옵소서. 행동과 실천을 중요시하는 마르다의 헌신과, 말씀과 내면을 중요시하는 마리아의 영성이 함께 조화를 이루게 하옵소서. 그런 아름다운 공동체를 허락하여 주옵소서. 오늘도 서로의 차이를 존중하며 주님을 아름답게 섬길 수 있게 하옵소서. 예수님의 이름으로 기도드립니다. 아멘.

OCTOBER 11

잔뜩 위축감을 느낄 때

"여호와의 사자가 아비에셀 사람 요아스에게 속한 오브라에 이르러 상수리나무 아래에 앉으니라 마침 요아스의 아들 기드온이 미디안 사람에게 알리지 아니하려 하여 밀을 포도주 틀에서 타작하더니"〈삿 6:11, 개역개정〉

저는 군목으로 섬길 때 최종단계인 대령진급심사에서 떨어졌습니다. 정말 진심을 다해 장병들을 섬겨왔기에, 너무 당혹스러웠습니다. 너무 창피했습니다. 아내한테 너무 미안했습니다. 왜 이렇게 무력감이 드는지. 아무것도 하기 싫고, 잔뜩 위축이 되었습니다. 여러분도 혹시 저처럼 위축되어 있지는 않습니까? 최근 어떤 사건 때문에, 어떤 사람 때문에, 어떤 말 때문에? 어떤 지적 때문에? 어떤 갈등 때문에, 어떤 고민 때문에, 어떤 실패 때문에, 잔뜩 위축되어 있지는 않습니까? 그런 궁금증을 가지고 성경을 다시 살펴보니, 위축됨의 극치를 보여주는 한 사람이 있었습니다. 바로 기드온입니다. 미디안 사람들에게 뺏길까 봐 밀을 포도주 틀에서 몰래 타작하고 있는 모습. 바로 여러분의 모습은 아닙니까? 위축됨. 쥐구멍이라도 들어가고 싶은 심정. 여러분, 그게 그렇게 위축될 일입니까? 고작 그거 보고 사셨습니까? 계속 그렇게 사시겠습니까? 잔뜩 위축이 된 여러분에게 주님은 지금 무어라 하실까요?

> 주님, 최근 어떤 사건, 사람, 말, 지적, 갈등, 고민, 실패 때문에 제가 지금 잔뜩 위축되어 있습니다. 그런데 저에게 "큰 용사여, 주님께서 너와 함께 계신다!"라고 일깨워 주시니 너무나 감사합니다. 세상의 시선이나 실패에 위축되지 않게 하옵소서. 주님의 말씀에 힘을 얻어, 주님이 주신 소명을 향해, 더욱 담대히 나아가게 하옵소서. 예수님의 이름으로 기도드립니다. 아멘.

OCTOBER 12

너는 큰 용사다!

"여호와의 사자가 기드온에게 나타나 이르되 큰 용사여 여호와께서 너와 함께 계시도다 하매"〈삿 6:12, 개역개정〉

코끼리를 사육할 때 사육사들은 코끼리를 쇠사슬에 묶어놓고 사육합니다. 그러면 나중에 그 쇠사슬을 풀어주어도 코끼리는 얌전히 그 주변만을 맴돕니다. 사육당한 것입니다. 내 영혼의 코끼리. 사탄은 자꾸만 내 영혼의 코끼리에게 다가와 속삭입니다. 촌놈! 네까짓 게 무슨! 네 능력은 그것밖에 안 돼! 넌 더 이상 한 발자국도 나갈 수 없어! 그게 네 한계야! 사탄은 오늘도 그렇게 속삭이며 여러분의 영혼을 사육하려 합니다. 여러분, 지금 너무 힘드시지요? 되는 일이 없다구요? 이제는 정말 한계에 이르렀다구요? 정말 답이 없다구요? 그래서 너무 속상하시다구요? 그래서 너무 위축되셨다구요? 그 마음 충분히 이해합니다. 하나님께서도 알고 계십니다. 그렇더라도 여러분! 사탄의 생각에 절대 사육당하지 마십시오. 하나님은 이렇게 말씀하십니다. 너는 큰 용사다! 위대한 전사! 전투의 달인! 내가 본디 너를 큰 용사로 만들었다! 그러니 지금, 비록 힘들지만, 큰 용사로 다시 일어서라!

> 주님, 사탄의 생각에 절대 사육당하지 않게 해주옵소서. 하나님께서 저에게 "너는 큰 용사다! 위대한 전사! 전투의 달인! 내가 본디 너를 큰 용사로 만들었다! 그러니 지금, 비록 힘들지만, 큰 용사로 다시 일어서라!"고 말씀하심을 듣습니다. 주님의 말씀을 붙잡고, 사탄이 씌운 한계의 쇠사슬을 끊고, 큰 용사로 다시 일어설 수 있게 해주옵소서. 예수님의 이름으로 기도드립니다. 아멘.

OCTOBER 13

내가 너를 보낸 것이 아니냐!

"여호와께서 그를 향하여 이르시되 너는 가서 이 너의 힘으로 이스라엘을 미디안의 손에서 구원하라 내가 너를 보낸 것이 아니냐 하시니라"〈삿 6:14, 개역개정〉

"나 사도 바울은 너희 데살로니가교회에 편지하노라." 사도 바울은 자신이 개척한 교회들에 목회서신을 보낼 때 꼭 그런 식으로 자신을 소개합니다. 사도 바울. 여기서 사도라는 말이 영어로는 어파슬입니다. 어파슬은 헬라어 아포스톨로스에서 온 말입니다. 그 뜻은 보냄받은 사람. 그런데 사도 바울만, 기드온만, 하나님으로부터 보냄받은 사람일까요? 여기 앉아 계신 여러분은 하나님으로부터 보냄받은 사람이 아니란 말입니까? 여러분을, 저를, 이 교회로 보내신 분은 하나님이십니다. 그런데 여러분, 하나님이 왜 여러분을, 저를, 이 교회로 보내셨을까요? 소명, 부르신 데는, 여러분, 이유가 있습니다. 사명, 보내신 데도, 여러분, 이유가 있습니다. 사랑하는 성도 여러분, 저는 여러분이 잃어버린 천국의 행복을 되찾고 누리고 전하는 데 목숨을 바치는 참 목자가 되고 싶습니다. 하나님이 그 일을 하라고 저를 여러분에게 보내셨습니다. 부디 한 마음, 한 뜻, 한 목소리로 보내신 분께 시선을 드립시다.

주님, 소명과 사명, 부르신 데와 보내신 데에는 반드시 이유가 있음을 믿습니다. 저를 보내신 이유는 잃어버린 천국의 행복을 되찾고 누리고 전하게 하시려는 것임을 고백합니다. 제가 이 사실을 깨달아, 저를 보내신 분이신 주님께만 시선을 드릴 수 있게 해주옵소서. 저에게 주신 소명과 사명을 충실히 감당하여, 주님을 기쁘시게 해드리게 하옵소서. 예수님의 이름으로 기도드립니다. 아멘.

OCTOBER 14

내가 반드시 너와 함께 하리라

"여호와께서 그에게 이르시되 내가 반드시 너와 함께 하리니 네가 미디안 사람 치기를 한 사람을 치듯 하리라 하시니라"〈삿 6:16, 개역개정〉

"여호와께서 그에게 이르시되 내가 반드시 너와 함께 하리니 네가 미디안 사람 치기를 한 사람을 치듯 하리라 하시니라"(사사기 6:16). 기드온에게 이 말씀, 얼마나 큰 위로가 되었을까요. 기드온뿐입니까? 나만 보내놓고 하나님 몰라라 하시는 건 아닐까. 고민했는데, 불안했는데, 걱정했는데… 하나님이 반드시 함께 하시겠다고 약속하십니다. 반드시! 반드시! 하여, 내 영혼은 불안을 떨쳐버리고 평안을 찾게 됩니다. 의심을 떨쳐버리고 확신을 갖게 됩니다. 아 하나님의 전체 지도가 있었구나! 그 전체 지도에 따라 일점일획도 빈틈없이 지금 시행되고 있는 거구나! 지금 겪고 있는 이 아픔도, 이 불안도, 이 위축됨도, 하나님의 시나리오였구나! 저는 이 교회 아는 분이 한 분도 안 계셨어요. 목사님도 장로님도… 그래서 잔뜩 위축됐던 게 사실입니다. 내가 과연 이 교회를 잘 섬길 수 있을까. 내심 걱정되고 팬시리 불안했던 게 사실입니다. 부디 한마음이 되어 주십시오. 혼자 가면 빨리 가지만, 함께 가면 멀리 갑니다.

> 주님, 제 영혼이 불안을 떨쳐버리고 평안을 찾게 해주옵소서. 의심을 떨쳐버리고 확신을 갖게 해주옵소서. 아! 하나님의 전체 지도가 있었구나! 그 전체 지도에 따라 일점일획도 빈틈없이 지금 시행되고 있는 거구나! 지금 겪고 있는 이 아픔, 이 불안, 이 위축됨도 하나님의 시나리오였음을 깨닫게 해주옵소서. 예수님의 이름으로 기도드립니다. 아멘.

OCTOBER 15

야, 정신없다! 얼른 들어가!

"그러므로 내가 너희에게 이르노니 목숨을 위하여 무엇을 먹을까 무엇을 마실까 몸을 위하여 무엇을 입을까 염려하지 말라 목숨이 음식보다 중하지 아니하며 몸이 의복보다 중하지 아니하냐"〈마 6:25, 개역개정〉

언젠가 아내와 둘째아들이 나누는 대화를 엿듣게 되었어요. 아내 생각에 오늘쯤 둘째아들 성적표가 나올 때가 됐는데 안 내 논다 싶었던가 봅니다. "너 왜 성적표를 보여주지 않니?" "교회학교 선생님의 가르침을 실천하느라고요." "그게 무슨 소리니?" "교회학교 선생님이 지난주일 그러셨거든요. 부모님께 염려 끼쳐 드리는 일을 해서는 안 된다고요." 누굴 닮아서 저런지! 지난 세월, 아내는 개구쟁이 둘째아들 때문에 염려가 끊일 날이 없었습니다. 하루는 아내가 아이의 버릇을 고쳐주려고 겁을 주었습니다. "너 이렇게 엄마 걱정시키다 내일이라도 당장 죽으면 어떻게 천국 갈래?" 그랬더니 둘째아들이 씨익 웃으며 대답했습니다. "엄마, 내일 일을 왜 오늘 염려하세요. 내일 죽으면 천국 문 앞에서 막 왔다갔다 하면 돼요. 그러면 천사들이 저한테 소리를 꽥 지를 거예요. 엄마처럼. '야, 정신없다! 얼른 들어가!' 그때 살짝 들어가면 돼요! 천국으로!" 누가 더 영적으로 건강한 거예요?

주님, 염려로 가득 찬 제 마음과, 순수하게 천국을 소망하며 내일 일을 염려하지 않는 아이의 모습을 대조해 봅니다. 누가 더 영적으로 건강한지 묻게 됩니다. 제가 아이와 같이 순수한 믿음으로 내일을 주님께 맡기게 하옵소서. 기쁨과 평안 속에서 천국을 소망하며 살 수 있게 해 주옵소서. 예수님의 이름으로 기도드립니다. 아멘.

OCTOBER 16

다함께 차차차

"이에 말씀하시되 내 마음이 매우 고민하여 죽게 되었으니 너희는 여기 머물러 나와 함께 깨어 있으라 하시고" 〈마 26:38, 개역개정〉

근심을 털어놓고 다함께 차차차. 한참 길을 가다가 제 혀끝에서 뱅뱅 도는 차차차 한 소절 때문에 깜짝 놀란 적이 있습니다. 목사 입에서, 이런, 웬 유행가? 저도 어안이 벙벙했습니다. 아마도 무언가 걱정이 많다 보니, 무심코 튀어나온 것 같습니다. 그러고 보니 주변에서 들려오는 소리가 죄다 걱정, 근심, 염려…. 놀라운 것은, 예수님도 십자가를 앞에 두고 마지막까지 염려가 이만저만이 아니셨다는 사실입니다. "이에 말씀하시되 내 마음이 매우 염려하여 죽게 되었으니 너희는 여기 머물러 나와 함께 깨어 있으라 하시고"(마태복음 26:38). 예수님도 십자가의 쓴잔을 마셔야 할지 말아야 할지 너무 염려스러워 죽을 지경이셨다는 것입니다. 그러기에 예수님은 저와 여러분의 근심 걱정 염려를 너무나 잘 아십니다. 그리고 그 압도해 오는 근심 걱정 염려 때문에 한 발자국도 나가지 못하는 저와 여러분을 따뜻한 시선으로 바라보십니다. 너 요즘 근심이 많지? 내가 도와줄게! 세상이 줄 수 없는 평안을 너에게 줄게!

> 주님, 제 근심 걱정 염려를 잘 아시지요? 압도해 오는 근심 걱정 염려 때문에 한 발자국도 나가지 못하는 저를 따뜻한 시선으로 바라보아 주시니 감사합니다. "너 요즘 근심이 많지? 내가 도와줄게! 세상이 줄 수 없는 평안을 너에게 줄게!"라고 말씀해 주시니 더더욱 감사합니다. 제 모든 근심을 주님께 내려놓고, 주님 주시는 평안을 누릴 수 있게 해 주옵소서. 예수님의 이름으로 기도드립니다. 아멘.

OCTOBER 17

돈돈돈

"한 사람이 두 주인을 섬기지 못할 것이니 혹 이를 미워하고 저를 사랑하거나 혹 이를 중히 여기고 저를 경히 여김이라 너희가 하나님과 재물을 겸하여 섬기지 못하느니라"〈마 6:24, 개역개정〉

인생을 살다 보면, 우리 마음을 하나님께 집중하지 못하도록 하는 가장 큰 염려는 역시 돈 문제입니다. 아파트 평수 늘리는 데 드는 돈, 자녀들 등록금 마련하는 데 드는 돈, 그놈의 과외비, 부모님께 보내드리는 돈, 거기다 아내가 몰래 친정어머니 갖다드리는 돈, 정말 집중이 안 됩니다. 이렇게 우리 인생들의 염려 그 중심에는 어김없이 돈 문제가 있습니다. 돈돈돈. 정말 어디서 돈다발이 뚝 떨어졌으면 좋겠어요. 그런데 예수님이 우리들의 이 돈 걱정을 어떻게 아셨는지, 직격탄을 날리십니다. "한 사람이 두 주인을 섬기지 못할 것이니....너희가 하나님과 재물을 겸하여 섬기지 못하느니라"(마태복음 6:24). 하나님이냐, 돈이냐. 마음에 두 주인이 있어 하나님 자리에 돈이 자리를 꿰차고 있으면 돈의 지배를 받게 된다는 말씀입니다. 만일 돈이 떨어지면 당장 어떻게 살아가지? 이 돈을 그냥 써버릴까? 아무래도 염려의 근원이 돈과 직결되는 것은 예나 지금이나 별반 차이가 없는 것 같습니다.

주님, 오늘도 제 마음을 하나님께 집중하지 못하게 하는 가장 큰 염려가 역시 돈 문제임을 돌아봅니다. "만일 돈이 떨어지면 당장 어떻게 살아가지?" "이 돈을 그냥 써버릴까?" 제 모든 염려의 근원이 돈과 직결되어 있음을 긍휼히 여겨주옵소서. 제가 돈을 주인으로 섬기지 않게 해주옵소서. 오직 하나님만을 제 삶의 주인으로 모시게 하옵소서. 예수님의 이름으로 기도드립니다. 아멘.

OCTOBER 18

염려 목록표

"너희 중에 누가 염려함으로 그 키를 한 자라도 더할 수 있겠느냐"〈마 6:27, 개역개정〉

언더우드 박사는 우리에게 '염려 목록표'를 작성해 보라고 말합니다. 자신이 염려하는 모든 것을 A4용지 종이 위에 죽 적어보고 주의 깊게 분석해 보라는 것입니다. 그랬더니 놀랍게도 인간의 염려들 가운데, 40%는 언제 다가올지도 모르는 재난을 염려하고 있었습니다. 또 30%는 이미 결정 나버린 걸 염려하고 있었구요. 그리고 12%는 몸과 마음의 병을 염려하고 있었습니다. 그리고 10%는 부모와 자녀들을 염려하고 있었습니다. 정말이지, 곧바로 해결해야 할 염려다운 염려는 8%뿐이었습니다. 여러분은 어떠신가요? 여러분이 지금 염려하고 있는 것 가운데 92%는 쓸데없는 염려 아닌가요? 염려해 봤자 도무지 답이 없는 그런 염려 아닌가요? 그런 염려는 해도 그만, 안 해도 그만입니다. 염려한들 당장 뾰족한 수도 없는 것을 염려하고 있는 나. 예수님이 정확히 그런 저를 꿰뚫어 보시며 말씀하십니다. "너희 중에 누가 염려함으로 그 키를 한 자라도 더할 수 있겠느냐"(마태복음 6:27).

주님, 제 염려 목록표 92%가 쓸데없는 염려는 아닌지, 염려해 봤자 도무지 답이 없는 염려는 아닌지 성찰하게 해주옵소서. 염려한들 당장 뾰족한 수도 없는 것을 염려하고 있는 제 모습을 불쌍히 여겨주옵소서. 제가 쓸데없는 염려를 주님께 내려놓게 하옵소서. 오직 주님만을 신뢰하며, 주님 주시는 평안을 누릴 수 있게 해주옵소서. 예수님의 이름으로 기도드립니다. 아멘.

OCTOBER 19

내일일은 내일걱정 다함께 차차차

"그러므로 내일 일을 위하여 염려하지 말라 내일 일은 내일이 염려할 것이요 한 날의 괴로움은 그날로 족하니라"〈마 6:34, 개역개정〉

"그러므로 내일 일을 위하여 염려하지 말라 내일 일은 내일이 염려할 것이요 한 날의 괴로움은 그날로 족하니라"(마태복음 6:34). 헬라어 원어성경에는 여기 나오는 '염려'를 '메린나우'라고 표기했습니다. 이것은 '메리조'라고 하는 단어와 '누스'라고 하는 단어가 합쳐진 것입니다. '메리조'는 '나눈다,' '누스'는 '마음'을 가리킵니다. 결국 염려를 하면 마음이 나누어진다는 거지요. 정신일도 하사불성. 정신을 한 데 집중하면 못 이룰 일이 없다. 그런 말이 있잖아요. 그런데 집중이 안 되니 자꾸 실수를 하게 됩니다. 여기서 참 중요한 표현이 있습니다. 내일 일은 내일이 염려할 것이요. 다른 번역에 보면, 이 말을 이렇게 번역했습니다. 내일 일은 내일이 염려하게 하라! 무슨 뜻일까요? 내일 일은 우리 소관이 아니다. 내일 일은 내일을 주관하시는 하나님의 소관이다. 그러니 너는 내일이 아닌, 오늘에 집중하여라. 그런 말씀입니다. "히어 앤 나우!"(Here and Now!). 지금 여기에! 숨 쉬고 있는 것은 지금 이 순간뿐입니다.

> 주님, 내일 일은 제 소관이 아님을 믿음으로 고백합니다. 내일은 내일을 주관하시는 하나님의 소관이니, 저는 내일이 아닌 오늘에 집중하게 하옵소서. 제가 내일에 대한 쓸데없는 염려로 마음이 분산되지 않게 하옵소서. 오직 오늘, 지금 이 순간, 저에게 맡겨주신 일에 온전히 집중하여, 주님 기적을 체험할 수 있게 하옵소서. 예수님의 이름으로 기도드립니다. 아멘.

OCTOBER 20

주께맡겨 다맡겨 다함께 차차차

"오늘 있다가 내일 아궁이에 던져지는 들풀도 하나님이 이렇게 입히시거든 하물며 너희일까보냐 믿음이 작은 자들아"〈마 6:30, 개역개정〉

"오늘 있다가 내일 아궁이에 던져지는 들풀도 하나님이 이렇게 입히시거든 하물며 너희일까 보냐 믿음이 작은 자들아"(마태복음 6:30). 놀랍게도 주님은 공중의 새, 들의 백합화, 아궁이에 던져지는 들풀 말씀을 하시면서, "하물며 너희일까 보냐 믿음이 작은 자들아!"라고 꾸중하십니다. 주님은 여기서 우리의 걱정 근심 염려를 믿음의 문제로 보고 계신다는 사실입니다. 한마디로 여러분이 염려하는 것은 믿음이 없기 때문이라는 것입니다. 염려하는 사람의 영혼 밑바닥에는 '불신앙'이라고 하는 엄청난 죄악이 도사리고 있다는 말씀입니다. 그래서 주님은 안타까운 목소리로 부탁하십니다. "너희는 마음에 근심하지 말라 하나님을 믿으니 또 나를 믿으라 하나님을 믿으니 또 나를 믿으라"(요한복음 14:1). 무슨 뜻이지요? "천지를 창조하신 창조주 하나님을 믿는다면, 또 그분이 보내신 나 예수 그리스도를 좀 믿어 주라! 염려하지 말고, 나 좀 믿고, 나한테 네 문제를 좀 맡겨주라!" 그런 말씀입니다.

> 주님, 염려하는 제 영혼 밑바닥에는 '불신앙'이라고 하는 엄청난 죄악이 도사리고 있음을 고백합니다. 제 모든 염려를 진정으로 주님께 온전히 맡기게 하옵소서. 주님 약속을 확실히 믿는 믿음을 저에게 더하여 주옵소서. 불신앙의 죄악에서 벗어나, 주님의 평안을 누릴 수 있게 해주옵소서. 예수님의 이름으로 기도드립니다. 아멘.

OCTOBER 21

거기 누구 없어요?

"너희 염려를 다 주께 맡기라 이는 그가 너희를 돌보심이라"〈벧전 5:7, 개역개정〉

어떤 청년이 꿈을 꾸었습니다. 절벽에서 떨어지는 꿈을 꾸었습니다. 절벽에서 아래로 떨어지다가 나뭇가지를 잡았어요. 다행히. 그런데 시간이 지날수록 힘이 자꾸 달리니까 나뭇가지를 붙잡고 소리를 칩니다. "거기 누구 없어요? 살려주세요!" 그런데 작은 소리가 들립니다. "나 여기 있다." "누구세요?" "나는 네가 믿고 있는 하나님이다." "살려주세요!" "그래? 염려 말고 손을 놓아라! 내가 구해 주마. 손을 놓아라!" 한참 있다가 그 청년이 뭐라고 했게요? "거기 누구 다른 사람 없어요?" 이것이 부끄러운 제 모습입니다. 여러분은 어떻습니까? 결정적인 순간, 우리 믿음은 어디로 증발해 버린 걸까요? "너희 염려를 다 주께 맡기라 이는 그가 너희를 돌보심이라"(베드로전서 5:7). 눈물과 한숨뿐인 세상. 잠시도 걱정을 떼어 버리지 못하는 세상살이. 전철마다 걱정을 싣고 달리고, 호주머니마다 걱정이 꽉 차 있으며, 가정마다 걱정의 식탁을 내놓습니다. 이런 상황에서, 우리, 주님께 다 맡길 수 있을까요?

주님, 결정적인 순간, 제 믿음은 어디로 증발해 버리는지 돌아봅니다. 잠시도 걱정을 떼어 버리지 못합니다. 제 호주머니마다 걱정이 꽉 차 있습니다. 제가 주님께 모든 염려를 다 맡길 수 있게 해주옵소서. 저를 돌보시는 주님을 온전히 신뢰하게 하옵소서. 나뭇가지에서 제 손을 놓게 하옵소서. 예수님의 이름으로 기도드립니다. 아멘.

OCTOBER 22

기도하세 감사하세 다함께 차차차

"아무것도 염려하지 말고 다만 모든 일에 기도와 간구로, 너희 구할 것을 감사함으로 하나님께 아뢰라 그리하면 모든 지각에 뛰어난 하나님의 평강이 그리스도 예수 안에서 너희 마음과 생각을 지키시리라"〈빌 4:6-7, 개역개정〉

해보셨겠지만, 우리를 괴롭히는 이 염려, 딱 끊어 버리고 기도 모드로 들어가는 일이 그리 쉽지가 않습니다. 그럴 때 가장 좋은 방법이 무엇일까요? 우리 구할 것을 감사함으로 하나님께 아뢰는 것. 감사기도. 여기에 정답이 있습니다. 가장 좋은 것으로 응답해 주실 것으로 믿고 미리 감사기도를 드려 버리는 것입니다. 다 이루어 주신 줄로 믿습니다. 다 이루어 주셔서 감사드립니다. 자꾸 상상을 통하여 걱정거리들을 감사가 넘치는 순간들로 형상화하십시오. 걱정거리 대신 작지만 소중한 기쁨과 희망을 우리 삶에 대치시킴으로써, 걱정하는 버릇을 깨뜨려 버리십시오. 내일로 다가온 중요한 일을 앞두고 '난 내일 그 중요한 일에서 실수할 거 같아!' 염려하기보다, 내일 그 중요한 일이 끝나면 가장 좋아하는 일-독서, 운동, 여행, 쇼핑, 컴퓨터, 영화 등-을 하고 있는 자신의 행복한 모습을 형상화하여 감사가 넘치게 하십시오. 그렇게 해서 그 중요한 일에서 실수할지도 모른다는 지레걱정을 물리쳐 버리십시오.

주님, 내일 중요한 일을 앞두고 있습니다. '난 내일 그 중요한 일에서 실수할 거 같아!'라고 염려하기보다, 내일 그 중요한 일이 끝나면 가장 좋아하는 일을 하고 있는 제 행복한 모습을 형상화하여 감사가 넘치게 해주옵소서. 그렇게 하여 내일 그 중요한 일에서 실수할지도 모른다는 지레걱정을 물리쳐 버릴 수 있게 해주옵소서. 예수님의 이름으로 기도드립니다. 아멘.

OCTOBER 23

기도할 수 있는데 왜 걱정하십니까?

"평안을 너희에게 끼치노니 곧 나의 평안을 너희에게 주노라 내가 너희에게 주는 것은 세상이 주는 것과 같지 아니하니라 너희는 마음에 근심하지도 말고 두려워하지도 말라"〈요 14:27, 개역개정〉

저녁산책을 하다 한 집사님을 만났는데, 근심이 가득해 보였습니다. "무슨 일 있으신 거예요?" "아내가 새벽 차 타고 서울을 갔는데, 아직까지 집에 들어오지도 않고 연락도 없네요." "너무 염려 마세요. 오랜만에 서울 가서 쇼핑하고 있는지도 모르잖아요." 그러자 그 집사님, 뭐라고 했는지 아세요? "목사님, 제발 그 쇼핑만 아니었으면 좋겠어요." 여러분, 염려가 많으시지요? 인간관계의 얽힘, 업무의 스트레스, 가정생활의 갈등, 삶의 허무, 불확실한 미래... 그런데 알고 보면, 염려도 습관입니다. 어떤 분들은 기도하면서도 염려합니다. 아니, 좀 더 분명히 말하자면, 우리는 식사 때마다, 예배 때마다, 밤낮으로 기도에 매달리면서, 전혀 기도라곤 안하는 사람처럼, 걱정을 안고 이고 품고 살아갑니다. 기도할 수 있는데 왜 걱정하십니까 기도하면서 왜 염려하십니까 주님 앞에 무릎 꿇고 간구해 보세요 마음을 정결하게 뜻을 다하여 기도할 수 있는데 왜 걱정하십니까 기도하면서 왜 염려하십니까.

주님, 저에게 인간관계의 얽힘, 업무의 스트레스, 가정생활의 갈등, 삶의 허무, 불확실한 미래 등 염려가 많습니다. 아시지요? 그런데 알고 보면, 제 염려도 제 습관임을 깨닫습니다. 제 모든 염려를 주님께 온전히 맡기게 하옵소서. 오늘도 염려할 시간에, 마음을 정결하게 뜻을 다하여 기도할 수 있게 해주옵소서. 예수님의 이름으로 기도드립니다. 아멘.

OCTOBER 24

오매, 단풍 들것네!

"나의 말이 나의 하나님이여 나의 중년에 나를 데려가지 마옵소서 주의 연대는 대대에 무궁하니이다" 〈시 102:24, 개역개정〉

오매, 단풍 들것네 장광에 골 붉은 감잎 날아오아 누이는 놀란 듯이 치어다보며 오매, 단풍 들것네. 이게 진짜 시더라구요. 김영랑(金永郎, 1903-1950) 시인의 오매 단풍 들것네. 단풍이 곱게 물들고 있습니다. 여러분, 놓치지 마시고 이 가을, 단풍으로 가슴을 물들이십시오. 그런데 한 가지 문제가 있습니다. 이 아름다운 가을에, 사람들은 가을을 탄다는 것입니다. 울적한 마음, 산그리메처럼 어두워 오는 이 가을의 한복판, 저녁강물 벗 삼아 우리 인생의 가을을 들여다봅니다. 아니, 우리 인생의 중년을 들여다봅니다. 치열한 인생의 영욕, 인생의 성공과 실패를 가장 민감하게 경험하는 시기. 한 번 넘어지면 좀처럼 일어나기 힘든 시기. 그래서 중년기를 위기라고 하지요. 중년의 위기. 내 옆의 사랑하는 사람들이 지금 이런 중년의 위기를 겪고 있습니다. 시편 시인도 그런 중년의 위기를 토로합니다. "나의 말이 나의 하나님이여 나의 중년에 나를 데려가지 마옵소서 주의 연대는 대대에 무궁하니이다"(시편 102:24). 여러분에게도 지금 이런 중년의 위기가 찾아오지는 않았습니까?

> 주님, 단풍이 곱게 물드는 이 아름다운 가을, 제 마음은 가을을 탑니다. 왜 이리 울적한지요? 제 인생의 중년이 서글퍼집니다. 인생의 가을을 지나고 있는 저에게 주님의 무궁한 연대를 바라보는 믿음을 주옵소서. 이 중년의 위기를 주님을 더욱 깊이 만나는 기회로 삼게 하옵소서. 가을 단풍처럼 더욱 성숙하고 아름다운 삶을 살게 하옵소서. 예수님의 이름으로 기도드립니다. 아멘.

OCTOBER 25

육체의 위기

"내 날이 연기같이 소멸하며 내 뼈가 숯같이 탔음이니이다" 〈시 102:3, 개역개정〉

어쩌다 한 번 운동이라도 하고 나면 며칠을 끙끙거립니다. 볼품없이 튀어나온 배에 가려서 발가락이 안 보일 때도 있습니다. 신문을 읽다 보면, 눈이 침침해져서 현기증을 느낍니다. 저녁식사 뒤엔 재미도 별로 없는 텔레비전을 보다, 소파에서 저절로 잠들어 버리는 일이 자주 있습니다. 얼마 전 암으로 먼저 떠난 친구가 남의 일 같지 않습니다. 특히 여성의 경우, 육체적인 퇴락과 함께 생리가 멎게 됩니다. 모든 것이 예전 같지 못합니다. 갑자기 숨이 가빠지고 힘도 부칩니다. 몸이 불어납니다. 쉬 피로해집니다. 그래서 마음이 심란해집니다. 거울을 들여다보며 내 인생의 끝을 건너다보게 됩니다. 흔히 갱년기(更年期)가 왔다고 말하지요. 갱년기는 남성들도 겪게 됩니다. 체력이 급격히 떨어지고 지치고 힘이 듭니다. 육체의 무기력은 모든 것의 무기력을 불러옵니다. 성적인 유혹을 느낄 수도 있습니다. 이때, 약보다 귀한 처방전이 있습니다. 주님을 모시고 사는 온가족, 그 가족들의 정서적인 지지입니다.

> 주님, 모든 것이 예전 같지 못합니다. 갑자기 숨이 가빠지고 힘도 부치고 몸이 불어나 쉬 피로해집니다. 마음이 심란해집니다. 거울을 들여다보며 내 인생의 끝을 건너다보게 됩니다. 이때, 약보다 귀한 처방전이 주님을 모시고 사는 우리 가족들의 정서적인 지지임을 깨닫습니다. 오늘도 서로에게 따뜻한 지지를 보냄으로써, 육체와 영혼의 건강을 지키게 하옵소서. 예수님의 이름으로 기도드립니다. 아멘.

OCTOBER 26

까꿍!

"주의 종들이 시온의 돌들을 즐거워하며 그의 티끌도 은혜를 받나이다" 〈시 102:14, 개역개정〉

까꿍! 우리가 어린 시절 가장 좋아했던 엄마의 인사. 까꿍. 거기에 화답하는 세상에서 가장 아름다운 아기의 미소. 언젠가부터 우리 얼굴에서 사라져 버린 까꿍, 이 즐거움의 회복! 부부가 이런 깨알 같은 즐거움을 다시 회복해야 중년의 위기를 치유할 수 있습니다. 현대 심리학자들은 35-50세까지를 이른바 '중년기'(mid-life stage)라고 정의했습니다. 그런데 인간의 수명이 갈수록 연장되면서, 최근 독특한 단어가 하나 더 생겨났습니다. 이른바 '중년 후기'(post mid-life stage)라는 말입니다. 51-65세까지를 지칭하는 말입니다. 향후 우리 인간의 수명은 120세까지, 아니 영국의 한 학자는 앞으로 인간 게놈지도의 세포 하나만 해결하면 142세까지 살 수 있다고 하니, 중년기는 앞으로 110세까지, 갈수록 늘어날 전망입니다. 이 긴 중년기, 무기력하게 보내지 않으려면 어떻게 해야 할까요? 우리 인생을 빼닮은 이 가을, 진정 즐거워할 수 있는 일을 주 안에서 발견해야 하지 않을까요?

주님, 제가 이 긴 중년기를 무기력하게 보내지 않으려면 어떻게 해야 할까요? 제 인생을 빼닮은 이 가을, 진정 즐거워할 수 있는 일을 주님 안에서 발견하게 하옵소서. 제 남은 삶 속에서 새로운 기쁨과 의미를 발견하게 하옵소서. 주님 은혜 속에서 활력 있고 풍요로운 삶을 살게 하옵소서. 예수님의 이름으로 기도드립니다. 아멘.

OCTOBER 27

마음의 위기

"나는 광야의 올빼미 같고 황폐한 곳의 부엉이같이 되었사오며 내가 밤을 새우니 지붕 위의 외로운 참새 같으니이다"〈시 102:6-7, 개역개정〉

지붕 위의 외로운 참새. 중년의 마음자리를 이보다 더 기막히게 표현한 것이 또 있을까요? 내 가슴, 텅 빈 구멍. 무엇으로도 메꿀 수 없습니다. 나는 누구인가? 나는 왜 이 직업을 선택하게 되었을까? 이전에 세웠던 목표가 얼마나 성취되었는가? 내가 귀중하게 여기던 가치들이 얼마나 실현되었는가? 과연 이것이 내 삶의 전부인가? 나는 이제 어디로 가는 것일까? 캄캄한 밤의 심연. 새벽은 절대 찾아오지 않을 것같은 절망감. 그렇게 살지만 않았더라도, 이렇게 되지는 않았을 텐데, 후회감. 우리에 갇힌 가축처럼 꼼짝할 수 없는 느낌. 막상 손에 쥔 것이 없다는 실패감. 나한테만 신경 쓰느라 아내에게 자녀들에게 무관심했다, 죄책감. 그 결과, 나 자신에 대한 분노감. 내 생애 전반에 대해서 확신을 잃어버린 채 무력감의 수렁에 빠져듭니다. 이제는 쓸모없고 무가치한 존재가 되어버린 것 같은 좌절감. 사는 게 무의미한 것 같습니다. 권태, 불안, 의욕상실. 마냥 우울합니다. 주님, 주님도 이렇게 외로우셨지요?

> 주님, "지붕 위의 외로운 참새"처럼 텅 빈 구멍 같고 외로운 이 마음자리를 돌아봅니다. 나는 누구인가? 이것이 내 삶의 전부인가? 나는 이제 어디로 가는 것일까? 주님도 광야에서, 겟세마네 동산에서, 십자가 위에서, 이렇게 외로우셨지요? 제 외로움을 가장 잘 아시는 주님! 오늘도 저를 외면하지 마시고 찾아와 주옵소서. 예수님의 이름으로 기도드립니다. 아멘.

OCTOBER 28

고독의 영성

"여호와여 내 기도를 들으시고 나의 부르짖음을 주께 상달하게 하소서 나의 괴로운 날에 주의 얼굴을 내게서 숨기지 마소서 주의 귀를 내게 기울이사 내가 부르짖는 날에 속히 내게 응답하소서" 〈시 102:1-2, 개역개정〉

우리 현대인은 정신없이 바쁜 삶 속에서 더 외로움을 느낍니다. 이제는 외로움(loneliness)에서 고독(Solitude)으로 나아가야 합니다. 외로움과 고독은 전혀 다른 의미입니다. 외로움은 나 혼자 주님 없이 사는 것이고, 고독은 나 홀로 주님과 함께 사는 것입니다. 차원이 다릅니다. 예수님이 그 바쁜 사역 속에서도 매일새벽 동이 트기 전 한적한 곳에 올라 성부 하나님과 일대일로 나 홀로 만나 깊은 대화를 나누셨던 것처럼, 기도의 무릎을 꿇고 고독의 자리로 나아가야 합니다. 깊은 영성의 자리로 나아가야 합니다. 중년기는 영적인 허기, 영적인 목마름을 가장 많이 느끼는 시기이기 때문입니다. 실제로 분석심리학의 대가인 칼 구스타프 융은 죽기 전 마지막 BBC 방송과 인터뷰하면서, 이렇게 권고했습니다. "중년 이후의 모든 질병은 결국 영적인 문제이므로, 육신의 의사 너머 영혼의 의사를 찾아가라." 이 영혼의 의사가 바로 우리들의 외로운 영혼을 치유하러 이 땅에 내려오신 예수 그리스도이십니다.

> 주님, 이제는 제가 외로움(loneliness)에서 고독(Solitude)으로 나아가게 하옵소서. 기도의 무릎을 꿇고, 고독의 자리로, 깊은 영성의 자리로 나아가게 하옵소서. 제 영혼의 의사이신 주님께 한 걸음 더 가까이 나아가게 하옵소서. 제가 주님과 함께 하는 이 고독의 시간을 통하여 영적인 허기를 채울 수 있게 하옵소서. 예수님의 이름으로 기도드립니다. 아멘.

OCTOBER 29

관계의 위기

"내 원수들이 종일 나를 비방하며 내게 대항하여 미칠 듯이 날뛰는 자들이 나를 가리켜 맹세하나이다" 〈시 102:8, 개역개정〉

형의 아내를 뭐라고 하지요? 형수! 그러면 동생의 아내는? 제수! 그러면 내 아내는? 웬수! 그걸 네 글자로 남편에게 풀어쓰면? 평생웬수! 그걸 여섯 글자로 자식들에게 풀어쓰면? 어이그이웬수! 중년기가 깊어질수록, 내 주변에 있는 사람이 자꾸만 웬수처럼 보여요. 상처 때문입니다. 우리 인생이 늙어 가는 징후는 주름살이 늘어가는 것이고, 우리 마음이 늙어 가는 징후는 상처가 늘어가는 것입니다. 상처는 마음의 주름살입니다. 이런 상처가 많다 보니, 하프타임, 인생의 후반전, 우리 인생의 마지막 석양을 향해 갈수록, 사람을 믿지 못해요. 많이 당해 보았거든요. 사람에 대해서 회의적이고 비판적인 자세로, 수용하지 못하는 모습들을 보게 됩니다. 인간관계에 대한 분노가 자꾸만 축적이 돼요. 직장에서 울분이 쌓여도 처자식 생각에 꾹꾹 참습니다. 상처 입은 사자처럼 위엄을 지키느라 홀로 괴로워하면서……. 그렇게 되면 인간관계가 점점 더 옹색해지고, 불편해집니다. 세상이 살기 싫어집니다. 주님, 이런 내 마음 아시지요?

> 주님, 제가 상처가 많다 보니, 인생의 후반전을 향해 갈수록 사람을 믿지 못합니다. 회의적이고 비판적인 자세로 남을 잘 수용하지도 못합니다. 인간관계에 대한 분노가 자꾸만 축적됩니다. 울분이 쌓여도 꾹꾹 참습니다. 제 마음을 아시지요? 부디 오늘 제 마음의 상처와 분노를 어루만져 주옵소서. 주변 사람들을 품을 수 있게 하옵소서. 예수님의 이름으로 기도드립니다. 아멘.

OCTOBER 30

배우자를 배우자!

"주께서 일어나사 시온을 긍휼히 여기시리니 지금은 그에게 은혜를 베푸실 때라 정한 기한이 다가옴이니이다"〈시 102:13, 개역개정〉

요즘 텔레비전을 보다 보면, 뜬금없이 눈가가 촉촉해지는 거예요. 말로만 들었는데, 나한테도 이런 현상이! 그걸 보며 아내가 하는 말, 아, 내가 알던 남편이 아니야. 제발 남자하고 살고 싶다. 그런데 아내들이 알아야 할 게 있습니다. 우리 남편에게도 인생의 가을, 사추기가 찾아온 것을! 이때 남편이 가장 바라는 건, 아내의 긍휼히 여기는 마음입니다. 배우자가 무슨 뜻인지 아세요? 말 그대로, 배우자는 뜻이래요. 우리, 서로의 마음을 긍휼히 여기는 방법을 배웠으면 해요. 언젠가 식사 후 아내에게 팔씨름을 하자고 했어요. 아내가 자신 있다고 덤비는 거예요. 요즘 운동을 하더니, 진짜 힘이 세졌더라구요. 한참 끙끙거리다, 갑자기 아내가 져버리는 거예요. 뭐야? 그때 아내가 하는 말, 내가 당신한테 이길 순 없지! 져주더라구요. 근데, 은근히 격려가 되더라니까요. 우리 인생을 빼닮은 이 가을, 서로를 긍휼히 여겨줄 수는 없을까요? 웬수같은 관계, 저 고운 단풍처럼 아름답게 바라봐 줄 수는 없을까요?

> 주님, 요즘 텔레비전을 보다 뜬금없이 눈가가 촉촉해집니다. 인생의 가을, 사추기가 찾아왔음을 깨닫습니다. 제 인생을 빼닮은 이 가을, 저희 부부가 서로를 긍휼히 여겨주게 하옵소서. 웬수 같은 관계를 저 고운 단풍처럼 아름답게 바라봐 주게 하옵소서. 서로의 약함을 따뜻한 마음으로 품어주게 하옵소서. 예수님의 이름으로 기도드립니다. 아멘.

OCTOBER 31

단풍의 신학

"그러자 예수께서 말씀하셨다. '인자가 영광을 받을 때가 왔다. 내가 진정으로 말한다. 밀알 하나가 땅에 떨어져 죽는 것과 같이 나는 죽어야 한다. 내가 죽지 않고 그대로 있으면 밀알 하나가 그대로 있는 것과 같다. 그러나 내가 죽으면 한 알의 죽은 밀알에서 많은 밀알이 맺히듯이 새 생명들을 풍성하게 거두게 될 것이다.'"〈요 12:23, 현대어〉

아, 요즘 단풍들이 참 곱지요? 산에 들에, 울긋불긋, 참 고운 단풍들. 신기하게도 이 가을의 단풍은 이 자연의 중년을 의미합니다. 이제 곧 이 자연에도 노년인 겨울이 올 것입니다. 그 추운 겨울에 살아남기 위하여 미리 '몸짱'을 만드는 것이지요. 길어야 15-20일, 겨우 두세 주, 이 짧은 기간에 단풍들은 남아 있는 모든 영양분을 나무밑동으로 내려보냅니다. 영양분이 모두 사라진 단풍잎. 곧 낙엽 되어 스르르 떨어질 것입니다. 실로 이 가을의 단풍은 외모로 볼 때는 아름다움의 극치이지만, 그 내면을 들여다보면 실은 자신을 죽여가고 있는 징표입니다. 자신이 죽어야 내년에 나무가 다시 살기 때문입니다. 내가 죽어야 너희가 살리라! 이 얼마나 감동적인 희생입니까! 내가 죽어야 너희가 살리라! 그런데 이 말, 어디서 많이 들어보지 않았습니까? 내가 죽어야 너희가 살리라! 그것은 바로 저와 여러분의 죄를 대신 짊어지고 십자가에 죽으신 우리 구주 예수 그리스도의 애타는 음성입니다. 내가 죽어야 너희가 살리라!

주님, 울긋불긋 고운 단풍, 이 자연의 중년을 돌아봅니다. 단풍은 외모로 볼 때는 아름다움의 극치이지만, 그 내면을 들여다보면 실은 자신을 죽여가고 있는 징표임을 깨우쳐 주옵소서. "내가 죽어야 너희가 살리라!" 제 죄를 대신 짊어지고 십자가에 죽으신 예수님의 애타는 음성에 오늘도 깊이 귀 기울이게 하옵소서. 주님의 희생을 본받아 다른 이를 살리는 삶을 살게 하옵소서. 예수님의 이름으로 기도드립니다. 아멘.

NOVEMBER 11월

NOVEMBER 1

저게 저절로 붉어질 리는 없다

"다만 이뿐 아니라 우리가 환난 중에도 즐거워하나니 이는 환난은 인내를, 인내는 연단을, 연단은 소망을 이루는 줄 앎이로다" 〈롬 5:3-4, 개역개정〉

저게 저절로 붉어질 리는 없다 저 안에 태풍 몇 개 저 안에 천둥 몇 개 저 안에 벼락 몇 개 저 안에 번개 몇 개가 들어 있어서 붉게 익히는 것일 게다 저게 혼자서 둥글어질 리는 없다 저 안에 무서리 내리는 몇 밤 저 안에 땡볕 두어 달 저 안에 초승달 몇 날이 들어서 둥글게 만드는 것일 게다 대추야 너는 세상과 통하였구나. 장석주 시인의 〈대추 한 알〉이라는 시가 이 가을, 내 가슴을 물들게 했습니다. 이게 저절로 붉어질 리는 없다. 이 안에 태풍 몇 개, 천둥 몇 개, 벼락 몇 개, 번개 몇 개가 들어 있어서 붉게 읽히는 것일 게다. 어찌나 공감이 되는지. 지금 여러분이 여기까지 오게 된 것도 다 그런 것 아닌가요? 여러분 안에도 태풍 몇 개, 천둥 몇 개, 벼락 몇 개, 번개 몇 개가 들어 있는 건 아닌가요. 이 가을, 우리는 인생을 깊이 들여다봅니다. 우리 인생도 이 대추 한 알처럼 인내의 시간이 필요했구나! 그렇습니다. 인생은 환난의 연속입니다. 그런데 이 환난이 항상 나쁜 것만은 아닙니다. 그 환난 속에서도 배울 수 있기 때문입니다. 인내를 말입니다.

> 주님, 지금 제가 여기까지 오게 된 것도 제 안에 태풍 몇 개, 천둥 몇 개, 벼락 몇 개, 번개 몇 개가 들어 있었기 때문임을 깨닫습니다. 저에게 다가오는 모든 환난을 주님의 연단으로 받아들이게 하옵소서. 인내를 통해 더욱 성숙하고 아름다운 열매를 맺게 하옵소서. 대추가 세상과 통하였듯이, 제 인생도 주님과 통하게 하옵소서. 예수님의 이름으로 기도드립니다. 아멘.

NOVEMBER 2

이른 비와 늦은 비

"그러므로 형제들아 주께서 강림하시기까지 길이 참으라 보라 농부가 땅에서 나는 귀한 열매를 바라고 길이 참아 이른 비와 늦은 비를 기다리나니 너희도 길이 참고 마음을 굳건하게 하라 주의 강림이 가까우니라"〈약 5:7-8, 개역개정〉

한반도 최남단. 땅끝 해남. 깊은 산속 외딴집. 거기서 17년. 신학교 올 때 기차도 처음 타봤습니다. 신학공부도 20년이 걸렸습니다. 군목입대도 10년을 기다리다 포기할 때쯤 순번이 왔습니다. 대위에서 소령진급도 10년이 걸렸습니다. 그런데 이 모든 게 하나님의 섭리였어요. 고등학교까지 시골 땅끝을 벗어나 본 적이 없기에 때가 묻지 않아 순수하다고 하더라구요. 박사학위까지 20년이 걸렸지만, 그래서 유학을 나가지 않고도 장학금을 받으며 한신대 역사상 실천신학 1호 국내박사가 될 수 있었습니다. 군목도 10년 만에 들어왔지만, 그랬기에 남들 중위로 들어올 때 저는 사회경력 환산을 받아 대위로 임관할 수 있었습니다. 막판에 대령진급이 떨어졌다 낙심했는데 세상에 명예진급을 시켜주시는 거예요. 그리고 이렇게 좋은 교회에서 민간목회를 하게 해주신 거예요. 돌아보니 항상 거의 막판에 늦은 비를 쏟아부어 주셨어요. 여러분, 늦은 비라도 실망하지 맙시다. 반드시, 반전의 미학이 기다리고 있습니다.

주님, 제 인생 모든 것이 하나님의 섭리였음을 고백합니다. 돌아보니 항상 거의 막판에 늦은 비를 쏟아부어 주셨음을 깨닫습니다. 늦은 비라도 실망하지 않게 하옵소서. 반드시, 반전의 미학이 기다리고 있음을 믿음으로 바라보게 하옵소서. 주님의 때에 가장 아름다운 응답을 주실 줄 믿습니다. 예수님의 이름으로 기도드립니다. 아멘.

NOVEMBER 3

국화 옆에서

"사랑하는 자들아 너희를 연단하려고 오는 불 시험을 이상한 일 당하는 것 같이 이상히 여기지 말고 오히려 너희가 그리스도의 고난에 참여하는 것으로 즐거워하라 이는 그의 영광을 나타내실 때에 너희로 즐거워하고 기뻐하게 하려 함이라"〈벧전 4:12-13, 개역개정〉

한 송이 국화꽃을 피우기 위하여 봄부터 소쩍새는 그렇게 울었나 보다 한 송이 국화꽃을 피우기 위하여 천둥은 먹구름 속에서 또 그렇게 울었나 보다 그립고 아쉬움에 가슴 조이던 머언 머언 젊음의 뒤안길에서 인제는 돌아와 거울 앞에 선 내 누님같이 생긴 꽃이여 노란 네 꽃잎이 피려고 간밤에 무서리가 저리 내리고 내게는 잠이 오지 않았나 보다. 서정주 시인의 〈국화 옆에서〉라는 시가 이 가을, 내 가슴을 물들게 했습니다. 노란 네 꽃잎이 피려고 간밤에 무서리가 저리 내리고 내게는 잠이 오지 않았나 보다. 꼭 내 마음을 들킨 것 같아요. 요즘 왜 이리 잠 못 이루는지. 이 가을, 이 국화를 보며 우리는 우리 인생을 깊이 들여다보게 됩니다. 우리 인생도 이 국화 한 송이처럼 밤의 연단이 필요했구나! 연단을 영어성경에서는 캐릭터(character)라고 번역하고 있습니다. 캐릭터는 우리가 알 듯이 성격, 인격, 그런 말인데, 왜 이렇게 번역을 해놓았을까? 연단이 우리의 성격, 인격을 다듬는다는 의미가 아닐까요?

> 주님, 이 가을, 이 국화를 보며 제 인생을 깊이 들여다봅니다. 저희 인생도 이 국화 한 송이처럼 밤의 연단이 필요했음을 깨닫습니다. 저에게 다가오는 이 모든 연단을 회피하지 않게 하옵소서. 주님의 섭리임을 믿습니다. 국화꽃처럼 아름답고 성숙한 인격을 맺게 하옵소서. 밤의 무서리를 이겨내고 마침내 피어나게 하옵소서. 예수님의 이름으로 기도드립니다. 아멘.

NOVEMBER 4

밤중에 부르는 노래

"나를 지으신 하나님은 어디 계시냐고 하며 밤에 노래를 주시는 자가 어디 계시냐고 말하는 자가 없구나" 〈욥 35:10, 개역개정〉

왜 사는지 모르겠습니다. 인간적인 메마름. 정신적인 황폐함. 뚜렷한 이유도 없이 가슴에 구멍이 뻥 뚫린 것 같은 느낌. 모든 것이 짜증 나고 위로도 듣기 싫고 세상이 원망스럽고… 나는 누구인가? 이것이 내 삶의 전부인가? 나는 이제 어디로 가는 것일까? 만물은 고요 속에서 침묵하고, 보이는 것은 아무것도 없는 칠흑 같은 어두움, 그리고 나에게 남은 것은 처연한 외로움. 그리고 또 하나 남은 것이 있다면 처절한 실패와 눈물. 칠흑 같은 밤. 우리 영혼은 본능적으로 이런 밤을 두려워합니다. 그러나 놀랍게도, 그 속에서 침묵을 깨고 감사와 감격의 눈물로 하나님을 노래하는 이들이 있으니, 바로 여러분, 주님께 시선을 드리는 사람들! 하여, 밤중에 부르는 노래, 영혼을 울립니다. 사람들이 낮에 부르는 노래와 확연히 다릅니다. 밤은 변장된 축복입니다. 밤이 없다면, 낮만 있다면, 세상은 정말 끔찍할 것입니다. 지금 밤중이시라구요? 너무 암울하고 너무 답답하시다구요? 그래도 우리, 기억합시다. 반드시, 밤은 지나고 아침이 온다는 것.

> 주님, "왜 사는지 모르겠습니다!" 뚜렷한 이유도 없이 가슴에 구멍이 뻥 뚫린 것 같은 이 느낌. 모든 것이 짜증 나고 위로도 듣기 싫으며 세상이 원망스럽습니다. 처연한 외로움과 처절한 실패, 눈물만 남은 칠흑 같은 이 밤, 너무 암울하고 너무 답답합니다. 그래도 기억하게 해주옵소서. 반드시, 이 밤은 지나고 아침이 온다는 것을! 예수님의 이름으로 기도드립니다. 아멘.

NOVEMBER 5

영혼의 어두운 밤

"밤에 내 영혼이 주를 사모하였사온즉 내 중심이 주를 간절히 구하오리니 이는 주께서 땅에서 심판하시는 때에 세계의 거민이 의를 배움이니이다" 〈사 26:9, 개역개정〉

우리 인생이 영혼의 어두운 밤을 보낼 때 나를 지으신 하나님은 어디 계시는가? 이 질문은 우리 그리스도교 역사에서 많은 영성의 대가들이 매우 진지하게 탐구해 온 주제였습니다. 특히 유명한 분은 아빌라의 테레사입니다. 그분의 책 제목이 바로 〈영혼의 어두운 밤〉(The Dark Night of the Soul)입니다. 이 책을 보면, 여러분이 영혼의 어두운 밤을 통과할 때 하나님은 바로 그 자리에 함께 계신다는 말이 나옵니다. 그렇습니다. 여러분이 아파할 때 하나님은 여러분 곁에서 울고 계십니다. 이것을 현대에 와서 제랄드 메이라는 한 정신의학자가 영성지도의 관점에서 다시 똑같은 제목으로 영혼의 어두운 밤을 통과하는 현대인의 탄식을 설명하고 있습니다. 현대병이라고 할 수 있는 우울증 속에서 나를 지으신 하나님은 어디 계시는가? 역시 하나님은 우리 현대인의 우울증 속에 찾아오셔서 함께 아파하고 계신다는 것입니다. 우울증은 그래서 절망의 그림자가 아니라, 오히려 하나님의 임재하심을 경험할 수 있는 신앙의 밤이 된다는 것입니다.

> 주님, 제가 이렇게 영혼의 어두운 밤을 보낼 때, 저를 지으신 하나님은 어디 계시나요? 하나님은 바로 지금 이 자리에 함께 계신다는 말을 믿어도 되나요? 제가 아파할 때 하나님도 제 곁에서 울고 계신다는 것을 믿어도 되나요? 부디 이 우울과 이 고통 속에서 오늘도 주님의 따스한 임재를 체험하게 하옵소서. 예수님의 이름으로 기도드립니다. 아멘.

NOVEMBER 6

담쟁이

"주여 이제 내가 무엇을 바라리요 나의 소망은 주께 있나이다"〈시 39:7, 개역개정〉

저것은 벽 어쩔 수 없는 벽이라고 우리가 느낄 때 그때 담쟁이는 말없이 그 벽을 오른다 물 한 방울 없고 씨앗 한 톨 살아남을 수 없는 저것은 절망의 벽이라고 말할 때 담쟁이는 서두르지 않고 앞으로 나아간다 한 뼘이라도 꼭 여럿이 함께 손을 잡고 올라간다 푸르게 절망을 다 덮을 때까지 바로 그 절망을 잡고 놓지 않는다 저것은 넘을 수 없는 벽이라고 고개를 떨구고 있을 때 담쟁이 잎 하나는 담쟁이 잎 수천 개를 이끌고 결국 그 벽을 넘는다. 도종환 시인의 〈담쟁이〉라는 시가 이 가을, 내 가슴을 물들게 합니다. 어쩔 수 없는 벽이라 느낄 때 담쟁이는 말없이 그 벽을 넘는다. 꼭 내 마음을 들킨 것 같아요. 요즘 제 마음이 꼭 담쟁이 같다는 생각을 지울 수 없거든요. 이게 진짜 신앙인의 자세 아닐까요? 이 가을, 이 담쟁이넝쿨을 바라보며 우리는 우리 인생을 깊이 들여다보게 됩니다. 우리 인생도 이 담쟁이넝쿨처럼 저 너머를 향한 희망의 몸부림이 필요했구나!

> 주님, 이 가을, 담쟁이넝쿨을 바라봅니다. 제 인생도 이 담쟁이넝쿨처럼 저 너머를 향한 희망의 몸부림이 필요했구나! 절실히 깨닫습니다. 오늘도 제 앞에 놓인, 이 절망의 벽 앞에서 좌절하지 않게 하옵소서. 담쟁이처럼 묵묵히, 그리고 함께 손잡고, 희망을 향해 나아가게 하옵소서. 결국 벽을 넘게 하시는 주님을 신뢰합니다. 예수님의 이름으로 기도드립니다. 아멘.

NOVEMBER 7

대청호 갈대

"오늘 있다가 내일 아궁이에 던져지는 들풀도 하나님이 이렇게 입히시거든 하물며 너희일까보냐 믿음이 작은 자들아"〈마 6:30, 개역개정〉

오늘 피었다 지는 들풀도 입히는 하나님 진흙 같은 이 몸을 정금 같게 하시네. 문득 이 가을, 나풀거리는 갈대가 생각났습니다. 그래서 어제오후 대청호로 나가보았습니다. 그리고 여러분에게 보여드리려 갈대를 좀 꺾어 왔습니다. 그런데 오늘아침, 아연실색, 갈대가 다 시들어버렸더라구요. 아, 하루도 못 가는구나. 이래서 예수님이 우리 인생들에게 오늘 피었다 지는 들풀을 보라고 하셨구나! 이게 인생이구나! 예수님 말씀이 대번에 이해가 되더라구요. 오늘 피었다 지는 들풀 같은 인생들이여, 휘황찬란했던 인생을 뒤로하고 지금 나락에 떨어지셨습니까? 그래서 속앓이하며 불면의 밤을 지새우고 계십니까? 어둠의 터널 속에서 홀로 슬피 울고 계십니까? 그것 또한 인생입니다. 우리, 이 가을, 들풀을 보며, 인생의 한계를 분명히 합시다. 그리고 이 가을, 영원한 생명수 되시는 예수님께 깊이 침잠하여 영원히 목마르지 않는 생명의 물을 홀꺽홀꺽 마심으로, 어영차 다시 일어섭시다. 살아있다는 싱싱한 느낌으로.

> 주님, 이 가을, 들풀을 보며 제 인생의 한계를 분명히 알게 해주옵소서. 그리고 이 가을, 영원한 생명수 되시는 예수님께 깊이 침잠하게 하옵소서. 영원히 목마르지 않는 생명의 물을 홀꺽홀꺽 마시게 하옵소서. 어영차 다시 일어서게 하옵소서. 살아있다는 싱싱한 느낌으로 주님을 찬양하게 하옵소서. 예수님의 이름으로 기도드립니다. 아멘.

NOVEMBER 8

난 사람이었네!

"대저 의인은 일곱 번 넘어질지라도 다시 일어나려니와 악인은 재앙으로 말미암아 엎드러지느니라"〈잠 24:16, 개역개정〉

요즘 이상민이 대세입니다. 텔레비전, 안 나오는 데가 없어요. 1993년 데뷔. 찬란했던 20대. 허세. 그의 격투기 레스토랑. 하루에 2,500명이 몰려옵니다. 너무 잘되니까 2호점을 라스베이거스에 내려고 미국에 가 있는데 한국에서 연락이 옵니다. 격투기를 하다 사람이 죽었다고. 그때부터 내리막길. 45억 현금부자에서 57억 부도사기꾼. 하루아침이었습니다. 우리의 부귀영화는 다 이런 것. 너무너무 절망하던 어느 날, 노래 한 곡이 그의 가을밤 영혼을 파고듭니다. 루시드 폴의 "난 사람이었네!" 비록 내가 이렇게 사기꾼 소리를 듣고 있지만, 23일간 밥 한 끼 못 먹었지만, 그래그래 난 사람이었지. 노래를 들으며 하염없이 울었다는 거예요. 그리고 다시 일어서기로 마음먹었다는 거예요. 이 가을, 울적하십니까? 불면의 밤, 여러분도 지금 홀로 울고 계십니까? 실패하셨다구요? 넘어지셨다구요? 그렇다면, 이 가을, 우리도 나직이 고백해 봅시다. 난 사람이었네. 난 하나님의 사람이었네. 그렇습니다. 여러분은 천하보다 귀한 하나님의 사람입니다. 기회는 다시 옵니다. 반드시.

> 주님, 이 가을, 울적합니다. 불면의 밤을 홀로 지새웁니다. 어떻게 해야 하나요? 부디 제가 천하보다 귀한 하나님의 사람임을 잊지 않게 하옵소서. 기회는 다시 온다는 것, 반드시 다시 온다는 것을 잊지 않게 하옵소서. 제 가치를 세상의 성공이나 실패가 아닌, 주님의 소명 안에서 다시 발견하게 하옵소서. 두 주먹 불끈 쥐고, 다시 일어서게 하옵소서. 예수님의 이름으로 기도드립니다. 아멘.

NOVEMBER 9

석양의 억새

"나는 석양 그림자같이 지나가고 또 메뚜기같이 불려 가오며"〈시 109:23, 개역개정〉

억새는 석양이 질 때 마주 보아야 가장 아름답습니다. 은빛이 금빛으로 변하는 거지요. 우리 인생의 황혼과 잘 어울립니다. 낙조의 붉은 빛을 머금으며 금빛 분가루 털어내는 억새를 바라볼 때, 스산한 가을의 서정이 긴 여운으로 남습니다. 우리 인생의 황혼도 이렇게 아름답게 물들었으면 좋겠습니다. 그러려면 지금 이 절망의 수렁, 역경의 언덕을 천로역정의 순례자 되어 믿음으로 죽 더 나아가야 합니다. 힘들 때 우는 건 삼류, 힘들 때 참는 건 이류, 힘들 때 웃는 건 일류. 셰익스피어가 한 말이지요. 여러분, 지금 실패자라는 생각이 드십니까? 낙오자라는 생각이 드십니까? 이 억새처럼 흔들리고 있습니까? 그래서 이 가을, 인생이 막막하고 우울하십니까? 주 안에서 억세다 억세, 억새의 영성으로 불끈 일어서시기를, 그리하여 여러분의 인생에 석양이 질 때, 부부가 그 석양 바라보며 하나님께 감사기도 드릴 때, 은빛 억새 변하여 금빛 분가루 아름답게 수놓아지기를 주님의 이름으로 축원합니다.

주님, 억새가 석양이 질 때 은빛에서 금빛으로 변하는 모습이 제 인생의 황혼과 잘 어울림을 돌아봅니다. 제 인생의 황혼도 이렇게 아름답게 물들게 하옵소서. 주님 안에서 "억세다 억세", 억새의 영성으로 불끈 일어설 수 있게 해주옵소서. 제 인생에 석양이 질 때, 그 석양을 바라보며 하나님께 감사기도 드릴 때, 은빛 억새가 변하여 금빛 분가루처럼 아름답게 수놓아지게 하옵소서. 예수님의 이름으로 기도드립니다. 아멘.

NOVEMBER 10

첫눈

"이 일이 겨울에 일어나지 않도록 기도하라" 〈막 13:18, 개역개정〉

제가 군목으로 섬겼던 강원도 대청봉 옆 중청봉에 첫눈이 왔다는 소식입니다. 설악산 귀때기청봉에 하얗게 눈이 덮여 있더라구요. 겨울이 성큼 다가오고 있다는 신호입니다. 올겨울은 추위도 빨리 찾아오고 엄청 춥고 눈도 많이 내릴 것이라고 하는데…. 아침에 보니, 차에 서리도 꼈습니다. 하루가 다르게 기온이 뚝뚝 떨어지고 있습니다. 이제는 새벽기도 때 온풍기도 틀기 시작했습니다. 추위를 견뎌내기 위하여 연료비도 적지 않게 들 것입니다. 또 겨우내 빙판길에서 운전하는 일 역시 쉽지 않을 것입니다. 강원도 인제군 기린면, 내린천 돌아가는 길, 아홉사리 산 넘고 산 넘어가는 길, 엉금엉금 기어다녔던 생각이 납니다. 제 차도, 교회 차도, 다 기름이 얼어가지고 시동이 안 켜지더라구요. 강원도에서는 겨울용 기름을 따로 넣어야 한다는 걸 몰랐습니다. 우리가 사는 이곳은 좀 낫겠지요. 그래도 군데군데 미끄럽습니다. 조심하셔야 할 것입니다. 이곳도 월동준비, 신경이 안 쓰일 수가 없어요. 방충망을 떼어내고 비닐을 덮고, 난방기구들도 손보고…. 우리도 월동준비, 해야 합니다. 겨울이 오기 전에 말입니다.

주님, 제 삶에도 월동준비가 필요함을 깨닫게 해주옵소서. 영적으로 게을러지지 않게 하옵소서. 오늘 믿음의 난방을 점검하게 해주옵소서. 미끄러운 길에서 넘어지지 않도록 말씀과 기도로 단단히 무장하게 해주옵소서. 다가오는 겨울을 주님 안에서 평안하고 따뜻하게 보낼 수 있게 해주옵소서. 예수님의 이름으로 기도드립니다. 아멘.

NOVEMBER 11

겨울이 오기 전에

"겨울이 오기 전에 그대는 속히 이 곳으로 오도록 하시오. 으불로와 부데와 리노와 글라우디아와 그 밖의 모든 형제들이 그대에게 문안합니다."〈딤후 4:21, 현대인〉

겨울이 오기 전에 어서 속히 내게 오라! 이 말은 바울이 믿음의 아들 디모데에게 한 말입니다. 네로황제의 대대적인 박해로 로마감옥에 두 번째 투옥되었을 때였지요. 그런데 왜 사도 바울은 겨울이 오기 전에, 그것도 어서 속히 내게로 오라고 했을까요? 이유가 있습니다. 무엇보다도 고대 지중해는 10월부터 4월까지 겨울에 항해하기가 무척 힘들었습니다. 거의 목숨을 걸어야 할 정도로 위험천만한 일이었습니다. 그래서 사람들은 될 수 있으면 겨울 항해만큼은 피하려 했습니다. 사도 바울도 유라굴로 광풍을 만나 간신히 멜리데 섬에 상륙했을 때, 때는 이미 추운 겨울, 항해가 불가능했던 아찔한 적이 있었습니다. 자신이 당해 보았기 때문에, 믿음의 아들 디모데에게 그런 말을 한 것입니다. 내 아들 디모데야, 겨울 항해는 절대 안 된다. 그러니 어서 속히 내게로 오너라. 겨울이 오기 전에! 지금 여러분에게도 들리지 않습니까? 그것은 주님의 음성, 너는 어서 속히 내게로 오라, 겨울이 오기 전에!

주님, 제 인생에도 영적인 겨울이 찾아오기 전에, 주님과 관계가 소원해지기 전에, 믿음의 항해가 광풍을 만나기 전에, 주님께 더 가까이 나아가야 함을 깨닫습니다. 제가 주님의 부르심에 지체 없이 응답하게 하옵소서. 주님의 임재와 보호 아래 거하게 하옵소서. 영적인 겨울을 대비하여, 오늘 주님께 나아가는 결단을 하게 하옵소서. 예수님의 이름으로 기도드립니다. 아멘.

NOVEMBER 12

인생의 4계절

"게으른 자여, 개미에게 가서 그 하는 일을 보고 지혜를 얻어라. 개미는 두목이나 지도자나 감독관이 없어도 여름 동안에 부지런히 일하여 추수 때에 겨울철에 먹을 양식을 모은다."〈잠 6:6-8, 현대인〉

자연에 봄 여름 가을 겨울 4계절이 있듯이, 우리 인생에도 봄 여름 가을 겨울 인생의 4계절이 있습니다. 새싹이 돋아나는 자연의 봄은 인생의 유년기를 뜻합니다. 뜨거운 뙤약볕 아래 열정을 태우는 자연의 여름은 인생의 청년기를 뜻합니다. 고운 단풍 물드는 자연의 가을은 인생의 중년기를 뜻합니다. 그리고 엄동설한 자연의 겨울은 인생의 노년기를 뜻합니다. 그러기에 겨울이 오기 전에 어서 속히 내게 오라는 사도 바울의 외침은 인생의 겨울이 오기 전에, 인생의 죽음이 오기 전에, 너는 어서 속히 내게 오라는 매우 다급한 음성입니다. 실제로 이 편지를 보낸 지 얼마 되지 않아, 바울은 로마 남문밖 교외, 지하수가 세 줄기 솟아나는 곳, 트레 폰타네(Tre Fontane)에서 칼로 목이 베어 순교를 당합니다. 우리 인생, 사도 바울처럼 언젠가는 인생의 겨울, 인생의 죽음을 직면해야 합니다. 그렇다면, 여러분, 겨울이 오기 전에, 여러분 인생의 겨울이 오기 전에, 꼭 채비해야 할 것이 있다면, 과연 무엇일까요?

> 주님, 제 인생도 사도 바울처럼 언젠가는 인생의 겨울, 인생의 죽음을 직면해야 함을 깨닫습니다. 그렇다면, 제 인생의 겨울이 오기 전에 제가 지금 꼭 채비해야 할 것은 무엇인지요? 영원한 생명 되시는 주님 손 놓치지 않도록 참된 믿음을 준비하게 하옵소서. 제 영혼이 주님 안에서 평안을 얻고, 영원한 천국을 소망하며, 인생의 겨울을 담대하게 맞이하게 하옵소서. 예수님의 이름으로 기도드립니다. 아멘.

NOVEMBER 13

마가를 데려오라!

"너는 어서 속히 내게로 오라 데마는 이 세상을 사랑하여 나를 버리고 데살로니가로 갔고 그레스게는 갈라디아로, 디도는 달마디아로 갔고 누가만 나와 함께 있느니라 네가 올 때에 마가를 데리고 오라 그가 나의 일에 유익하니라" 〈딤후 4:9-11, 개역개정〉

사도 바울. 인생의 겨울. 생각해 보니, 많은 이들이 내 곁을 떠나버렸습니다. 데마, 그레스게, 디도도 다 나를 버리고 떠나버렸습니다. 배신감. 서운함. 섭섭함. 그런데 돌이켜보니, 욕하거나 비난하거나 원망할 일이 아니었습니다. 저들에게만 허물을 돌릴 수가 없다! 내게도 허물이 있다! 지금 이 순간, 특별히 떠오르는 한 사람. 마가. 사연이 있었습니다. 1차 선교여행 때 중도에 포기하고 가버린 마가. 그래서 2차 선교여행 때는 일언지하에 마가의 신청을 거절해버립니다. 이렇게 바울과 마가는 서로 건널 수 없는 강이 되어버립니다. 그런데 나이 70. 인생의 겨울. 마침내 어려운 결심을 합니다. 마가와 화해해야겠다! 그래서 디모데에게 마가를 데려오라고 한 것입니다. 여러분에게도 마가 같은 존재가 있습니까? 두고두고 가슴을 시리게 하는 이가 있습니까? 지난날 어떤 연유로든지 상처를 주고받은 이가 있습니까? 그래서 지금 소식마저 끊긴 이가 있습니까? 정말 그렇게도 미운 존재입니까?

> 주님, 저에게도 마가 같은 존재가 있습니다. 두고두고 가슴을 시리게 하는 이, 지난날 어떤 연유로든지 상처를 주고받아 소식마저 끊긴 이가 있습니다. 제 인생의 겨울이 오기 전에, 바울처럼 제가 먼저 용서의 손길을 내밀고 화해하게 하옵소서. 미움과 상처를 씻어내고, 주님의 사랑으로 관계를 회복하게 하옵소서. 예수님의 이름으로 기도드립니다. 아멘.

NOVEMBER 14

내일이면 늦으리!

"예수께서 대답하셨다. '내 빛이 너희에게 비칠 수 있는 것도 잠시뿐이다. 어둠이 오기 전에 어서 서둘러라. 어두워지면 길을 찾기에 너무 늦을 것이다.'" 〈요 12:35, 현대어〉

육십이 넘은 노부부가 황혼이혼을 했습니다. 어디 가서 마지막 식사나 하고 헤어집시다! 주문한 통닭이 나오자, 할아버지는 날갯죽지를 쫙 찢어서 아내 그릇에 툭 던졌습니다. "먹어!" 할머니가 대뜸 쏘아붙였습니다. "당신은 항상 이런 식이야! 사십 년을 내 취향 같은 건 신경도 안 쓰지!" "날개가 제일 맛있으니까 준 거지!" "그러니까 당신은 나를 너무 몰라! 나도 닭다리가 더 좋단 말야!" 그 길로 헤어진 두 사람. 할아버지는 집에서 미안한 마음이 들었습니다. 묻지도 않고 평생 닭 날개만 준 것이 후회가 되었습니다. 사과하려고 전화를 했습니다. 핸드폰에 남편의 전화번호가 찍히자, 고개를 돌려버리는 할머니. 다음날 아침, 할머니도 좀 미안한 마음에 전화를 걸었습니다. 받지를 않았습니다. 조금 후 할머니한테 전화가 왔습니다. 할아버지 친구였는데, 할아버지가 심장마비로 간밤에 돌아가셨다는 것. 놀라서 달려갔습니다. 싸늘한 시신, 그 손에는 핸드폰이 쥐여 있었습니다. 보내지 못한 문자가 남아 있었습니다. "미안해요. 사랑했어요." 그러나, 그건, 너무 늦은 뒤였습니다.

주님, 가장 가까운 사람의 마음을 알아주지 못하는 저를 용서해 주옵소서. 용서의 말을 전할 수 있는 기회를 놓쳐버리지 않게 하옵소서. 후회하기 전에, 너무 늦기 전에, 서로를 긍휼히 여기고 화해할 수 있게 하옵소서. 언제 이별이 닥칠지 모르는 삶, 오늘 사랑을 표현할 수 있게 하옵소서. 예수님의 이름으로 기도드립니다. 아멘.

NOVEMBER 15

겨우 15일

"주의 손이 그들과 함께 하시매 수많은 사람들이 믿고 주께 돌아오더라"〈행 11:21, 개역개정〉

군목생활을 하면서 가장 아름다운 기억은, 강원도 현리, 내 마음에 물든 단풍들입니다. 필례약수, 한계령정상, 오색약수, 주전골, 정말 그 곱던 단풍들. 그런데 안타까운 것은, 이 고운 단풍도 겨우 15일 정도라는 것입니다. 어느새 다 지고 맙니다. 한번은 신학교 은사님이 오셔서 방태산에 올랐는데, 글쎄 일주일 전만 해도 온산을 불태우던 그 고운 단풍, 하나도 없이 다 떨어져 버린 거예요. 황당하더라구요. 이제는 연세가 있어, 내 인생 마지막 여행이라며, 어렵게 어렵게 오신 건데…. 너무 아쉽고 너무 죄송하더라구요. 하루가 다르게 사라지는 그 고운 단풍! 여러분, 우리 인생도 마찬가지입니다. 언제까지나 아름다운 인생의 가을일 수만은 없습니다. 이제 겨울이 머지않았습니다. 눈 내리고, 바람 불고, 날 추운, 인생의 겨울이 바로 여러분의 코앞으로 다가왔습니다. 어떻게 하시겠습니까? 거기 그렇게, 혼자 서서, 마냥 외로워하시겠습니까? 아니면, 겨울이 오기 전에, 주님께 돌아오시겠습니까?

> 주님, 눈 내리고, 바람 불고, 날 추운, 인생의 겨울이 바로 제 코앞으로 다가왔습니다. 제가 여기 이렇게, 혼자 서서, 마냥 외로워하지 않게 해 주옵소서. 인생의 겨울이 오기 전에, 어서 속히, 주님께 돌아올 수 있게 해주옵소서. 덧없는 세상 아름다움에 집착하지 않게 하옵소서. 예수님의 이름으로 기도드립니다. 아멘.

NOVEMBER 16

체감온도 -54도

"네가 올 때에 내가 드로아 가보의 집에 둔 겉옷을 가지고 오고"〈딤후 4:13상반절, 개역개정〉

저는 땅끝 촌놈이라서 그런지 유난히 추위를 많이 탑니다. 해마다 10월 1일, 정확히 내복을 꺼내 입습니다. 올해는 건강이 좋아져서인지 웬일인지 좀 늦게 입었지만.... 내년 5월 5일까지 입을 것입니다. 저같이 추위를 잘 타는 사람에게는 내복이 얼마나 따뜻한지 모릅니다. 흠, 행복해라! 역시 내복은 쌍방울 메리야스가 최고! 그런데 강원도 최전방, 내복 가지고도 안 됩니다. 체감온도 -54도. 추워도 추워도 너무 춥습니다. 그래서 저는 내복도 2개씩, 거기다 겉옷도 몇 개씩 끼워 입곤 했습니다. 그게 최전방의 현실입니다. 헌데, 겨울이 오면 몸만 추운 게 아닙니다. 마음은 더 춥습니다. 그런 때 그리운 게 친구입니다. 내복같이, 겉옷같이, 참 마음이 통하는 따뜻한 친구! 그 따뜻한 친구를 우리 기독교 전통에서는 '영혼의 친구'(Soul Friend)라고 칭해 왔습니다. 사도 바울이 디모데에게 한 말, 내 겉옷을 가져오라. 저에게는 그 말이 이렇게 들렸습니다. 인생의 겨울, 내복같이, 겉옷같이, 참 마음이 통하는, 따뜻한 내 영혼의 친구, 디모데야, 어서 속히 내게로 오라!

> 주님, 저같이 추위를 잘 타는 사람에게 내복이 얼마나 따뜻하고 행복한지 모릅니다. 내복같이, 겉옷같이, 마음이 통하는 '영혼의 친구'(Soul Friend)를 저에게도 주옵소서. 저에게도 인생의 추위를 함께 나눌 영혼의 친구를 허락해 주옵소서. 주님 안에서 서로에게 따뜻한 위로와 지지가 되게 해주옵소서. 예수님의 이름으로 기도드립니다. 아멘.

NOVEMBER 17

영혼의 친구 신현복 목사!

"사람이 친구를 위하여 자기 목숨을 버리면 이보다 더 큰 사랑이 없나니 너희는 내가 명하는 대로 행하면 곧 나의 친구라"〈요 15:13-14, 개역개정〉

제 명함에 꼭 새겨넣고 다니는 문구가 있습니다. 영혼의 친구 신현복 목사! 사연이 있습니다. 25사단, 5사단, 3군단, 철책에서 장병들을 섬겼는데, 밤 21시에 시작해서 새벽 4시까지 철책 위문. 군견도 퍼진다는 800계단, 어떤 때는 5,000계단, 정말 기진맥진입니다. 철책 장병들은 6개월에 한 번씩 교대라도 하지만, 저는 일주일에 두 번씩 화요일, 목요일, 무조건 올라갔습니다. 초임 때 운전을 못할 때는 아내가 그 한밤에 프라이드를 운전하고, 나는 조수석에 아들을 안고 타고, 군종병은 뒷자리에 타고, 정말 눈물나는 위문이었습니다. 그런데, 그렇게 철책에 올라가면, 그 한겨울, 우리 병사들이 너무너무 좋아하는 거예요. 따뜻한 커피를 주고 달달한 초코파이를 주고, 진심을 담아 기도를 해둡니다. 그 밤, 병사들은 종교를 떠나, 눈시울을 붉힙니다. 한밤의 적막강산, 780미터 앞의 적 GP, 총 한 방이면 죽을 수도 있는 거리. 거기를 매주 찾아오는 우리 목사님! 병사들에게는, 더 이상, 말이 필요 없었습니다. 그들은 이미 이렇게 여기는 것 같았습니다. 우리 목사님은 내 영혼의 친구!

> 주님, 저도 오늘 제가 서 있는 삶의 자리에서 위로의 사람이 되게 하옵소서. 고통 속에 있는 이들에게 따뜻한 위로를 전하는 영혼의 친구가 되게 해주옵소서. 말보다 행동으로 주님의 위로를 전하게 하옵소서. 저에게 맡겨주신 위로자의 사명을 마지막까지 충성되게 감당할 수 있게 해주옵소서. 예수님의 이름으로 기도드립니다. 아멘.

NOVEMBER 18

간증문

"또 책은 특별히 가죽 종이에 쓴 것을 가져오라"〈딤후 4:13하반절, 개역개정〉

육군훈련소 때, 매주 500여 통의 간증문을 받았습니다. 밤새 읽으며 눈시울을 붉혔지요. 임태은 훈련병. "군대에 와서 처음 기독교를 접하고 아직 세례 받은 지 일주일 정도밖에 안 됐지만, 불침번을 설 때 틈틈이 성경책을 읽고 있습니다. '도움되는 성경찾기 시 46:1'이란 부분을 찾기 위해 사전찾기식으로 '시'로 시작하는 신약들을 찾아보았으나 없었습니다. 며칠 후 시편이 있다는 것을 알게 되었습니다. 며칠 전 좋은 구절을 찾아보았습니다. 마태복음 6:34. 그러므로 내일 일을 위하여 염려하지 말라 내일 일은 내일 염려할 것이요 한 날의 괴로움은 그 날로 족하니라. 훈련병이 이등병 되어 자대에서 선임에게 혼날까 봐 걱정하는 상황을 여러 번 생각해 보았습니다. 주님, 아직 제가 주님을 믿은 지 채 10일도 되지 않았으나 기도드립니다. 남은 군생활 잘할 수 있게, 제 마음이 강해질 수 있게 해주옵소서. 아멘." 참, 기가 막히지 않습니까! 어떻게 예수 믿은 지 10일밖에 안 됐는데 '주님!' 이런 표현들을 쓰는지. 그런데 더 놀라운 건, 그 중심에 성경말씀이 힘 있게 자리하고 있다는 사실!

주님, 주님을 믿은 지 채 10일도 되지 않았는데 '주님!'이라는 표현을 쓰는 이 훈련병처럼, 제가 오늘도 더욱더 순수한 마음으로 주님을 찾게 해주옵소서. 주님의 말씀을 제 삶의 중심에 둘 수 있게 해주옵소서. 제 마음이 다시 강해지게 해주옵소서. 오늘도 주님 안에서 한 단계 더 성장하게 해주옵소서. 예수님의 이름으로 기도드립니다. 아멘.

NOVEMBER 19

행복은 감사의 문으로 들어와 불평의 문으로 나간다!

"감사함으로 그의 문에 들어가며 찬송함으로 그의 궁정에 들어가서 그에게 감사하며 그의 이름을 송축할지어다"〈시 100:4, 개역개정〉

우리 앞에는 두 개의 문이 있습니다. 감사의 문과 불평의 문. 여러분은 주로 어떤 문을 사용하십니까? 행복은 감사의 문으로 들어와 불평의 문으로 나갑니다. 부모님께, 교우들에게, 감사편지를 써서 다가가 읽어드리는 감사방문. 꼭 한 번씩 해보십시오. 너무너무 좋습니다. 사실, 표현되지 않은 감사는 감사가 아닙니다. 내 맘 알지? 아뇨, 절대 모릅니다. 지금이라도, 작게라도, 꼭 마음속 깊은 곳, 감사의 마음을 표현해 보심이 어떠신지요? 참 잘 안 되신다구요? 그러실 겁니다. 실은 저도 잘 안됩니다. 저도 참 불평이 많기 때문입니다. 조변석개. 맨날 이랬다저랬다 합니다. 하나님도 헷갈리실 거예요. 목사로서 참 창피합니다. 추수감사절. 영어로 Thanksgiving Day. Thank는 Think와 어근이 같습니다. 생각하기에 따라서 불평도 감사로 바뀔 수 있다는 뜻이지요. 이번 추수감사절, 손에 쥔 것은 없고 여전히 암담할지라도, 그래도 불평의 문으로 나가버리기보다는, 그래도 감사의 문으로 꼭 들어오시기를, 두손모아 기도드립니다.

> 주님, 불평이 많아 감사가 잘 안되고, 조변석개하며 맨날 이랬다저랬다 하는 제 모습을 고백합니다. 이번 추수감사절, 손에 쥔 것은 없고 여전히 암담할지라도, 불평의 문으로 나가버리기보다는, 그래도 감사의 문으로 꼭 들어올 수 있게 해주옵소서. 제 모든 삶 속에서 그래도 감사를 찾게 해주옵소서. 예수님의 이름으로 기도드립니다. 아멘.

NOVEMBER 20

행복은 선택이다!

"우리는 성령께서 바라는 것과는 정반대로 악한 일 하기를 좋아하는 본성을 지니고 있습니다. 그러므로 성령께서 인도하는 길을 따라 살며 선한 일을 하고자 하는 마음은 우리 본성의 욕망과는 정반대의 것입니다. 우리 속에 있는 이 두 힘은 서로 우리를 마음대로 조종하려고 끊임없이 싸우고 있습니다. 그리고 우리는 양쪽 틈에 끼여서 자유롭게 원하는 대로 할 수가 없습니다."〈갈 5:17, 현대어〉

호랑이와 사자. 여러분, 누가 이길까요? 답은 간단합니다. 내가 먹이를 더 많이 주는 쪽이 이기게 되어 있습니다. 감사와 불평. 여러분, 누가 이길까요? 답은 마찬가지입니다. 내가 더 먹이를 많이 주는 쪽이 이깁니다. 선택은 나의 몫입니다. 행복은 나의 선택에 달려 있습니다. 감사도 습관, 불평도 습관입니다. 이 가을, 매주 감사포스트잇에 감사기도를 한 줄 써서 하나님께 봉헌합시다. 이 가을, 우리, 불평하는 습관을 버리고 감사하는 습관을 회복합시다. 이 가을, 우리 영혼에 불평의 때가 많이 묻지는 않습니까? 이 가을, 여전히 손에 쥔 것은 없고 앞은 캄캄하시다구요? 추수감사절입니다. 올해는 정말 쉽지 않은 날들이었습니다. 너무너무 힘드셨지요? 지금 너무너무 지치셨지요? 그래서 순간순간 불평이 터져 나올 수 있습니다. 추수감사절, 감사할 것도 없다! 왜 이런 고통을 주시는가! 왜 하필 나인가! 쉽지 않으시겠지만, 부디 불평을 내려놓고 감사를 선택하시기를 주님의 이름으로 축원합니다.

> 주님, 추수감사절을 앞두고 여전히 앞은 캄캄합니다. 정말 쉽지 않은 날들이었습니다. 너무너무 힘들었습니다. 지쳤습니다. 순간순간 불평이 터져 나옵니다. "감사할 것도 없다! 왜 이런 고통을 주시는가! 왜 하필 나인가!" 부디 불평을 내려놓게 하옵소서. 감사를 선택하게 하옵소서. 예수님의 이름으로 기도드립니다. 아멘.

NOVEMBER 21

처음 보는 별이듯

"형제들아 서로 원망하지 말라 그리하여야 심판을 면하리라 보라 심판주가 문 밖에 서 계시니라"〈약 5:9, 개역개정〉

처음 보는 별이듯, 그 상큼함으로 저 하늘의 별들을 올려다볼 수는 없을까요? 처음 사랑을 느낀 이성이듯, 그 눈망울로 배우자를 들여다볼 수는 없을까요? 처음 들어서는 예배당이듯, 그 설레임으로 예배당 안에 앉아 있을 수는 없을까요? 처음 듣는 하늘의 우렛소리이듯, 그 울림과 떨림으로 이 설교를 경청할 수는 없을까요? 처음 만난 주님이듯, 그 감격으로 십자가에 달리신 주님께 시선을 올려드릴 수는 없을까요? 마지막 보는 하늘이듯, 저 하늘을 쳐다볼 수는 없을까요? 마지막 보는 얼굴이듯, 내 배우자를 지그시 바라볼 수는 없을까요? 마지막 보는 예배당이듯, 이 예배당을 올려다볼 수는 없을까요? 마지막 듣는 설교이듯, 이 설교를 간절히 들을 수는 없을까요? 마지막 떠나는 손님이듯, 주님의 아름다우심을 깊이 응시할 수는 없을까요? 원망하고 있기엔 너무나 짧은 인생살이, 마지막 단두대에 올라서 있는 사형수처럼, 오늘, 이 하루를, 보낼 수는 없을까요? 우리, 그렇게 살 수는 없을까요? 우리, 그렇게 살 수는 없었던 것일까요?

> 주님, 매일의 삶을 너무도 당연하게 여겼습니다. 익숙함 속에서 감사를 잃어버렸습니다. 처음 보는 별이듯, 그 상큼함으로 저 하늘의 별들을 올려다보게 해주옵소서. 마지막 떠나는 손님이듯, 주님의 아름다우심을 깊이 응시하게 해주옵소서. 원망하고 있기엔 너무나 짧은 인생살이, 마지막 단두대에 올라서 있는 사형수처럼, 오늘, 이 하루를, 보내게 해주옵소서. 예수님의 이름으로 기도드립니다. 아멘.

NOVEMBER 22

마지막 잎새

"만물의 마지막이 가까이 왔으니 그러므로 너희는 정신을 차리고 근신하여 기도하라"〈벧전 4:7, 개역개정〉

지난주 월요일, 노회 교역자수련회가 있었습니다. 마지막 순서로 추부에 있는 하늘물빛정원에 잠깐 들렀습니다. 가을오후, 한 줄기 햇빛이 아담한 저수지 한복판에 쏟아지고 있었습니다. 너무나 아름다웠습니다. 그렇게 저수지 주변을 돌다가 제 시선이 멈춘 곳. 떨어질 듯 말 듯 겨우겨우 대롱대롱 매달려 있는 마지막 잎새. 나뭇가지들은 그 마지막 잎새와의 이별을 준비하고 있었습니다. 하여, 나뭇가지들은 저마다 가슴이 아픕니다. 가을의 시작부터 시로 물든 내 마음, 바람에 흔들리는 나뭇잎에 조용히 흔들리는 내 마음, 그것은 너를 향한 그리움인 것을, 가을을 보내며 비로소 알게 되었습니다. 곁에 없어도 늘 함께 있는 너에게, 가을 내내 단풍 위에 썼던 고운 편지들이, 한 잎 한 잎 떨어지고 있습니다. 저 앙상한 벌거숭이 나뭇가지에 대롱대롱 매어 달린 마지막 잎새. 우리 인생의 마지막 잎새를 예견하지 않을 수 없습니다. 아무도 예외일 수 없습니다. 내 생의 마지막 잎새! 죽음의 문제! 약간의 차이만 있을 따름입니다. 조금 빨리, 또는 조금 늦게.

> 주님, 떨어질 듯 말 듯 겨우겨우 대롱대롱 매달려 있는 마지막 잎새를 봅니다. 제 인생의 마지막 잎새를 예견하지 않을 수 없습니다. 아무도 예외일 수 없는 내 생의 마지막 잎새, 죽음의 문제를 지혜롭게 준비하게 하옵소서. 조금 빨리, 또는 조금 늦게, 그러나 반드시 다가올 죽음을, 제가 주님 안에서 평안히 맞이할 수 있게 해주옵소서. 예수님의 이름으로 기도드립니다. 아멘.

NOVEMBER 23

천하만사가 다 때가 있다

"범사에 기한이 있고 천하만사가 다 때가 있나니 날 때가 있고 죽을 때가 있으며 심을 때가 있고 심은 것을 뽑을 때가 있으며"〈전 3:1-2, 개역개정〉

신학교를 졸업하고 전도사 첫 설교. 얼마나 기대가 많았겠습니까! 얼마나 준비를 많이 했겠습니까! 그런데 저의 전도사 첫 설교는 뜻밖에도 임종설교였습니다. 담임목사님이 처음으로 성지순례를 가시기로 된 날, 그 하루 전, 교인이 갑자기 돌아가셨습니다. 담임목사님께 말씀드리면 성지순례를 취소하실 분이라는 생각에, 장로님들이 고심 끝에 저를 찾아오셨습니다. 아직 정식으로 인사도 안하고, 다음주에 설교단에 처음 설 예정이던, 진짜 초보운전, 햇병아리 전도사인 저에게 임종설교를 맡아달라는 말씀들이셨습니다. 그날 밤, 시신 앞에서 얼마나 덜덜 떨었는지 모릅니다. 얼마나 덜덜 떨면서 설교했는지 모릅니다. 아무 생각도 안 났습니다. 뭔 소리를 했는지도 모르겠습니다. 그런데 놀라운 건, 교인들 반응이었습니다. 그 첫설교가 너무너무 은혜로웠다는 것입니다. 어린 나이에 죽음이란 무엇인가, 그 생각이 너무 강렬했기 때문은 아닐까, 그런 생각이 듭니다. 지금도 내 마음, 세속의 때로 무디어질 때, 그 첫설교, 그 첫떨림으로 돌아가곤 합니다.

> 주님, 지금 제 마음, 세속의 때로 무디어져 있습니다. 감동도, 감탄도, 감사도 다 잃어버렸습니다. 그저 그런 삶을 살고 있습니다. 이런 저를 불쌍히 여겨주옵소서. 제가 다시 그 첫 떨림으로 돌아가게 하옵소서. 처음 주님을 만났을 때, 그 순수했던 첫 떨림을 오늘도 잊지 않게 해주옵소서. 예수님의 이름으로 기도드립니다. 아멘.

NOVEMBER 24

목사님, 잘 부탁드립니다!

"우리는 예수께서 죽었다가 다시 살아나신 것을 믿습니다. 그러므로 예수께서 다시 오실 때 이미 죽어서 세상을 떠난 모든 그리스도인도 하나님께서 예수와 함께 생명의 나라로 데려가실 것을 믿습니다."〈살전 4:14, 현대어〉

지난주 우리는 또 한 분의 죽음을 보았습니다. 우리 교회 부목사님 장인어른, 어린 사모님의 아버지, 임 권사님의 소천. 화요일 새벽, 묘하게 임 권사님을 찾아뵙고 싶었습니다. 그래서 부목사님에게 새벽기도 끝나고 한번 가서 기도해 드리고 싶다고 말했습니다. 그렇게 병원에 가보았습니다. 굉장한 통증에 시달리고 계셨습니다. 그런데도 저를 기억하셨습니다. 제 담임목사 취임예식 때, 맨 뒷자리에 앉아서 보셨다는 거예요. 그러면서 하시는 말씀. 목사님, 기도 한 번 해주세요. 기도해 드렸더니, 목사님, 제 어린 딸과 사위를 잘 부탁드립니다. 그러고는 급속도로 상태가 악화되시더니 하나님 품으로 떠나가셨습니다. 아버지를 하나님 품에 보내드리고, 아직도 먼 하늘 구름만 봐도 눈물이 핑 도는 나. 아버지가 1년 반 투병하셨던 요양병원을 지나가노라면, 지금도 너무너무 가슴이 아리는 나. 그래서 그 앞을 일부러 피해 가는 나. 그래서 이번 임 권사님의 장례는 더 마음이 아팠습니다. 이 어린 유가족들이 앞으로 어떤 슬픔의 단계를 지나가야 할지, 잘 아는 나이기에.

주님, 아버지를 하나님 품에 보내드린 제 마음 아시지요? 아직도 먼 하늘 구름만 봐도 눈물이 핑 돕니다. 아버지가 투병하셨던 요양병원을 지나가노라면, 지금도 너무너무 가슴이 아립니다. 사랑하는 이를 잃은 유가족들을 긍휼히 여겨주옵소서. 아픔과 눈물을 주님께 내려놓을 때마다 따뜻한 위로와 치유가 임하게 해주옵소서. 슬픔의 단계 단계를 주님과 동행하며 잘 견뎌내게 도와주옵소서. 예수님의 이름으로 기도드립니다. 아멘.

NOVEMBER 25

죽음의 강

"한번 죽는 것은 사람에게 정해진 것이요 그 후에는 심판이 있으리니"〈히 9:27, 개역개정〉

성경 다음으로, 세상에서 가장 많이 읽힌 기독교 고전이 있습니다. 존 번연의 〈천로역정〉입니다. 그 책을 보면, 천국 들어가기 직전, 죽음의 강이 나옵니다. 죽음의 강에 도착한 순례자와 소망. 천국으로 들어가기 직전, 그 길을 가로막고 있는 강물을 보고, 근처를 서성거리는 다른 순례자들에게 묻습니다. 혹시 천국으로 들어가는 다른 길은 없나요? 다른 순례자들이 대답합니다. "죽음의 강을 피할 수 있는 사람은 아무도 없습니다. 반드시 이 강을 건너야 천국에 이를 수 있습니다." 에른스트 융도 그런 말을 했습니다. "죽어가는 사람은 자신의 사다리를 높이 들고 올라가 버린다." 어거스틴도 그런 말을 남겼습니다. "모든 것은 불확실하다. 오직 죽음만이 확실하다(Incerta omnia, sola mors certa)." 살아있는 이들에게 죽음은 영원히 알 수 없는 미지의 세계입니다. 그럼에도 불구하고, 죽음만큼 확실한 것은 없습니다. 이 가을, 마지막 잎새를 바라보며, 이렇게 내 영혼에 기록합시다. 죽음의 강, 믿음으로 건너, 반드시 천국문에 이르겠노라.

주님, 모든 것이 불확실한 세상, 죽음만큼 확실한 것이 없음을 고백합니다. 이 가을, 마지막 잎새를 바라보며, 제 영혼에 기록하게 해주옵소서. "죽음의 강, 믿음으로 건너, 반드시 천국문에 이르겠노라." 제가 이 믿음을 굳게 붙잡고, 남은 인생, 주님의 영광을 위해 살 수 있게 해주옵소서. 예수님의 이름으로 기도드립니다. 아멘.

NOVEMBER 26

임사체험

"하나님이 모든 것을 지으시되 때를 따라 아름답게 하셨고 또 사람들에게는 영원을 사모하는 마음을 주셨느니라 그러나 하나님이 하시는 일의 시종을 사람으로 측량할 수 없게 하셨도다" 〈전 3:11, 개역개정〉

임사체험에 대해서 들어보셨습니까? 임상적으로 잠시 죽었다가 심폐소생술 같은 것으로 다시 살아난 사람들의 이야기. 임사체험을 많이 연구했던 학자의 이름을 따, 퀴블러 로스 현상이라고도 합니다. 그 중에 50% 정도가 자기 몸이 침대에 누워 있고 의사나 간호사들이 투약하는 과정을 천장에서 내려다보았다거나, 엄청나게 밝은 빛으로 둘러싸인 거대한 터널을 통과했다고 말합니다. 이븐 알렉산더의 두 번째 책이 지난 6월에 또 나왔습니다. 〈나는 천국을 보았다, 두 번째 이야기〉. 그 책 추천사에 이해인 수녀가 이런 말을 썼습니다. "지금과는 '다르게 살고 싶은' 열망으로 가슴 뛰는 기쁨을 경험하게 될 것이다." 지금과는 다르게 살고 싶은 열망. 이것이 임사체험자들의 공통된 변화입니다. 임사체험 전후가 너무 다릅니다. 이전과는 전혀 다른 삶. 이 세상의 것들에 집착하지 않고, 영원한 것들에 소망을 두는 삶. 진정 삶의 의미(The Meaning of Life)를 추구하는 쪽으로 180도 달라지는 삶.

주님, 오늘도 저는 이 세상 것들에 너무 집착이 많습니다. 진정 삶의 의미(The Meaning of Life)를 추구하는 쪽으로, 제 삶이 180도 달라지게 하옵소서. 임사체험자들의 삶처럼, 이전과는 전혀 다른 삶을 살게 하옵소서. 오늘부터는 부디 영원한 것들에 소망을 두는 삶을 살게 하옵소서. 예수님의 이름으로 기도드립니다. 아멘.

NOVEMBER 27

천국은 있다!

"이제 그곳에는 밤이 없을 것이며 등불이나 태양이 필요 없을 것입니다. 주 하나님께서 그들의 빛이 되시기 때문입니다. 그들은 거기서 영원토록 왕처럼 살 것입니다."〈계 22:5, 현대어〉

안타깝게도 현대인들은 천국이 있다는 것을 잘 믿으려 하지 않습니다. 여러분은 어떻습니까? 천국은 반드시 있습니다. 죽음 이후, 우리가 가게 될 천국! 요한계시록을 보면, 아주 세세하게 밝히고 있습니다. "그런 뒤에 나는 지금까지 있던 하늘과 땅은 사라져 버리고 새 하늘과 새 땅이 선 것을 보았습니다. 거기에는 바다가 없었습니다. 그들의 눈에서 모든 눈물을 씻어 주실 것이다. 이제 다시는 죽음도 슬픔도 울부짖음도 고통도 없을 것이다. 그 모든 것은 영원히 다 사라져 버렸다. 하나님의 영광에 싸여 보석처럼 빛나고 벽옥처럼 맑고 투명한 그 도시에는 두꺼운 성벽이 높이 치솟아 있었고 열두 대문에는 열두 천사가 지키고 있었습니다. 이제 그곳에는 밤이 없을 것이며 등불이나 태양이 필요 없을 것입니다. 주 하나님께서 그들의 빛이 되시기 때문입니다. 그들은 거기서 영원토록 왕처럼 살 것입니다"(요한계시록 21:1, 4, 11-12, 22:5, 현대어). 우리가 가게 될 천국은 이런 곳입니다. 천국은 반드시 있습니다!

주님, 저는 천국이 반드시 있음을 믿습니다. 하나님의 영광에 싸여 보석처럼 빛나고 벽옥처럼 맑고 투명하며, 두꺼운 성벽이 높이 치솟고 열두 대문에는 열두 천사가 지키고 있는 아름다운 곳이 천국임을 믿습니다. 제 마음에 천국에 대한 확실한 믿음을 채워주옵소서. 오늘도 힘든 세상을 살아가지만, 천국을 소망하며 살 수 있게 해주옵소서. 예수님의 이름으로 기도드립니다. 아멘.

NOVEMBER 28

현재, 하나님의 선물

"일해서 얻은 열매로 마음껏 먹고 마시고 즐기는 일, 이것이 바로 하나님께서 주신 선물이기 때문이다."〈전 3:13, 현대어〉

우리 시대 최고의 정신의학자이자 호스피스 운동의 선구자였던 임종전문가 엘리자베스 퀴블러 로스가 쓴 책, 〈인생수업〉을 보면 이런 말이 있습니다. "내 삶의 마지막 순간에 간절히 원하게 될, 내 삶에서 가장 소중한 것을, 너무 늦기 전에, 앞당겨서 살피고 실천하라." 너무 늦기 전에! 이 말이 제 가슴을 파고들었습니다. 내 삶에서 너무 늦기 전에 살펴야 할 가장 소중한 것, 그것이 여러분에게는 무엇인가요? 현재의 나 아닐까요? '현재의 나'가 세상에서 가장 소중하다는 것을 알려면 어떻게 해야 할까요? 그렇습니다. 내 삶의 마지막, 죽음을 미리 주목하는 것입니다. 시간은 과거 현재 미래 방향으로 흐릅니다. 그러나 미래 현재 과거로 흐르기도 합니다. 시간은 시제를 떠나 양방향으로 흐릅니다. 결국 현재에서 교차합니다. 과거와 미래를 잇는 현재가 그토록 중요한 이유입니다. 영어 '프레즌트'(present)는 현재라는 뜻도 있지만, 동시에 선물이라는 뜻도 있습니다. 하나님의 선물. 현재 여러분 곁에 있는 이 모든 게 하나님의 선물입니다.

> 주님, 영어 '프레즌트'(present)가 현재라는 뜻도 있지만, 동시에 선물이라는 뜻도 있듯이, 현재 제 곁에 있는 이 모든 것이 하나님의 선물임을 깨닫습니다. 제가 이 세상의 덧없는 것들에 한눈팔지 않고, 하나님의 선물인 현재에 충실하게 하옵소서. 오늘도 후회 없는 현재를 살게 해주옵소서. 예수님의 이름으로 기도드립니다. 아멘.

NOVEMBER 29

내가 허투루 쓴 오늘이 누군가 그토록 소망했던 내일이다!

"무엇보다도 중요한 것은 사랑에 넘치는 생활을 하는 일입니다. 사랑은 모두를 완전하게 하나로 묶어 주는 띠입니다." 〈골 3:14, 현대어〉

마지막으로, 탁 트인 바다를 본 적이 언제였나요? 마지막으로, 아침 냄새를 맡아본 것은 언제였나요? 마지막으로, 정말로 맛있는 음식을 즐겨본 것은 언제였나요? 마지막으로, 아기의 머리를 만져본 것은 언제였나요? 마지막으로, 맨발로 풀밭을 걸어본 것은 언제였나요? 마지막으로, 파란 하늘을 본 것은 언제였나요? 많은 사람들이 바다 가까이 살지만, 바다를 볼 시간이 없습니다. 죽음을 앞둔 사람들은 한 번만 더 별을 보고 싶다고, 한 번만 더 바다를 보고 싶다고 말합니다. 바로 지금 하십시오. 죽지 않을 것처럼 살지 마십시오. 누군가는 이렇게 말했습니다. "내가 허투루 쓴 오늘이 누군가 그토록 소망했던 내일이다." 누군가 그토록 소망했던 내일. 그것이 바로 현재입니다. 그러기에 현재는 선물입니다. 현재를 선물로 여기면 주변의 모든 것을 사랑하게 됩니다. "사랑이 있는 곳에 눈이 있다!"(Ubi amor, ibi oculus!)는 말이 있습니다. 사랑의 눈으로 보면, 이전에 보지 못했던 것들을 볼 수 있다는 뜻입니다.

주님, "내가 허투루 쓴 오늘이 누군가 그토록 소망했던 내일이다"라는 말처럼, 현재가 바로 하나님의 선물임을 깨닫게 하옵소서. 제가 죽지 않을 것처럼 살지 않게 하옵소서. 현재 저에게 주어진 이 하루를 사랑의 눈으로 바라보게 하옵소서. 오늘을 감사와 감탄과 감동으로 가득 채우게 하옵소서. 예수님의 이름으로 기도드립니다. 아멘.

NOVEMBER 30

나의 떠날 시각이 가까웠도다!

"나는 선한 싸움을 싸우고 나의 달려갈 길을 마치고 믿음을 지켰으니 이제 후로는 나를 위하여 의의 면류관이 예비되었으므로 주 곧 의로우신 재판장이 그 날에 내게 주실 것이며 내게만 아니라 주의 나타나심을 사모하는 모든 자에게도니라"〈딤후 4:7-8, 개역개정〉

70세 노년의 사도 바울이 이 세상을 떠나기 바로 직전, 주후 67년경, 로마 감옥에서 자신의 죽음을 예견하며 디모데에게 보낸 편지를 보면, 참 마음이 애잔합니다. 디모데후서 4:6. "전제와 같이 내가 벌써 부어지고 나의 떠날 시각이 가까웠도다." 구약시대에는 여러 가지 제사가 있었습니다. 보통 제물을 준비하고 양이나 염소를 각을 뜹니다. 그다음에 깨끗이 씻습니다. 마지막 절차로 포도주를 붓습니다. 다 쏟아붓습니다. 그것이 바로 전제입니다. 마지막 절차. 노년의 사도 바울, 마지막 숨결을 하나님 앞에 드릴 때가 가까이 왔음을 직감하면서, 지금 이 마지막 절차로, 유언과도 같은 편지를 씁니다. "나의 떠날 시각이 가까웠도다." 그렇습니다. 죽음이란 떠나는 것입니다. 이 세상을 떠나는 것입니다. 우리 영혼이 육체로부터 분리되어 천국을 향해 떠나는 것입니다. 그러나 분명히 기억할 게 있습니다. 끝까지 믿음을 지킨 여러분에게 주님께서 주고자 하시는 선물이 있다는 것. 바로, 의의 면류관!

> 주님, 죽음이란 떠나는 것, 이 세상을 떠나는 것, 제 영혼이 육체로부터 분리되어 천국을 향해 떠나는 것임을 기억하게 하옵소서. 그러나 끝까지 믿음을 지킨 저에게는 주님께서 주고자 하시는 선물이 있다는 것도 기억하게 하옵소서. 그 선물이 바로, 의의 면류관임을 믿습니다. 제가 제 인생의 마지막 순간까지 믿음을 지켜, 주님 주시는 의의 면류관을 꼭 받을 수 있게 하옵소서. 예수님의 이름으로 기도드립니다. 아멘.

DECEMBER 12월

DECEMBER 1

기다림의 미학

"파수꾼이 아침을 기다림보다 내 영혼이 주를 더 기다리나니 참으로 파수꾼이 아침을 기다림보다 더하도다"〈시 130:6, 개역개정〉

군목으로 전방부대를 돌아다닐 때, 6년간 주말부부를 했어요. 토요일이면 아내가 아이들을 데리고 수원에서 5시간 넘게 차를 갈아타면서 왔어요. 한 주도 거르지 않고. 그 강원도 전방 골짜기까지. 토요일이 얼마나 기다려졌는지 몰라요. 그때 참 고마우신 분이 있었어요. 이 자리를 빌어서 꼭 감사를 드리고 싶어요. 햇반을 개발하신 분. 아침식사 햇반 하나. 정말 고맙더라구요. 그런데 여러분, 이 햇반이 밥이 되려면 얼마를 기다려야 하는지 아세요? 2분. 그러면 팝콘이 튀겨지려면 얼마를 기다려야 할까요? 2분 40초. 계란이 삶아지려면 얼마를 기다려야 할까요? 12분. 오늘 우리교회 김장하잖아요. 김장할 때 배추를 맛있게 절이려면 얼마를 기다려야 할까요? 5시간 35분. 봉숭아 새싹이 돋아나려면 얼마나 기다려야 할까요? 7일. 병아리가 알을 깨고 나오려면 얼마를 기다려야 할까요? 21일. 올챙이 뒷다리가 나오려면 얼마를 기다려야 할까요? 45일. 그러면 올해 성탄절은 얼마나 기다려야 할까요? 25일. 이것이 바로 기다림의 미학입니다.

주님, 어김없이 올해도 성탄절이 다가오고 있습니다. 25일 남았습니다. 이것이 바로 기다림의 미학임을 깨닫습니다. 제 인생 또한 기다림의 미학임을 깨우쳐 주옵소서. 진학과 진로와 진급, 건강과 물질과 관계, 부모와 자녀와 부부, 취업과 직장과 사업, 만남과 교제와 결혼, 임신과 태아와 출산, 신혼과 중년과 노년, 부디 주님의 때를 기다릴 수 있게 하옵소서. 예수님의 이름으로 기도드립니다. 아멘.

DECEMBER 2

기다림의 영성

"사람이 여호와의 구원을 바라고 잠잠히 기다림이 좋도다" 〈애 3:26, 개역개정〉

둘째아이, 초등학교 3학년 때, 리코더라는 악기를 접하더니, 너무 좋아하는 거예요. 좀 끼도 있는 것 같더라구요. 그래서 클라리넷을 사주었더니, 아예 전공을 하겠다는 거예요. 말렸습니다. 그냥 취미로 해라. 그런데 완전 몰입을 하더니, 9년 후, 깜짝 놀랐어요. 쟁쟁한 예고생들이 수두룩한데, 일반고에서 서울대 1차에 붙어버린 거예요. 아이한테 너무 미안했어요. 저렇게 잘하는데 왜 좀 더 믿어주지 못했을까. 아쉽게도 서울대 2차에서 떨어지더라구요. 너무 미안하고 속상해서 은사이신 정태기 총장님께 여쭈어보았어요. "재수를 하겠다고 하는데 어떻게 하면 좋을까요?" 총장님이 그러시는 거예요. "요즘 재수는 기본이야. 오수도 괜찮아. 이 아이들 평균수명이 120이야. 행복하게 살아야지. 그러려면 정말 하고 싶은 걸 해야지." 재수하는 동안, 매일 탁상용 카렌다에 일천번제 기도를 체크해 가면서 카렌다 위쪽에 응원문구를 써주었어요. 아이가 지레 포기하지 않기를 기다리면서. 그 1년간! 이것이 기다림의 영성 아닐까요?

주님, 아이가 지레 포기하지 않기를 기다리던 그 1년간, 그 시간이 바로 기다림의 영성임을 깨닫습니다. 제가 사랑하는 이들을 제 기준이 아닌 주님의 관점으로 바라보게 하옵소서. 그들의 삶을 믿음과 인내로 응원하며 기다려 줄 수 있게 하옵소서. 주님의 때에 가장 좋은 것으로 응답하실 주님을 신뢰합니다. 예수님의 이름으로 기도드립니다. 아멘.

DECEMBER 3

사람이 산다는 것

"내가 여호와를 기다리고 기다렸더니 귀를 기울이사 나의 부르짖음을 들으셨도다"
〈시 40:1, 개역개정〉

일출봉에 해 뜨거든 날 불러주오 월출봉에 달 뜨거든 날 불러주오. 예로부터 제주도 사람들은 뭍으로 가서 사는 게 소원이었습니다. 한 남자가 그 꿈을 이루기 위해 어렵사리 뭍으로 가게 되었습니다. 그곳이 목포였습니다. 그러나 귀향의 기약이 없는 타향살이는 고달프기 그지없었습니다. 고향 제주도엔 사랑하는 연인이 있었기에 타향살이는 더 그리움에 사무쳤습니다. 그럴 때면 남자는 목포 유달산 월출봉에 올라, 제주도가 있을 성싶은 저 먼 바다를 바라보며 연인을 생각했습니다. 언젠가 나도 고향 제주에 돌아갈 날이 올 거야. 그 시간 사랑하는 연인도 제주도 일출봉에 올라, 오늘도 오지 않는 임을 기다리다 기다리다 망부석이 되고 맙니다. 그렇게 해서 나온 노래, 김민부 작사, 장일남 작곡, 기다리는 마음. 기다려도 기다려도 임 오지 않고 빨래소리 물레소리에 눈물 흘렸네. 사람이 산다고 하는 것, 그것은 기다림 때문이 아닐까요? 기다림은 오롯한 마음의 등불입니다. 하여, 이번 대림절, 우리는 마음에 꺼지지 않는 이 작은 등불을 밝혀야 합니다. 삶의 이유가 바로 거기에 있기 때문입니다.

> 주님, 기다림은 오롯한 마음의 등불임을 믿습니다. 이번 대림절, 제가 마음에 꺼지지 않는 이 작은 등불을 밝게 하옵소서. 기다림의 참된 의미를 회복할 수 있게 해주옵소서. 삶의 이유가 바로 주님을 기다리는 소망에 있음을 깨닫게 하옵소서. 주님의 다시 오심을 간절히 기다리는 삶을 살 수 있게 해주옵소서. 예수님의 이름으로 기도드립니다. 아멘.

DECEMBER 4

목마른 사슴의 노래

"하나님이여 사슴이 시냇물을 찾기에 갈급함 같이 내 영혼이 주를 찾기에 갈급하니이다"〈시 42:1, 개역개정〉

뜨거운 뙤약볕이 내리쬐는 사막. 그 한가운데서 한 줄기 시냇물을 찾기에 갈급한 사슴 한 마리! 그 사슴은 지금 목이 마릅니다. 목마른 사슴은 지금 시냇물을 찾아 갈급해하고 있습니다. 갈급해하고 있다는 말은 간절히 기다리고 있다는 말이 아니겠습니까? 그렇습니다. 우리는 이 한 마리 목마른 사슴처럼 무언가를 간절히 기다리는 사람들입니다. 여러분은 지금 무엇을 기다리고 계십니까? 자녀들의 진학을 기다리고 계십니까? 인생 후반전 새로운 진로를 기다리고 계십니까? 남편의 진급을 기다리고 계십니까? 질병이 치유되기를 기다리고 계십니까? 물질이 공급되기를 기다리고 계십니까? 관계가 회복되기를 기다리고 계십니까? 취업의 결정을 기다리고 계신다구요? 직장의 소통을 기다리고 계신다구요? 사업의 번창을 기다리고 계신다구요? 코로나의 종식, 민족의 통일, 세계의 평화, 하나님 나라의 확장. 사람이 산다는 건 바로 이런 기다림 때문입니다. 대림절, 일명 기다림의 계절, 이 기다림의 시간이 희망의 계단이 되시기를 주님의 이름으로 축원합니다.

> 주님, 사람이 산다는 것은 바로 기다림 때문임을 믿습니다. 대림절, 일명 기다림의 계절, 이 기다림의 시간이 저에게 희망의 계단이 될 수 있게 해주옵소서. 목마른 사슴이 시냇물을 갈급하듯이, 제 영혼도 주님만을 간절히 기다리게 하옵소서. 주님의 은혜로 채움을 받을 수 있게 해주옵소서. 예수님의 이름으로 기도드립니다. 아멘.

DECEMBER 5

좀 더 근원적인 기다림이 있다

"내 영혼이 하나님 곧 살아 계시는 하나님을 갈망하나니 내가 어느 때에 나아가서 하나님의 얼굴을 뵈올까" 〈시 42:2, 개역개정〉

우리에게는 한 가지 오해가 있습니다. 그것은 흔히 진학과 진로와 진급을 기다리는 것, 치유와 물질과 관계의 회복을 기다리는 것, 가족을 기다리고, 휴가를 기다리고, 주말을 기다리는 것, 이런 것만을 기다림이라고 한정 지어 버리는 것입니다. 물론 그런 것을 기다리는 것도 기다림임에는 틀림이 없습니다. 그러나 인간의 기다림은 그것으로 끝나지 않는다는 데 문제가 있습니다. 우리 인생에게는 좀 더 본질적이며 좀 더 근원적인 기다림이 있습니다. 그것은 나를 왜 지으셨는지, 나를 왜 이 땅에 보내셨는지, 나의 주 나의 하나님을 더 깊이 '만나 뵙고자' 하는 생명의 몸부림입니다. 시편 42편 2절. "내 영혼이 하나님 곧 살아 계시는 하나님을 갈망하나니 내가 어느 때에 나아가서 하나님의 얼굴을 뵈올까!" 이 얼마나 절절한 생명의 부르짖음이며 몸부림이며 그리움이며 기다림인가요? 이 시인의 심정이 그래서 지금 저의 심정입니다. 이 시인의 심정이 그래서 지금 여러분의 애타는 심정입니다.

> 주님, 저에게는 좀 더 본질적이며 근원적인 기다림이 있습니다. 그것은 저를 왜 지으셨는지, 왜 이 땅에 보내셨는지, 하나님을 더 깊이 '만나 뵙고자' 하는 생명의 몸부림임을 깨닫습니다. 제 영혼이 세상의 헛된 것이 아닌, 오직 살아 계시는 하나님만을 갈망하며, 주님의 얼굴을 뵈옵기를 간절히 기다릴 수 있게 해주옵소서. 예수님의 이름으로 기도드립니다. 아멘.

DECEMBER 6

고달픈 영혼의 순례자

"사람들이 종일 내게 하는 말이 네 하나님이 어디 있느뇨 하오니 내 눈물이 주야로 내 음식이 되었도다"〈시 42:3, 개역개정〉

바벨론 포로로 끌려가 이방인들에게서 "네 하나님이 어디 있느냐" 뼈를 찌르는 칼 같이 비방을 당해야 했던 시인의 상처, 이제 네 하나님은 죽었으니 우리 신에게 절하라는 둥, 갖은 수모를 당해야만 했던 시인의 고난, 그 와중에서도 믿음을 잃지 않고 "밤낮 눈물이 음식이 되리만큼" 하나님 찾기에 목이 마르고 고달팠던 시인의 영혼, "어느 때에 하나님을 뵈올 것인가" 하고 안타까워하며 기다리는 시인의 탄식, 그것이 타지 않는 듯이 타고 불붙지 않은 듯이 불붙는 우리 기독교 신앙이 아닐까요? '고달픈 영혼의 순례자'인 시인은, 인생의 깊디깊은 하소연을 지니고 목숨의 의로운 산길을 홀로 가는 나그네인 듯도 싶습니다. 그는 인간의 눈물이 무엇이며, 생명의 가장 본질적이고 가장 뿌리 깊은 '갈증'이 무엇인가를 뼈저리게 느낀 고독한 인생인 듯도 싶습니다. 내 영혼의 목마름, 하나님에 대한 목마름, 이것이 바로 오늘을 살아가는 우리 시대 모두의 영적 목마름입니다.

> 주님, 저는 지금 '고달픈 영혼의 순례자'입니다. 인생의 깊디깊은 하소연을 지니고, 목숨의 의로운 산길을 홀로 가는 나그네입니다. 인간의 눈물이 무엇이며, 생명의 가장 본질적이고 가장 뿌리 깊은 '갈증'이 무엇인가를 뼈저리게 느끼고 있습니다. 오늘도 이 고달픈 순례길에서 주님의 임재와 위로를 경험하게 하옵소서. 예수님의 이름으로 기도드립니다. 아멘.

DECEMBER 7

터진 웅덩이

"내 백성이 두 가지 악을 행하였나니 곧 그들이 생수의 근원되는 나를 버린 것과 스스로 웅덩이를 판 것인데 그것은 그 물을 가두지 못할 터진 웅덩이들이니라"〈렘 2:13, 개역개정〉

하나님께서는 우리 인간을 창조하실 때, 누구도 채워줄 수 없는, 하나님만이 채우실 수 있는, 어떤 신비한 자리를 만드셨습니다. 그 자리가 우리 인간의 영혼입니다. 우리 인간의 영혼은 나를 지으신 창조주 하나님을 뵈올 때 가장 건강하고 가장 생명력이 있습니다. 그러므로 그 자리에 하나님 아닌 다른 어떤 것을 두더라도 참 만족이 없습니다. 삶은 황폐해질 수밖에 없습니다. 그 영혼의 빈자리에 하나님 대신 물질과 권력, 순간적 쾌락, 술과 성과 탐식, 또는 불륜, 그런 것들로 우리의 결핍을 채우려 할 때, 그러면 그럴수록 우리의 갈증은 해결되지 않고 더욱 목이 마를 뿐입니다. 생수의 근원 되신 하나님을 버리고, 우리의 목마름을 대신 해결해 줄 그 어떤 것을 찾아 헤매며 스스로 웅덩이를 파는 인생들. 그런데 살아보려고 발버둥 치며 파는 그 웅덩이마저도 결국은 물을 담아두지 못할 터진 웅덩이니, 우리의 삶이 얼마나 곤고하며 목이 마르겠습니까? 여러분의 영혼은 지금 어떤 상태입니까?

주님, 저를 창조하실 때 누구도 채워줄 수 없는, 하나님만이 채우실 수 있는, 신비한 자리, 곧 제 영혼을 만드셨음을 믿습니다. 그런데 제 영혼이 지금 어떤 상태인지 돌아보게 해주옵소서. 목마른 영혼을 주님께 내어드립니다. 생수의 근원 되신 주님의 은혜로 채워주옵소서. 참된 만족과 생명력을 회복할 수 있게 해주옵소서. 예수님의 이름으로 기도드립니다. 아멘.

DECEMBER 8

두 번째 크리스마스!

"또 내게 말씀하시되 이루었도다 나는 알파와 오메가요 처음과 마지막이라 내가 생명수 샘물을 목마른 자에게 값없이 주리니" 〈계 21:6, 개역개정〉

목마른 사슴의 노래! 하여, 이 노래는 곧 나의 노래입니다. 불안, 소외, 외로움, 우울, 스트레스, 고통, 공허, 상실감, 슬픔, 분노, 질병, 의심, 이 모든 것들의 압제에서 벗어나려면 나는 어떻게 해야 한단 말입니까? 여기에 답을 주러 오신 분이 바로 예수 그리스도이십니다. 요한복음 4:14. "내가 주는 물을 마시는 자는 영원히 목마르지 아니하리니 내가 주는 물은 그 속에서 영생하도록 솟아나는 샘물이 되리라." 이것이 첫 번째 크리스마스이지요. 그러나 우리 인생들, 생수 되신 예수 그리스도를 저버리고 다른 데서 목을 축이려 합니다. 그래서 예수님은 다시 한번 내려오시겠다 약속하십니다. 요한계시록 21:6. "또 내게 말씀하시되 이루었도다 나는 알파와 오메가요 처음과 마지막이라 내가 생명수 샘물을 목마른 자에게 값없이 주리니." 생명수 샘물을 다시 주러 오실 예수 그리스도! 그분께 나아가야, 그래서 그분이 주시는 생명수 샘물을 마셔야, 하나님을 향한 내 영혼의 목마름을 해갈할 수 있습니다. 이것이 우리가 기다리는 두 번째 크리스마스입니다!

주님, 불안, 소외, 외로움, 우울, 스트레스, 고통, 공허, 상실감, 슬픔, 분노, 질병, 의심, 이 모든 것들이 오늘도 제 영혼을 억누르고 있습니다. 이들의 압제에서 벗어나기 위하여, 저는 어떻게 해야 한단 말입니까? 두 번째 크리스마스를 기다립니다. 생명수 샘물을 다시 주러 오실 예수님을 목말라하며 기다립니다. 오시옵소서. 오시어, 제 영혼의 목마름을 해갈시켜 주옵소서. 예수님의 이름으로 기도드립니다. 아멘.

DECEMBER 9

내 영혼 무엇을 갈망하는가?

"다윗 왕이 여호와 앞에 들어가 앉아서 이르되 주 여호와여 나는 누구이오며 내 집은 무엇이기에 나를 여기까지 이르게 하셨나이까"〈삼하 7:18, 개역개정〉

내 속엔 내가 너무도 많아 당신의 쉴 곳 없네. 이 노래의 제목을 아세요? 가시나무. 누가 불렀지요? 조성모? 그런데 이 곡의 원작자가 누군지 아세요? 시인과 촌장으로 이름을 날리다, 지금은 신학교에서 실용음악을 가르치는 하덕규 집사님이에요. 대중가요만 짓다가 어느 날 인생의 깊은 목마름을 느끼게 됩니다. 이게 참 나가 아닌 것 같다는 느낌. 참 나를 찾고 싶다. 그러기 위해서 예수님을 더 깊이 만나고 싶다. 그렇게 해서 지은 노래가 바로 이 가시나무입니다. 그런 의미에서 이 노래는 대중가요가 아니라 복음성가입니다. 가만히 가사를 한 번 음미해 보세요. 정말 찡합니다. 이 노래에 나오는 '당신'이라는 시어는 실은 '주님'을 가리키는 은유적인 표현입니다. '당신'을 '주님'으로 바꿔서 한번 들어보세요. 내 속엔 내가 너무도 많아 주님의 쉴 곳 없네. 대림절입니다. 내 속엔 내가 너무 많다는 느낌. 이것이 나인가, 저것이 나인가? 슬픈 자화상! 이름하여 '거짓자기'(false self). 이번 대림절, 내 삶에 참 자기를 일깨워 주러 오시는 주님, 기다리오니, 어서 오시옵소서!

주님, 지금 저는 '거짓자기'로 가득 차 있습니다. 찬 제 모습을 돌아봅니다. 내 속엔 내가 너무 많다는 느낌. 이것이 나인가, 저것이 나인가? 슬픈 자화상! 비오니, 이 대림절, 제 마음속에 주님께서 편히 쉬실 수 있는 깨끗하고 넓은 자리를 마련해 드리게 해주옵소서. 거짓자기를 내려놓고, 주님 안에서 참자기를 발견하게 해주옵소서. 어서 오시옵소서! 예수님의 이름으로 기도드립니다. 아멘.

DECEMBER 10

부풀려진 나!

"이에 시몬 베드로가 칼을 가졌는데 그것을 빼어 대제사장의 종을 쳐서 오른편 귀를 베어버리니 그 종의 이름은 말고라"〈요 18:10, 개역개정〉

어느 날, 세 여자가 대화를 나누고 있었습니다. 첫 번째 여자가 먼저 자기 남편 자랑을 늘어놓았습니다. "우리 남편은 공장에서 감독관인데, 그 밑에 50명이 있답니다." 두 번째 여자가 지지 않고 말했습니다. "우리 남편은 군대에서 대대장인데, 그 밑으로 500명이 있지요." 세 번째 여자가 가소롭다는 듯이 말했습니다. "그래요? 우리 남편 발밑에는 적어도 5,000명은 있어요." 놀란 두 여자가 물었습니다. "무슨 일을 하시는데요?" 세 번째 여자가 태연하게 말했습니다. "공동묘지에서 잔디 깎고 있소." 이런 영혼의 너스레, 내 영혼의 풍선, 내 영혼의 과대적이고 과시적인 자기를 발견하는 것. 그것이 이 대림절, 나의 거짓자기를 치유하는 출발점입니다. 이 대림절, 여러분의 영혼은 어떻습니까? 여러분의 영혼도 너무 과대적이거나 과시적이지는 않습니까? 누군가의 관심과 인정과 찬사에 여러분의 영혼이 과도하게 목말라 계시지는 않습니까? 사람들의 주목을 받고 싶어 여러분의 영혼이 지나치게 굶주려 계시지는 않습니까?

> 주님, 이 대림절, 제 영혼은 너무 과대적이거나 과시적입니다. 누군가의 관심과 인정과 찬사에 제 영혼은 과도하게 목말라 있습니다. 사람들의 주목을 받고 싶어 제 영혼은 지나치게 굶주려 있습니다. 제 거짓자기를 내려놓고, 오직 주님의 관심만으로 충분함을 깨달을 수 있게 하옵소서. 참자기를 회복하게 하옵소서. 예수님의 이름으로 기도드립니다. 아멘.

DECEMBER 11

참자기와 거짓자기

"베드로가 대답하여 이르되 모두 주를 버릴지라도 나는 결코 버리지 않겠나이다"
〈마 26:33, 개역개정〉

2004년 강원도 양구, 2사단 군종참모로 섬길 때, 상처 입은 병사들의 영혼을 치유하는 자살예방 프로그램 '비전캠프'를 진행하다가 한 병사를 만났습니다. 말끝마다 청와대나 국정원을 들먹이고, 직접 사단장님한테 전화를 해서 부대를 발칵 뒤집어 놓곤 했습니다. 내가 누군데! 그것은 곧 그의 무용담이 되었고, 동료들은 뭐가 진실인지 헷갈려 했습니다. 너무나 그럴 듯하게 말을 하기 때문입니다. 저한테도 자기 말만 잘 들으면 큰 교회 하나 지어줄 테니 이까짓 군대 빨리 집어치우고 제대하라고, 제 소령 계급을 아주 우습게 여겼습니다. 이 병사의 진실은 어디까지일까? 행동이나 말이 너무 부풀려져 있어서 진실을 찾아보기 힘들었습니다. 왜 그렇게 가짜 삶으로 포장하느라 그리도 힘들게 살아가니? 나중에는 목욕탕에서 때를 밀어주다가 그 영혼이 문득 불쌍하다 생각되었습니다. 그때 그의 어린 시절 이야기를 들으며 발견한 것이 있습니다. 결국 그 상처 입은 영혼 맨 밑바닥에 '자기'(self)의 문제, 특히 참자기(true self)와 거짓자기(false self)가 서로 사투를 벌이며 싸우고 있다는 사실이었습니다.

주님, 제 상처 입은 영혼 맨 밑바닥에는 참자기(true self)와 거짓자기(false self)가 서로 사투를 벌이며 싸우고 있습니다. 저를 긍휼히 여겨주옵소서. 상처 입은 제 영혼을 치유하여 주옵소서. 제가 저 스스로를 과장하고 포장하려는 거짓자기를 내려놓게 하옵소서. 주님 안에서 참자기를 회복할 수 있게 해주옵소서. 예수님의 이름으로 기도드립니다. 아멘.

DECEMBER 12

가시에 찔린 나!

"주께서 돌이켜 베드로를 보시니 베드로가 주의 말씀 곧 오늘 닭 울기 전에 네가 세 번 나를 부인하리라 하심이 생각나서 밖에 나가서 심히 통곡하니라"〈눅 22:61-62, 개역개정〉

맘껏 울어보고 싶다! 우리도 그런 때가 있지 않습니까? 이번 대림절, 바로 그런 때라구요? 쉴 곳을 찾아 지쳐 날아온 어린 새들도 가시에 찔려 날아가고 바람만 불면 외롭고 또 괴로워 슬픈 노래를 부르던 날이 많았는데! 아, 내 속에 내가 너무도 많아 주님이 들어오셔서 쉴 곳이 없으셨겠구나! 거짓나. 거짓 인생. 이건 아니다. 이렇게 계속 살 수는 없다. 베드로는 하염없이 울었습니다. 주님, 저는 고작 이런 사람이에요. 제가 주님을 세 번이나 모른다 했어요. 그러고도 제가 주님의 수제자라고 떠들고 다녔어요. 저는 고작 이런 사람이에요. 하늘도 울고 땅도 울고 그 영혼의 가시나무도 떨며 울었습니다. 그렇게 한참을 울고 나니, 비온 뒤의 앞산처럼, 만물이 맑고 깨끗하고 세상이, 사람들이 너무나 새로워 보였습니다. 달라진 것입니다. 우리 인생이 이 대림절, 참 나를 만나려면 십자가에 달리사 가시면류관 쓰신 예수님께 나아가, 최적의 좌절, 내 영혼의 가시나무를 발견해야 한다는 사실. 이것이 예수 그리스도의 피 묻은 복음입니다.

> 주님, 제 인생이 이 대림절, 참 나를 만나게 해주옵소서. 십자가에 달리사 가시면류관 쓰신 예수님께 더 깊이 나아가게 해주옵소서. 최적의 좌절, 내 영혼의 가시나무를 발견하게 해주옵소서. 비온 뒤의 앞산처럼, 만물이 맑고 깨끗하고 세상이, 사람들이 너무나 새로워 보이게 해주옵소서. 예수님의 이름으로 기도드립니다. 아멘.

DECEMBER 13

거울에 비친 나!

"세 번째 이르시되 요한의 아들 시몬아 네가 나를 사랑하느냐 하시니 주께서 세 번째 네가 나를 사랑하느냐 하시므로 베드로가 근심하여 이르되 주님 모든 것을 아시오매 내가 주님을 사랑하는 줄을 주님께서 아시나이다 예수께서 이르시되 내 양을 먹이라"〈요 21:17, 개역개정〉

이 시간 상상의 방에 전신거울을 하나 비치해 보십시오. 그 앞에 여러분이 서 있습니다. 어떻습니까? 세상에 찌든 나. 앞만 보고 달려온 나. 어느새 흰머리에 주름살. 튀어나온 배. 흐려진 시력. 그러나 내가 나를 보고 가장 안타까운 것은 그것이 아닙니다. 참자기를 잃어버리고 거짓자기로 살아왔던 지난날! 이제는 더 이상 거짓자기로 살지 않기로 거울 앞에서 입술을 깨물어 봅니다. 그때 갑자기 거울에 비친 내 모습이 변모됩니다. 주님 품에 살포시 안긴 내 모습. 네가 나를 사랑하느냐? 예, 주님을 사랑합니다. 그러자 주님께서 말씀하십니다. 내 어린 양을 먹여라. 내 양을 치라. 내 양을 먹여라. 세 번이나 주님을 모른다 부인했던 내가 괴로워하지 않도록 세 번이나 물으셨구나. 생각이 거기에 이르자, 더 이상 거짓자기로 살지 않겠노라 마음을 먹습니다. 실제로 맡겨주신 어린 양들을 위하여 십자가 형틀을 거꾸로 지고 순교합니다. 거울에 비친 자신의 변모된 모습대로 그는 그렇게 아름다운 길을 걸어간 것입니다.

> 주님, 이 시간 전신거울 앞에 선 제 모습을 돌아봅니다. 세상에 찌든 나, 앞만 보고 달려온 나, 어느새 흰머리에 주름살, 튀어나온 배, 흐려진 시력. 하지만 제가 저를 보고 가장 안타까운 것은 참자기를 잃어버리고 거짓자기로 살아왔던 지난날입니다. 이제는 더 이상 거짓자기로 살지 않게 하옵소서. 주님께서 맡겨주신 남은 사명을 따라 참 아름다운 인생을 살게 해주옵소서. 예수님의 이름으로 기도드립니다. 아멘.

DECEMBER 14

어느새 쌓인 불만

"그러므로 각처에서 남자들이 분노와 다툼이 없이 거룩한 손을 들어 기도하기를 원하노라" 〈딤전 2:8, 개역개정〉

김 집사님에게 지난주는 유난히 힘들었습니다. 업무가 과중한 탓도 있지만, 더 큰 이유는 집에서 생겼습니다. 직장일로 심신이 지쳐 있던 어느 날, 식탁에서 중3짜리 외동딸에게 꾸중을 했다가 집안에서 차지하는 자신의 위상을 발견했기 때문입니다. "야, 너, 엄마아빠한테 화났어? 왜 밥상머리에서 입을 꾹 다물고 있니? 그리고 저만 밥 다 먹었다고 혼자 일어나기야?" 그렇게 호통을 쳤는데도 딸은 대답도 없이 자기 방으로 쏙 들어가 문을 쾅 닫아 버렸습니다. 이어지는 아내의 말이 김 집사님의 가슴을 후려쳤습니다. "당신, 그렇게 해봤자 권위 안 서요." 아내는 작심한 듯 불만을 쏟아냈습니다. 이제 와서 무슨 교육이냐, 저런다고 딸 버릇 고쳐지느냐, 쟤가 아빠 얼굴이나 보면서 큰 애냐, 당신은 식탁에서 분위기 띄운 적 있느냐, 당신이 돈 버는 것 말고 가족한테 해준 게 뭐가 있냐……. 김 집사님은 깜짝 놀랐습니다. 젊음과 건강, 나 자신의 행복은 포기한 채, 가족을 위해 희생한다는 마음으로 일해 왔는데! 어느새 쌓인 가족들의 불만. 인생이 서글펐습니다.

> 주님, 제가 가족을 위해 희생하고 있다고 생각한 것이 정작 가족들에게는 그렇게 느껴지지 않고 있음을 깨닫습니다. 제 서글픈 마음 아시지요? 가족들의 불만을 탓하기 전에 제 삶을 돌아보게 하옵소서. 가족들과 진심으로 소통하게 하옵소서. 서로의 마음을 깊이 읽어주게 해주옵소서. 저희 가정 안에 사랑과 이해가 회복되게 해주옵소서. 예수님의 이름으로 기도드립니다. 아멘.

DECEMBER 15

울고 싶은 남자들

"나는 한창 나이에 죽는 줄 알았습니다! 이 중년에 저승의 문으로 들어가서 남은 인생을 다 살지 못할 줄 알았습니다."〈사 38:10, 현대어〉

통계청이 발표한 '작년도 출생사망 통계'에 따르면, 40대부터 남자들의 사망률이 급격히 많아지면서, 50대 때는 남자들이 9,239명, 여자들이 4,481명, 사망률이 여자들보다 배나 더 높았습니다. 40대 남성 자살자는 1,681명. 50대 남성 자살자도 1,241명. 이런 통계가 의미하는 게 뭐겠습니까? 이 시대 이 땅에서 40~50대 남성 여러분이 이렇게 아버지로 산다는 것이 그리 녹록지 않다는 말 아니겠습니까? 겉으론 문제가 없어 보이는 남성들. 그러나 고용이나 노후불안으로 스트레스가 가중되고 가족이 해체되는 현상 앞에서 '정신적 공황'을 호소하는 중년기 남성들. 수많은 갈등과 번민 속에서도 내색 한번 하지 못하고 살아가는 이 땅의 아버지들. 이렇게 인생이 끝나 버리는 것은 아닌가, 때론 너무 허무하고 너무 외롭고 너무 슬프기도 합니다. 애들 앞에서, 아내 앞에서, 말은 다 못하지만, 하루에도 몇 번씩 정말 이렇게까지 살아야 되나, 삶의 의미를 찾아 깊은 질문을 던지게 됩니다.

주님, 이 땅의 아버지들에게 위로를 주옵소서. '이렇게 인생이 끝나버리는 것은 아닌가?' '정말 이렇게까지 살아야 되나?' 하루에도 몇 번씩 삶의 의미를 찾아 질문을 던지는 그 속마음을 헤아려주옵소서. 가정의 책임과 삶의 무게를 짊어지고 고독하게 싸우는 영혼들을 위로하여 주옵소서. 참된 삶의 의미를 주님 안에서 발견하며 다시 일어설 수 있게 해주옵소서. 예수님의 이름으로 기도드립니다. 아멘.

DECEMBER 16

그해 겨울밤

"너희는 어서 너희 하나님 여호와께 영광을 돌려라. 너희에게 어두운 밤이 와서, 너희가 캄캄한 산을 헤매며 발걸음을 옮길 때마다 걸려 넘어지기 전에 너희 하나님께로 돌아와 밝은 빛을 찾아라. 이때를 잃고 너희가 그토록 어두운 밤을 만나면, 너희가 아무리 새날이 밝아 빛이 오기를 고대하여도 주께서 빛을 죽음의 그림자로 바꾸어 놓으시고 빛으로 먹구름을 만들어 놓으셔서 끝없이 긴 밤이 너희 위에 덮쳐 올 것이다." 〈렘 13:16, 현대어〉

"너무 힘들다. 빈말 아니라 죽을 것 같다. 사람들은 이런 사정도 모른 채, 아파서 표정이 찡그려져 있는 나의 모습에, 병원이나 가라고 말을 한다. 힘들어도 조금이나마 보탬이 되고자 아무 소리 안 하고 버티고 있는데, 이대로 가면 나 자신이 어떻게 될지 미지수이다. 자기 몸 하나 챙기지 못하는데 누굴 걱정하나. 참 답이 없다. 최근에 믿었던 사람에게 쓴소리를 듣고 극단적인 행동을 취하려 했다. 회의감 또한 밀려왔다. 극단적인 행동을 하기 전에 가족을 생각하지 못했다면, 나는 이런 글도 쓰지 못했을 거로 생각한다." 그해 겨울밤, 강원도 최전방 3군단 헌병대에서 만났던 형제. 그에게 군생활은 분명 어두운 겨울밤이었습니다. 이런 탄식에 젊은 놈들이 무슨! 하면서 애써 그 현실을 부정하는 것은 눈가리고 아웅! 하는 것입니다. 그러다 보면, 까라면 까, 장병들의 외롭고 그립고 괴로운 마음을 진심으로 품어주지 못하는 의사불통의 공동체가 되고 말 것입니다. 이런 형제들의 외로운 마음을 같은 눈높이에서 읽어주는 공감의 공동체. 어디 군대뿐이겠습니까?

> 주님, 오늘도 제가 제 이웃들의 외롭고 그립고 괴로운 마음을 진심으로 품어주게 하옵소서. 제가 제 형제자매들의 마음을 같은 눈높이에서 읽어주게 하옵소서. 너무나 힘들어 죽을 것 같다고 고통을 호소하는 이들에게 제가 주님의 따뜻한 위로를 전할 수 있게 하옵소서. 예수님의 이름으로 기도드립니다. 아멘.

DECEMBER 17

나라면 과연 어떻게 했을까!

"이렇게 엄청난 일이 벌어졌는데도 욥은 그릇된 일을 하지도 않았을 뿐더러 하나님을 원망하지도 않았다."〈욥 1:22, 현대어〉

"목사님, 저는 귀가 짝짝이이고 생식기도 2개가 하나로 합쳐져 있습니다. '나는 왜 이렇게 태어났을까?' '나는 장애인이야.' 매사에 자신이 없고 위축되었습니다. 부모님께까지도 힘들다고 말씀드리지 못했고, 심지어 사람 만나는 것도 피했습니다. 하나님께 펑펑 울면서 왜 저를 이렇게 만들어 주셨냐고 따지기도 했고, 저에게 용기와 담대함을 주셔서 좀 도와달라고 싹싹 빌기도 했습니다. 하나님은 제 기도에 응답하셨습니다. 천천히 자신감을 찾았고, 지금은 짝짝이로 떳떳하게 살아가고 있습니다. 이제는 잘 보이는 눈과 향기를 맡을 수 있는 코, 아름다운 목소리가 나올 수 있는 입이 있는 것만으로 하나님께 감사합니다. 눈이 안 보이는 베토벤, 키가 작은 나폴레옹이 자신의 약점을 극복하고 성공했다는 목사님의 설교 말씀이 매일매일 살아가는 데 힘이 되고 있습니다. 항상 목사님께 감사드립니다." 저는 이 편지를 읽으면서 나라면 과연 어떻게 했을까, 사소한 일에도 삐지고 서운해하고 원망하고 투덜거리는 게 습관이 되어버린 나! 너무 부끄러웠습니다.

> 주님, 저는 사소한 일에도 삐집니다. 서운해합니다. 원망합니다. 투덜거리는 것이 습관이 되어버렸습니다. 제 모습이 너무 부끄럽습니다. 제 연약함을 강함으로 바꾸시는 주님을 찬양합니다. 작은 것에도 불평하는 제 습관을 내려놓게 하옵소서. 저에게 주어진 모든 것에 감사하게 하옵소서. 떳떳하게 믿음으로 살아갈 수 있게 해주옵소서. 예수님의 이름으로 기도드립니다. 아멘.

DECEMBER 18

실로암

"그런데 아무도 이런 말은 하지 않습니다. '나를 지으신 하나님은 어디에 계신가? 밤중에 노래 부르게 하시는 이, 어디 계신가?'"〈욥 35:10, 현대어〉

군대에서 처음 보내는 훈련소 5주간, 물론 힘들지요. 인생의 밤이라는 표현이 딱 맞습니다. 하지만 이 밤중에도 하나님은 훈련병들과 함께 하십니다. 넘어질까 쓰러질까 업고 가십니다. 아파할 때 함께 울어주십니다. 훈련소에 들어오면 하나님도 몰라라 하실까 걱정했는데, 이 삭막한 훈련소 안에도 교회가 있다는 걸 너무너무 좋아합니다. 어두운 밤에 캄캄한 밤에 새벽을 찾아 떠난다! 실로암 노래. 종교를 떠나, 이미 훈련소 교가가 되어 있습니다. 일주일 훈련을 견디며 교회 갈 날만 기다립니다. 실로암 노래를 목 터져라 부르려고! 그래서 그런지 교회 오면 조는 사람이 단 한 명도 없습니다. 매주 15,000명, 아침저녁 5부로 나누어 예배를 드리는데, 이 가운데 70%는 교회 처음 나오는 청년들입니다. 이 황금어장에서 외로운 청년들이 실로암을 부르며 삶의 의미를 찾습니다. 삶의 기쁨을 찾습니다. 지금 이 밤중에도 노래하게 하시는, 내 사모하는 주님을 찾습니다. 이들이 이렇게 실로암 노래를 좋아하는 건, 정말이지 놀라운 기적입니다. 이번 성탄절, 그들은 또 얼마나 실로암을 부르고 싶을까요?

주님, "어두운 밤에 캄캄한 밤에 새벽을 찾아 떠난다!" 실로암 노래를 부르며 일주일 훈련을 견디던 훈련병들을 돌아봅니다. 이번 성탄절, 그들은 또 얼마나 실로암을 부르고 싶을까요? 제가 이 기적을 잊지 않게 하옵소서. 오늘도 제 주변 외로운 영혼들을 품어주옵소서. 인생의 어두운 밤에도 빛 되시는 주님을 꼭 만나게 해주옵소서. 예수님의 이름으로 기도드립니다. 아멘.

DECEMBER 19

처음 간 예배

"낮 동안 해가 이글거리며 내리친다 해도 너를 해치지 못하리라. 밤이 되어도 달이 너를 다치지 못하리라."〈시 121:6, 현대어〉

"목사님, 지난주 처음으로 예배에 참석했습니다. 목사님 말씀 듣고, 잠들기 전, 아버지 생각이 났습니다. 원망스럽고 미운 존재. 사춘기에 접어들 무렵, IMF로 사업에 실패, 많은 힘든 일을 겪고, 부모님은 갈라서셨습니다. 한번씩 연락을 하셨고, 그때마다 만났지만 항상, 항상, 좋지 못한 일이 뒤따랐습니다. 고등학교 졸업 이후 본 일이 없습니다. 연락이 와도 못 본 척. 그렇게 제 마음에서 아버지를 지워갔고, 그런 삶이 너무도 익숙해졌습니다. 오랜 기간 아버지 생각조차 하지 않고 살아왔는데, 목사님 말씀을 들은 날, 어렸을 때 사랑했던 아버지 모습이 떠올랐고, 가족을 잃고 혼자 고된 막일을 하셨을 아버지 생각에 마음이 너무 아팠습니다. 처음 간 예배에서 이렇게 많은 생각의 변화를 갖게 되어, 하나님의 뜻이라는 게 있는 게 아닐까, 아버지께 연락을 해보는 게 좋겠다는 생각도 듭니다. 제 삶 깊숙이 있던, 잊고 살아온 오래된 문제입니다. 앞으로 예배에 참석하여 좀 더 시간을 갖고 해결해 보고 싶습니다." 이 형제가 걸어온 영혼의 밤. 편지를 읽으며, 저는 눈물이 핑 돌았습니다.

> 주님, 오늘도 제 주변에는 영혼의 어두운 밤을 통과하고 있는 이들이 많습니다. 특히 가족 문제로 아파하는 이들을 위로하여 주옵소서. 잊고 살아온 오래된 문제를 치유하여 주옵소서. 가족들과 화해하고 싶은 그 첫걸음을 축복해 주옵소서. 예배를 통하여 주님의 치유하시는 손길을 심오하게 체험하게 하옵소서. 예수님의 이름으로 기도드립니다. 아멘.

DECEMBER 20

여기다 여기!

"낮에는 구름으로 저들을 이끄셨다. 밤에는 불빛으로 저들을 인도하셨다." 〈시 78:14, 현대어〉

어렸을 때, 산속 외딴집, 야간자율학습을 마치고 막차를 타면, 정류소에서 집까지 아무도 없는 밤길을 혼자 걸어야 했습니다. 묘를 지날 때면 뒤에서 누가 당기는 것 같아 막 뛰었습니다. 그때 혼자 사정없이 불렀던 노래. 예수 이름으로 예수 이름으로 마귀는 쫓긴다! 그렇게 뛰어가면 어느새 저쪽에서 불빛이 반짝입니다. 현복이냐? 여기다 여기, 엄마다! 얼마나 반가운 목소리였던지! 얼마나 반가운 불빛이었던지! 내가 밤길을 무서워할 줄 아시고 저만치서 불빛으로 인도해 주셨던 것입니다. 내 영혼의 어두운 밤, 오늘도 주님이 내 밤길을 비추시며 신호를 보내십니다. 내 아들, 여기다 여기! 내 딸, 여기다 여기! 얼마나 감사한 주님의 목소리인지요! 얼마나 반가운 주님의 불빛인지요! 대림절, 칠흑같이 어두운 영혼의 밤, 그러나 그 밤길 한복판에서, 주님이 손전등을 꺼내 들고 비추어 주십니다. 여기다 여기! 여기로 오면 된다! 여기가 살길이다! 여기가 저 희망의 아침이 밝아오는 곳이다!

주님, 칠흑같이 어두운 이 영혼의 밤, 오늘도 주님께서 제 밤길을 비추시며 신호를 보내주시니 참 감사합니다. "내 아들, 여기다 여기! 내 딸, 여기다 여기!" 주님의 목소리와 불빛이 얼마나 반가운지요! 제가 이 밤길 한복판에서도 주님의 음성과 불빛을 놓치지 않게 하옵소서. 희망의 아침을 향하여 오늘도 뚜벅뚜벅 나아갈 수 있게 하옵소서. 예수님의 이름으로 기도드립니다. 아멘.

DECEMBER 21

밤이 깊어야 아침이 오리니!

"이 몸은 어두운 밤에도 주님을 갈망합니다. 밝은 아침이 되어도 나는 주님을 사모합니다. 주께서 세상을 심판하실 때에 땅 위에 사는 모든 사람이 옳은 일 하는 것을 배우기 때문입니다."〈사 26:9, 현대어〉

우리 영혼은 본능적으로 밤을 두려워합니다. 그래서 되도록 피하려고 합니다. 저도 그렇고, 여러분도 다 그러실 것입니다. 그런데 놀라운 것은, 크리스마스, 아기 예수 그리스도께서 이 땅에 오셔서, 우리 인생들을 저 어두운 죄에서 구원하신 방법도 밤의 방법이었다는 사실입니다. 골고다 언덕, 저 잔인하고 저 무서운 저 십자가의 길! 예수님에게 그것은 분명 밤의 길이었습니다. 우리 인생을 죄에서 구원하신 하나님의 방법이 이렇듯 밤이라는 방법이었다면, 이 밤은 저와 여러분에게도 필수코스입니다. 이 밤은 오히려 축복의 통로입니다. 그러므로 이 시간 밤을 통과하는 인생들이여, 내 영혼의 어두운 밤을 통과하고 계십니까? 그렇다면 오히려 노래하십시오. 거룩한 밤 별빛이 찬란하다 우리 주 예수님 나신 이 밤. 밤중에 부르는 노래. 내 영혼 저 깊은 심연에서 터져 나오는 노래. 내 걷는 저 영혼의 오솔길에서 두 손 모으는 노래. 하여, 이번 대림절, 더욱 진실함으로 노래합시다. 하여, 이번 대림절, 더욱 간절함으로 노래합시다. 대림절, 밤이 깊어야 아침이 오리니!

> 주님, "거룩한 밤 별빛이 찬란하다 우리 주 예수님 나신 이 밤." 밤중에 부르는 노래, 제 영혼 저 깊은 심연에서 터져 나오는 노래, 이 영혼의 오솔길에서 오늘도 제가 두 손 모으고 노래 부르게 하옵소서. 더욱 진실함으로, 더욱 간절함으로 노래하게 하옵소서. 밤이 깊어야 아침이 오리니! 어두운 밤을 지나며 새벽의 소망을 기다리게 하옵소서. 예수님의 이름으로 기도드립니다. 아멘.

DECEMBER 22

크리스마스 캐롤

"그러나 여호와께서 기다리시나니 이는 너희에게 은혜를 베풀려 하심이요 일어나시리니 이는 너희를 긍휼히 여기려 하심이라 대저 여호와는 정의의 하나님이심이라 그를 기다리는 자마다 복이 있도다"〈사 30:18, 개역개정〉

크리스마스 캐롤. 영국의 유명한 소설가 찰스 디킨스가 쓴 스테디셀러. 주인공인 스크루지는 돈밖에 모르는 지독하게 인색한 구두쇠 영감입니다. 스크루지는 한 명 있는 조카도 가난하다고 업신여겼고, 자선단체의 기부요청에도 냉정하게 거절을 합니다. 스크루지는 남과 사귀지도 않았습니다. 아무도 스크루지에게 말을 거는 사람이 없었습니다. 거지조차도 동정해 달라고 조르지 않았습니다. 그로부터 7년 후, 크리스마스 전날 밤, 늙은 스크루지에게 긴 쇠사슬을 몸에 매단 혼령이 나타나는데, 그 혼령은 스크루지의 동업자 말리였습니다. 말리는 자신이 살아생전에 지은 죄 때문에 이 쇠사슬을 매고 다녀야 한다고 말합니다. 그리고 오늘 밤, 내일 밤, 그 다음 날 밤에 과거의 천사, 현재의 천사, 미래의 천사가 나타날 것이라고 알려줍니다. 스크루지에게 나타난 이 세 천사. 간절한 기다림으로 성탄을 기다리는 여러분에게 오늘 주님께서 이 세 천사를 내려보내신다면, 여러분, 어떻게 하시겠어요?

주님, 주님께서 오늘 세 천사를 내려보내신다면, 저는 어떻게 해야 할까요? 과거의 천사를 통해, 이기적이고 인색했던 제 모습을 돌아보게 하옵소서. 현재의 천사를 통해, 주변에 있는 외롭고 고통받는 제 이웃들을 주님의 눈으로 바라보게 하옵소서. 미래의 천사를 통해, 변화된 삶을 살지 않으면 저에게 닥쳐올 어두운 결과를 내다보고, 지금 결단하게 하옵소서. 예수님의 이름으로 기도드립니다. 아멘.

DECEMBER 23

내 영혼에 기쁨이 있는가?

"천사가 이르되 무서워하지 말라 보라 내가 온 백성에게 미칠 큰 기쁨의 좋은 소식을 너희에게 전하노라"〈눅 2:10, 개역개정〉

흰 눈 사이로 썰매를 타고 달리는 기분 상쾌도 하다 종이 울려서 장단 맞추니 흥겨워서 소리 높여 노래 부르자 종소리 울려라 종소리 울려 우리 썰매 빨리 달려 종소리 울려라 종소리 울려라 종소리 울려 기쁜 노래 부르면서 빨리 달리자. 어린 시절 그 순수했던 친구들과 썰매를 타며 불렀던 크리스마스 캐롤. 달릴까 말까! 그에게도 이런 신나고 재미있는 크리스마스의 추억이 있었던 것입니다. 친구들과 눈길을 헤치고 교회로 몰려들어 며칠 밤 꼴딱 새며 준비했던 성탄전야제. 아, 얼마나 기뻤던가! 그런데 지금 내 영혼은 어떠한가! 삶의 찌든 때. 잃어버린 기쁨. 첫 번째 과거의 천사를 통하여, 스크루지는 이제 비로소 깨닫습니다. 성탄절의 진정한 의미는 어린 시절의 그 순수했던 기쁨을 회복하는 것이라고! 여러분에게는 오늘 이런 큰 기쁨이 있습니까? 기쁨을 잃어버린 채 아등바등, 반복된 일상, 하여 마지못해, 아니 죽지 못해 살고 있다고요? 스크루지의 삶이 바로 지금 여러분의 삶이라구요? 어린 시절 그 순수했던 기쁨, 그 큰 기쁨의 회복! 이것이 성탄절의 첫 번째 의미입니다.

주님, 저에게도 오늘 이런 큰 기쁨이 있기를 소망합니다. 기쁨을 잃어버린 채 아등바등, 반복된 일상 속에서 마지못해 살고 있는 저에게 주님의 은혜를 베풀어 주옵소서. 어린 시절 그 순수했던 기쁨, 그 큰 기쁨의 회복이 성탄절의 첫 번째 의미임을 믿습니다. 제 영혼을 새롭게 하여 주옵소서. 잃어버린 기쁨을 되찾게 해주옵소서. 예수님의 이름으로 기도드립니다. 아멘.

DECEMBER 24

소소한 행복이 있는가?

"너희가 가서 강보에 싸여 구유에 뉘어 있는 아기를 보리니 이것이 너희에게 표적이 니라 하더니" 〈눅 2:12, 개역개정〉

칠면조 요리 대신 거위 요리. 찢어지게 가난하면서도, 그러나 너무너무 행복한 밥의 가정. 구두쇠 스크루지만 자기 조수 밥의 아들이 치료비가 없어 죽어가는 것을 차마 눈 뜨고 볼 수 없습니다. 천사님, 내 조수의 아들 팀의 생명만은 살려주세요! 천사님, 저 가정의 행복을 앗아가지 마세요! 가난하지만 온 가족이 한 상에 둘러앉아 크리스마스 캐롤을 부르며 오순도순 손을 잡고 기도드리는 모습. 이 얼마나 행복한가! 이것이 인생 아닌가! 그런데 지금 내 가정은 어떠한가! 사랑 대신 돈을 택한 결과, 약혼녀마저 곁을 떠나버리고 평생을 홀로 살아오지 않았던가! 이 외로움! 그리고 잃어버린 행복! 두 번째 현재의 천사를 통하여, 스크루지는 이제 비로소 깨닫습니다. 성탄절의 진정한 의미는 엄청난 돈이 아니라 내 가정의 소소한 행복을 회복하는 것이라고! 구유에 뉘어 있는 아기! 이렇듯 아기 예수님의 성탄은 너무나 초라했습니다. 그러나 요셉과 마리아는, 가난했지만 행복했습니다. 우리 가정의 소소한 행복을 회복하는 것! 이것이 성탄절의 두 번째 의미입니다.

주님, 오늘 저에게도 이런 소소한 행복이 있기를 소망합니다. 요셉과 마리아는 가난했지만 행복했습니다. 저희 가정도 이 소소한 행복을 회복하는 것이 성탄절의 두 번째 의미임을 믿습니다. 저희 가정에 주님 주시는 소소한 행복이 넘치게 하옵소서. 작은 것에도 행복해하게 하옵소서. 서로 사랑으로 품어주며 하하호호 소소한 행복을 누리게 하옵소서. 예수님의 이름으로 기도드립니다. 아멘.

DECEMBER 25

하나님께 영광, 사람들 중에 평화!

"홀연히 수많은 천군이 그 천사들과 함께 하나님을 찬송하여 이르되 지극히 높은 곳에서는 하나님께 영광이요 땅에서는 하나님이 기뻐하신 사람들 중에 평화로다 하니라"〈눅 2:13-14, 개역개정〉

초라하고 적막한 무덤. 묘비에는 이렇게 씌어져 있습니다. '한평생 자기만을 생각하며 살아온 구두쇠 스크루지가 여기에 잠들다!' 스크루지는 자신의 미래 묘비명을 보고 깜짝 놀랍니다. 이렇게 인생이 끝나서는 안 되는데! 돈밖에 모르고 살아온 세월. 돈 돈 돈, 돈이 하나님을 대신했고, 돈이 우상이었고, 그래서 사람들 중에 욕만 먹으며 살아왔습니다. 이렇게 죽어버리면 말짱 꽝인데! 죽으면 한 푼도 못 가져가는데! 이러다 지옥 가면 영원한 형벌인데! 앞뒤가 뒤바뀐 삶. 궤도에서 벗어난 삶. 세 번째 미래의 천사를 통하여, 스크루지는 이제 비로소 깨닫습니다. 성탄절의 진정한 의미는 돈이 아니라 하나님께 영광을 돌리고, 그 돈을 풀어서 사람들 중에 메리 크리스마스, 아기 예수의 평화를 심는 것이라고! 하나님께 영광, 사람들 중에 평화! 미움과 상처와 불화가 끊이지 않는 이 세상에서, 하나님께 영광, 사람들 중에 평화, 이것을 여러분 인생의 향후 분명한 목표로 재설정하고 뚜벅뚜벅 그 길을 걸어가는 것. 이것이 성탄절의 세 번째 의미입니다.

> 주님, 오늘 저에게도 이런 평화가 있기를 소망합니다. 미움과 상처와 불화가 끊이지 않는 이 세상에서, "하나님께 영광, 사람들 중에 평화," 이것을 제 인생의 향후 분명한 목표로 재설정하게 하옵소서. 뚜벅뚜벅 그 평화의 길을 걸어가는 것이 성탄절의 세 번째 의미임을 믿습니다. 제 남은 삶이 주님의 영광과 이웃의 평화를 위해 쓰일 수 있게 하옵소서. 예수님의 이름으로 기도드립니다. 아멘.

DECEMBER 26

마지막 5분 전

"만물의 마지막이 가까이 왔으니 그러므로 너희는 정신을 차리고 근신하여 기도하라"〈벧전 4:7, 개역개정〉

군대스리가. 한국 전역에 약 5천 개 클럽. 독일 분데스리가를 능가하는 한국 군대스리가의 특징. 공 주위에 선수 절반이 집중적으로 몰려다니는 이른바 '개떼축구'는 압박축구의 절정입니다. 간단명료한 작전지시와 선수들의 높은 이해력. "쉑갸! 빨리 안 뛰어, 죽을래?" 선호하는 전술은 킥앤런. 골키퍼는 무조건 내지르고 선수들은 막 뜁니다. 대부분 상대편 골문 앞에 가 있습니다. 전·후반 연장전까지 뛰고도 경기결과에 따라 '선착순' '얼차려' 탁월한 체력강화 프로그램이 뒤따릅니다. 똘똘이소시지, 만두, 콜라, 초코파이, 2,000원짜리 저렴한 인센티브에 목숨을 걸 정도로 프로의식도 강합니다. 군대스리가의 모든 용품은 국방부와 국가보훈부의 막강스폰서가 독점 공급합니다. 세상에서 가장 확실한 팀 구분. 런닝을 벗은 팀 대 안 벗은 팀. 공 4개 던져주고 무진장 놀게 합니다. 멀티플레이 안 할 재간이 없습니다. 그런데 고질적인 맹점이 있습니다. 마지막 5분 전을 못 버틴다는 것. 새해를 맞이한 게 엊그제 같은데, 벌써 마지막 5분 전입니다.

주님, 제 고질적인 맹점도 마지막 5분 전을 못 버틴다는 것임을 깨닫습니다. 새해를 맞이한 게 엊그제 같은데, 벌써 마지막 5분 전입니다. 제 인생도 마지막 5분을 향해 달려가고 있음을 영적으로 분별하게 하옵소서. 주님 주신 제 인생의 경기를 마지막 5분까지 어영차 완주하게 하옵소서. 포기하지 않고 끝까지 주님을 향해 달릴 수 있게 해주옵소서. 예수님의 이름으로 기도드립니다. 아멘.

DECEMBER 27

그놈의 커튼 색깔!

"무엇보다도 뜨겁게 서로 사랑할지니 사랑은 허다한 죄를 덮느니라"〈벧전 4:8, 개역개정〉

시골교회. 커튼 색깔 무엇으로 할 것인가 의논하다 서로 감정이 상해서 500미터 다리 하나를 사이에 두고 두 교회로 쪼개져 버렸습니다. 저는 그때 막 신학교에 입학해서 공부하고 있었는데, 너무 낙심이 되었습니다. 시골로 내려가, 장로님 앞에 무릎을 꿇었습니다. "장로님, 목사님도 전도사님도 없는 이 시골교회에서 장로님 주일학교 설교를 듣고 자랐습니다. 저희에게 분열된 교회를 물려주시렵니까?" "이미 물과 기름이다. 너무 늦었다." 반대쪽 집사님들. "어떻게 장로라는 사람이 나갈 테면 나가라 할 수가 있냐? 이 교회가 자기 교회냐? 이제 와서 화해가 가능하겠냐?" 섭섭함이 문제였습니다. 양쪽을 오가며 울면서 애원했습니다. 며칠 후, 장로님이 교인들을 불러 모았습니다. "모든 건 내 불찰이오. 장로로서 자격이 없소. 내가 가르친 이 청년들에게 분열된 교회를 물려주지 맙시다. 나부터 회개하는 마음으로 장로직을 사임하겠소. 아무 조건 없이 다시 합칩시다." 세상에, 나눠진 교회가 하루아침에 다시 합쳐져 버렸습니다. 지금은 얼마나 평화로운지 모릅니다. 그놈의 커튼 색깔!

주님, 그놈의 커튼 색깔처럼 사소한 문제로 다투며 분열했던 제 모습을 용서해 주옵소서. 오늘도 제가 속한 공동체 안에서 서로 섭섭하고 감정이 상할 때, 제가 먼저 손을 내밀게 하옵소서. 주님 지신 십자가를 생각하게 하옵소서. 뜨겁게 서로 사랑함으로 주님의 평화를 이룰 수 있게 해주옵소서. 예수님의 이름으로 기도드립니다. 아멘.

DECEMBER 28

고구마 참 잘 먹었다!

"손님 대접하기를 잊지 말라 이로써 부지중에 천사들을 대접한 이들이 있었느니라"
〈히 13:2, 개역개정〉

한 걸인이 너무너무 배가 고팠습니다. 견딜 수 없어, 어느 집 대문을 두드렸습니다. 그 집에는 가난한 어머니와 9살 난 아들이 살고 있었습니다. 그런데 그 집도 너무나 가난했습니다. 겨우 끼니를 이어가는 처지였습니다. 어머니는 걸인에게 정중하게 사과를 했습니다. "오늘은 쌀이 떨어져 밥을 드릴 수가 없네요." 실은 며칠째 쌀구경을 못하고 있었습니다. 그런데 그때 9살 난 아들이 대뜸 이렇게 말하는 것 아니겠습니까? "엄마, 여기 고구마 하나가 남았잖아. 이걸 드리자." 엄마는 아들의 말을 듣고 죄송하다는 말과 함께 그 하나 남은 고구마를 그 걸인에게 주었습니다. 걸인은 연신 고마움을 표하면서 그 고구마를 받아 갔습니다. 그날 밤이었습니다. 이 9살 난 아들과 어머니가 동시에 꿈을 꾸었습니다. 꿈속에서 예수님이 나타나 말씀하셨습니다. "오늘 참 고맙다. 내가 오늘 너희 집을 갔었느니라." 꿈속에서 어머니는 언제 우리 집에 오셨냐고, 우리는 못 보았다고 말씀드렸습니다. "오늘 찾아간 걸인이 바로 나였느니라. 고구마 참 잘 먹었다. 참 고맙다."

주님, 오늘 제가 지극히 작은 사람 한 명에게 한 것이 곧 주님께 한 것임을 깨닫게 해주옵소서. 가난한 중에도 하나 남은 고구마를 나누었던 그 순수한 사랑과 섬김을 저도 실천할 수 있게 해주옵소서. 주님을 제 이웃 속에서 만나는 기적을 오늘 저에게 허락해 주옵소서. 예수님의 이름으로 기도드립니다. 아멘.

DECEMBER 29

우리 집에 오셔서 식사하셔요!

"서로 대접하기를 원망 없이 하고" 〈벧전 4:9, 개역개정〉

한겨울, 강원도 현리 3군단 기린대교회로 부임할 때였습니다. 도착해보니, 이미 석양이 진 상태였습니다. 꼬불꼬불 아홉사리 고개를 처량맞게 넘어가는데, 한 가정에서 전화가 왔습니다. 최전방이라 저녁식사 할 데도 없을 테니 집으로 오라고 하시는 거예요. 당혹스러웠지만, 그 집을 물어물어 찾아갔습니다. 그 산골짜기에, 몇십 년 동안, 군인교회를 나오시며 외로운 병사들을 섬겨주시는 민간인이셨습니다. 목사님, 이 강원도 골짜기까지 저희들을 위해 와주셔서 너무 감사합니다. 아무도 안 오려고 하는 이곳, 목사님 이렇게 와주셔서 정말 감사합니다. 순간 당황했습니다. 내 맘을 들킨 것 같았습니다. 아무도 모르는 이 첩첩산중! 나 여기 안 오려 했는데! 이 최전방 오지로 나를 보내다니! 서운해했는데! 그날 밤, 그 가정에서 손수 끓여주신 강원도 만둣국. 손바닥만 한데 속이 꽉 찬 만둣국! 처음 먹어보았습니다. 언 몸이 녹아내렸습니다. 계속 주셔서 세 사발을 비웠습니다. 참 감사했습니다. 아, 이 교회가 참 정이 많구나, 참 잘 왔구나! 금세 안심이 되었습니다! 왠지 모를 불안. 짙은 외로움. 단박에 사라져 버렸습니다! 한 해의 끝자락, 그분이 그립습니다.

> 주님, 한 해의 끝자락, 저도 이웃들과 따뜻한 환대와 정을 나누게 하옵소서. 외로움과 불안에 떠는 이들을 제가 따뜻한 마음으로 품을 수 있게 해주옵소서. 마음이 지치고 외로운 이들에게 저도 따뜻한 만둣국 같은 위로를 전할 수 있게 해주옵소서. 이 겨울, 저도 주님의 마음을 꼭 빼닮게 하옵소서. 예수님의 이름으로 기도드립니다. 아멘.

DECEMBER 30

오우! 유치해! 유치해!

"각각 은사를 받은 대로 하나님의 여러 가지 은혜를 맡은 선한 청지기같이 서로 봉사하라"〈벧전 4:10, 개역개정〉

2002년 월드컵 개최의 일등 공신이 누구인지 아십니까? 바로 김흥국입니다. 그의 축구사랑, 나라사랑은 진짜 누구도 못 말립니다. 월드컵 개최국 추첨 날. 김흥국이 보여준 행동은 여러 투표위원들의 마음을 흔들어 놓았습니다. 추첨이 시작될 무렵. 김흥국은 대기석에 앉아 있는 추천위원들 앞에서 이렇게 말했습니다. "난 한국에서 온 가수인데 막간을 이용해 노래를 한 곡 선사해도 될까요?" 말도 안 되는 상황이었지만, 어떻게 된 영문인지 한번 해보라는 승낙을 받았습니다. 김흥국은 무대에 나가 "아싸 호랑나비!" 하면서 노래를 부르고 춤을 추었습니다. 김흥국의 공연을 본 추천위원들은 이구동성으로 고개를 설레설레 내저었습니다. 그리고 소리를 쳤습니다. "오우! 유치해! 유치해!" 그렇게 해서 한국이 월드컵을 유치하게 되었다는 이야기입니다. 유머이지요. 김흥국도 하나님이 그렇게 쓰시는데, 여러분, 각각 은사를 받은 대로, 새해 1인 1사역, 주님의 교회를 섬기겠노라 결단을 해보시지 않겠습니까?

> 주님, 저에게도 주님께서 남다른 은사를 주시니 감사합니다. 별것 아니라 생각했는데, 이 얼마나 소중한 은사인지 깨닫게 해주시니 더욱 감사합니다. 새해 1인 1사역, 주님의 교회를 섬기겠노라 결단하게 해주옵소서. 저에게 주어진 재능이 어떤 모습이든, 주님의 나라와 교회를 위해 기쁨으로 헌신할 수 있게 해주옵소서. 제 모든 은사를 주님의 영광을 위해 사용할 수 있게 해주옵소서. 예수님의 이름으로 기도드립니다. 아멘.

DECEMBER 31

끝은 또 하나의 시작이다

"그런즉 누구든지 그리스도 안에 있으면 새로운 피조물이라 이전 것은 지나갔으니 보라 새것이 되었도다"〈고후 5:17, 개역개정〉

〈가이드 포스트〉 지에 킬링거 부인의 간증이 실렸습니다. 백마 탄 기사처럼 남자를 보고 화려하게 웨딩마치를 올렸는데 그것은 한낱 꿈이었습니다. 남편은 일말의 양심도 인격도 찾아볼 수 없는 패륜아였습니다. 친구, 가족, 경제생활 등 어느 것 하나 마음에 내키는 것이 없었습니다. 냉혹한 현실 앞에서 비통해하며 몸부림치던 그녀는 드디어 결단을 내리고 말았습니다. 이혼한 지 만 1년이 되던 날, 더 이상 희망은 없다, 모든 게 끝이다, 자살을 생각하였습니다. 그런데 우연히 딸의 책상에서 딸이 숙제해 놓은 것을 보게 되었습니다. 한 살부터 여덟 살 때까지 사진 한 장씩을 붙이고 옆에다 설명을 써놓은 숙제였습니다. 그리고 맨 마지막 쪽에 "디 엔드"(The End), "끝"이라고 적혀 있었습니다. 그런데 딸의 글씨 옆에 담임선생님의 코멘트가 붉은 글씨로 남겨져 있었습니다. "....이스 유어 비기닝!"(....is your beginning!), "너의 시작이야!" 딸의 담임선생님 글씨는 딸이 적어 놓은 "디 엔드"(The End)라는 글씨를 내리누르듯이 아주 대문짝만하게 큰 글씨로 적혀 있었습니다. 바로 이 글씨가 킬링거 부인이 새 출발을 하게 된 동기가 될 줄이야! 그렇습니다. 송구영신! 끝은 또 하나의 시작입니다!

주님, 송구영신의 밤입니다. 끝은 또 하나의 시작임을 믿습니다. 제가 인생의 끝이라고 생각하는 순간에도, 주님께서는 새로운 시작을 준비하고 계심을 잊지 않게 해주옵소서. 어떤 절망적인 상황 속에서도, 십자가의 붉은 피, 희망의 붉은 글씨를 발견하게 하옵소서. 어영차 새롭게 출발할 용기를 주옵소서. 예수님의 이름으로 기도드립니다. 아멘.